New Mission 新使命

大国文创与文化小康

Culture and Creative Development in Well-off Society of China

第十七届中国文化产业新年论坛

The 17th Forum on International Cultural Industries, China

New Mission **新使命**

大国文创与文化小康

Culture and Creative Development in Well-off Society of China

第十七届中国文化产业新年论坛

The 17th Forum on International Cultural Industries, China

意象讲坛丛书

新使命

大国文创与文化小康

New **Mission**

Culture and Creative Development in Well-off Society of China

向 勇／主编

金城出版社
GOLD WALL PRESS
·北京·

图书在版编目（CIP）数据

新使命：大国文创与文化小康 / 向勇主编 . — 北京：金城出版社有限公司，2020.12
（意象讲坛丛书）
ISBN 978-7-5155-2077-3

Ⅰ. ①新… Ⅱ. ①向… Ⅲ. ①文化产业－产业发展－中国－文集 Ⅳ. ① G124-53

中国版本图书馆 CIP 数据核字（2020）第 201341 号

新使命：大国文创与文化小康

主　　编　向　勇
责任编辑　王秋月
执行编辑　桑　波
责任校对　张纯宏
责任印制　李仕杰
开　　本　710 毫米 ×1000 毫米　1/16
印　　张　25
字　　数　390 千字
版　　次　2020 年 12 月第 1 版
印　　次　2020 年 12 月第 1 次印刷
印　　刷　天津旭丰源印刷有限公司
书　　号　ISBN 978-7-5155-2077-3
定　　价　58.00 元

出版发行　**金城出版社有限公司**　北京市朝阳区利泽东二路 3 号
邮编：100102
发 行 部　（010）84254364
编 辑 部　（010）84250049
总 编 室　（010）64228516
网　　址　http://www.jccb.com.cn
电子邮箱　jinchengchuban@163.com
法律顾问　北京市安理律师事务所　18911105819

编 委 会

本书为 2017 年度国家社会科学基金重大项目“丝绸之路经济带沿线国家文化产业合作共赢模式及路径研究”（课题编号 17ZDA043）阶段性成果。

前　言

百年目标，砥砺前行。中国正走向全面建成小康社会的新时代。文化是我们建设小康社会的精神基石和自信根基。没有文化的繁荣兴盛，就没有中华民族的伟大复兴，文化小康是全面小康社会的重要组成范畴。

2020 年 1 月 4 日至 5 日，第十七届中国文化产业新年论坛在北京大学召开。本届新年论坛以“新使命：大国文创与文化小康”为主题，探讨以“中国创造”推动文化产业的高质量发展，用全球视野探索文化产业多领域融合，用文化自信回望过去、展望未来，力求以大国文创展现大国精神、大国担当，在新时代赓续中国文化产业的新辉煌。

本届新年论坛为期两天，共有十余场活动，包括 1 月 4 日上午主论坛，下午的三场平行主题论坛，5 日上午六场青年学者学术研讨会，“艺术、科学与创造性”主题论坛，以及“创青春：大学生文创项目展演”活动；5 日下午“智库对话 2020：回顾与展望”。

北京大学哲学社会科学资深教授、文化产业研究院院长叶朗，北京大学副校长、长江学者特聘教授王博，中共北京市委宣传部副巡视员、北京市文化创意产业促进中心主任梅松，南方科技大学党委副书记、深圳大学文化产业研究院院长李凤亮，上海社会科学院文化产业研究中心主任、研究员花建，中国传媒大学文化产业管理学院院长，教授，博导范周，南京艺术学院副院长、紫金文创研究院院长李向民，韩国德溪学术财团理事长、韩国外国语大学教授李永求，韩国安东国立大学文化产业学院教授金时范，北京大学艺术学院院长、长江学者特聘教授彭锋，北京大学文化产业研究院副院长、艺术学院教授向勇等专家学者出席论坛，并发表了重要讲话和主旨演讲，与到场的五百余名国内外嘉宾和听会代表进行了多角度、多领域、多层次的智慧碰撞与观点探讨。

4日下午分别围绕"文旅融合与城乡协同"、"海淀对话会：科技创新与文化创意"和"创意管理峰会：文化新业态与商业新模式"举行了三场平行边会；主题论坛一为"文旅融合与城乡协同"，通过对文旅融合与城乡协同这一时代命题的研究，明晰其困境、思路与方向，从而更好地促进文化基因融入旅游资源，以创意为翅膀，激活沉睡的乡村文化资源，为我国乡村振兴战略做出更大的贡献；主题论坛二为"海淀对话会：科技创新与文化创意"，解读数字文化产业的创新发展，探讨文化与科技的未来趋势，力求通过对新时代背景下文化产业的讨论，推动互联物联的技术和模式创新，探索5G基础设施和产业链布局，为海淀区成为创新驱动引擎和研发策源地提供新的思考，也为更多的区域发展提供有益借鉴；主题论坛三为"第五届创意管理峰会：文化新业态与商业新模式"，讨论如何利用高新技术改造传统产业形成新产业和社会公益事业的行业产业化运作；思考如何在新时代使命下满足多元化、多样化、个性化的产品或服务需求；探索文化企业如何实现用户价值提升和企业持续增长的平衡。

5日上午，六场青年学者学术年会在北京大学红三楼、红六楼举行。来自我国文化产业领域的众多青年学者分别对文化新业态与经济政策、文旅融合与乡村振兴、"一带一路"与跨文化传播、艺术创造与科技创新、文化空间与创意集聚、文化传承与数字转化等主题进行了专题发表和探讨。

与此同时，主题论坛——"艺术、科学与创造性"与"创青春·大学生文创项目展演"，分别在北京大学英杰交流中心月光厅和第二会议室进行。

5日下午，"智库对话2020：回顾与展望"闭门会议在燕南园51号院举办。多位文化产业界专家齐聚一堂，回顾一年文化产业发展进程，解析文化产业行业动态，展望新一年业界发展趋势，为破解产业发展难题贡献真知灼见。

为了让更多的朋友能够感受到本届论坛知识的魅力，我们将与会嘉宾的精彩演讲和投稿作者的研究成果结集成册，编辑成“东意智库丛书”之十六——《新使命：大国文创与文化小康》一书。本书秉承“分享思想、传播前沿”的编辑思路，力求思想前瞻、语言生动，真实地呈现来自学者的思想之光和实践者的经验之谈。此外，本书收录了2019年8月我们在法国巴黎举办的“‘一带一路’倡议下文化遗产创意传承国际研讨会”部分嘉宾的精彩发言。希望本书的出版，能从不同角度反映中国文化产业的发展现状与未来机遇，希望能给了解或有志于从事文化产业的有识之士提供思想启发和经验借鉴。

在本书的编辑中，我们要感谢所辑讲稿的演讲者，没有他们的慷慨赠予和分享，本书就不会拥有这些充满洞见与睿智的文字。我们还要感谢中共北京市海淀区委宣传部、北京市海淀区文化发展促进中心、中国美术学院文创设计制造业协同创新中心、紫金文创研究院、国际文化创意产业协会、东方意象文创机构等相关单位对本次论坛的组织和本书的出版给予的大力支持与热心帮助。最后，我们还要感谢金城出版社的领导及编辑为本书的出版所做的大量工作。

诚然，从声音到文字、从现场到书本的转换，难免会存在信息的丢失和意义的误读。由于时间仓促和编者水平有限，本书的内容整理以及整体的编撰工作还存在不少问题，希望得到所录者的原谅，也诚挚地希望广大读者提出宝贵的意见和建议。

编　者

2020年4月

目　录

第一篇　新使命：大国文创与文化小康（主论坛）

第一章 真正的北大是“看不见的北大”

演讲者：王 博 北京大学副校长、长江学者特聘教授

尊敬的叶朗先生、各位领导、各位专家、各位与会的嘉宾、亲爱的老师和同学们，大家上午好！2020年，如果从数字上来看的话，当然很特别，上一个拥有如此特别结构的数字是1919年，我们知道那是一个很大的年，2020年当然也是很重要的一年，因为我们正处在一个变化的时代中间。在变化的时代中间，也许最能够体现出我们今天论坛主题本身所具有的一种意义，这种意义其实跟以文化为基础的各种各样的创造有关系。

首先请允许我代表学校向第17届中国文化产业新年论坛的召开表示热烈地祝贺，向前来参加此次论坛的演讲嘉宾和与会代表表示热烈地欢迎。2019年12月，文化和旅游部正式确定在北京大学设立“文化和旅游研究基地”，这是对北大在文化产业领域所做努力的重要肯定。北大在叶朗先生的带领之下，是中国最早开展文化产业理论研究、人才培养和社会服务的高等院校之一。北大文化产业研究院是文化产业领域研究和教育的重要基地，已经走过了20个春秋。研究院紧密跟随北京大学的发展战略，积极地在文化产业领域促进理论创新和实践探索，参与国家顶层政策研究，服务区域产业发展，担当国家文化智库。2019年1月，上海社会科学院智库研究中心发布《2018中国智库报告——影响力排名与政策建议》北大文化产业研究院在文化类智库专业影响力中排名

第五。这当然是个很不错的成绩，当然我们还可以把排名做得更好，但同时我必须说，也许比这个排名更重要的，是我们在国家发展过程中发挥着什么作用？

对于文化，想必各位都有自己的理解，这确实是一种最深沉的力量，有时候它是看不见的，有的时候它是看得见的。以北大为例，有时候我们也会说我们有一个看得见的北大，比如说你可以从一些数字本身去了解北大，你可以去关注北大的排名，你可以关注北大又招了多少的学生，这些学生他们本身呈现出一个什么样的结构。你当然也可以关注北大有多少个学科，我们有多少个院系，我们又发表了多少论文，我们做了多少事情等等。

这是一个有形的北大，这是一个看得见的北大。可是在另外意义上，真正的北大是“看不见的北大”。“看不见的北大”体现出文化更深厚的那一面，其中就包括北大的一种精神，包括它的文化、它的深厚，每天在我们身边流动着的那些东西，比如说我们每一位老师的贡献，每位同学的努力等等。

我们在无形方面的一种创造，支撑了我们在有形的方面那种能够打动人心的东西，是能够让我们感到美好的一些事物。我们确实可以从文化产业研究院过去十几年的努力中，看到这些打动人心和美好的东西。我们可以在北大、在中国很多地方看到。这样的东西，促使我们可以从历史中去攫取营养。这是我们可以从人类所有的文化创造中去挖掘的，从我们的生活、我们的内心世界中去寻求文化创意的重要的基础。

从2003年到今年，中国文化产业新年论坛已经走过十七个年头，十七年里国家有关部门、国家有关部委高度重视，北京市也给予了大力的支持，业界精英也鼎力相助。同时论坛为政府部门、研究机构和社会各界，在文化产业的交流研讨上提供了一个非常好的平台。本届论坛充分体现出新时代的新的主题——“大国文创与文化小康”，广邀国内外文化产业领域政策制定者、杰出的学术引领者和实践开拓者齐聚一堂，以“中国创造”推动文创高质量发展，用全球视野探索文化产业多领域融合，回望过去、展望未来。

也许对北大的文化产业来说，他们更希望获得的是作品，而不仅仅是产品，我想，对各位来说也是如此。最后，衷心希望前来与会交流的各位嘉宾和听众朋友畅所欲言，我们一起来聆听来自各界的朋友的精彩分享，我们也可以展开热烈地讨论。预祝第十七届中国文化产业新年论坛取得圆满成功！祝各位新年快乐，万事如意！谢谢大家！

第二章　优化文化经济政策制度设计，激发文化创新创造活力

演讲者：梅　松　中共北京市委宣传部副巡视员、北京市文化创意产业促进中心主任

各位同仁，大家上午好！

非常荣幸再一次来到北京大学，参加第十七届中国文化产业新年论坛。论坛首发于北京大学文化产业研究院，每年的年初举办，为新一年或者是为未来几年的中国文化产业提供风向标、指导思想。刚才王博副校长讲的，体现我们北京大学文化产业研究院在这个领域作为重要智库的影响力，本着学习的态度和向各位老师请教的态度，我将我个人的一些想法，向叶老师及在座各位专家和同仁做一个讨教，讲的不到之处请会后批评。这也是我个人一些想法，当然也有我们想做和在做的事。

今天这个题目与我们刚刚胜利闭幕的中共十九届四中全会有密切的关系。大家知道，四中全会的主题是国家治理体系和治理能力现代化的问题，其中关于文化建设、文化领域也有一个很重要的表述，就是明确提出进一步完善和繁荣中国特色的社会主义先进文化制度，并且强调要把社会效益放在首位；提出社会效益和经济效益相统一的文化创作生产体制机制，并且要求完善以高质量发展为导向的文化经济政策。本着这个题目，我个人想给大家报告两

个方面想法，首先是怎么优化文化经济政策的设计。正好我们在十九届四中全会之前，和中国传媒大学的范周老师把北京市从 2006 年到 2019 年 8 月份所发布的文化类的经济政策做了一个梳理。

一、优化文化经济政策的设计

需要说明是，这主要是指公开发表的，仅内部发文没有公开的数据没有统计在内，大约有 170 多个。我们做些文本的回溯和高频次的分析，以及共生关系的构造，目的是找出我们文化经济政策的效能在哪、作用在哪，还有什么短板。正好在我们调研完成以后，又接着学习了十九届四中全会精神，为我们下一步的制度设计安排提供了指引。

2006 年到 2019 年北京市政策的发布量最高峰是 2018 年，因为 2018 年是北京在推进全国文化中心建设的最关键的一年，或者说高潮的一年，所以相关的政策发布得最多。通过这十多年的努力，北京市形成了“1+N+X”的文化经济政策体系。

“1”，从北京来讲，就是市委市政府制定和发布的政策，或者说是一种纲领性的文件，当然也包括我们的规划和重要的行动计划都在这里。“N”是相关领域相关部门、相关行业制定的一些实施意见和办法。那么“X”是指北京区县根据自己的地方实际制定的一些政策，有的是他们的首创，有的是落实一级的政策再想出的办法，这叫“1+N+X”。2018 年到 2019 年比较多一点，像老旧厂房的、影视产业的、实体书店的，包括文化、文物、文博开发等。

这几年有个很有意思的现象，政策的关键词有变化的，也有不变化的。我们发现这些不变化的关键词汇，高频的、使用的最多是知识产权。换句话说，文化创意产业和文化产业离开知识产权的运用和保护，这个产业就没法发展，所以各级政府都非常重视。但是像美国把知识产权或叫版权，认为它的文化产业主要就是版权产业或者版权经济，这个倒也是比较吻合。但是也有变化的，所以说关键词与实际的发展有关，像 2019 年我们的关键词有非遗、文化生态保护、知识产权、4K、8K、超高清、大数据、超高清视频产业等等，还是有变化的。

从发展战略的重点来讲，强调全国文化中心的融合发展、创新发展。京津冀的协同发展，是提到比较多的关键词，也是战略方向。在文化和科技、文化和旅游、文化和创意、文化和农业、文化和生态等“文化+”的方面，文化产业融合了发展的方向，或者说业态叠加的方向，这是中央对京津冀协同发展要求下的一种区域的融合，我更多理解是文化产业和相关理论融合发展。换句话说，文化产业的文化要素不跟相关的产业融合发展，就没有文化产业发展的前途，这是它们的一个贡献。因为北京定位是四个中心，其中包括全国文化中心，所以我们全国文化中心中核心要素与其改革制度、与京津冀、与融合发展、与知识产权等的关系就非常的明显。

还有一点就是对新业态的关注。提得最多的新兴业态，是与相关的创意设计、包括音乐、文博、信息服务、农业等结合。还有文化市场的建设，没有市场的推动也不可行。市场首先是知识产权，来保市场的监督管理，还有政府分项资金支持等等。

在文化资源这一块，很有意思的发现是，在北京来讲，“京剧”成了文化资源提的最多的词。我个人理解，因为京剧，尤其是以京剧和京昆为代表的戏曲，跟徽班进京可能有关系。老字号、非遗、传统工美，这些都是我们必须重视的一个文化资源的要素。那么从制度设计上，党中央也要求，既要发挥中央顶层设计作用引导，同时要充分尊重基层的首创，所以我们很多好的政策是来自于基层的首创。

比如说北京市的老旧厂房改造的政策，完全是从一家一户的改造总结上来的，通过朝阳区这些城区的实践，才形成现在北京的老旧厂房改造政策。而且我个人认为政策现在收效不错，或者换句话说，政策的效能不错，我们目前已经改造了全市 270 多处老旧厂房，改造完的面积是 2100 万平方米。老旧厂房改造融入的文化企业，不完整统计大约是 8000 家。厂房改造完不光是个园区，实际上也给老百姓提供了社区文化服务的空间。这些园区在给企业提供办公楼的同时，也提供了文创空间，有美术馆、图书馆、影院、剧场、实体书店等等。这是很有意思的现象，过去我们老强调建文化中心，在文化设施上通过改造老旧厂房去解决产业问题，也解决了公共文化服务的问题，按我们话说叫事业和产业打通了，所以既有良好的社会效益，同时有非常好的经济效益。刚才讲了大概 8000 多家企业入驻，创造的总收入将近 7000 亿到 8000 亿 / 平方米，地均产出是 6 万多人民币，地均税收 6900 元，老旧厂房改造利用，上海做的也非常好。

二、如何通过制度激发文化创新、创造、创业的活力

第二个想跟大家一起讨教的问题，是怎么通过经济政策的制度需求安排，来进一步激发文化创新、创造、创业的活力。北京刚才向勇老师也介绍了，以前是按照我们北京市自己的标准，叫文化创意产业。从 2018 开始，北京已经严格按照国家统计局的文化产业统一标准，所以我们现在是统计了 2017 年一系列的文化产业增加值的比重，已经到了 40% 左右，一直是处在一种高位的增长。所谓高增长就是 10% 以上的增长，因为按照国家统计局的文化产业标准，2017 年我们增加值是 2700 亿，2018 年增加值已经超过 3000 亿了，大约占北京市地区生产总值的 10%。这是做的增加值的比较，绝对值我们不是最高，绝对值最高的应该是广东。北京作为全国文化中心，按照国家的标准，我们新闻信息服务业占全国一半，2018 年大约是 2700 多人，创意实际占全国的 1/4，达 2500 多亿。所以文化激励能带来精神的享受，也一样能带来物质的财富，也能把无形的资产变成有形的财富。

接下来说几个我们下一步的努力的方向。

第一，推进文化立法的进程，以制度创新激发体制的活力。现在大家知道国家有关部委正在牵头制定全国的文化产业促进法，北京市将根据此法来起草制定北京市的文化产业促进条例。

第二，加强统筹规划，从顶层设计，激发底层的活力。这个讲的是规划，我们现在正在做全国文化中心建设中长期规划。中长期做到哪了？中期到 2035，展望到 2050。在文化领域我们从来没做这么长时间的规划，也包括文化产业引领区的中长期规划和公共文化服务的中长期规划，当然还要做一些专项规划，包括“十四五”相关的一些规划。

第三，发展高精尖产业体系，以文化创造激发城市的活力。我们做了一个初步调研，城市的活力到底来自哪？一部分来自一些重量级企业，特别是头部企业；还有来自一些大型的研发、投人、产出机构；还有更多的来自 90 后、00 后等年轻人团队。所以在这一块我们想围绕中小微的文创企业，对龙头企业和中小微企业制定相关的政策。

第四，拓展新的消费领域，提升我们的文化消费水平。现在的消费状况，尤其2019年以来的国风国潮，使得青年人也喜欢上京剧，也喜欢上昆曲。朗园有个剧场，每个礼拜演两场，昆曲一票难求，平均票价是600元左右。

第五，知识产权保护。刚才讲了自身知识产权是核心，那么如何通过资产保护提升文化资源的在地开发能力。因为资源是全国共享共有，那么这个地方开发是最关键的，特别是结合文博文创。所以我们正在打造天坛文创、颐和园文创，马上要推出很好的精品，大家可以关注一下。

第六，文化科技的融合。如何提高文化的创新创造能力，特别是提供创意。我们刚刚公布了北京市文化产业的“三年行动计划”，其中的“三个聚焦”，一个是内容创作生产，第二是创意设计服务，第三是文化融合发展。

第三章　新时代文化产业高质量发展的几个问题

演讲者：李凤亮　南方科技大学党委副书记、深圳大学文化产业研究院院长

非常高兴再次在新年之际来到中国文化产业新年论坛。我粗略地统计了一下，我应该参加超过了十届以上的新年论坛。深圳大学文化产业研究院和北京大学文化产业研究院有很好的战略合作关系，从十年前签约，到这些年来扎扎实实地推进包括人才培养、科学研究等方面的互动和合作。向勇教授、余日新教授和我合作主编《百年文创力》，每年从北京、深圳、台北三地选出5个文化产业案例进行研究，已经进入了第4辑。这是非常有意义的一个工作。中国文化产业新年论坛每年的主题都非常具有战略性，本届论坛的主题是“大国文创和文化小康”，结合这个主题，我谈谈关于文化产业高质量发展的几个问题。

全面实现小康，统筹推进建设经济、建设政治、建设社会、建设文化、生态文明“五位一体”总体布局，就是一个都不能少，每个领域都不能有短板。这样看来，文化建设越来越重要。在实际布局中，如何全面实现小康、提升文化供给能力？最关键的就是要解决现在文化产业体量大、但是质量还需整体提升的问题。新时代文化产业如何实现高质量发展？习近平总书记指

出，要推动文化产业高质量发展，健全现代文化产业体系和市场体系，推动各类文化市场主体发展壮大，培育新型文化业态和文化消费模式，以高质量文化供给增强人们的文化获得感、幸福感。要坚定不移将文化体制改革引向深入，不断激发文化创新创造活力。

一、文化产业高质量发展的内涵与要求

当前，“高质量发展”成为政府和行业的共识，但每个地方、领域高质量发展的标准实际上不太一样。就文化产业高质量发展而言，我国的文化治理越来越法制化，国家正在就《文化产业促进法》向全社会广泛征求意见，我们希望大家集思广益，进一步完善这个法律草案，这也是推动我们文化产业高质量发展的重要渠道。在我的理解中，文化产业的高质量发展，至少涉及以下四个方面。

第一，文化产业的高质量发展是坚持民生导向，能够产生更大福利效应的发展。它能够更好地满足人民日益增长的美好生活需要，给人们带来更大的文化获得感、幸福感；不仅只是经济效益的稳步提升，更能为人们提供更加丰富、更高质量、更高层次的文化产品和服务。这是我们高质量发展的目的，否则做了很多东西，都是无谓的浪费，就像我国的动漫产品每年有十几万分钟，拿到网络上和电视台上播放的只有 4 万分钟，显然剩下的那些有很多不是高质量发展所需要的。

第二，文化产业的高质量发展是产业动力更加强劲、产业发展更具活力的发展。创新驱动是产业发展的第一动力，信息科技是产业发展的重要手段。企业的创新能力更高，竞争力更强，资源消耗更少，产出效率更高。

第三，文化产业的高质量发展是更高水平、层次、形态的发展。产业发展水平更高，体系更加健全；产品质量更优，满足人们更高需求；经济形态层次更高，新业态、新模式不断涌现。大家注意到这几年，尤其是刚刚过去的 2019 年，中华优秀传统文化在各个文化产业领域和艺术领域的传承创新，创造了一个新高度，例如电影《哪吒 · 魔童降世》，就是传统文化以动漫电影的创新方式呈现出来，创造了高达 50 多亿的票房，也赢得很好的口碑。

第四，文化产业的高质量发展是更加全面、协调、可持续的发展。那就

是产业结构更加合理、空间布局更加科学，空间地域更加均衡，产业链条更加完善。今天，文化创意和设计服务已经渗透到了国民经济的各个门类，它如何在整个经济的多元发展和过程中，形成文化创新的新路径、跨界融合的新模式，这也是高质量发展的内在要求。另外，文创企业还要解决满足多层次需求的问题。

文化产业的高质量发展，需要文化产业的各相关要素协同推进，统筹兼顾。一是在文化理念上，要求坚持高度的精神文化引领，坚持深度的文化自信，以先进文化为导向，树立、传播正确的文化价值观；二是在经济形态上，要求产业拥有健全的产业体系和市场体系；三是在具体的产业路径上，要求具有更加合理的产业结构、更加优化的空间布局、更加均衡的产业发展；四是在企业管理上，要求文化市场的主体不断扩大，文化企业拥有更高的国际竞争力、更强的创新能力、更强的品牌影响力和先进的管理机制；五是在文化消费上，要求更高质量、更高水平的文化产品和服务以及更高层级的文化消费体系和文化消费模式；六是在文化政策上，要求拥有健全完善的政策、法律机制引导产业合理发展。

二、现阶段文化产业高质量发展存在的问题

实际上，制约我们文化产业高质量发展还有不少的问题，比如说供给问题、创新问题、消费问题和人才问题。《2019 年全国文化产业高质量发展指数》报告，从七个方面对不同省份的文化产业进行了分析，这七方面包括主体结构、人才投入、资本进入、空间要素、社会效益、经济效益、创新效益。全国文化产业发展指数评价体系显示，我国大部分省市文化产业高质量发展程度仍不高，处于要素投入大、价值产出小的不均衡状态。其中，西北和东北地区文化产业发展仍有较大提升空间，特色文化产业开发或可成为相关地区文化产业提质增效的发力点；中部地区在高价值产出与高效率投入间的指标分差幅最大，存在较大潜能释放空间。值得一提的是，根据数据分析，北京、广东、浙江、江苏、上海位列全国文化产业高质量发展前五位，山东、福建、湖南、四川、湖北等地分列六到十位，河南、安徽、天津、河北等省市或将成为全国文化产业发展潜力增长极。

现阶段我国文化产业高质量发展存在四个主要问题。

第一，文化供给水平有待提升。我们的文化供给量实际上是很大的，大概是 2013 年的时候，统计中国的文化消费是 1 万亿人民币，但文化消费潜力据说有 4.7 万亿。这些年居民文化消费总量不断提升，实际上消费能力跟文化供给质量有很大关系。因为文化消费是典型的以产品供给创造和引领消费的模式，文化消费不是一种刚性消费，它有一定的刚性，比如说人要读书看电影去旅游，但是要读多少书，看多少电影，要去多少地方旅游，并没有谁给出一个明确的规定。消费的总量来源于文化供给的质量，高质量文化供给才能引领和驱动我们高质量的、更大体量的消费。

我们存在精品力作欠缺、低层次供给过剩、同质化严重、娱乐化趋势比较严重的情况。2019 年刚刚过去，据统计 2019 年度中国电影票房超过 642 亿，创造了历史新高。值得关注的是，中国票房前 10 位电影中，有 8 部是国产电影，整个国产的票房在今年的 642 亿当中占到了百分之 64%。这是一个很好的现象，说明我们从过去保护型的电影政策，已经发展成自体壮大型电影政策。纵观全年的电影市场，其中不乏优质的作品，如 2019 春节档上映引发热议的科幻片《流浪地球》，总票房高达 46.55 亿，被誉为“打开了中国科幻的大门，使中国科幻不再流浪”。然而不久之后，一部《上海堡垒》的上映，被人们调侃为将《流浪地球》刚打开的科幻大门又关上了。2019 又为中国影史贡献了一批烂片，我们在高质量文化发展路上，还存在着一些不稳定的因素。

第二，创意创新能力有待提升。创意开发能力、文化科技创新、业态创新和体制创新均存在不足。我国传统文化博大精深，可谓一座取之不尽的文化富矿，拥有无数的历史故事和神话传说，然而在文化资源的开发过程中，却未能有效地挖掘其内涵，融入创意设计，实现文化要素的解构重组，架起文化与生活需求的桥梁。反观迪士尼的 IP 开发，其在工业设计、服装设计、建筑设计、影视剧创作、出版行业、动漫游戏多个行业都有涉足，实现了较好的 IP 开发与创意转化。拿我们的电影跟好莱坞的电影去比，我们不能光靠一部《哪吒 · 魔童降世》、一部几年前的《西游记 · 大圣归来》去衡量我们整体创意水平。

第三，文化消费能级有待提升。文化产业的高质量发展要求提供优质的文化供给，必然就需要高水平的文化消费与之匹配。然而现有的文化消费存在诸多问题，如文化消费意识薄弱、文化消费水平较低、文化消费结构失衡等。文化产业的供需不匹配是限制文化产业高质量发展的重要因素。从发布的 2019 中国文化消费指数来看，我国文化消费综合指数较去年略微降低，文化消费环境指数逐年上升，近五年文化消费能力停滞不前，今年的文化消费能力指数甚至有了一定程度的下降。

第四，产业人才培养亟待创新。目前，我国文化产业发展缺乏高质量人才，人才培养机制有待完善。目前文化产业人才培养的问题主要反映在：文化产业人才队伍总量不高；从业人员对文化内涵理解不足；知识结构单一，复合型专业能力欠缺；人才评价机制有待创新；既懂策划管理又善制作的头部人才严重缺乏等。我在深圳大学担任文科副校长时，特别倡导“四跨联动”，即跨越专业、校门、院墙、国境，打破专业的樊篱，加强学生与行业和社会的联系，尽力推动学生的境内外交流，现在看还是有不错的效果。文创人才培养绝对不应限制在课堂内，我个人甚至认为，文创类学生的培养至少有一半时间应用于在企业、社会、业界的实践。

三、文化产业高质量发展的创新路径

最后就如何推动文化产业的高质量发展，我想谈谈几点建议。

第一，坚持培根铸魂，强化精神引领，培育高度的文化自信。文化产业高质量发展需要坚定的文化自信。文化自信的直观反映是一个民族的自豪感，具体则表现为一个国家的文化软实力和文化影响力。　因为只有坚定文化自信，文化产业才能找到正确的定位和方向，赢得有效的市场和消费，文化产业的高质量发展才能同国家文化软实力的提升、中国“国家形象”的全球塑造紧密联系起来，也才不会在市场的大潮中迷失方向，才能纠正一个时期文化产业中出现的“产业发展了，而文化不见了；科技增强了，而文化削弱了；小我凸显了，而大我迷失了”等背离文化发展初衷的怪现象。文化自信不是口号上的倡导，而是应该植根于文化自觉。自信不是盲目自大，也不是妄自菲薄，而是对自身文化有一种准确的、辩证的认知，以一种开放式发展论的文化观，去推动文化的传承与创新。我们要挖掘和整理中华优秀传统文化的元素，使其进入当代文化的内容创造；要传承和创新传统艺术的表现和传播形式，使其与当代文化有效嫁接，创造新形式的文化。要坚持开放式发展论的文化观，以高质量文化供给为文化自信提供有力支撑。人类文明的发展进程表明，只有坚持开放创新，包容发展，才能够推动文明不断进步。

第二，坚持守正创新，提升创意能力，推动产业的创新发展。提升产业的创新发展能力是文化产业高质量发展的必然要求。应积极推动文化产业与相关产业融合发展，在融合中优化结构、提质增效，创造产业发展的新业态、新模式。比如，近年我国大力推动旅游演艺蓬勃发展，专业化、品牌化、规范化程度不断提高，形成了主题公园演出、实景演出、剧场演出等主要形态。《2018 年天猫博物馆文创数据报告》显示，全球共有 11 家博物馆官方进驻天猫，故宫以创新的精神推动文创开发，赢得高达 333 万的粉丝量、6000 万人次的年访问量，成为绝对的人气王。我们都看到故宫现在变成了新的网红打卡点，大家不觉得故宫是一个非常古老陈旧、堆满灰尘的一个博物馆，而是一个充满创意、魅力四射的文化体验中心。除故宫外，其他一些知名博物馆也开始着手投入文创产品的开发。天猫上众多的品牌商家也希望借助博物馆的元素，来提升品牌的文化厚度，做出差异化。天猫也在通过商业赋能模式，辅助博物馆进行文创 IP 二次开发。其中既有海外博物馆与本土品牌的跨界，例如 V&A 博物馆与周生生合作的首饰、与野兽派联合推出香薰，也有中国博物馆与海外品牌的跨界，比如 kindle 与敦煌合作的设计款，立顿与苏州博物馆的才子文化茶，与故宫跨界的嘉士伯主题啤酒。大家通过这种线上形态，不只看到故宫，还可以看到海外的博物馆以及我们本土的品牌、本土的设计，这就是一种创意和创新。

第三，坚持科技驱动，融合数字技术，深化文化与科技融合。文化产业高质量发展要坚持科技驱动，发挥新时代数字信息技术的优势。文化与科技是人类社会发展的关键词，也是文化产业发展不可或缺的驱动力。近年来，文化与科技融合创新，为消费者创造了源源不断的新产品和新服务，促进了生产、消费乃至社会方方面面的深刻变化。文化为科技提供价值引领和内容创意，科技为文化表达与内容传播提供更多可能性。文化与科技融合创新，既是科技融入文化领域，推动文化生产方式变革的过程，也是文化融入科技领域，提升科技产品综合社会效益的过程。文化产业高质量发展，需要促进文化与科技融合创新，为发展凝聚核心动能，推动文化产业提质增效。

虽然近年来我国文化科技的跨界融合有了很大的发展，但是我还是认为目前科技走在了文化的前面。文化怎么能更好地利用大数据、人工智能、互联网、虚拟现实和区块链的技术，搭上科技列车，加快自身发展，是一个值得深思的问题。有人说我们今天文化产业增加值的70%~80%都是由科技来驱动和提供的，我们没有一个准确的方法去验证这样一个说法。但是我想在座的师生都能看到，无论是电影主题景区，还是在各种文创业态当中，技术的参与是非常重要的。《哪吒·魔童降世》为什么有这么高的票房？除了传统文化的基因影响，还跟呈现方式有关。我跟儿子去看了这部电影，后来想《哪吒》还是个教育片——一个再不振作的人，再有个性的叛逆孩子，最后都有疗救的希望。技术在这里面发挥了非常大的一个作用，创意也发挥了非常大的作用，传统文化的转换应该很好地去借鉴《哪吒·魔童降生》电影，当然《姜子牙》还有《花木兰》很快也会推出，我非常看好这些以科技手段激发传统文化的新创意作品。

另外我们也发现，技术的发展点亮了“夜间经济”，灯光秀、音乐盛典、实景演艺、夜市等夜间经济项目的打造，离不开灯光、置景、多媒体等文化科技手段的支撑。如成都“夜游锦江”项目在沿锦江而建的240公里锦江绿道中，打造“夜市、夜食、夜展、夜秀、夜节、夜宿”等多元消费场景，仅一期开放的重点节点就吸引了16.6万人次观游，并成为今年国庆假期的热门“打卡地”。数字艺术、交互体验、舞台灯光音响机械技术等技术的发展推动旅游演艺从最初的1.0版本的剧院式演出，到2.0版本的实景演出、3.0版本的互动式高科技演出，进而升级到4.0版本的沉浸式弥漫式演出。

第四，坚持内容创新，推动消费升级，建立文化消费新模式。文化产业高质量发展应坚持内容创新，以优质的文化内容生产推动文化消费升级，建立文化消费新模式。举例来说，大家非常熟悉的今年的大网红李子柒，她不是今天才出现，三年前（2017年）她就开始走上网络，通过在YouTube上面不断累积人气，拥有800多万的境外粉丝，然后产生“墙外开花墙内香”的效应。李子柒的秘诀是：优质的视频内容吸引大量流量，口碑积累塑造个人品牌，流量变现打造产业链条。但是大家对她的争论非常大，认为她是“带货党”。我们时代应该容纳得了一个李子柒，应该从这样一个个案当中得到更多的启发。我们的中国文化走出去，过去采取了很多的方式，一到春节派了很多演出团体出去，在海外开了很多孔子学院，有没有效果呢？是有效果的，但是某种意义上可能李子柒效果更好影响更大。传统文化的内涵是在那里的，但这个内涵也在随着时代的发展而不断增添新的内容。在传播渠道上，我们要找到年轻人、外国人能够甚至喜欢接受的方式。李子柒的走红给我们提供了不小启示。

第五，坚持人才升级，提升专业能力，树立正确的价值导向。文化产业的高质量发展应坚持人才驱动，着力打造一支德才兼备、锐意创新、结构合理、规模较大的文化人才队伍。我们在高校工作经常感觉到很大的压力，时代的发展、产业的升级呼唤我们不断创新人才培养方式。深圳现在正在大力发展高等教育，除了现有的十几所高校，还要积极筹办深圳创新创意设计学院。我们提出，文创人才培养一定要深度地和业界融合，今天创意设计的发展离开了业界，那是要落后的。在今天文化产业融合的背景下，对于集策划、管理、经营、创意、制作于一体的头部人才，实际上是非常稀缺的，我想我们下一步也会进一步去探索。

第六，坚持文化共治，强化体制改革，推进文化治理现代化。文化治理应该坚持法制化、信息化，推动我们的治理主体多元化。我们要改革文化体制机制，实现参与主体的多元化；完善文化政策和法规，提高文化治理法治化水平；充分利用信息化平台，推动文化服务均衡发展。文化治理实际上应该进一步解放思想，不应该因为治理使文化生产力受到很大的束缚。相反，文化治理应该理顺文化生产关系，进一步激发市场活力，激发全民族文化创新创造潜力，释放全社会的文化生产力。

第四章　大国文创：从文化资源到文化资产

演讲者：花　建　上海社会科学院文化产业研究中心主任、研究员

此次论坛以“新使命：大国文创与文化小康”为主题，于2020年之初在北大进行，开启了中国文化产业迈向新十年的新篇章。2020年对全国和许多省市来说，是“十三五”规划将要圆满收官，“十四五”规划将要全面开启的关键之年，是中国全面建成小康社会的标志之年。我们很有必要在宏观与微观相结合的视野上，对大国文创的基础和前景做一个简要梳理，我谨汇报两方面的体会。

一、世界变局：历史性的机遇

当今世界正面临着百年未有之大变局。这个百年未有之大变局，可以概括为四个方面：1. 世界格局正在发生着深刻变化，从“一超多强”跨入发展中国家的群体性崛起；2. 人工智能、大数据、量子信息等新一轮科技革命和产业变革正在积聚力量，催生大量新产业、新业态、新模式；3. 产业和城市的双转型不断加速，人类将进入第四次工业革命时代，即“智能时代”；4. 智能互联推动全球流通共治，由信息、资金、人才、货物等的全球流通量正在成倍地增长，期待着各国共同参与的全球新治理。

百年未有之大变局与新一轮科技革命和产业变革密切相关。从2018年

以来，世界上一些权威智库、高等院校、和企业领袖纷纷发表了重要的研究报告。在这些研究报告中可以看到数字经济的磅礴发展以及对于文创产业的有力推动。何为数字经济？联合国贸发会议的报告指出，它犹如七块芯片组成的一个有机体，包括；互联网平台、数字解决方案、电子商务、数字内容、IT的硬件和软件、通讯、全球经济的数字化。其中，互联网平台等要素是更为纯粹的数字化形态，而数字内容等具有更为明显的复合性。它从内到外，正在焕发着增长的活力。

联合国贸发会议颁布的《2019年世界投资报告》进一步指出：有七大前沿技术与数字经济的发展密切相关，成为助推数字经济的捆绑式火箭推进器。它们包括：云计算、物联网和机器人、3D打印、人工智能、大数据、区块链等。它们中每一项重大技术成果，都有可能释放出巨大的变革能量，同时又促进了其他科技成果的迭代更新。

数字经济重新塑造了世界的地理格局。北美与中国已经成为推动数字经济发展的最大的两股力量，北美包括美国、加拿大和墨西哥，占世界数字经济增量的68%左右，而中国占了27%左右，这两部分加起来接近全世界数字经济增量的90%。这在历史上是从来没有出现过的现象。在数字经济的推动下，智能型的产业形态和服务样式大量涌现。由于中国所具有的超大规模市场的优势，可以激发巨大的市场需求，成为推动世界经济复苏的重要动力。

2019年华为全球联接报告指出，“全球联接指数GCI”可以用来衡量一个国家在数字化、智能化和全球化进程中所达到的高度。而它能否充分利用数字经济的成果，不仅仅依赖技术，而且与制度建设、国民素质、产业实力等密切相关。该报告把各国分为三个组别：起步者，其GCI得分为23—39，人均GDP的中位数为3700美元，加速者，其GCI得分为40—64，人均GDP的中位数为17200美元；领跑者，其GCI得分为65—85，人均GDP的中位数为58100美元。中国目前在加速者组别的中低位置，未来还有很长的路要走。而从全局看，当一些国家从较低水平的组别跨入到较高水平的组别时，总体发展水平会形成明显的提升，上升曲线的角度会陡然变陡。美日欧等发达国家和许多发展中国家，都在不同的台阶上奋力攀登，也面临着更高的发展目标。这对于我们这样一个幅员辽阔，各地发展不平衡的大国，评价各个地区的发展水平也是富有启发意义的。

二、大国文创：产业升级新潮流

聚焦于“大国文创与文化小康”，面对即将开启的“十四五”规划：中国的文化产业会面临哪些重要机遇呢？在推动文化产业升级的实践过程中，我们要把握哪些契机呢？我谨把它概括为以下几个方面：

1.开发新业态：万艺互联，万媒互联

在数字经济的背景下，出现了数字化的“准客体”（quasi — object）。它既不完全是客体，又不完全是主体，而是依托于数字经济体系，在主体和客体之间建立起了一种辩证联系的大系统。它的特点是模块化、数字化、智能化。正因为这样，它给我们文创产业带来的是：万众互联，突出人和人的沟通；万媒互联，突出各种媒体的融通，让各种信息在数字化平台上快速流通；万书互联，突出各种内容的沟通，不断转化为各种呈现方式；万艺互联，突出各种艺术包括审美的融通，把各种审美融入前所未有的大空间中。这使得我们有可能在“十四五”规划期间，进入到一个新的具有更大自由度的文化创造空间。

2.提供新体验：精准传播、混合现实、超级智能

由于精准传播、混合现实、超级智能，出现了 UHD 视听效果的超高画质、全联接社会的超宽领域、精准化传播的超快传递、全移动覆盖的超长在线，以及混合型现实的超界联结，给我们开发文创产业的新内容，新体验，新效果，新业态提供了巨大的空间，出现了向沉浸式、精准化、高质量等延伸的项目，以及各个文创领域跨界融通的重要趋向。就以沉浸式体验来说，出现了沉浸式的展览、沉浸式的表演、沉浸式的美食、沉浸式的购物、沉浸式的遗产保护等等。比如沉浸式旅游，突破了经典的旅游定义“异地和短期的生活”，而发展成为“穿越时间和空间的短期生活”，让游客获得在不同时间和空间的穿越式体验。比如 2017 年 4 月，首部漂移型沉浸式体验剧《知音号》，以 20 世纪初汉口的商业故事为主线，为游客设置了“九省通衢”之地的老码头实景体验，而英国沉浸式演出经典剧目《不眠之夜》（Sleep No More）取材于莎士比亚的名著《麦克白》，在上海举行亚洲首演，把一座老大楼改造成为 1930 年代的大酒店，形成了一票难求的观看盛况。美国麻省理工学院的温斯顿教授认为："人工智能就是研究如何使计算机去做过去只有人才能做的智能工作。"由于人工智能和新视听技术等的发展，让文化产业从业人员，可以结合可穿戴设备和大数据分析，敏锐地把握人类的微感觉和微情绪，通过对不同人群在行踪、年龄、消费、爱好、时段、周边活动等的海量信息分析，对小众人群的文化需求进行精准定位，提供更加丰富多样的文化体验。

3.推动新集聚：供给端集聚，消费端集聚，形成新空间布局

文化产业的集聚发展指的是在一个特定的区域内，以一个主导产业为核心，吸引大量彼此产业联系密切的企业群和相关服务机构在空间上集聚，从而形成可持续的竞争优势的现象。各种形态的文化产业集聚区是它们的物质载体，规范化的文化产业园区是它们的管理形态，而文化产业的集群则是它们发展的高级形态。文化产业的集聚发展，不是一个固定的模式和僵化的目标，而是一个动态的过程，会经历一个从初级到高级，不断递进和发展的阶段。大量的案例和数据表明：在全球化和数字化的背景下，文化产业的集群建设，正在向两端集聚：即一方面向供给侧也就是研发端集聚，另一方面向需求侧也就是市场端集聚。

比如硅谷的科创与文创集群，就是向研发端集聚的一个典型案例。我去年到硅谷实地考察后，很有体会：它并不是由围墙和办公楼组成的一个产业园区，也不是一个传统意义上的社区，而是在101号高速公路两侧所集聚的大批创新型企业集群。沿着101高速公路可穿过硅谷，"硅谷心脏"斯坦福大学就在路的尽头。而另一条沙丘路，则是全美租金最高的地方，也被叫作VC一条街，聚集了美国最重要的风险投资机构。两条道路相交，象征着技术、创意与资本在这里深入交融。

在101号公路与硅谷及旧金山湾区，汇聚了2所世界级的大学（斯坦福大学和伯克利分校、5所学术大学和许多中级学院、先进制造业的基地、优良的生态环境、面向太平洋的国际化环境，以及吸纳风险投资的宽松环境。这就吸引世界上著名的科技公司都在这里建立总部或者研发中心，包括苹果，思科，谷歌，惠普，英特尔，甲骨文、推特、脸谱、领英、施乐帕克、IBM等。更重要的是：这里形成了鼓励冒险、多元和开放的创业文化。硅谷专业人士的友谊经常跨过公司边界。大部分硅谷公司也鼓励他们的技术人员与企业家合作和交流.这种开放的理念使得硅谷企业都有一个迅速解决技术和市场问题的系统。从硅谷的观点，最重要的是灵活性和适应性的商业模式，次要的才是损失商业秘密。所以我遇到硅谷的一些专业人士都频繁跳槽，他们认可自己是为硅谷工作，不是只为一个公司工作。

而从另一个角度看，文创产业集群也在向需求侧也就是市场端集聚。联合国贸发会议的研究报告指出：比如近年来，泰国在文化贸易方面逐步增长。泰国在中国的文化产品出口目标国家中列第 18 位，泰国在中国的主要文化产品进口国家中列第 5 位。泰国从东北部的呵叻高原，到中部湄南河平原，又到中南部暹罗湾红树林地域和最南端的马来半岛，包括 77 个府、4 大区域，繁衍生息着 30 多个民族，有丰富的民俗文化资源。泰国鼓励企业把本土文化资源开发成为文化产品。2018 年 11 月建成开放的 ICONSIAM（暹罗之印）是一个超大型商业会展文娱综合体。其中的 SookSiam（暹罗乐城），把泰国各地和各民族的 3000 多种民俗文化、特色产品、美食小吃、艺术表演等集聚起来。让我感觉：这个 1.6 万平方米的巨大主题文化消费中心，可以让海内外的好的消费者获得对全泰国民俗文化的集中体验。

记得派格传媒总裁孙健君先生曾经提道：在大都市群的新兴产业集群，不但有向心集聚，而且也会出现离心集聚。我非常赞同。在大中小城市层级发育完善、各类流通网络高效的大城市群，会出现许多专业性的枢纽和节点。新兴产业集群会根据比较优势，选择在中小城市以及特色小镇集聚，从而更加靠近市场的中心。最近我去乌镇实地调研，感触非常深。乌镇把一个风景优美的江南古镇，建设成为互联网新兴产业的集聚之地。2014 年世界互联网大会永久落户以来，乌镇互联网产业发展经历了做多、做优、做新三个阶段。乌镇以创建国家级互联网创新发展试验区为契机，规划峰会核心区、科创云栅、未来生活城、国际产业园、数字文教港五大功能区，率先启动 5G 建设工作，设立 43 个 5G 基站，基本实现 5G 信号镇区全覆盖互联网企业数从 2014 年的 12 家快速增长至 767 家，预计 2020 年初可突破 1000 家，从而向“镇区景区化、景区全域化、全域智慧化”迈进。这给了我们许多启发。

4.建立新平台：高端服务，优质集成，增值赋能

通过高端服务、优质集成来增值服务。在世界互联互通的大背景下，要提升许多城市文化产业的国际化水平，必须通过高端的专业服务来吸引世界优质文化资源集聚。目前，中国不少城市都提出要建设世界城市或者国际大都市。而真正意义上的国际大都市，必须具有全球资源的配置功能，建立在全球网络的基础之上。全世界各个城市之间真正的联系，不是靠政府之间结成友好城市，也不是靠政府推动开展经济合作，更多的是靠全球功能性机构在各个城市开展全球化工作。每一个这样的机构，都有自身的全球网络布局，从而帮助它们开展全球业务。它们在这个地方进行优化整合并向内外产生强大的辐射力。这是我们面对的又一个挑战和重要机遇。我认为：今后几年中国各个主要城市将会形成高端平台和专业服务的竞争，这在文化产业领域也表现得非常突出。

近日，上海市影视版权服务机构揭牌成立，即以培育、吸引和转化影视版权为重点，服务于中国电影从创意、筹备、生产、推广、授权、衍生产品等的全链条运作。影视产业的核心是版权的开发。这是中国影视产业相对薄弱的环节。有鉴于此，必须通过专业服务提升影视版权的“开发价值”，提高中国影视项目的立项品质，合理规避影视版权题材的重复，打造基于立项、剧本、选角、拍摄、完片、发行等环节的全流程影视剧版权价值评估体系。它还包括搭建“影视作品版权授权交易平台”，形成影视作品从“版权登记—版权委托—价值评估—挂牌交易—授权跟踪”全流程一站式服务；建立“影视版权创作者版权资源库”，依托银行、担保、保险、融资租赁、商业保理等金融资源，针对影视版权交易提供多元化、创新性金融服务。这是又一个富有启发的案例。

5.更新价值链：跨界合作，延伸链条，拓展市场

通过跨界联通、更新链条来拓展市场。在互联互通的背景下，文化产业正在和工业、旅游业、城市建设业、现代农业等相关产业深入融合，逐步把产业链和价值链进一步延伸。艺术授权产业 Arts Authorization Industry 是国际上一个活跃的产业领域，是将艺术版权内容，通过授权开发，形成多样化的复制品和衍生产品，以扩大艺术影响和市场效益，推动艺术大众化、创意生活化的产业形态。

艺术授权产业要求把艺术原创（著作权方）、授权开发方、支持保障方、推介服务方等多方的有机组合，形成不断延伸的价值链、服务链和产业链。由于艺术授权产业推动了艺术版权内容的全球化流通，所以它也是国际文化交易的一种特殊形态，是潜力巨大、不断扩大的一个新兴文化市场。艺术授权产业的核心是艺术版权的开发，也就是把获得知识产权认定和保护、具有原创价值的艺术内容，在不断的授权衍生开发中扩大市场化、商品化的应用范围，使得艺术原创和再创造的价值获得应有的商业回报。在这方面，中国许多城市需要吸取国际上比较成熟的艺术授权交易模式，可以大有可为。

以上海自贸区国家对外文化贸易基地为例，它创建了一种新的业态，简称为国际文化授权交易会 CCLF，邀集海内外的优秀版权内容进行展示，并且邀请下游的被授权方来参加。在 2019 年 11 月举行的第二届长三角国际文化产业博览会的 CCLF 展区上，柚柚传媒拍摄的动画片《包咕咕》与泰国 Xhabition 工作室达成 4000 万元人民币的合作协议。《包咕咕》诞生于 2014 年，是上海本土原创动漫品牌。柚柚传媒把长三角人喜欢的美食—小笼包子、粽子、阳春面等提炼成为有趣的动画角色，上升到审美创造的层面，成为包咕咕、粽英雄、人人面，演化出许多让人忍俊不禁的故事。

该项目曾入围新加坡 ATF 亚洲电视论坛“动画实验室项目”，荣获第十一届中国国际动漫节金猴奖“最具潜力动漫形象”等，至今已在全球 20 多个国家和地区进行宣传和推广中国美食和传统文化，并于 2018 年开始担任国家非物质文化遗产、上海南翔小笼包“全球形象大使”。这组 IP 先后跟随国家对外文化贸易基地（上海）参加多次 CCLF 文化授权展，香港影视展、美国拉斯维加斯授权展、江苏省（南京）版权博览会、中国艺术节演艺及文创产品博览会等，并且获得了授权开发的良好业绩。可见：中国开发授权产业具有广阔的空间。

6.培育新主体：细分领域、隐形冠军、核心技术

要把握好全球互联和专业分工的辩证关系，在积极参与全球产业链的同时，把更多的文创企业培育成为隐形冠军。中国的文创企业绝大部分是中小企业，而中小企业不等于弱小，隐形冠军就是“小而强”的代名词。所谓隐形冠军的概念，是德国专家率先提出的，指在某个细分市场绝对领先，并在自身领域成为世界前三强之一，但年销售额不超过 50 亿美元，公众知名度比较低的企业。

在这方面，我们很值得研究和借鉴瑞士文创产业的经验。近期我与瑞士创意中心的代表进行深入讨论，感触良多。瑞士不但是知名的发达国家，而且是创新开发与创意经济的重镇之一。2012 年以来，世界经济论坛在全球竞争力报告（The Global Competitiveness Report）中通过十二大项指标的综合比较，多次认定瑞士为全球最具竞争力国家，欧盟委员会工业与产业总署“创新优先欧洲计划”（PRO INNO EUROPE）框架下的“创新学习平台”年度报告，也多次认定瑞士为欧盟创新力最佳国家。从面积和人口看，瑞士是一个小国，但是从人均的创新活力和效益看，瑞士却是强者。瑞士国土面积为 4.128 万平方公里，而美国是 937 万平方公里，两者为 1∶238；再看瑞士人口为 800 万，美国人口为 3.22 亿人，两者对比为 1∶40；然而，在瑞士的美国公司创造了 8000 个就业岗位，而在美国的瑞士公司创造了 460，000 个就业岗位；美国向瑞士投资每年达到 1550 亿美元，而瑞士向美国的投资每年达到 2240 亿美元，瑞士反超美国的规模。2018 年，瑞士创意产业企业达到 75071 家，占全国企业总数的 11.5%。瑞士的创意经济优势在于形成了培育产业活力的优良生态系统，造就了许多中小型的“隐形冠军”。如瑞士设计师设计了 Piech Mark Zero 纯电概念车，以简洁而圆润的风格作为整体设计风格，特别是以一块具有空气动力学效应的“前唇”倍增炫酷感；ANUVAD 把高级的电热地毯和印度的编织物相结合，开发出别具一格的特色地毯；STREAX 开发出独特的手机电竞操作系统，让每个人都可以成为电竞场上的主人 host、玩家 play 兼赢家 win, 受到电竞爱好者的欢迎。

回顾过去，展望未来，我们对建设大国文创和文化小康充满了信心。学习新知识，探索新领域，中国文化产业将有更加广阔的前景。谢谢大家。

第五章　以“文化小康”助推“全面小康”

演讲者：范　周　中国传媒大学文化产业管理学院院长，教授

2020 年作为一个关键时间点，是全面建成小康社会的收官之年。聚焦全面小康社会当中的文化建设问题，我们需要理清四个关系。

一、正确处理好社会效益和经济效益的关系。

2020 年要全面实现小康，除了经济上的衡量指标以外，更要思考文化上的指标。经济上的脱贫可以量化，精神上、文化上的脱贫则很漫长。因此，需要考虑经济上实现脱贫达到全面小康之后，文化建设是否能同步跟上？政府在考核摘掉国家级贫困县的帽子时，文化指标是否涵盖其中？

这就要求把社会效益和经济效益的关系继续放大，始终把社会效益放在首位，这是文化产业发展、文化建设过程中一以贯之的要求。十九届四中全会中对这一点强调更为明确、态度更为坚决。坚持先进文化的前进方向离不开正确价值观的主导和引领，要不断地引导正确的价值观以潜移默化的方式融入艺术作品之中。现在有很多的文艺作品，包括文化产品在市场效益方面表现得较为可观，市场占有率也在不断地扩大，但如何看待和正确引导这些文艺作品的发展值得我们深思。

甘肃省相较于东部发达地区，其经济发展水平在全国属于中等偏下，但

在推动文化产品供给与市场需求进行有效对接方面发挥着示范引领作用。甘肃省将中央财政和省里财政筹措的资金投入到市场配置中，通过举办各种活动来拓宽市场渠道，在短期内成效显著。尽管甘肃省文化产业的发展未列入全国前列，但其文化产业的发展和地方脱贫致富的有效结合展现出鲜明的地方特色。200 多个文化企业年均生产 900 多万件产品并且行销到世界各地，产生很好的效果。在最近几年的发展中，甘肃省致力于打造出一系列文艺精品，艺术院团排演了很多在当地富有特色、在外地颇具影响的剧目。这些文艺作品选取百姓的日常生活作为素材，引发了人们的强烈共鸣，取得了很好的效应。甘肃省的这些发展正是政府有意识主导的结果。

二、正确处理好政府与市场参与小康社会建设的关系。

政府在对小康社会建设的各种考核指标和刚性的政策驱动上，还有很大的增长空间。回顾浙江安吉的发展之路，一个 42 万人的县城的房价现在已经达到 3 万左右。这样一个小城为什么受到大家的欢迎？首先是县城发展的过程中植入文化元素。当地的市场经济结构依托生态条件做出了重大调整，紧密结合“绿水青山就是金山银山”的发展理念实现了可持续发展。

其次，政府在考核整个产业结构时充分把文化和旅游的要素纳入其中，全面地把握整体发展规划。县城虽然没有大型文化设施的项目，但在其发展过程中已经完美地将美丽乡村建设和文化建设融为一体。除此之外，当地政府还很注重民意，充分听取民众的意见。尊重民意不破坏生态，对大片的竹林未进行大批量开发。当地的自然资源在不知不觉中已经融入文化生态建设之中，深受游客们的热捧。

三、正确处理好公共文化服务的基础性作用和满足中高端文化需求的关系。

公共文化服务在文化建设和发展的过程中起着基础性作用，这对于西部欠发达地区尤为重要。当前，西部欠发达地区的公共文化服务的基础性作用没有得到有效的发挥，为此国家应该在落实《公共文化服务保障法》的渠道、内容方面继续谋篇布局。

在面对不同地区间发展不平衡、不充分的现状时，也应该满足中高端文化需求市场的发展。在保障人民群众基本公共文化服务的同时兼顾到多样化文化需求，加强公共文化服务平台的建设，特别是数字公共文化平台服务，以此来满足人民日益增长、不断升级的美好生活的需要。这也为文化产业的高质量发展提供了一个更大的空间。

四、正确处理好弘扬传统文化与吸收借鉴外来文化的关系。

要把握好借鉴外来文化和中国传统文化之间的关系。在这个关系中要提升对传统文化的重视程度，同时也要聚焦到本土文化的继承和创新。当前，如何吸收和借鉴外来文化以实现传统文化的创新发展是一个新的课题。要把握好文化创新的机遇，依托文化旅游实现良好的对外传播，在这一点上每年中国的入境游和出境游是讲好中国故事最好的载体。中国文化“走出去”绝不是以硬邦邦、冷冰冰的方式让中国文化“走出去”。

在文化交流的这一过程中，李子柒传播中国文化的事件引发了人们的关注。不可否认的是，李子柒的这种传播方式让我们多了一层思考方式，多了一种向海外讲好中国故事的方式。她把自己看到或经历的事物通过视频的方式有效地传播到海外，获得了很好的效果。在这其中她凭借一己之力拥有几百万海外粉丝也证实了传播的效果。

这充分地说明了对待传统文化的宣传和传播要研究的并不仅是文化本身，关键在于传播的有效性。在传播方面要传播到点子上，实现更加精准的传播。这一传播过程是双向、互动的，而不是让人被动接受、强加到文化交流之中的。对于这种宣传方式，应该给予她更多的包容，向她学习。

全面建成小康社会是一项系统工程，文化在全面建设小康社会中发挥着不可替代的作用。为此应当处理好文化小康建设中的四个关系，立足于新时代的历史条件，促进文化的创新和发展，助力文化小康的最终实现。

第六章　符号与审美文创的内核问题

演讲者：李向民　南京艺术学院副院长、紫金文创研究院院长、教授

今年论坛选题是“大国文创与文化小康”，一大一小，反映了当前我国经济和社会发展中一对重大对比关系。结合论坛题目，我今天想讨论的话题是“符号与审美文创的内核问题”。尽管大家都在谈文创、谈文化产业，它的内核究竟是什么？这是一个需要研究的问题。

一、案例：舞台剧《金城公主》的文创产品——雨衣

最近几年我大概每年都会去西藏一两次，包括给西藏做十三五的文化发展规划等等。因为大型实景演出《文成公主》在户外演出，除了夏天，其他时间没办法演出。今年他们新推出了一部舞台剧《金城公主》，建了专门的剧场，这样演出就不受天气和季节的影响。这两部剧讲的是两代大唐公主远嫁西藏的故事，但是所表达的情感和情绪是完全不一样的。

散场后，我们特别欣喜地看到，在剧场大厅里出现了大批琳琅满目的文创产品。今天在都市生活的人很少有机会穿雨衣，但那天我们去的几个人，每个人都买了一两件《金城公主》的文创产品雨衣。尽管其使用功能正在退化，但是为什么大家还会买这个雨衣呢？我想这里有两个原因，一是它本身的设计和裁剪风格非常棒，不像传统的老式雨衣，显得特别时尚。另外一个，

是它背后的logo和标语，是用了一个藏戏面具的图案，向大家传递了一个跟西藏文化相关的东西。

为什么人们会迷恋西藏，反复地提起西藏，要去西藏看看？从某种意义上讲，西藏是“远方”的代表。这不仅仅是因为西藏遥远，更是因为它的自然环境、高原气候，让很多人望而却步，显得心理上特别的遥远。另外一方面就是西藏文化所代表的诗意和陌生感，也是内地其他地区所不具备的。所以，像藏戏这样的元素出现本身，已经给人一种诗和远方的遐想。雨衣上印了两行字：“人间都是故乡，天下没有远方”。这是《金城公主》的一句台词，听了让人非常温暖，同时让人对照着会想起《文成公主》里的另一句台词，这两句话特别像。《文成公主》里边的台词叫“回不去的是故乡，到不了的是远方。”反映了一种非常苦闷的心理，游子的心态，而这个讲“人间都是故乡，天下没有远方”是一种非常积极阳光的心态。虽然同样是面对背井离乡这个境遇，但却努力融入新生活，它给人传达的感觉和情绪是完全不一样的。从这个意义上说，这个雨衣本身有了更丰富的承载。它已经不只是一件雨衣。其绝大部分功能不在于雨衣的物理功能，而在于它是一个特别有意思的文创产品。你会喜爱它，并且觉得它所表达的东西契合了你内心的需求。

二、文创是在传统产业中注入精神内容从而实现产业的文化化

我们今天讲文创，并不是无中生有的空穴来风，而是在传统产业中注入精神内容，从而实现产业的文化化。我们知道，国际上有很多名牌产品的广告，分析人们的消费习惯，就会发现，人们在很大程度上消费的不仅仅是物质产品本身，同时在消费它的精神内容。比如以前可以做香烟广告的时候，经常看到万宝路的广告上一个西部牛仔，正策马在美国西部的旷野上飞奔。万宝路广告当中所体现出来的西部牛仔的精神和万宝路所要传达营销的精神理念其实是一致的。当你抽烟的时候，可能更多的是在彰显对美国文化的推崇。

再举一个例子，十几年前曾经有人做过一个研究，统计抽烟者在抽不同品牌香烟的时候，他一包烟抽完拿出来的次数。如果抽的是红塔山，他可能只拿出来4次，就把一包烟抽完了；如果抽中华，他会拿出来15次。使用不同品牌的产品，不仅是一个行为，更大程度上在享受这个品牌所附着的精神

内容。

在这个意义上看，精神内容在传统产业正在逐步地取代它的物质本身的功能，成为新的东西，而这恰恰是我们今天搞文创和文化产业的一个本质。

三、符号是被认为携带意义的感知

学者赵毅衡曾经说过，符号是被认为携带意义的感知，意义必须用符号才能表达，符号的用途是表达意义。大家看到北大校徽，会联想起北大的历史、北大的精神，还有许多事情，不需要再说别的话。刚才王博副校长谈北大，说有一个“有形的北大”，还有一个“无形的北大”，无形的北大很大程度上是通过各种符号化的表达来呈现的，而这种浓缩的东西对我们的生活影响非常大。

我们曾经研究过为什么电影会比电视剧更热门，会引起大家关注。电影跟电视剧的放映不同，电影是在一个特定的档期之内，大家共同关在一个黑屋子里边看的，它具有话题性，容易讨论和形成共鸣，就像看球赛，你到现场去看球赛，跟电视机前看现场直播是不一样的。

刚才几位老师们都提到了李子柒。其实之前我对李子柒没有关心过，也不了解，但后来老听大家提起，突然发现不了解她就要落伍，因为你会觉得一个搞文化产业研究的人不了解李子柒，你这一年干吗去了。所以突然会觉得有种危机感，得赶紧去研究她。在这个时候李子柒成了一个符号，成了当代这种时尚文化的一种符号。因为网红的巨大传播力和带货能力，即便把“金城公主”雨衣后面的诗句换成“李子柒”三个字也会有人买。但是如果说没有这一波宣传和那么多粉丝，写这三个字谁也不知道什么意思。但是一旦有了了解以后，它就成了一种符号，成了一种元素。所以，文创当中的创意工作，就是要提炼视觉元素并使之符号化，以唤醒受众的回应与共鸣。

四、解读符号就是释放其中的精神内容

符号是浓缩的故事，解读符号就是释放其中的精神内容。我早就在琢磨一个问题，为什么我们中国的小孩喜欢到麦当劳去吃饭过生日？其实麦当劳

与其说是餐厅，不如说它是文化企业。我们知道，以前很长一段时间，麦当劳跟可口可乐、迪士尼形成了一个铁三角，所以买儿童套餐会送你迪斯尼的儿童玩具。时间长了，麦当劳在一定程度上成了美国文化输出的重要堡垒。麦当劳金色拱门也成了美国文化元素的一种重要标志。因此符号其实是浓缩的故事，解读符号就是释放其中的精神内容。刚才各位也提到了动画片《哪吒》，因为哪吒 本身作为一个中国传统民间故事，很多人都耳熟能详。提起哪吒，没人会以为这是一个外国故事，这就是一个桀骜不驯的中国少年的故事。但是如何把这个故事讲得让今天的人更能够接受，更引起共鸣，这是需要技巧的。这关系到讲故事的能力，讲好中国故事，说的就是这个意思。

五、审美

所以说，电影和符号等等，它是在打造一些新 IP，是可以让大家来进行传播和共享的。与符号相对应的是审美，这在文创产品中往往容易被人忽视。在审美上，很多人觉得自己不是专家，不具备审美能力，只要专家做的东西都是好的。我们回头来看，就像有些人家挂的字画让人不忍目睹一样，同样是设计师甚至艺术家做出来的东西，仍然有天壤之别。

1.设计和趣味、形式即内容

如何去做好的设计，给大家提供美的感受，其实是需要研究的问题。为什么有的文创产品让人爱不释手，有的让人看了掉头就走，很大程度上是因为本身的设计。刚才我说的那个雨衣，如果做得像 70 年代的雨衣那样，大家估计也不太喜欢，因为那个样子太粗陋。现在裁剪得这么漂亮，哪怕没有字，我也会喜欢这个东西。但是，现在的审美并没有被大家放到应有的高度去，大家往往觉得设计与科技、产业相比较是次要的东西，但其实这恰恰是我们今天全民族需要去解决的问题。

关于审美这个问题，我有亲身体验。今年我装修房子找了家上市公司，专门请了一个设计师，设计完以后，我把他炒了，觉得设计不行，然后找别人再来重新搞。设计师也许觉得我做这行的，你给我房型，我就给你认真设计画图。他不会去了解你是什么样的籍贯、职务、职业、收入水平、教育程度，这些问题他统统不问，只是根据房型给你画个设计图，你就应该是这样住在这个里面。但我想，如果接受这种千篇一律的所谓设计，那还不如住宾馆。这种个性化的设计和审美，其实现在仍然没有得到我们很多人的重视。北大老校长，也是我们南艺的前身上海美专董事局主席蔡元培先生一直倡导美育。说实话，我们许多艺术学院在培养在艺术人才的时候，往往更多的是强调技能培训，很少去强调培养他的人文精神和审美素质，而这个东西恰恰是我们今天从事文创工作特别重要的一个元素。

2.仅仅因为图案、造型，便可激发购买欲

文创为什么能够成为支柱性产业且进一步加快发展，它的根本基础是人民对美好生活的需要。在基本的物质生活得到满足以后，人们开始追求更多的东西，所有的东西都在逐步趋向于精神，甚至是道具化。我们的服装像行头，我们用品变成了道具，而道具和一般的实用品最大的区别什么？道具的精神性大于功能性。它有更多的部分可以强化和彰显这个角色的需求和内涵。所以说，文创产业之所以今天能够迅速发展，而且将来还有更大的发展前景，最大的东风是我们进入了新时代。新时代的本质是精神经济时代。三十多年来，我们社会的基本生活需求已经发生了重要的变化，大家无论是对故事的需求，对 IP 的需求，还是对审美的需求都上了一个新的大的台阶。

所以，今天我们讨论“大国文创与文化小康”的时候，需要讨论这么一个特别微观的话题。因为这样的微观话题弄明白了，我们才可能认清方向，才会把文创产业做得更好。

第七章　韩国文化旅游的品牌化战略

演讲者：李永求　德溪学术财团理事长、韩国外国语大学教授
鄢　葵　韩国亚洲大学文化内容系助理教授

一、“旅游热”

先请大家看一组数据，据韩国统计厅的调研结果显示，2010 年以后，在看电视文艺演出、体育活动等休闲活动中，韩国人最想从事的休闲活动是旅游，2011 年占 58.5%，2013 年占 62%，2015 年占 59.4%，2017 年占 71.5%，所占比重高居榜首，由此可见旅游是韩国人心中休闲娱乐的首选，那么，现实情况如何呢？

根据韩国文化观光研究院的数据显示，2012 年到 2016 年期间，超过 80% 的人有过境内旅游的经历；人均境内游次数呈增加趋势。2016 年，境内游次数约 2 亿 4000 万次，人均境内游次数达到 5.5 次。与此同时，境内游消费也逐年增长，2016 年总消费达到了 25.7 兆韩元，人均消费约 58 万韩元（约 3500 人民币）。可见，境内旅游总量的变化是对韩国民众旅游需求的现实反映。

此外，韩国人的境外游也十分活跃。从 2010—2018 年，韩国出境人数由 1200 万增加到 2800 万，上升幅度相当大。同时，受韩国电视剧和流行音乐的影响，访韩的外国游客数量也迅速增加，由 2010 年的 880 万人次发展到 2016

年的 1700 万人次。

不仅如此，以旅游为主题的电视综艺节目也大量涌现，内容多元且形式多样。如主打境内游的《两天一夜》《欢迎你，第一次来韩国吧》；以及力推境外游的“花样系列（《花样爷爷》《花样姐姐》《花样青春》等）”、《心酸旅行》等。

综上可知，近 10 年来，旅游已形成一种潮流。

二、旅游和节庆

事实上，在旅游势头渐盛，且逐渐日常化、产业化的过程中，离不开政府政策的引导和和财政援助。以文化体育观光部为首的有关部门，于 2017 年的 12 月发布了《观光振兴基本计划》，设定了“有停歇的生活，以人为本的观光”为蓝图，树立了四大执行战略以及对应的八项课题，具体内容如下。

第一，旅游的日常化。对不同年龄层和阶层的人给予观光支援，鼓励大家休假，并强化旅游安全。第二，观光推动地域发展。加强地域观光基础建设，挖掘具备地域特色的内容。第三，吸引全球游客。对访韩市场的结构进行调整，提升访韩市场的附加价值和品质。第四，创新带动产业升级。打建观光产业创业生态，进一步完善观光产业制度和扶植政策。

其中，“观光推动区域发展”明示了旅游与区域发展之间的紧密联系。同时，在“挖掘具备区域特色的内容”的子课题下，还明确表示要发展节庆，并打造声誉全球的国际品牌。那么，韩国政府为何选择节庆作为旅游产业的推手？

三、案例：金海伽倻文化祝祭

为了回答这个问题，我给大家介绍一个案例——金海伽倻文化祝祭。

位于韩国南部的金海是一座历史悠久的城市，作为伽倻文化的发祥地，沿袭和传承了神秘且灿烂的伽倻传统。自 1962 年起，金海市开始举办伽倻文化祝祭，迄今为止已经举办了 43 届。该节庆的核心意义在于纪念驾洛国金首露王的丰功伟绩，重现伽倻文化的昔日荣光。据资料显示，每一届节庆的活动项目大概有40个，较为核心的祭祀和民宿活动基本没有大的变化。

第43届伽倻文化祝祭的活动项目，分为七个类别。

第一类是官方活动，由告由祭、亲迎礼、春享大祭、演出《伽倻的故事》等构成，多为传统的伽倻祭祀仪礼，仪式感和年代感比较强。

第二类是民俗活动，有拔河、长游和尚追慕祭、石战、掷柶和农乐表演。相对于官方活动而言，民俗活动更为熟悉和贴近生活。

第三类是综合活动，由料理秀、人文讲座、文艺表演、音乐会、武术表演组成，涉及饮食、历史、文体艺术等多个领域，是一组名副其实的伽倻文化全面大放送。

第四类是体验活动，有伽倻历史体验馆、伽倻文化地带、伽倻迷宫展馆、伽倻海路和城市游，通过各种体验丰富对伽倻文化的认识和感触。在伽倻历史体验馆，游客戴上VR装备后，可以畅游在两千年前的伽倻历史长河中。可见，尖端技术能带来全新的历史感悟。这也表明，节庆的发展也紧跟时代的步伐在前进。

第五类是物品放置，如摆放印有伽倻图案的旗帜，安置讲述金首露王出生和婚姻的壁画，挂放市民们的祈愿灯。通过摆放物品，增强了游客的参与感。

第六类是相关活动，顾名思义，它与核心活动的联系相对薄弱一些，但也不无关联。如国际姐妹城市特邀演出、食品博览会、料理大赛、农产品展览等。

第七类是附带活动，有美术大会、童话表演大会、写作大赛、辩论会等，多半适合少年儿童的参与，这类活动十分普遍，用于辅助和助兴。

四、文化旅游的品牌——节庆

从伽倻文化祝祭的七类活动构成可知，节庆根植于地域文化，综合了历史、民族、信仰、艺术、体育、饮食等多诸元素，是一场聚集地域文化核心与精髓的旅游盛宴。

从上述案例的活动项目中也不难发现，日常性与非日常性、圣与俗、过去与现在、不变与可变等对立要素呈现出交叉与共存的状态。

同时，节庆也是一场感悟盛宴，多种表演活动满足了视觉和听觉的需求，体验和参与活动发动了触觉，饮食则重组了嗅觉和味觉。

综上可知，节庆是地域文化的集中体现，也是在有限的时间里，集中了解和体验地域文化的最佳选择。因此，韩国政府对以节庆作为文化旅游的品牌化战略，给予大力的支持和援助。

自1996年起，韩国便设立了文化旅游节庆评选制度，对入选的节庆给予财政支援。从表格中显示的数据可知，相对于政府的财政投入，节庆创造的经济效益十分可观，可谓是高效创收。这也证明了节庆对拉动旅游发展、活跃地方经济所发挥的积极作用。

年度	入选节庆（个数）	财政支援（单位：百万）	游客人数（单位：名）		经济效益（单位：百万）
			国内	国外	
2010	44	6700	30,425,537	699,906	1,703,429
2011	45	6700	26,274,152	597,634	1,264,620
2012	45	6700	29,335,000	782,700	1,780,025
2013	42	6696	27,809,089	1,644,231	1,642,233
2014	40	5902	16,734,505	553,471	1,059,608

表1：入选节庆的游客人数与经济效益

（出处：文化体育观光部（2015），《内部材料》）

节庆必须是一个具备鲜活生命力的品牌，时间关系，有关品牌的塑造，我简单地说两点。一是要明确身份认同，节庆的身份认同从源于地域文化，是其核心价值与时代精神的集中体现。二是讲好故事，发挥沟通交流以及身心沉浸的作用。

第八章　小康社会战略与文化产业

演讲者：金时范　韩国安东大学文化产业研究生院创意内容系教授

各位同仁，大家上午好！

非常荣幸再一次来到北京大学，参加第十七届中国文化产业新年论坛。我今年演讲的主题是《小康社会战略与文化产业》。

一、个人需求与幸福感

根据威廉·马斯洛的需求五阶段（Maslao's Hierarchy of Needs）理论，人有五个层次的需求，自我实现、自我尊重、归属感和爱、安全、生理需求。克雷顿-奥尔德弗的ERG需要理论（Clayton P.Alderfer ERG Theory），提出了其他的观点。他认为人的需求包括生存需求、关系需求、成长需求，两种理论在某种程度上是重合的。

2019年选出中国最具幸福感城市，调查推选结果于11月25日发布，其中有成都、杭州、宁波、西安、广州、长沙、温州、台州、铜川、徐州十个城市被推选为"2019中国最具幸福感城市"。

中国幸福感城市评价标准有三个方面，生存需求包括环境、居住条件、医疗服务等内容；关系需求包括职业、收入、社会福利；而成长需求主要跟教育有关。

二、地方文化促进法

第一条（目的）

通过规定弘扬地方文化的事项，提高居民生活质量，建设充满文化活力的国家，从而缩小地区文化差距，发展各地区有特色、有地方特色的文化。

第二条（定义）

1. 地方文化是指，基于地方自治法规定，地方政府行政区域或具有共同历史文化特征的地区为基础的文化遗产、文化艺术、生活文化、文化产业以及与之相关的物质和非物质文化活动。

2. 生活文化是指一个地区的居民为满足其文化需求而自愿或定期参与和表演的有形和无形的文化活动。

3. 文化城市是指依照第十五条规定，通过有效利用具有地域特色的文化资源，比如，文化艺术、文化产业、旅游、传统、历史、视觉形象等，加强文化创造力量的文化城市。

第三条（区域文化推广的基本原则）

国家和地方政府应当按照下列基本原则，制定区域文化促进政策：

1. 缩小区域之间的文化差距，促进区域文化多样性协调发展；

2. 提高区域居民生活质量；

3. 创造生活文化的环境；

4. 优先保护地域文化本身的原始特征；

第七条（支持生活文化）

（一）国家和地方政府可以对居民的文化艺术组织、俱乐部活动给予支持，增强居民的生活文化活力。

（二）国家或地方政府设立、经营的文化设施的经营人可以为居民的文化艺术组织或者俱乐部提供活动空间，但不得妨碍有关设施的经营。

（三）私营单位设立或经营的文化设施的经营者（个人、企业等）向居民的文化艺术组织、俱乐部提供活动场地，国家和地方可以在预算范围内给予补助。

第八条（关于生活文化设施的扩建并支持）

（一）国家和地方政府应当制定扶持和政策，扩大文化生活设施建设。

（二）国家和地方政府可以对建设并运营生活文化设施项目给予补助。

（三）地方政府首长得依公共财产及商品管理法之规定，将其闲置空间转为文化生活设施，利用当地政府的闲置空间。

（四）拟兴建和经营文化生活设施的人，如申请使用第（三）款所述的闲置空间，当地政府首脑可准许其免费使用。

（五）地方政府可以将扩建、扶持文化生活设施的有关事项，作为市政府的规章予以实施。

第九条（对文化弱势地区的优惠政策扶持等）

（一）国家和地方政府应当对文化弱势地区制定扶持政策，缩小地区之间的文化差距，促进区域文化均衡发展。

（二）国家和地方政府可以优先实施保障文化弱势地区居民享受文化艺术机会的项目。

（三）关于需要支持的文化弱势地区的必要事项，由总统令规定。

第十四条（文化城市审议委员会的成立）

（一）文化城市审议委员会（以下简称“审议委员会”）由文化体育旅游部长负责，切实落实文化城市建设项目。

（二）审议委员会办理下列事项：

1. 审议地方文化城市建设规划并地方文化城市建设规划实施情况；

2. 文化城市的命名和撤销、有关变更事项；

3. 支持制定的文化城市等有关事项；

4. 审议文化城市所必须经总统令规定之其他事项；

（三）组织和运行审议委员会所需的其他事项，由总统令规定。

第十五条（文化城市的登记）

（一）文化体育旅游部长经审议委员会审议，可以按文化艺术、文化产业、旅游、传统、历史、视觉形象等领域，或者根据总统令确定的促进区域发展地区文化资源，指定文化城。

（二）基于文化城市的基本条件，如文化或历史身份、创造力和艺术性，市长 / 省长可以向文化、体育与旅游部长申请文化城市的登记。同样，市郡区领导可以向文化、体育和旅游部长提出文化城市的申请，征求特别大都市市长、大都市市长或总督的意见。

（三）申请指定文化城市的地方政府应当编制文化城市创建规划，并在希望指定文化城市的年度至少二年之前提出申请。文化城市建设规划，由当地政府报文化体育旅游部长批准。

（四）在第（三）款下的创建计划中应包括以下事项：

1. 文化城市建设的基本方向设定；

2. 按指定领域规划专门建设文化城市；

3. 开展各种文化创意活动，建设文化之城的有关事项；

4. 关于筹措文化之城建设项目所需投资资金事项；

5. 总统令规定的其他事项（创建文化城市项目时需要的）

（五）文化、体育和旅游部长可以评估地方政府创建文化城市计划的实施效果，并文化城市规划自批准之日起一年内，经审议委员会审查确定。

三、小康社会文化产业战略

小康社会文化产业战略的蓝图是通过文化提高生活质量和满意度，目标是通过文化产业构建自生自长的小康社会。文化产业的战略，包括几个详细战略：文化企划创作题材多样化，即利用地区文化资源最大化战略；融合结合提高效益处，即技术类型产业之间的联系战略；营造公平的流通生态，即可持续发展的合作共赢战略；提高正当的文化产品消费意识，即提高知识产权价值认识战略。

要达到以上几个战略的实施，需要加强专业力量的融合，文化产业努力联合、促进专业人员的培训、促进地区文化的全球化推广；需要筹集市场基础资金，建立支柱基金和投资资金，激活大众资金募集，培育文化知识产权交易所；需要支持公平的互相合作，需要现实的间接支援体系化，合理运用法律制度，打造公平的产业价值链。

只有公平的文创企业营商环境、给多样的文化活动创收机会、让各种文化获得收益、提高人们的生活质量和满意度，才能达到通过文化产业可持续增长的自生力，构建小康社会的目的。

（本文为英文发言翻译稿）

第九章　气氛美学与文化幽灵

演讲者：彭　锋　北京大学艺术学院院长、长江学者特聘教授

一、气氛存在于“之间”

气氛美学从另外一个角度，突破力度，突破主体客体之间的二分，有一些东西它很难归属于主体，也很难归属于客体。其实对于东方文化来说这个比较好理解，比如说我们讲“气”，“气”可能既是主体的，也是客体的，但是除了这个之外，我们还有很多东西比如灯光，比如色彩、气味、声音等等，这些像非物质的东西。波默发现这里面的审美价值不在于形状，包括物里面或外面，而在物的一种精神，也从物的形状周围洋溢出来的一些东西，这些东西如果跟主体发生了对接就会形成一种场或者气场。

其实我们从传统来看，中国比较追求这样一个气氛。比如说同样两个雕塑作品，我觉得中国的看起来很有气氛，西方的看起来不太有气氛。再比如说绘画，郎世宁画的马是油画，但是明显感觉他在渲染周围的气氛，所以气氛对于中国人来说理解并不困难，但对西方的理解还有一点难度，因为波默在日本待过，所以接受了很多东方哲学和美学培养，同时又有东方的艺术体验，所以他能讲气氛美学。

气氛是无形之物，非有形之物，它是个东西，是物而非物，无形是有形，故以名为有物样的东西，它介于有无之间，虚实之间。所以气氛它存在于主

体与客体之间，如果从西方二分的框架里面来看，我们可以看到形而上和形而下之间是截然对立的。

徐冰的作品《鸟飞了》，它用的是同样一个模型来做的一个作品，地下鸟和真鸟、形而下和形而上、物理的和理念的，它们之间有千丝万缕的联系，它能过渡过去，所以在用符号学的说法来说，能指和所指之间是有价值有意义的。

我们可以看到现场装置里摆放着新华字典，关于鸟的定义，然后鸟变成真鸟飞走。所以他通过交叉重叠，通过这样一种曲折复杂关系，将本来是截然而分的形而上和形而下、能指和所指让它勾连起来，这样就开始有意义了，有价值了。

所以我们经常讲文化软实力的“软”在哪里？非物质文化遗产的“非”在哪里？我觉得可能更多跟气氛有一些关系。但我们看到很多非物质文化遗产的展览，其实展览都是物质的，其间的气氛并没有营造好。我曾经写了篇文章叫《文化产业无限生产》，这个领域的生产是无限的，因为它是非物质的，我们一个想法是它就是一种生产，没必要做成一个物质东西出来。我们现在有很发达的信息存储技术，所以我们很多东西可以不实现，你可以用新的方式存储起来。

二、什么是文化幽灵？

最近我邀请一个教授讲座，关于幽灵电影的，我觉得挺有意思。我们很多电影拍完之后，没保存好就消失了，或者很多电影根本就没拍出来，或者很多电影拍失败了，但这个电影还是存在的，只不过是个幽灵电影。

沿着这个思路，我们就理解了什么是文化幽灵。那些失败的、未完成的、毁坏的文化艺术作品，关于文化艺术作品的想象，任何有趣味的幻想，都是文化幽灵。也就是说，文化气质可能就体现在你的幻想里面，可能并不一定完全，所以我觉得这种它构成像幽灵一样的存在，比如我说要拍个电影，我根本没拍，但我说了我想拍什么电影，这个话题传播开来，他就像电影的幽灵一样的，我觉得有些意思。

最后我们看看刘禹锡的《陋室铭》里面的艺术气氛与文化幽灵。我们都知道“山不在高，有仙则灵”，所以它事实上来自我们的一种想象，一种观念，它可以实现也可以不实现，实现了更好，没有实现也可以作为一个幽灵来存在。

所以我觉得对文化产业来说，我们制造更多这样的观念，这样的想象，或者气氛，让我们在有限的物质生活空间里面焕发出更多的、更具色彩的、更精彩的文化气氛。

第二篇　海淀对话会：科技创新与文化创意

第一章　北京海淀区文化产业发展比较研究
——北上广深杭蓉六地比较研究

演讲者：包路芳　北京社会科学院社会学所研究员

各位嘉宾，各位老师们：

下午好！海淀文化产业发展的比较研究，是基于北京、上海、广州、深圳、杭州、成都六个城市比较基础上做的一个成果发布。我这次汇报的主要内容将从四个方面展开。第一，北上广深杭蓉六地文化（创意）坐标定位和阶段性特征。第二，六地文化产业发展情况的对比分析。第三，海淀区文化产业发展面临的新机遇和新挑战。第四，海淀区文化产业发展的一些借鉴和建议。

一、北上广深杭蓉六地文化产业发展阶段性特征

我们初步概括了这六个城市的特征，它们当前的文化产业发展在国内应该都达到了一个新的高度。这六个城市的定位大致都围绕着“立足国内、面向国际和全球”的视野，大多围绕“全国”“国际”“世界”等等展开的，也就是这几个城市目前都是处于高端竞争的发展方式，而且这几个城市的重点文化产业的行业发展定位也有一些重合之处。像是设计之都、数字文化产业、创意之城等等，还有一些动漫游戏，包括电子竞技，也是当前这六个城市都

重点关注和发展的领域。

北京是全国文化中心、国际一流和谐宜居之都、世界历史文化名城、设计之都，在四个中心建设的背景下，全国文化中心建设助力文化产业的提质增效。当前的北京发展已经从过去的谋求资源集聚，发展到了一种疏解首都功能，追求高效发展、高质量发展的阶段。在四个中心定位当中，文化中心是贯穿到其他的三个中心当中的。随着文化中心定位的加强，北京的文化产业在有资源、有空间的基础上，会有新一轮的发展高潮。文化产业一直是北京的特色和优势产业，也是全国各地学习标杆，就这两年跨年之初，北京已经陆续出台了有关音乐产业等重量级的一些文化产业的新的措施。

上海其实跟北京一样，也是文化产业起步较早的一个城市。上海文化产业发展的阶段性特征是观念创新与务实先行，在新一轮的城市规划中，上海被定位为卓越的全球城市，走的也是高端的路线。它的政策从制定到落地、从综合政策到专项政策，都有很强的可操作性和可借鉴性。浦东新区作为上海的一个后发之区，其文化产业的各方面发展都比较迅速，而且很多领域也在逐步引领全国，成为上海的一个支柱性的产业。

广州和深圳的特征是勇于创新与敢闯敢试，随着粤港澳大湾区的建设，作为大湾区的中心城市，它们的定位也越来越高。随着跟港、澳、台的交流和对接，广深二地的文化产业发展空间越来越广阔。尤其深圳，在新时代被赋予了很多新的历史定位和使命，比如中国特色社会主义先行示范区，未来它可能在多领域、全方位将会继续领先，而且深圳在 2008 年，发布了全国第一个文化产业促进条例。此外，广、深这两个城市间的竞争也是很激烈的。

杭州的特征是从 2007 年到 2017 年十年之间，完成了从全国文化创意中心到国际文化创意中心的转化，这背后就是支撑其文化产业快速发展的自信，那么它的自信哪里来？首先源于后发优势，其次就是发达的互联网基础。在六地的比较当中，杭州的文化产业对城市经济的贡献率、带动力是排在首位的，目前很多研究已经将杭州纳入文化产业的一线梯队里，它与北京、上海的差距在日益缩小。

成都的特征是“三城三都”与后发优势。客观地说，成都的产业规模和体量跟其他五个城市是没法比的，但是把成都纳入其中，是因为成都在某种程度上恰好符合了文化产业发展的某些特质，它在接地气、活力、人气等方面，是走在国内的前沿的。尤其是它提出了“三城三都”：文创之城、美食之城、国际美食之都、艺术之都、博览之都等等，集聚的后发优势和潜力相当大。

二、六地文化产业发展情况对比分析

2017 年，从文化产业整体规模、文化产业增加值等方面来看，这六个城市中，北京、上海是遥遥领先的，分别为 2700.4 亿元和 2081.4 亿元。第三名是杭州，文化产业增加值为 1577 亿元。现在杭州文化产业增加值的规模与京沪的差距也在缩小，杭州的文化产业占地区生产总值的比重为 12.36%，而北京、上海的这一比值却仅为 7.78% 和 5.99%，也就是说，现在杭州的文化产业对城市经济的贡献力和对城市经济的带动作用，在六地中是排在首位的。第四名是深圳，文化产业增加值是 1529 亿元，第五名是老牌的城市广州，第六名是成都，成都的体量不大，但是它作为一个古蜀文明的发源地，文化产品丰富，在文化产业的某些方面，甚至可能优于很多东部的城市，它的潜力是不容小觑的。

海淀作为北京市文化产业的一个领跑者，规模以上的文化产业创收占全市比例将近 42%，也就是说它已占据北京市文化产业收入的半壁江山，已经达到了一个发展的高原，但是从高原到高峰这一步怎么迈进？我们在做六地比较的基础上，提出了一些建议。海淀区 2018 年的文化产业收入为 4469.7 亿元，是朝阳区收入 2267.3 亿元的近乎两倍，海淀区文化产业收入的增速为 22%，仅比石景山区 22.2% 的增速落后 0.2 个百分点，海淀区在北京市内，还是处于领跑者的地位。

我们整理了 2008 年 -2018 年历届全国“文化企业 30 强”区域分布，其中北京的企业入选次数为 93 次（含重复值），居各城市之首，位列第二名的上海入选次数仅为 26 次。我专门把海淀和浦东两区单列出来做个对比，海淀入选“文化企业 30 强”的企业数目，大概占北京市的 26.09%，而浦东大概占上海市的 19.23%，但是北京入选的企业当中，国有企业比较多。这六个城市里，民营企业市场推力作为文化产业发展的强劲推力的还是深圳，深圳的民营企业和中小微的企业发展是非常迅速的。关于民营企业如何发力的问题，北京需要向深圳学习借鉴。

在文化消费方面，深圳的教文娱支出占人均消费支出比重为9.29%，为六地中最低的，说明深圳的文化消费不足，文化产品还是要满足消费者更好的期待。六地中教文娱支出占人均消费支出比重最高的是广州13.33%。北京和上海的比重分别为10.47%和11.78%，具体来看，海淀的人均消费支出比重为10.67%，远低于浦东的12.27%，仅高于深圳，这也是就说海淀今后怎么去刺激文化消费、带动文化消费，成为一个重要的问题。

三、海淀区文化产业发展面临的新机遇和新挑战

那么经过大致的比较，海淀面临几个发展机遇。第一，全国文化中心建设为海淀区发展高质量文化产业加码。第二，文化与科技融合新动力成为海淀区核心竞争优势。第三，“三山五园”历史文化景区成为北京历史文化名城的重要组成部分。它不仅是传统文化的传承，是文化产业带，也是我们海淀独有的一个优势。第四，京津冀协同发展为海淀区文化产业提供广阔空间。文化产业发展需要动力，也需要释放空间，京津冀三地优势互补，这种优势当前可能不会立刻显现，但今后也是我们海淀的一个发展的空间。

海淀区发展高质量文化产业面临的新挑战，第一，海淀特色文化精品不足，文化产业城市融入度有待提升。当前地方的文化产业的高质量发展，不能只看指标规模，以此来作为绝对标准，更关键在于文化产业与当地城市的融入度与社会生活的融入度。当前的海淀存在一些我们已有的文化资源优势，但是存在挖掘利用还不够充分的问题，以及如何利用科技创新去挖掘文化内涵的问题。同时还要防止用技术去绑架文化、技术大于文化内涵的问题。第二，海淀区文化产业与其他新兴产业对比带来的挑战。海淀区文化产业虽然增长率很快，但是文化产业的比重却比金融信息业的比重低。第三，海淀区文化产业结构偏差带来的挑战。在海淀区规模以上文化产业九大行业中，文化投资运营和文化娱乐休闲服务是两个短板。以后将重点发展的主导行业，精准发展优势行业，那么投资运营与休闲娱乐服务这两个潜力行业，也是要大力发展的。第四，海淀区文化产业国际竞争力不足带来的挑战。

四、海淀区文化产业发展的借鉴和建议

第一，勇于创新，精准施策，加大文化产业支持力度。这也正是深圳、杭州、成都这些地方发展如此迅速，与我们的差距在日益缩短，给我们的一个最重要的启示。第二，培育和鼓励市场主体，优化营商环境，激活激发民营文创企业的活力。国资一家独大不行，还必须有更多的民营和中小微企业的发展，因为它更是我们解决就业，吸引人才的重要的渠道。第三，高端引领，创新驱动，引导文化产业转型升级。像海淀区的九大行业有重点发展主导行业，一定还是要重点发展三个主导行业，精准发展四个优势行业，以及促进两个潜力行业的发展。第四，构建文化产业园区的“三区融合”，打造创意城区。打造创意城区是个重要载体，“三区”就是要打造文化产业园区的社区，城区和园区的融合，不是说把门关起来自成一体，而是要有个跳出空间，跳出小文化的概念。第五，优化人才结构，完善海淀区文化产业高质量发展的人才支撑体系。关于海淀区引人，财控，人才方面的一个关系，需要处理好这些问题。第六，南优北拓，优化拓展海淀区文化产业发展空间布局。海淀的北部新区面积比南部要大，南部继续优化升级，促进北部新区更好地发展。第七，推动文化走出去，提升文化影响力，为海淀争取的更多的话语权，形成海淀特色、海淀模式、海淀经验。

新中国成立七十年，改革开放四十年，文化产业也整整发展了二十多年，二十年文化产业再出发，以上六个城市也会在这基础上有个更好的发展，谢谢大家。

第二章　“海淀区文化产业品牌青年影响力排行榜”研究项目

演讲者：齐　悦　中国人民大学艺术学院副院长

我们做的研究是关于海淀区的文化产业品牌对青年影响力的榜单，我大概简单地分了几个部分跟大家分享一下。

一、项目研究背景

在北京市辖区内，海淀区文化产业是处于领跑的状态，但是实际上领跑的状态有多少是反映在年轻人内心之中的，文化产业增加值等扎扎实实的数据，和人们的真实的感受是不是一模一样的？在文化产业中，有哪些是好品牌？在我身边很多人的感知当中，觉得海淀的文化活跃程度，似乎不像我们的数据上显示得这么贴切，觉得好像还需要更多的文化事件。受海淀区文化发展促进中心委托，我们于 2019 年正式启动“海淀区文化产业品牌青年影响力排行榜”研究项目。

二、榜单分类情况

通过一系列的研究，我们做出来一个总榜单和五个子榜单，这五个子榜单分别是“海淀文化空间品牌”“海淀数字文化品牌”“海淀京味文化品牌”“海淀文化活动品牌”“海淀文化旅游品牌”。从这五个榜单中进行投票，再去推选出来总榜单“海淀文化产业品牌青年影响力排行榜”。总榜单入选了20个品牌，各个子榜单分别入选了10个品牌。

榜单候选品牌的确定过程，第一步先咨询专家意见和研究基础文献，把相关的文化品牌分类，梳理这些文献的一些总纲领性要求。在此基础上，对北京大学、清华大学、中国人民大学等知名高校的青年学生以及海淀区青年群体的抽样调查。之后，邀请青年群体参与小组访谈与品牌回忆，让他们去提他们喜欢的文化品牌。再结合北京市海淀区政府网站信息与网络热点内容，进行了一些综合。最后确认了本次项目研究的文化产业品牌遴选标准，因为我们一开始遇到的问题不是没有海淀文化品牌，是品牌太多了，我们怎么选、怎么分类，这是个很大的挑战。根据这些标准，通过各数据集的合并初步形成了海淀重点文化产业的品牌榜单。

本次项目研究的文化产业品牌遴选标准有五个，第一，影响力榜单要符合中央的文化政策，有一个大的引领性的精神。第二，要凸显海淀的文化特色。第三，文化品牌要有知名度。第四，文化品牌要有美誉度。第五，文化品牌要有代表性。以这五项要求作为主要的原则性标准，去开展下一步的品牌的梳理和工作。在此基础上，我们在“海淀京味品牌”中选出了24个作为备选目录，“海淀文化空间”有47家文化相关的品牌，进入了我们的备选库当中，“海淀文化旅游”有41个品牌进入到目录中来，“海淀文化活动”选取了41个文化活动的品牌，“海淀数字文化”选取了31个品牌。然后我们进行了问卷设计，先进行预调研，在50—100人的小范围内对问卷进行了样本的基础测试，经过调整修改等一些完善的工作，之后进行了大规模的问卷的发放。

有一些文化品牌，可能有些人不是很熟悉，调研的过程中很有意思的是大家的一些评论，有些人会说“齐老师你做这个太好了，明年我带娃去哪玩我都知道了。海淀这么多的好地方，我以前都不知道，通过你上面选的目录单，我知道明年要带娃去这么多地方玩，还有这么多活动的空间可以去参与。”实际上这个过程中，我们对这些品牌的宣传已经产生了作用，因为我们把每一个海淀的文化品牌都附上图片，以及一段简要的描述和介绍，这样大家在做问卷的时候，不是单纯看这个品牌了，而是有文字图片来加深大家对品牌的认知。

三、问卷设计情况

我们以国内外文化产业品牌相关的最新研究成果为工作基础，结合海淀区文化产业品牌实际发展情况，在咨询了相关专家的意见之后设计问卷，之后又对问卷进行一系列调整，并最终以在线问卷和线下问卷两种调查方式进行发放。一共发放了 1000 多份样本，实际回收有效样本在 1011 份。

关于问卷的发放人群，我们的有效样本是要符合我们界定的青年的年龄限制，因为我们是做青年影响力榜单，不希望有超出我们这个年龄范围的数据进来，所以我们最后限定的年龄范围是在 18—40 岁。我们参考了国家统计局、共青团、联合国和世界卫生组织规定的青年范围，结合到这次的品牌研究，最后选取了这么一个年龄段的人群来发放问卷。

由于该问卷调查主要面向青年群体，问卷着重选择两类发放人群：一类是在京工作生活的青年人群，另一类是北京大学、清华大学、中国人民大学、北京理工大学等高校学生群体。另一类调查群体包括在京工作的专业技术人员和其他办事人员。

四、榜单结果展示

本研究涉及的榜单如下：

第一个是海淀京味文化品牌榜：海淀京派旗袍文化（盘扣技艺、旗袍制作）、海淀京派剪纸、海淀京派风筝文化（曹氏风筝、哈氏风筝）、海淀京剧脸谱、京西皮影戏、王致和腐乳酿造技艺、海淀面人、面人汤面塑、京西太极拳（纪氏太极拳法、孙氏太极拳、吴氏太极拳、王其和式太极拳）、海淀京派针灸文化、海淀京派内画鼻烟壶。因为这个是京味文化，还是很符合青年人的特征的。首先，排在前面的旗袍，选这个的肯定是女孩子比较多，可能是比较喜欢时尚的一些人。年轻人对这些美的东西、经常用到的东西会比较感兴趣和关心，包括剪纸、风筝，这也是我们大家平时生活中接触得比较多的一些传统文化。太极拳年轻人打的就少了，了解的也就少了。针灸，青年做过针灸的可能也少了，包括鼻烟壶他们可能很少用过。所以这样一个结果应该也是符合我们青年的一个特征的。

第二个是海淀文化空间品牌榜：国家图书馆、北京大学图书馆、北京航空航天博物馆、海淀剧院、北京艺术博物馆、清华大学图书馆、北京大学百周年纪念讲堂、北大书店、时代美术馆、晨兴音乐厅。在北京大学来发布这个榜单很好，因为这个榜上，北京大学图书馆、北京大学百周年纪念讲堂、北大书店都榜上有名，北大在这方面做得的确很好。

第三个是海淀文化旅游品牌榜：北京植物园、北京西山国家森林公园、清华园（清华大学校园）、香山公园、凤凰岭自然风景区、颐和园、曹雪芹纪念馆、畅春新园、慈寿寺、圆明园。北京植物园、北京西山国家森林公园排名第一、二位，青年人爱好户外运动，喜欢有绿色可以去玩的地方，这是他们关心的东西，可能也符合他们的这种年龄的特征。

第四个是海淀文化活动品牌榜：玉渊潭公园樱花节活动、北京国际摄影周、北京电影学院“学院大讲堂”、北京国际设计周、北京大学博雅讲堂、北京电影学院开放日活动、紫竹院公园竹荷文化展、海淀文化季、北京大学国际文化节、曹雪芹文化艺术节。樱花节排名第一位，青年人喜欢赏美的东西，摄影、电影、国际设计的这些东西是他们喜欢的。

第五个是海淀数字文化品牌榜，爱奇艺、百度、美团、抖音、今日头条、小米、知乎、优酷、酷我音乐、新浪。

把这五个子榜单当中所有的品牌再去进行一个评选，就形成了海淀文化产业品牌青年影响力排行榜的总榜单。科技类还是排到前面的，以爱奇艺、百度、美团三家为主。但是京派旗袍、剪纸、京剧、脸谱、风筝这些文化品牌，实际上青年人还是很喜欢的。京味文化如果能很好地跟青年人喜欢的一些项目去合作，未来可能会有很大的产业空间。

但是这里也反映一个小小的问题，在总榜单中的20个最受欢迎的品牌当中，活动类榜单中只有玉渊潭公园樱花节活动一个品牌上榜，剩下的都是其他的类型。活动是一个一段时间内的项目，怎么样让它形成持续的品牌关注、持续的品牌传播，这可能是我们在做文化活动的时候需要去思考的。怎么样可以跟科技品牌、空间品牌进行深度的融合，让这些活动品牌可以有更加的生命力。

非常感谢大家对我们品牌的关注，也希望给我们提出来更多的宝贵的意见，谢谢！

第三章　2019年海淀文化企业独角兽报告

发言者：卢旭成　创业黑马科技集团股份有限公司首席内容官

2019 年 8 月份，创业黑马发布了一个由投资机构、产业媒体、咨询机构、政府协会评选的榜单——“2019 文创产业独角兽榜单 TOP50”。我们分为两个维度去发表，一个维度是“准独角兽”，一个是“硬独角兽”。

准独角兽的标准是什么？估值在 1 亿美元以上到 5 亿美元之间的公司，我们叫准独角兽公司。文创产业里面的硬独角兽公司就是 5 亿美元以上的公司，我们叫硬独角兽公司。这两类我们分别评出了 25 家。

硬独角兽的养成可能需要 5 年以上。准独角兽在 10 年到 15 年之间，当然，时间长短与公司估值的高低并不是完全正相关。

一、独角兽榜单解读

从地域来看，北京的硬独角兽有 11 家，在全国范围 25 家上榜企业中，占比 44%。6 家出自上海，占比 24%。3 家来自杭州，杭州确实是一个值得关注的城市。成都、广州、南京、深圳、珠海都分别有 1 家。

从营收来看，准独角兽有 11 家来自北京，占比也是 44%。7 家来自上海，占比是 28%，这两个城市还是遥遥领先的。在准独角兽里，深圳冒出来了，杭州、广州、南京、西安、南昌都是 1 家。

从发展阶段来看，硬独角兽融资阶段主要集中在C轮及以后和战略投资，占比为40%。准独角兽的融资阶段主要集中在C轮及以前，占比为64%。最新一轮的融资金额可以看一看，硬独角兽最新一轮，60%的公司融资金额为10亿元及以上，其中今日头条获得最高40亿美元的融资，说明什么问题？在2019年金融市场变冷的情况下，越是头部的公司越容易拿到更多的钱，反之是初创的成长类的公司，反而拿钱的可能性就降低了。准独角兽最新一轮，融资金额集中在1亿—10亿元之间，占比52%，这也是反映了头部效应的。

从领域来看，文创产业独角兽里面最多的公司是短视频类，这个其实跟大家的感受是一致的。当然如果分别来看，涌现硬独角兽最多的领域分别是：媒体及阅读类（4家）、音乐 / 音频分享平台（4家）、体育类（3家）、IP运营（2家）。涌现准独角兽最多的领域分别是：影视（5家）、短视频类（5家）、动漫（4家）、音乐（2家）。

二、海淀文创产业独角兽的特点

回到我们今天的主题，如果从北京文创产业独角兽的区域分布来看，海淀硬独角兽有3家，准独角兽1家，仅次于朝阳。从数量上来看，无论是准独角兽还是硬独角兽，朝阳区都是最多的，说明它的高成长阶段的公司比较多。而海淀区则是头部公司比较突出。

具体来说，海淀文创产业独角兽特点：

1. 融资和估值高。今日头条的估值是750亿美元，快手200亿美元，知乎的估值是24亿美元。不知道大家看没看跨年演唱会，冠名商基本是被今日头条、快手和拼多多包圆了，相当财大气粗。知乎其实是很值得关注一家公司，它是知识付费和知识平台的龙头公司。

2. 短视频为王。抖音和快手在中国范围内都是头部公司，抖音在海外都是非常头部的企业。

3. 营收或利润高。快手已经是一个超过300亿人民币收入的公司，抖音2019年收入会超过1000亿。

4. 皆为细分领域龙头。海淀的公司一旦冒出来都是龙头公司，头条、快手、知乎、还有一个小公司叫微播易，也是头部公司。我们展开说一下：

今日头条的营收超过1000亿，其中抖音的贡献约500亿，主要靠广告和直播这两块的收入，尤其直播带货的收入尤为可观。头条的员工数已经超过4万人。

快手的估值是200亿美元，2019年营收超过300亿，和抖音一样，主要收入来源是广告和直播，它的员工超过8000人。所有的头部机构都在它的投资方名单里，比如腾讯、晨兴资本、红杉中国、百度等。腾讯的微视其实是打不过抖音的，所以押宝快手来打抖音是一个非常重要的战略，腾讯已连续押住了快手最新的两轮融资D轮、E轮，投资金额合计已经超过了7亿美元。

接着我讲一下知乎，知乎的创始团队是原来《IT经理世界》的一个编辑团队，2011年成立。我认为这家公司的价值非常高，虽然它的营收和利润没有头条和快手那么高，但它的估值也是超过了24亿美元，而且拿到了像头条、快手、百度、腾讯这些巨头的投资，最新一轮在19年的8月份，融资金额为4.34亿美元。知乎的营收已经超过了10亿元，主要收入来源是广告和知识付费，员工数超过2000人。

我们说一下准独角兽公司微播易，这家公司从创业黑马成长起来的。微播易其实是一个平台，撮合广告主与流量大V的广告投放，广告主不用说了，流量大V主要是指微博主、抖音主、头条号的大V等。主要的盈利模式是赚取广告佣金，它也是超过500人的一个公司。

三、海淀文创产业独角兽的问题

问题1.内容质量：质量下滑和争议内容。

抖音、头条、快手等自媒体平台，都有海量的内容生产者。比如说头条号，超过了60万的创作者在为头条创作内容，抖音也是这个量级的。创作者如此之众，内容质量一定会出现滑坡。如何对内容进行审核、如何处理争议内容，是一个值得关注的问题。头条有个非常庞大的内容审核团队，人员数量可能上万。

问题2.营收增长：主要靠广告和直播。

如此的营收模式，有没有天花板？可能是有的。比如说头条今年已经达到了1000亿，明年还能保持增速吗？能达到1500亿、2000亿？这要打个问号。也许在5G时代来临的时候，这些公司会摸索到比广告和直播更有效的营收模式，但在目前这个时点看来，前景并不明朗。

问题3. 交通拥挤。

我们都知道，交通在北京是个要命的问题。今日头条、快手都是在海淀的核心区里，地铁还比较方便，但是如果是开车，则会造成巨大的交通压力。尤其是头条，小小的知春路怎么容纳4万人呢？这可能是政府要关心的问题。

问题4. 新锐文创产业独角兽过少。

海淀区有三家巨无霸企业，但是高成长型的文创产业独角兽公司却很少。是不是说明后继乏力？未来会不会有更多的新公司冒出来？这也是需要我们讨论的。

四、对海淀文创产业的几点建议

1. 做好头部企业的服务

头条、快手已经是世界级的公司，从管理层到它的核心员工层，他们关心的问题是什么？有哪些是我们海淀区政府可以解决的？比如，头条是一家已经贡献了千亿收入的公司，它的户口指标有多少？户口、孩子上学，这是京漂都特别关心的问题，而问题的解决有赖政府职能的发挥。

2. 加大对海淀新文创企业的培育

海淀区不可能只靠这几家龙头公司撑门面，我们还要有更多的新锐公司，所以加大对新文创企业的培育就应该尽快排进议程。

3. 树立好头部标杆，擦亮海淀文创产业品牌

北京坐拥头条和快手两大巨头，但有没有充分利用这些资源，以此擦亮北京乃至海淀的文化的品牌呢？我觉得值得思考。你看西安、成都，都把抖音当成了打造网红打卡圣地的重要手段。那海淀的京味文化，有没有可能跟抖音结合起来，让抖音来擦亮海淀乃至整个北京的文化的品牌呢？

4. 围绕几大龙头企业孵化新文创产业独角兽

百度、美团等几大巨头都在北京，它们有很大的能量，可以孵化非常多的新企业，新品牌。如何利用好它们的能量，去孵化更多产业独角兽，是非常值得讨论的议题。

谢谢大家！

第四章　数字技术应用驱动下的文旅融合新动能和新趋势

演讲者：周庆山　北京大学文化产业研究院研究员、信息管理系教授

文化发展正在迈入一个新的历史阶段，有八个新趋势，一是文化新时代，复兴民族文化，增强文化自信，创造美好新生活；二是文化新体制，大文化治理变革，文化部与旅游部合并，实现文旅融合，未来有可能把体育、传媒等整合成大文化管理体制；三是文化新经济，以创意经济引领经济升级换代和融合发展；四是文化新文创，就是 IP 衍生文创模式；五是借力科技和资本的文化新动能；六是数字文化新业态；七是产业集群化文化新生态；八是文化新丝路。围绕这八个新趋势，我从新时代文旅融合新体制下、新经济模式下，介绍基于数字科技新动能的文旅融合业态发展的新趋势和新挑战。

一、数字经济发展的技术新动能

现代经济发展的一大重要驱动力就是数字技术的迅猛发展带动的经济变革与发展，数字科技的新动能从技术基础环境上，表现在数字原生化、5G 网络应用、多元终端广泛应用方面，数字技术主要有以下几个主要特征和发展趋势：

第一，5G时代的万物互联。2019年5G投入使用，5G的明显特点是高速度，数据传输速率最高到10cbps，比4G快100倍；低时延，信息之间的延迟达到了毫秒级，从而为万物互联提供基础，同时万物智慧化趋势。5G会形成一个文化产业互联网新业态，其中包括虚拟现实技术、数字仿真技术、人机交互技术和物联网技术。

在全世界总人口达到76亿的今天，全世界的网民总数已经超过了40亿（约为40.21亿），我国网民规模为8.54亿，这个数字超过了欧洲7.4亿的总人口。数字教育、数字交易、移动消费、支付都很方便，尼葛洛庞帝所预言的"数字化生存"逐渐成为现实。

第二，数字技术的智能驱动。互联网经过了二、三十年的发展，进入了智能时代。智能被认为有四个要素的驱动，一般把它概括为ABCD。A是人工智能（AI），B是区块链（Block chain），C是云计算（Cloud Computing），D是大数据（Data）。人工智能让互联网从一个连接性的工具变成了一个能思考的大脑，未来的互联网会像人脑一样思考。区块链微观上理解是一种加密化技术，但是我觉得区块链对未来的产业的融合，会形成一种新的思维模式。比如现在已经有很多艺术家用区块链技术来实现作品产权的交易，可以直接用数字货币来支付。在文化产业的监管和产权管理上有广泛应用价值，现在也有一些公司已经在实践中运用区块链技术来保护数字产权。云计算能够提高数字技术的运算能力、运算效益。大数据已经成为数字经济时代的"石油"，市场化配置除了传统的土地、劳动力、资本、技术之外的第五大要素。数据能够为文化产业的结构提供描述性、启示性的分析依据，并挖掘其市场需求和动态规律，从而实现更精准的客户分析和市场营销。

第三，数字影像的合成媒体。人工智能的应用进一步推动了合成化影像新媒体，媒体合成的虚拟图像化也是现在业界、技术界非常关注的课题。新华社联合搜狗发布全球首个AI合成新闻主播，"克隆"出与真人主播拥有同样播报能力的"分身"。合成媒体技术还能够增强现实虚拟图像，比如用在数字艺术创作上和数字艺术的创意上，它可以让达·芬奇名画中的"蒙娜丽莎"做动作，如微笑、摇头等。现在加拿大把达·芬奇的创作用渗透扫描的方法把蒙娜丽莎做成了一个立体三维的影像，就可以看到达·芬奇创作这幅画的过程。再比如全息图像技术，你可以虚拟合成一个歌手，你能看到他在这里演唱，但实际上他根本不在现场。

第四，虚拟实境的混合现实。混合现实这几年已经成为一个热点，VR 虚拟现实是创造一个全新的虚拟世界出来，而增强现实则是强调虚实结合。感知模式和交互模式方面这种共同的转变将造就未来的沉浸式用户体验。AR 是增强现实，是利用计算机生成一种逼真的视、听、力、触和动等感觉的虚拟环境，通过各种传感设备使用户“沉浸”到该环境中，实现用户和环境直接进行自然交互，未来的影视、影院、娱乐都会因混合现实而发生全新的变化。

二、数字文化消费五个新特征

第一，数字沉浸消费。现在如果你在网上搜索“沉浸式商业”，大概有 500 万条搜索结果。我们现在的经济进入了消费者沉浸模式，沉浸式是什么呢，比如我们听收音机会想，如果这个收音机能看到人就好了，后来有了电视。今天我们会想，如果电视画面我能走进去就好了。我们说“沉浸”就是今天可以走进电视的现场，用 AR、VR 技术来走进去。数字沉浸中，消费者沉浸在一种数字技术创造的时空情境中，通过全景式的视、触、听、嗅觉交互体验，使游客有一种“身临其境”的感觉，满足了消费者的独特认知性、情感性、新奇性、趣味性、交互性和原真性期待视野。

第二，交互式的体验消费。文化消费从一般性内容接受消费转变为通过参与性交互操作实现消费的沉浸化体验。通过具有响应性视觉、触觉和音频界面的消费类技术的发展，人们正在开发非新的叙事方式来吸引观众。新闻媒体和娱乐组织已开始探索这些新颖的、个性化、交互性和具有沉浸感的叙事模式。例如，《黑镜：潘达斯奈基》讲述了一位年轻的程序员将一部奇幻小说改编为游戏，然而很快现实和虚拟世界混合在一起的故事。在观看的过程中，屏幕上随时都会跳出两个选项，让你来决定主角下一步的行动，而每一步的选择，都会影响故事不同的发展。

第三，IP 衍生消费。IP 作为有品牌和有影响力的注意力资源的内容，吸引消费者通过各种数字渠道消费其开发的各类衍生周边产品，形成增值性数字新消费。如动漫产业的发展 70%-80% 消费市场来自动漫衍生品。随着资本对动漫 IP 的投入和移动互联网技术的发展，动漫衍生形式已经向更多领域积极拓展，甚至与商业地产和电商在多种业态下结合，催生出主题公园、主题咖啡、主题乐园等多种商业模式。

第四，网红文化的粉丝化消费。网红已经开始转变为影响力经济，其以大量的粉丝为核心，具有了极强的影响力变现能力，主要通过电商、广告代理等进行。在这一模式中，网络红人被粉丝视为自己的偶像和内容意见领袖，不仅影响了消费者的消费决策，而网红创造的内容及娱乐也成了消费对象。

第五，虚拟数字文化符号消费。虚拟消费一般是指通过购买数字内容娱乐产品以及符号性产品的消费，如购买游戏币，购买虚拟偶像类产品，特别是指通过消费数字合成方式的虚拟文化产品和服务达到二次元偶像符号消费的目标。例如，英国的艺术家 Jamie Hewlett 和音乐家 Damon Albarn 创建了一个虚拟乐队 Gorrilaz，由 4 位虚拟乐手组成，这些歌手都不是真的，但是这个乐队做了很多曲子非常受欢迎，这是一个全新的、社群化的消费方式。

三、数字技术在文旅融合服务中的应用

随着数字技术的广泛应用，为文旅产业发展提供了重要的技术支撑和产业融合。文化借助科技手段融合成为新的旅游业态，如社交旅游、科技旅游、科普旅游、娱乐旅游等等，传统文化遗产的虚拟化数字化遗产旅游，博物馆借助科技手段融合成为展览旅游，实体经济通过数字化创新形成购物旅游。通过应用数字技术，打造“旅游新场景”，实现文旅资源的场景重构，文旅产业的平台化融合服务，借助数据智能实现文旅产品柔性生产、按需定制、精准服务，借助社群网络开展旅游资源的宣传、营销。

数字技术与文旅产业的融合，表现为 1. 旅游场景的数字化重构：通过应用多媒体技术实现场景的影像化呈现，与此同时，应用 VR 技术进行消费内容业态开发。2. “旅游 + 数字 IP” 的跨界合作：旅游场地的数字化开发运营成为旅游数字产品及业态开发的一个新趋势。2017 年 5 月 27 日，迪斯尼耗资 5 亿美元打造了《阿凡达》奥兰多迪士尼实体主题公园“潘多拉：阿凡达世界”；3. 旅游地数字多媒体沉浸式演艺：通过应用数字多媒体技术实现了自然、表演与科技的融合化模式，改变了传统的镜框式舞台表演方式，在实景演出中采用声光和新媒体手段实现虚拟景观的沉浸式体验；4. 博物馆立体化

三维沉浸式展览：主要包括艺术作品数字化再现模式；数字化时间穿越与空间叙事模式和混合现实体验馆等模式；5. 在线数字虚拟景区旅游体验：通过 VR 应用作为营销工具，优化出行前体验；6. 文旅服务的数字化融合及智慧景区建设：包括建设服务平台、运用大数据建立景区智慧管理模式。

四、文旅融合产业数字技术应用存在的问题

第一，数据化的原真性问题。很多人讨论原真性是指我们现在的文物保护，怎么保持它的原真性。我觉得需要关注数字真实问题，数字化形成的实体仿真是镜像真实，而不是本原真实，人们虽然通过 VR、AR 可以欣赏到自然和人文的模拟景观，但是这些代替不了本真的实体。这也是为什么人们虽然去看数字敦煌和数字故宫，但是仍然期待到现场去体验真实场景的原因。

第二，VR 技术应用体验有待完善。用户体验不佳，高品质专业应用少、内容开发匮乏、设备安装设置复杂等问题。除了设备方面的采纳应用障碍之外，VR 内容创作及开发也还不能满足用户的需求并扩大用户利用规模，在投资回报率上也不尽如人意，缺少原创内容，技术设计有待完善。

第三，数字技术与旅游场景的融合度不够充分。目前很多旅游场地的数字技术应用较为单一，多是采用一些技术进行一定的模拟展示，不能充分发掘旅游场景的故事内容，进行有机整合和再现。需要进行基于数字化呈现的内容创意和设计，并将其有机地融合进技术当中，而不能技术和旅游“两层皮”。

第四，商业模式有待完善。成熟的商业模式需要具有庞大用户的利基基础，有控制成本条件下持续的盈利能力，而现在这些方面成功的不多，数字技术只是一个辅助性的手段，完全依靠它去盈利仍不现实。未来 5G 时代，我相信可以通过这些全新的技术手段，设计好它的商业模式，然后使它能够得到一个可持续的发展，而不仅仅是一次性消费过程，仅仅是体验过程，就缺乏可持续性。未来的数字技术应用的商业化策略的趋势是规模化数字主题 IP 应用、社交化数字娱乐项目、影视和互联网的沉浸式升级开发等方面。

谢谢大家。

第五章 5G+VR时代的媒介人文思考

演讲者：肖永亮 北京师范大学教授、文化创意产业研究院院长

我今天想讲一下我们现在谈得比较多的“5G+VR”这个时代热点话题。1995 年我参与创建了中国互联网国家骨干网，2000 年开始，我着手创建了北师大亮点专业，也就是中国最早的数字媒体学科，直到现在形成完备的学科体系，数字媒体也发展为我们时代主要的社会媒介技术手段。那么在这个时代出现了新的媒介，“5G+VR”将来要取代数字媒体吗？大家可以有充分的想象空间从这里展开。

但是作为一个化学科班出身的学者，我在美国生活了 20 年，除了在好莱坞做电影、在纽约大学任教十年之前，还读过一些其他的专业，高等教育管理文学硕士、计算机（量子化学）博士、斯坦福大学的分子生物博士后、肯塔基大学数学博士后，还有西奈山医学院医学博士后等跨领域知识积累，然后就被挖去了好莱坞。因为有科技、人文、艺术、传媒这些知识结构全部集于一身，所以我就会习惯性地综合思考一些问题。

一、何谓 5G?

在计算机领域，我们都是在无限地寻找新技术突破点，彰显它的先进性，找到更广泛的应用，预测产业化前景。可是搞技术基础研究的人一般没有义务告诉

你这个技术出来了以后你要怎么用，你不能用在哪个方面，用在哪个方面会带来什么问题。但是任何的事物我们从哲学角度来看，它都是辩证的，有利有弊。

比如说，从 2G 到 3G、4G、5G，无非就是从通话、发短信到上网、发视频，再到今年热议的智能社会。5G 的发展，会带来很多新的技术和设备。可是从人文的角度来看，一个社会发展技术的目的是什么？我做媒体研究这么多年，一直在建设数字媒体学科的同时，思考学科的本体问题。从媒体角度来看，我认为一切媒介都应该是人的自然延伸。

到了 5G 时代，它的高带宽，还有它的技术宽泛性带来的是什么？除了积极的显性方面的优越，会不会有隐性的问题——比如公共健康危害？根据热力学定律、物质不灭定律和能量守恒定律这些基本常识，我们可以想见，当你在两秒钟下载一部超高清 4K 电影，这要耗费很大的能量做功，通过无线网络覆盖，用肉眼观察不到的波段发射和回收。然而专家说没关系，5G 非常安全，因为虽然 5G 的塔台会有辐射，但在多少米安全距离之外你不能靠近，就在安全值范围内。

可是你要想一想，会不会每个手机其实也是一个辐射源，当你上传一个 4K 高清视频的时候，都是在用这个能量，这个能量不是说你看不见就不存在。特别是人口密集的城区，手机群产生的能量叠加和辐射集聚效应不可忽略。除了对人体辐射产生的公共健康安全问题，还有能量释放对大气环境影响，辐射会不会产生空气分子物理化学效应，成为雾霾因素之一？甚至育龄青年不孕不育率提高，除了食品安全和大气污染，电磁辐射是不是也有较大的关联性？所以我们要考虑这些问题，作为学者来说，一定要从各方面去思考并且评估技术对人体的危害，不必人云亦云。个人管见：5G 技术先进性可以用于军事国防和物联网，而人际民用不具备充分必要条件，即便它可以催生一个追逐 GDP 的新产业。

二、VR：我们在讲什么？

技术推动文创，我觉得最重要的还是提升国民的幸福感。比如 VR 这个概念，现在越来越混乱。早在 2016 年被炒作为中国 VR 元年，再过两年中国不得了，可能有几千亿甚至万亿的市场。从技术层面的趋势来看，的确有一些发展。

但是早在 2016 年我就做了一个基本判断，VR 的商业化，在当年来说或者是在很长一段时间内看不到它的商业化前景，没有商业化前景，就没有市场前景，又怎么去产业化呢？现在是 2020 年，这个论断仍然成立。

我的论断是基于我所拥有的知识结构提供的两方面主要依据。从媒介理论来说，新的媒介都是帮你实现人体感官延伸，有助于我们的眼、耳、鼻、舌、身，能愉悦地接受色、声、香、味、触，这是一个很简单的道理。从人性化的角度来看，头显不仅遮蒙了眼睛，而且也限制了人体其他感官的活动，所以 VR 是有点反人性的。何况大道至简，很多技术实际上是以偏概全，将简单事物复杂化。

再从生理学的角度来看，因为我做过医学博士后（生理和生物物理医学博士后），很容易产生这方面关联思考。我们知道，人有很多生理条件的极限。生理极限使得你戴上头盔，晃来晃去，最多不超过 10 分钟就会产生头晕和身体不适，这也是大多数人体验 VR 时的一种切身感受。因为就科学性来说，人的身体条件受到限制，不仅是因为头盔很重，或者后面拖了一个尾巴，或者是内容不高清，而是因为人的眼睛在近距观屏的时候，我们的神经细胞，我们的神经元有一个识别真伪的过程。等到 10 分钟以后，发现这是一个反真实不舒适的体验方式，所以出现生理和心理排异反应。未来影像可能就不会照这样发展：一大堆人共聚一处，每个人带一个这样的 VR 头显，坐在电影院里看电影，等于失去了人际社交功能，你戴了眼镜谁也看不到谁，所以这个是不现实的。因为 VR 诉诸视听手段，从理论上有一定的道理，人从外界获取的信息 85% 源自视觉和听觉，所以说将来我们要从 VR 的初级体验里面提炼技术特征，把要素提炼出来，能够使我们的应用得到健康发展。

虚拟现实 VR 的特点是虚拟性、沉浸性和交互性，我们总结出这些特征以后，其实可以想别的办法，从技术上要有这样的突破，实现在一个自然的空间中自然沉浸。还不仅仅是全息，是真正的沉浸。

三、数字时代的色空

在数字时代的视频显示，屏幕上是固态像素。液态像素也已经有了，是吧？水雾、水幕这些都有了。接下来研发气态像素，在空气中你要有一些粒子来发光、来形成影像。这个从理论上是可能实现的，因为你看无人机表演也很普遍，以前就是300架飞机，块头也特别大，所以那个图像跟最早的固态像素一样，颗粒很粗，但现在上去3000架飞机，无人机体积都很小，大概就是200克，分辨率不断提高。

其实在医学领域里面，研究纳米机器人研究得比较多，纳米机器人是注射到你体内，帮你去清理心血管淤积，帮你去割掉癌症的基团。我们就在从事这方面的各种实验，利用纳米技术原理，进行气态的、空气的各种各样沉浸式体验和气态像素实验。在我的一个研究院，我们已经取得了一些成果，也申请了一些专利，因为现在做科研，先把知识产权保护起来也很重要。

说到最后，我们从人文的角度来看，你做一切技术，做一切产品，只是为了显示技术的先进性吗？我们有卫星发射，我们还有核武器，那都是很先进的技术，它们究竟能不能给我们生活带来幸福感？有些技术是存在，但是我们有没有必要去应用它，是需要思考的，不能一窝蜂地说这个技术好，它就是未来。所以还不光是只追求利润和产业的盈利，如果能紧紧围绕着人类的幸福感去作为，事业肯定也会发展得比较好。我们尽量做到天人合一，顺其自然，有所为有所不为，促进人类科技人文协调发展。

我的观点就说到这儿，谢谢各位。

第六章　IP TOWN特色小镇发展模式研究——以深圳甘坑客家小镇为例

演讲者：严　轮　深圳大学文化产业研究院研究助理

各位老师，各位领导，大家好，我是周建新老师的学生严轮。此次周建新老师因为项目申报的事情临时不能过来，他表示非常的遗憾，就特意委托我来向大家进行汇报。

一、甘坑客家小镇概况

今天我要和大家分享的案例是深圳华侨城甘坑客家小镇，它也是作为国内 IP TOWN 模式的引领者，也是一个开创者。周建新老师对客家有很深的感情，他长期以来都在做客家研究，还有文化产业相关研究。在他来到深圳工作以后，他很快就关注到了深圳的甘坑客家小镇。

2016 年的时候，我和建新老师是第一次来到了甘坑客家小镇，这座坐落于深圳市龙岗区吉华街道的美丽小镇。我们在座的也有来自龙岗区的一些领导，这些年甘坑客家小镇的建设也是得到了龙岗区各位领导的大力支持。当时我和建新老师是坐着地铁，然后转公交车花了将近两个小时，从深圳大学来到了甘坑客家小镇。

先看一下区位图，虽然从东西方向上来看，它还是比较中心的一个区域，但是从深圳大学所在的南山区过去的话，公共交通还是花了蛮久，感觉那是一个比较“遥远的地方”。

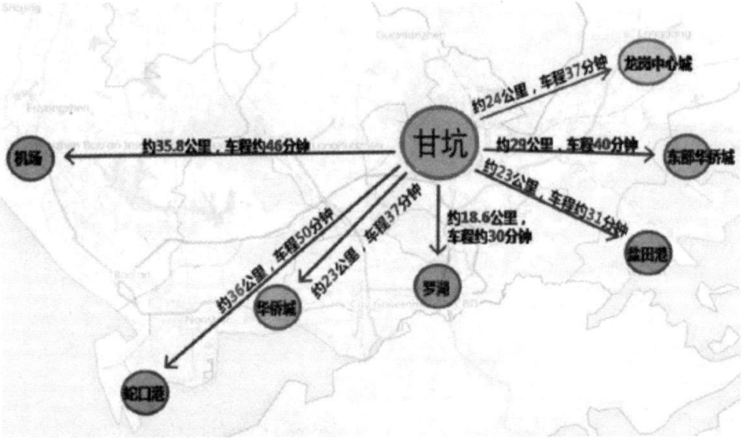

甘坑客家小镇区位图

我们再来看一下小镇现在的布局。小镇它的整体布局主要呈现一个 L 型，面积大概是 18 万平方米。2016 年甘坑客家小镇的游客还是比较少的，所以去的时候有一个很深的感触，就是比较冷清。但是如今的甘坑客家小镇，在 2016 年 5 月份之后被华侨城集团接手，我们知道华侨城集团在文旅行业是有着非常丰富的经验的。通过这三年来的建设，它现在的年游客接待量已经达到了 350 万一年，就 2019 年的数据来看，已经超过 350 万。

甘坑客家小镇导览图

左：甘坑客家小镇改造　右：前甘坑客家小镇改造后

一个很大的变化主要就是得益于他们提出的 IP TOWN 模式。他们基于当地的客家凉帽创造出了一个小凉帽的 IP。这里有几组照片反映了小镇建设前后的一个变化。甘坑客家小镇的前身是深圳市十大客家古村之一——甘坑村。在 2012 年的时候，甘坑生态文化发展有限公司就看中了这里的历史文化资源，对它进行一个改造。他们通过这种“穿衣戴帽”的方式，让小镇的环境面貌焕然一新。

其实甘坑客家小镇的发展，可以分两个阶段。第一个阶段就是在华侨城集团接手之前，它是由甘坑生态有限公司来进行运营的。当时的规划设计请的是北京大学的陈可石教授任总设计师，对小镇进行了一个规划设计。但是后期确实因为建设跟不上规划，本来是说用四年的时间建成六大板块，但是后来从 2012 年到 2016 年花了四年才建成了第一期，就是现在的 18 万平方米。本来四年要全部建完的，现在只是建成了第一期，到 2016 年 5 月之后，华侨城就接手过来了。

二、IP TOWN 模式的探索

华侨城接手了之后，首先做的就是“三修复一转型”，这为 IP TOWN 模式奠定了一个很好的基础。所谓的“三修复一转型”就是“文化修复、生态修复、生活修复”和“产业升级转型”。

这里有些图片，客家凉帽、客家麒麟舞等历史遗迹，还有民俗活动。客家凉帽其实是客家女性非常非常喜欢戴的一种比较有特色的帽子。在甘坑，生产凉帽的历史非常悠久，在二十个世纪七八十年代，客家凉帽的销量可以说是遍布全球，在全球当时几乎达到了 80% 这样一个销量，在全球都非常出名。

华侨城集团接手甘坑之后，他们想着要转变思路，用文化来激活小镇的发展的潜力。其实当时也没有说要做小凉帽的 IP，用他们设计师的这个话来说，他们也是被迫来做这个 IP，为什么？因为它虽然在深圳来说是一个古村，但是跟全国这些历史文化古镇来比，它的历史文化底蕴不能够说很深厚，也没有什么名山大川自然风光，所以建设还是比较困难的，所以只能进行内容上的原创。内容上的原创，他们也不是说要凭空的产生，而是根据当地的客家凉帽，通过挖掘客家凉帽的丰富文化内涵，在运用一些现代的表现手法，就创造了客家小凉帽的 IP。

小凉帽 IP 形象

大家可以看一看这屏幕上这里有小凉帽姐妹的形象，都是根据客家凉帽设计出来的。光有形象，可能我们对它印象还不深刻，为了丰富形象，讲好小洋帽的故事，华侨城集团相继的创作了原创绘本《小凉帽和白鹭一起飞》、VR 电影《小凉帽传奇 · 白鹭归来》、童话小说《会飞的小凉帽》、TV 动画《小凉帽》等。现在动画片已经在广东卫视还有其他一些平台陆续播出了，将来也有机会是会登录到 CCTV 的，大家可以关注一下。在华侨城集团看来，IP 指的就是这种具有商业衍生扩张力的内容，一个优质的 IP 等于一个好的故事和角色。

在创造了小凉帽 IP 之后，又通过一些故事将小凉帽的形象丰富了起来，然后就开始用小凉帽的 IP 为客家小镇的创新发展赋能。他们这里建设出了小凉帽农场、小凉帽绘本馆、小凉帽之家酒店，还举办了小凉帽文化节，在市场上非常受欢迎，文化节反响也很好。他们正是在这个过程中提出和总结了出了 IP TOWN 模式，他们不是说一开始就有了 IP TOWN 模式这样一个概念，而是在边做边摸索，总结出了 IP TOWN 模式。

这里有两个项目可能要跟大家提一提，甘坑客家小镇在建设发展过程中，也非常重视 VR 的应用。从 16 年开始，由华侨城接手建设的 V 谷乐园，里面就有很多 VR 技术的应用，这些应用都是用来讲好小凉帽的故事，方便我们通过这种 VR 的项目，更加多维度、立体化地去了解小凉帽的故事。这也是华侨城集团第五代的旅游产品，它也是文化和科技深度融合的一个产品。第二个就是飞雪乐园，是刚刚推出的一个新项目，它也是将文化和科技有机的融合在一起，让人们有一个更好的体验，来了解小凉帽的故事。

其实关于 IP TOWN 模式我们也有几点思考。

第一，就是华侨城集团在这个小镇陆续推出几个 IP，构建起 IP 矩阵。感觉有一点主题公园化的趋势，就像要打造成中国的迪斯尼一样，有各种 IP，各种角色在这里面。

第二，关于 IP 应该怎么去选取角色内容，就是要本土化，像小凉帽它就是当地的一个文化。

第三，要向中华优秀传统文化去汲取灵感，对这些优秀传统文化进行创造性的转化和创新性的发展。

第四，就是要在文化和科技的深度融合上面进行发力。

三、总结与展望

最后我们对 IP TOWN 模式也进行了一个思考。其实仔细探究 IP TOWN 模式的背后逻辑，我们发现华侨城甘坑客家小镇是在以这种文化再塑的方式，来满足人们对美好生活的向往，让传统和现代相遇，寻找文化和科技融合创新的一个平衡。IP TOWN 模式它作为一种新生的模式，非常值得我们去深入研究和探索，它也还在一个不断发展的过程当中。未来华侨城集团还会陆续推出很多超级 IP，比如依托《今注本二十四史》等等，来打造中华优秀传统文化生态圈，构建起千亿级的文化产业集群。这个也是华侨城集团现在重点做的一个事情。

就甘坑客家小镇来说，华侨城甘坑客家小镇也将继续围绕“文化 + 旅游 + 城镇化”的发展战略，朝着“城镇化 + 超级 IP”的方向，不断深入探索 IP TOWN 模式，做精做优做强 IP 全产业链体系，树立特色小镇行业标杆，成为“中国文创第一镇”。

我的分享就到这里，谢谢！

（本文图片版权归华桥城集团所有）

第七章　绽放文创
——数字文艺生活方式的实践与反思

演讲者：温　雯　深圳大学文化产业院研究院副教授

大家下午好！我是深圳大学文化产业院研究院的温雯，第一次参加中国文化产业新年论坛，感到荣幸又激动。我分享的题目是《绽放文创——数字文艺生活方式的实践与反思》。和甘坑小镇一样，它也是《百年文创力》中深圳的 5 个案例之一。我的分享大概包含三方面的内容。

一、teamLab 展：一场现象级展览

2017 年，有一场展览刷新了大家对艺术展览的认识，也引发了诸多对技术和艺术、艺术和商业的探讨。teamLab 这个展览在北京吸引了 30 万人次来观展，被称为 798 艺术区有史以来最热门的一场展览。随后又在深圳创造了 40 万人次的观展佳绩。此后 teamLab 展继续在武汉、广州、上海、澳门等城市维系它的热度，它也不断地创新，增加了新的作品。

二、绽放：源起——从设计到文创

绽放文创主导了深圳和武汉的两个展览，至少在深圳可以说是一战成名，我们就来看一看绽放文创的文化艺术 IP 运营之道。

视角 1：从设计到文创。

绽放文创成立于 2016 年，是一家非常年轻的公司，全称是深圳市绽放文创投资有限公司，它的核心业务是国际著名文化艺术 IP 投资运营，旗下覆盖文创基金、艺术科技、艺术品投资交易、文创空间、文创活动和文化传播等等。

集团的董事长杨钜泽先生，多年从事空间设计，他的贝森豪斯设计工作室创立于新加坡，在 2007 年进驻深圳华侨城创意园，2014 年团队全部回归深圳。代表作有深圳湾 1 号景顶级豪宅的景观设计、南香楼艺术酒店等等，积累了非常丰厚的景观和空间设计的经验。他在周游列国的经验中，也养成了对文化艺术和时尚的敏锐嗅觉和判断力。从设计转向文创，杨先生认为文创是一种把文化和艺术生活化的手段。学术性和专业性可能让艺术高居庙堂之上，让很多人难以企及，但是科技让文化艺术触手可及（真的是可以去触摸互动）。绽放文创的理念，是科技需要走在文化和艺术的前面一点点，这样才会有更好的呈现。

视角 2：文化与商业。

teamLab 展之后，绽放文创投资运营的“神秘敦煌”展随后在深圳启幕。号称全球规模最大的一个敦煌文化展，有 7 个 1:1 临摹特窟，还设置了在科技的圆穹下躺着看敦煌等沉浸式体验的项目，构筑了传统文化和科技之间的桥梁。绽放文创也表示，策划“神秘敦煌”展的初衷源于深圳“文化沙漠”的这样一个称号，事实上深圳并不缺少文化，开放、包容和创新是它的文化标识和精神特质。但是深圳的确很年轻，缺乏传统文化的积淀，所以正是在深圳落地“神秘敦煌”展，才能造就传统与现代文化与科技的对话。

随后绽放文创与英国的巴比肯艺术中心合作推出“GAMEON 全球游戏潮流盛典”，呈现了全球电子游戏的一个发展历程，展出了 150 多款经典电子游戏，到场玩家的累计体验时间长达 50 万小时。这个展览还获得了 2018 年的伦敦设计银奖，可以说它是用一种做室内设计的一个方式去做展览。

"GAMEON"随后也在游戏产业比较发达的成都落地，但是由于两个展览展期比较短，并没有达到预期的收益。

绽放文创随后继续在欢乐海岸推出"神偷奶爸大世界"展览，主要是还原电影的场景，并与野兽王国推出"500+ 正版周边"售卖区。

这几个案例都体现了绽放文创对传统文化和潮流文化的演绎，事实上传统和潮流也并没有明确的界限，传统文化也可能成为"新国潮"。从文化到商业，绽放文创强调了 IP 运营的三个方面。向勇老师提出了"老经典、新经典、快时尚"三类明星 IP，刚好在绽放文创之前的展览都有所体现。

绽放文创强调了几个 IP 运营的特点。

第一，IP 得有知名度，也就是它需要兼具故事性、价值观还有影响力。

第二，它强调科技所带来的互动、沉浸的体验，以及全方位的感官体验。

第三，强调营销资本和市场。

我们首先要分析的是资源匹配的问题。当我们问到绽放文创是怎么和 teamLab 形成合作的？当时 teamLab 也算是一个创业公司，而绽放文创有丰富的空间设计经验，其资本也比较雄厚，投了 2700 多万，更重要的是在洽谈中不断地给予 teamLab 信心，让他们做大做强。当时杨钜泽先生在米兰只看了 teamLab 的一个作品，就已经感觉到它成为潮流的这种前景；在深圳的展览是有 16 个作品同时展出，这给了 teamLab 新媒体艺术展强大的信心。

我们其次要分析的是市场定位。绽放文创也认为艺术落在生活的层面，才能够引发艺术的流通和消费。深圳是年轻人居多的城市，它有非常强烈的消费欲望和较高的消费能力，所以展览也可以在深圳获得成功。

视角 3：空间与城市。

绽放文创的第一个落地项目，其实是位于深圳华侨城创意园的绽放花园。它的定位是艺术的聚集地，拥有艺术空间，艺术长廊，艺术画廊，绽放书房等等多个空间设置。

事实上，现在有书房的咖啡厅和餐厅并不罕见，绽放花园可能有两点特别之处：

第一个特点是，餐厅设有全球第二家花舞印象艺术感官餐厅。这个餐厅也是沿袭了 teamLab 的一个作品的风格，去探索人类和自然、自身和世界的关系，包括春夏秋冬十二个场景。

第二个特点是，绽放花园有一个展厅，在这个展厅经常会有一些时尚或者品牌的发布会、音乐会、艺术展览、公益活动举行。在深圳华侨城寸土寸金的情况下，有这么一个展厅还是挺不容易的。

绽放文创在成都开辟了第二家绽放花园艺术餐厅，因为成都也是一个美好生活的聚集地，这家餐厅也有多个空间的设置，比如一些像陈文令、村上隆的艺术作品的展出。绽放文创还在成都投资了成都国际当代艺术博览会，他们认为成都是一个艺术创作的地方，而绽放文创希望博览会能让成都成为艺术消费和艺术交易的一个地方。

关于绽放文创的未来，我们对他们做过两次访谈，今年四月份的时候，他们说他们想做一些比较成熟的 IP 运营，有很多 IP 等着他们去运营。但是前几天我再对他做二次访谈的时候，他们已经改变了这个观点，他们现在希望做原创 IP，准备做自己的线下体验店，未来他们会在深圳宝安的新地标欢乐港湾再做一个绽放花园，并且落地深圳当代的艺术博览会。我认为未来比较有趣的一个项目是绽放艺术科技实验室，这实验室现在已经存在，主要是他们集团内部使用的，在未来实验室会联合政府和高校向公众开放，主要探讨的议题是中国文化艺术的数字化转化和应用，涉及文化传承和创新人才培养等等。当然绽放文创会是他背后的产业平台，会聚集相关的产业资源，将研究成果和作品进行商业转化。这个实验室会在三月对外开放。

三、“沉浸式艺术”和“沉浸式艺术展”

沉浸艺术展不仅仅带来了新的文化艺术消费方式，也带来了很多争议，比如说同质化可能会引发审美疲劳。近年来每个城市多媒体综合展、沉浸体验展层出不穷，质量也参差不齐。形式化也可能带来内容缺失，像现在市场上有很多用技术手段还原经典艺术作品的展览，可能第一次、第二次大家还去看，第三次、第四次可能大家就会考虑考虑了。对于这一点，绽放文创认为创新将会带来无限可能，无论是艺术上的创新，还是科技上的创新。

关于艺术科技，我们深大文产院师生也研究得非常多。我想就提一提这个“沉浸式艺术”和“沉浸式艺术展”，我想这是两个关联，但是也有所区别的两个概念。

"沉浸式艺术展"的应用范畴，可能包括装置艺术、传统文化艺术的这种沉浸、互动展现。对于艺术来讲，是需要有一定批判性的，但是对于艺术展特别是商业展览的话，呼应的是一种对美好生活的向往。

"沉浸式艺术"它可能在一定程度上是成了资本的附庸，受到资本的驱使。但是从艺术和科技的新的尝试来看，"沉浸式艺术"还在不断发展的阶段。找到它自身的艺术价值，将技术上的震惊体验转化为艺术灵韵的升华，完善它作为艺术品的流通、收藏和展示等议题。我想，依照这个方向的话，可能我们会为沉浸式文艺生活创造一个更好的未来。

谢谢大家。

第八章　百年汉饼文创传承——台湾旧振南饼店

演讲者：于国华　台北艺术大学艺术行政与管理研究所所长、副教授
周尚仪　台北艺术大学艺术行政与管理方向研究生

于国华：今天早上彭峰老师讲了两个关键词，一个是气氛，一个是幽灵。如果各位曾经吃过汉饼，吃过台湾的凤梨酥，你就知道什么是气氛。我们这个案例要谈的是未来100年它要如何经营，而且它是一个已经130年的老店。好，接下来请各位听我们的报告，台湾的一个汉饼老店——旧振南。我们请尚仪跟各位报告。

周尚仪：大家好！我是周尚仪。今天要为大家带来台湾百年汉饼——旧振南的饮食文创案例。首先引述旧振南老板的话："唯有创新，才能长青。"企业长青一直是很多经营者共同追求的目标，一间老饼店面临破产的危机，经过三年的苦心经营，转亏为盈，如今业绩已经翻了十几倍，其中的创新策略就是我今天所要分享的内容。

一、旧振南创新转变：制饼到品牌经营

汉饼最早是在清朝的时候传到台湾。到了台湾之后也开始开枝散叶，每

当结婚或是逢年过节的时候，都有吃汉饼的习俗。汉饼伴随我们度过很多重要的时刻，也跟我们的生活息息相关。

一般来说，台湾汉饼发展经历了四个阶段：1895 年以前，汉饼传入台湾；1895—1945 年，日据时期，日本引进和果子、西式糕点；1945—1980 年，美援面粉输入台湾，汉饼发展并进入成熟期；1980 年至今，因为受到西方饮食文化潮流冲击的影响，传统的中式汉饼渐渐式微。

旧振南创立于 1890 年，它的发展也经历了上述四个阶段。20 世纪 80 年代它也曾经开发了西式的糕饼，但是面对过于竞争激烈的市场，因为品牌定位不明，导致经营不善濒临倒闭。

1995 年，第四代接班人李雄庆先生接手了品牌，他也是从传统的经营时期开始进到了转型的创新时期。而且他在管理系统跟渠道上都采取了与以往不同的做法，2016 年之后，其文化品牌经营的理念让一个本来奄奄一息的品牌成功翻转。

二、旧振南创新治理与传承途径

李雄庆接手之后，就从本来家庭式的管理，转为现代化的组织分工。也专注于汉饼的市场发展，由一家门市拓展到了 23 个据点。并且他做的不只是品牌，更是致力于运行社会企业的发展。

旧振南在价值创新、设计包装、渠道拓展方面，内外都重新整顿，重新定位了这个品牌，并且通过实践社会企业来回应他的市场。

价值创新方面，坚持保留了汉饼的传统技艺，持续开发的新口味，并且以创新的价值来提高商品的单价，取代了成本导向，脱离了低价竞争的红海。

以设计包装来搭建时尚跟传统的桥梁，从 1997 年开始以东方时尚的精神来做设计，并且选用红色、金色跟紫色来传达喜庆的印象。

包材方面，采用环保的包材来承诺对环境的友善。旧振南历年来得奖的作品，也反映出他其实一直以来都不只是重视文化的内涵，也重视时尚跟美感。

在渠道拓展方面，以前旧振南只有一间门市在高雄，但是 1995 年李雄庆接手之后，就采取了许多创新的转型策略。1996 年，旧振南进入了百货公司的渠道开始，就从喜饼转而进入了一个礼品的市场，也开发了许多伴手礼。他将自营模式拓展为文化的橱窗，提供了无形的服务和无形的文化体验。到了2007年，进入了如高铁、机场的免税店，也让旧振南变成一个国际品牌。除此之外，他也跟其他的业者，例如台湾的一些便利商店、饭店、银行等其他产业做策略联盟，扩大了消费族群，也增加本身的竞争优势。

三、旧振南社会企业责任的四大范畴

除了做品牌之外，李雄庆建立了自己的社会企业责任的四大范畴。

第一个范畴是食品安全，将制饼原则写在祖训中，坚持低油、低糖、不添加防腐剂，至今他们依然坚持这条祖训。他也自主创建了品管实验室，并且它的产品都会通过各项的稽核去认证，去展现它对消费者的良心。

第二个范畴是追寻环境的永续。环境的永续带来经营的永续，旧振南有五款商品取得碳足迹认证；员工制服采环保材质布料；汉饼文化馆获得台湾绿建筑黄金级认证；2018年，投入了大量的资金，要展开一个复育台湾稀有物种的计划，预计花30年的时间去复育这些物种，以减少空气的污染。

第三个范畴，积极回馈社会，建立影响力。2017年捐赠成立了“中山大学旧振南品牌研究中心”，定期地举办研讨会跟论坛，让更多的企业家还有创业者来分享他们的经验。也获得《天下杂志》2019CSR企业公民奖。

第三个范畴是推广汉饼文化美学来扎根文创。2016年建立了旧振南汉饼文化馆，同年出版了中英文版本的《汉饼》，名扬国际。参加德国法兰克福的国际书展，也让汉饼的文化在国际更受到重视。旧振南还通过体验经济的方式来推广汉饼文化、生活美学，创新推出汉饼文化的下午茶，大家下午茶可以不用再吃蛋糕或是咖啡，渐渐改变我们的生活习惯跟饮食习惯。汉饼文化馆，也是三合院的建筑风格，并且有取得绿建筑的标章，会让一些民众也进来体验汉饼文化，通过体验来了解汉饼文化。

除了创新以外，“实在诚恳”、“食在信任”和“时在喜悦”，一直是旧振南所追寻的企业文化。

四、价值创新（value innovation）走向蓝海策略

通过上面的介绍，我们发现，旧振南的创新价值是随着时间而逐渐彰显

出来的，所以我们进一步用蓝海策略来分析它是如何开创自己的蓝海。

蓝海策略中，有六大途径：

1. 改造市场边界；

2. 专注于愿景而非数字；

3. 超越现有需求；

4. 策略次序正确；

5. 克服重要组织障碍；

6. 把执行纳入策略。

拿这六大途径来解释旧振南，你会发现其策略与这六大途径吻合：

1. 走出台湾市场、跨足出版业、建筑业；

2. 致力永续经营愿景；

3. 突破糕饼业，发展体验经济、企业社会责任；

4. 先保护再进行蓝海策略，并以客为尊；

5. 重建现代化管理模式，凝聚组织向心力；

6. 拟定公司标准，追寻使命。

我们进一步再用蓝海策略中的四个行动架构去分析它。看见他消除了西饼制造贩卖，减少了广告，提升了品质、食品安全、资讯安全、销售渠道、提升了包装美感。创造了汉饼时尚，承担企业社会责任，创造汉饼文化美学，打造汉饼体验经济。

2012年，旧振南就导入了云端会员管理系统，也自组了行销的团队，以“O2O”跟会员关系方式去培养顾客的忠诚度，也增加产品的销量，同时也有跨境电商。时尚跟创新一直都是旧振南跟市场拉开距离的一种方式。在2020年也开始要求公司全面进行品质管理，全面回头再审视自己的品质。

五、基业长青：旧振南六项标准检视

我们看到旧振南开创了一个百年的品牌，但是如何再续百年也成为它决策的关键。透过《基业长青》这本书，作者以六项标准来定义了一个高瞻远瞩的公司：

1. 同业中的翘楚；
2. 在企业界备受尊崇；
3. 为我们生活的世界造成不可抹灭的影响；
4. 执行长的职位历经多次世代交替；
5. 历经多次产品生命周期；
6. 在 1950 年之前创立。

拿这六项的标准来检视旧振南，我们发现它其实也都符合这六项标准：
1. 同业中声名远播；
2. 获得企业公民奖；
3. 承担企业社会责任、推广汉饼生活美学；
4. 历经四代经营者；
5. 历经多次生命周期；
6.1890 年创立。

旧振南“长青”条件主要有以下两点：

对外，旧振南要打造的是超越产品生命周期的企业；企业经营的目的不只是赚钱，在回馈给社会方面，旧振南致力于推动社会的发展跟文化的发展。通过大胆的创新活动，传承传统文化。

对内，它则是坚守了企业核心价值，也保留了传统的技艺，也自主了实验室，培养他们自己的接班人不断地向前。

旧振南的核心价值是创新、品质、诚信、传承：创新带来长青；品质，不只是服务品质，行政品质也都达到了极高的水准；诚信，则是对消费者的良心；传承，这就需要做好公司更好的治理。

一个文化除了传递之外，如何承接更是一个重要的关键，因此我们归纳了以下四个关键。第一，身为领导人需要不断进步，才能采取与时俱进的方式治理。第二，即便外在的环境改变或是做法有所创新，但是核心理念都是必须要传承跟坚守下去的。第三，建立良善的企业文化，培养彼此的信任感，凝聚向心力，更能调整好公司企业的体制。第四，传承接班计划更需要尽早规划，妥善计划。

最后，二十年前旧振南是一个默默无闻的小饼店，但是我们如今看到它已经成功反转，并且建立了自己的汉饼王国，成为一个台湾数一数二的文创品牌。在它的案例中，我们看到它将文创内化成一种精神来治理公司，实践传统文化的精神。而且将企业视为并非家族所有，以家族的向心力、凝聚力来帮助企业发展，并且是以“再续百年”为目标来规划他的传承蓝图。最重要的，就是取之社会，用之社会。赚了钱，也需要通过持续投资，回馈社会，才能让资源不停地滚动，发挥影响力。

以上就是我的分享，谢谢大家。

第九章　沙龙对话：科技创新与文化创意

主持人：
唐金楠，北京大学文化产业研究院研究员
对话嘉宾：
金时范，韩国安东国立大学文化产业学院教授
向勇，北京大学文化产业研究院副院长、教授
邓丽丽，北京大学文化产业研究院动漫游戏研究中心主任
张朝霞，北京舞蹈学院教育学院副院长、教授
魏建，《山东大学学报（哲社版）》主编、教授
张国林，北京博大环球创业投资有限公司合伙人、董事长
李慎国，北京中海纪元数字技术发展股份有限公司副总经理
王华，北京中海投资管理公司投资总监
刘默冉，北京创新壹舟投资管理有限公司投资经理
张腾，上海浦东新区文化产业促进中心主任
闵玉辉，深圳市龙岗区文化产业促进中心主任
谭莹，成都文化产业促进中心文化产业宣传部文化产业处处长
叶亮清，海淀区文化发展促进中心主任

唐金楠：作为主持人，先把我的特权行使了，我先说几句。这个对话会已经很多年了，首先我代表学校和学院特别感谢海淀区的长期坚持。海淀对话会的声音虽然很小，但是确实会对海淀区、对与会嘉宾及信息传播范围之

内所触达的人们的认知迭代升级，产生很大作用。前面几位老师的发言，从技术发展、新技术变革到非常微观的案例，都体现了海淀区和我们北大做这个论坛目的，我们既要关注宏观的人类文明和技术进步，同时也要关注当下微观经济社会的变化和发展。也就是说，我们既要仰望星空，又要脚踏实地，我们站位要高，同时我们着手和落脚点要更细微一些。

我也想分享听到这些精彩演讲的一些感受。今天我们的主题叫“科技创新与文化创意”，我的专业背景是艺术理论，具体关注科技的演进和艺术生产、文化创意的关系。我最近在读吴军老师的《全球科技通史》，他在里面提到一个观点，人类整个文明的产生和演进过程，实际上就是能量的发现和使用，以及信息的生产和传播的过程。文化、艺术也是某种信息，这种信息的生产和传播，实际上也主导了人类文明的发展过程。人类文明几千年，能演进到今天，就是因为能量和信息不断积聚产生的驱动力，这种驱动力就在我们的主题当中。能量就是主题谈的科技，信息就是主题谈的文化，在这个视野下看今天的主题，就显得非常的有意义。

从宏观的视角来说，科技在文明过程中会发挥什么样的作用？前几年美国物理学家迈克斯·泰格马克写了一本书叫《生命 3.0》。他不仅探讨了人类怎么利用技术发展，而且讲技术正在以及将会怎样取代人类。比如很多人都在戴眼镜，眼镜已经延伸了我们的视觉功能。未来人类生命的形态都会变化，那人还是不是人？人文主义的内涵是否还有价值？当然在这个过程当中技术的展现形式很复杂，有的时候是表现在媒介方面。麦克卢汉的学生莱文森，他就很乐观地说，人跟技术媒介互动之后，好用的、能用的他就用了，不用的就被放弃了。他是技术乐观主义的典型代表。我们现在这么乐观地对未来充满期望，相信无论是经济还是社会的福祉都会持续增长，相信明天会变得更美好，然而我们的依据仅仅是过去两百年的技术变化。但是未来会怎么样？技术还能不能被掌控？我们不得而知。所以在今天，我们探讨技术怎样跟人结合，怎么在人文主义的立场上来看待技术问题，就非常有重要。

从微观角度来讲，技术的变化就展现在产业链变迁中。中国过去四十年积累的财富和产业链的制造能力，给了我们信心。中国也许不是原创技术最先发的国家，但我们一定是应用技术最厉害的国家。因为我们有足够的市场空间，有足够成熟的产业链、供应链支撑我们去探索，所以我相信未来文化和创意科技结合的蓝海，还是在中国。当我们面临这么巨大的机遇时，我希望把北大的人文关照传递出去。

好的，我的特权行使完了，我们直接开始进行对话。第一位发言的是韩国安东国立大学文化产业学院的金时范教授。韩国在技术的创新和变革上，在东亚的三个主要经济体里是相当厉害的。面对即将到来的5G时代，作为一个韩国的学者，从人才变化的角度，从产业角度、从艺术发展的角度，金教授有没有什么要跟我们分享的？

金时范：（原发言为英文，以下内容为翻译稿）5G不仅仅对于中国重要，对于韩国也很重要，所以作为一个韩国的教授，我们非常认真地对待这个事情。但是技术本身不是最重要的，重要的是技术对人们生活可能产生的影响。新的技术在发生的时候，我们可能并不知道它的作用，但是它会释放出一些新的需求，进而产生了一些新应用。举一个韩国的例子，众所周知，三星是一家生产手机的领头公司，三星首先研发了手机的拍照功能。那时候人们完全不知道如何使用手机的拍照功能，完全不知道这个功能可以做什么。在这个功能被推向市场后，社交媒体上开始出现了很多手机拍摄的照片，手机照相功能才被广泛地应用。随着社交媒体和网络社交的这种需求，我们就释放出来了图片分享需求。

我在学校常常告诉学生，5G作为一项技术将如何改变人类的生活，比这项技术本身更加重要。现在手机只诉诸我们的视觉、听觉这两个功能，但还有味觉、触觉、嗅觉，这些感觉能否在5G时代也被开发利用。到未来5G时代，也会释放出很多新的需求，比如说一些同步的协作，它是低时延、高速的技术，我们可以实现多角度的协作；如何把手机作为乐器来演奏音乐；现在我们只能180度观看戏剧，5G可能实现360度全景观看戏剧，可能看到我们背后的画面，也可以共享画面。如果这些应用真的实现了，我们的生活会发生很大改变。技术影响我们的生活，从而也会影响我们的产业，所以这也是我们需要努力去思考的。谢谢。

唐金楠：感谢金教授。金教授在三星工作过的，所以他讲到他也是一个技术从业者，一个工程师。他认为技术本身并不是最重要的，最重要的是技术如何影响生活，进而如何影响我们的产业。

下面有请我们文化产业研究院的研究员邓丽丽老师，邓老师是我们动漫游戏文化方面的专家，这两年电竞特别火，邓老师是中国最早做 WCG 的全球总决赛的操盘手，所以在技术方面非常敏感。邓老师觉得，5G 技术所带来的新的交互方式，将会如何影响动画游戏产业？

邓丽丽：谢谢唐老师对我的介绍，首先，我要说明，作为一个文科生，刚才老师们说的热点名词，我都是跟企业和投资人的交流中不断学习的，包括各种各样的数字技术怎么应用到文产方面。在学习和思考过程中，我认为 5G 的到来不能等于动漫产业的必然发展。

第二，我想简单说一下目前中国动漫产业的情况。说到动漫产业，大家都知道包括动画、漫画、游戏，严格意义上说电竞可以不归在动漫产业当中，但它跟游戏有非常大的相关性。目前中国动画产业的政策红利已经过去了。刚才大家都在讲的是电竞产业的政策，北京、上海、广州、西安、成都等等，每个地方基本上都把自己叫“电竞之都”了，都要在 3—5 年内打造世界的电竞之都。这一轮的红利阳光会撒在谁身上？动漫产业的从业者、企业家，可能获得政策红利吗？需要关注。动漫产业市场化程度越来越高是必然的趋势。目前中国动漫产业要发展，大趋势是在腾讯、优酷等几个大平台上进行播出及传播，这些平台在动画的播出和制作方面都起到了非常重要的推动作用。

第三，技术在动画中的应用。目前动画的长、短篇制作中，已经在应用新技术了，只有应用得好不好的问题。目前存在的问题是，动画质量差，内容单一，没有想象力，没有吸引力。技术能力再强也需要与有创意的内容结合，这样才能制造出高质量的动画。

第四，消费的理性化。动漫电竞领域市场化程度会逐渐加深，仅仅靠政府补贴的方式一去不复返了。前段时间我狂看了一段网络小说，就是想研究一下目前中国网络小说的创作与消费市场的情况，另外也想从中选择好的题材。这个过程我感触颇深，一个是我非常佩服中国网络小说作者，一写都是几百万字，几千章，我太佩服他们了；另一个是消费者是很理性的，网络小说都会显示小说多少人阅读，多少人同时在线等，有的几百万字的小说只有几十人看，有的小说是上千万人看，所以，消费者实际上是很冷静的。

这就呼应到齐悦老师刚刚演讲的题目，我的命题可以推动齐悦老师做更深入的研究，5G时代的到来对动漫产业是什么样影响？让年轻人说话，让90后、00后的人说，到底5G来了以后我们要看什么。5G对动漫的发展会有怎样的推动作用？我认为，首先，内容制作上，现在已经有很多的企业或者投资人都加大了技术上的投入，让内容创作上有更多好的体验方式。其次，在传播营销上，政府扶持的红利消失之后，动漫怎样和其他产业融合，也是我们要思考的落脚点。最后，动漫产业的发展进入了一个市场阶段，要以内容为王，还是要有好的故事才能跟5G和技术的到来进行一个很好的匹配。

唐金楠：下面发言的是北京舞蹈学院教育学院的副院长张朝霞老师。张朝霞老师是艺术管理领域的大腕儿，舞台艺术的管理者，大家知道艺术学专业里下设一个很重要的方向叫艺术管理，培养的都是舞台管理、剧场管理，还有文化管理者。在5G时代，舞蹈与科技融合将为艺术创作、艺术教育与艺术管理带来哪些可能性？欢迎张老师。

张朝霞：感谢主持人。今天能到这儿来，可能跟我做过的一些事情有关系。谈到艺术和科技的融合，2001年我负责筹备建立了北京舞蹈学院艺术传播系，在这个系部下设了一个新专业叫作新媒体舞蹈（原名电视舞蹈编导）。这个专业在2015年以前一直持续招生，培养十余届致力于舞蹈和科技融合创新的复合型人才。2015年，在海淀区的支持之下，我策划了一个叫“城市舞步”的项目，也是着力推进舞蹈和科技的融合创新。所有这一切努力，只是月球上的一小步，做了一点初级的探索。今年，在海淀区的支持之下，我们还召开了题为“5G时代的艺术”的科技艺术融合创新论坛，并发起成立了中关村科技艺术创新实践研究中心，我希望海淀区和北大能够继续支持我们，让舞蹈人、艺术从业者能够在与科技融合创新方面可以走得更远一点。为什么要跟科技融合？这跟我一直主张的艺术管理的创新理念是有关系的。今天我跟大家分享四个关键词，“3O”、“3E”、群落生境、“城市舞步”。

第一，“3O”是什么？这是公共文化服务领域里提出来的，叫作Open-knowledge，Open-access，Open-innovation，意思是共享公共文化资源，让更多的人接触到核心资源，敞开一些渠道，让更多的人接触到优质文化艺术的宝库。共享资源的同时，更要激发每个人的创意。所以在专业的舞蹈艺术领域，我一直倡导一种“人人可以舞蹈”的新概念。最初，人人可以舞蹈，或许只是一个梦想，但5G时代来临后，人人可以舞蹈就应该能成为现实。通过互联网平台和数字技术，在精英舞蹈和大众舞蹈之间如何架起一个舞蹈知识和信息普及的渠道，让优质的舞蹈教育资源更便捷地到达大众。在国家的支持下，我国专业舞蹈的教学、创作和专业人才的培养都达到了相当高的程度。如何让国家级的舞蹈资源能够更加便捷、有效地抵达人民群众，从而让百姓共享专业舞蹈资源、提升舞蹈素养呢？也许海淀区可以发挥区位优势，在新的技术平台上把国家六十多年的专业化舞蹈资源进行数字化处理和有效传播。新基建的铺设与开展，是实现这一梦想的前提，这需要政府的支持。这些数据化的资源，可以让1.8亿的中老年舞蹈爱好者，3.5亿的青少年舞蹈爱好者，和真正的从事舞蹈专业的人，都能够更便捷地接触到优质的舞蹈资源。

“Open-Access”，就是通过先进技术革新舞台、提升舞台艺术表现，并提供新的传播和展演渠道。现象级舞剧《永不消逝的电波》成功借助新舞台设计，实现了完整的艺术创新，它基本上实现了舞蹈人的一个梦想，把不同层次的文化诉求用一出舞剧完整地呈现了出来。这部舞剧在艺术与科技融合方面最突出的贡献，就是几乎妙合无痕的将电影艺术和舞蹈艺术的精粹融通提升了，在很短的时间将内在的东西在舞台上立体地呈现出来。在渠道拓展方面，国家大剧院舞剧《天路》的4K+5G现场直播，从另一个方面取得了突破，新的展演方式使观众得以在影院看到高质量的剧场艺术。

“Open-Innovation”，就是在前两个“Open”的基础上，让大众得以通过技术支持享受高端舞蹈知识普及和剧场艺术共享。有了高质量舞蹈美育的大体量推进，人人都能够创造性地利用身体媒介进行艺术表达或呈现，“人人舞”不再是空洞的概念而将成为现实。

第二个关键，“3E拓展”。在这里，我想强调的是，艺术管理工作者在新时代要有新担当。艺管工作者不仅要熟知新娱乐（Entertainment）的游戏规则，更要有意识地维护并推广艺术创作与传播的新启蒙（Enlightment）作用。作为新时代把关人，艺管工作者不要被互联网时代的全民文娱热潮所迷惑，要提高文化展位，利用技术推动全民文化参与（Engagement)。

第三个关键词，群落生境。我想强调的就是，要鼓励小群体传播优势，利用互联网思维，构建可持续发展的科技艺术共同体。在海淀区文促中心、海淀文联支持下，我策划发起的“中关村科技艺术创新实践研究中心”，就是希望能够打造这样一个可持续发展的文化共同体。

第四个关键词，“城市舞步”。这是我在海淀文委支持下的一个舞蹈科技融合传播平台项目。这个项目也是我走出校园，推动舞蹈短视频创作与传播的一个外展项目。

唐金楠：特别感谢张老师，我有一个很重要的感受，技术持续帮我们推倒了高雅艺术、精英艺术与大众之间的围墙。

北大依托哲学系和信息科学学院成立了一个中心，叫博古睿研究中心。它们主要在做人工智能和哲学的合作研究，听起来其实好像很奇怪，但实际上，这反映各个学科受到技术的影响很大。下面我们请《山东大学学报（哲社版）》主编魏建教授分享，魏老师在学报的采编过程当中，数字人文会对传统人文学者带来何种改变，有比较深刻的体会。下面我们就欢迎魏老师来给我们分享。

魏建：技术对学科的影响问题，实际上是个老问题。社会科学研究和人文研究之间，本质的区别是什么？今后的融合方向又是什么？从目前的状况来看，人文研究多数是靠想象力，社科研究更多地偏重实证。但随着分析技术的进步，实证研究化的方向和影响面越来越大，在人文领域里有越来越多的实证研究展开。特别是在越来越先进的技术手段推进之下，数据来源、技术分析方法越来越多，实证分析在更多的领域里绽放魅力，包括文化产业领域的研究。文化产业领域，原来有好多研究者都是来自历史、哲学、文学等领域，但是近几年经济学、管理学、信息科学、信息技术的研究者加入越来越多，实证分析成果也就越来越多，这是一个大的趋势。

实证分析有它的好处，比如说我们的传统里讲“中庸之道”，中庸之道就是稍稍过一点就显得激进，稍少一点就又显得保守。怎么才能找到平衡点？这就可能需要通过实证研究来找到平衡点。刚才肖永亮老师讲：戴上 VR 眼镜之后，可能超过 10 分钟，佩戴人就有点接受不了了，这就是在实证过程中找到平衡点的例子。

人文研究和社科研究，二者应该是融合的趋势。所谓的融合是一定要有一个理论作为灵魂，再用技术手段做验证，才能展现出既有理论又有实证的支撑。近几年文化产业领域的研究也正在向这方面进行发展。未来的大趋势之下，整个社会科学的研究和人文领域的研究会越来越融合，大家思考的问题会越来越集中。

但是现在一些研究领域里出现了一些不良倾向，一个表现就是过于“技术化”。过于强调分析技术，太过于偏重实证分析，在写作文章和判断文章质量时，太看重数据是怎么来的、计量的手段是否先进，然而研究最后得出的结论却跟我们的常识判断不是相差很远。这样的研究可能有一定的价值，但不是我们想要的研究。因此，今后技术手段的进步确实会使我们对很多问题的理解会越来越深刻，给我们更多的推进。但要科学对待，不能片面化。

唐金楠：好，谢谢魏老师。主要还是强调学科边界的打破，或者叫进一步的交叉和融合。但从哲学社会科学角度，它还是应有一个基本的人文立场，以确保未来研究导向上的科学性。

下面我们请北京博大环球创业投资有限公司的合伙人张国林董事长来跟大家分享。张总曾经说过，公司的理念是要坚持符合国家的战略性目标，坚持可持续发展，在这个基础上把企业做大，跟上时代的步伐。在5G时代，作为博大环球创业投资有限公司，从这个角度，张总跟我们分享他的战略和思考，大家欢迎。

张国林：谢谢。博大创投原来主要是做传统的影视文化的投资。现在随着5G时代的到来，网络速度加快，带宽加长，延时更少，伴随着VR、AR技术、云端技术、直播这些场景的出现，给我们带来很好的体验。

第一，从投资的角度看，纷繁的节目和直播扑面而来，我认为这些节目会出现严重的分化。就像电视台一样，过去有三十几家卫视，现在出了严重的分化，根据二八法则，头部的20%电视台，也就是三十多家中只有可能五、六家电视台能够存活，其他的只能靠补贴。5G时代到来，头部资源就会越做越大，有些就会被淘汰。另一方面，随着这种分化，网红经济会发展得更快。实业潮的增加，可能带来自由职业者的增加，自由职业者增加以后，就会带来网红、个人带货的发展。

第二，消费领域一些新的机会。随着网红经济的发展，个人对培训的要求更高了。比如女孩子更加追求美了，包括怎么穿衣服，怎么化妆，口才、插花、茶艺也很受欢迎。现在通过网络培训，网络学习，读书会都很火热，说明人们的学习、认知升级的意识在提升。所以，从投资角度讲，过去对幼儿的培训会转到对成人的培训。尤其是在追求美丽、提升女性更美丽迷人素质方面，可以关注。

第三，文化自信和文化构建对投资的影响。中国现在讲文化自信，在这个氛围下我们投资的领域在哪里？最近我也是接触一些项目，比如我一个朋友拍摄老艺术家或者是老画家的纪录片，选的都是 80 岁以上的老画家，他们随着共和国成立和共和国一起成长，最近就有好多电视台找他，说这种体现文化自信的产品现在不多。建国 70 周年刚刚过去，马上就建党 100 周年，100 周年用什么来献礼？这些文化记忆是非常有价值的。当然随着 5G 的到来，这种传播可能更广泛。

我分享就这么多，谢谢。

唐金楠：好，张总强调 5G 变革之后，会出现新内容的头部资源。这种倾向就像广播被电视替代，电视被互联网替代，每次都有一些新的变化，这是产业的趋势。另外，从个体消费来讲，人们审美水平会提高，培训需求更大，学习意识更强，这也是消费领域的一些新的机会。当然还有文化自信、文化构建对投资有很大影响。特别感谢张总，谢谢。

下面发言的几位都是企业家，他们对市场、对产业会更敏感，分析的会更微观、更准确。下面我们有请中海纪元数字技术发展股份有限公司的副总经理李慎国，他要给我们分享的内容是 5G 时代技术升级和文旅融合会带来哪些新模式，大家欢迎。

李慎国：大家下午好，中海纪元也是中关村海淀区的一个 IT 公司。其实我们中海纪元除了专注在数字文化的信息化以外，业务更专注各种新 IT 新技术的应用，集中服务于政府，包括城市治理，治理能力现代化的应用，也包括区块链在政务服务的应用、AI 在城市大脑的运用，这是我们中海集团现在正在做的核心业务。

5G 网络技术，最典型的就是速度快，一秒就可以下载一部高清的大片，比现在的 4G 的下载速度能够快一百倍。在 4G 的时代，每个人都能深切感受的应用，就是智能手机加 APP，这是 4G 通信技术时代的一个应用的典型场景。智能手机加 APP 的涌现，就深刻改变了现在我们每一个人的衣食住行，我们工作、沟通、交流的方式。

具体到我们今天的主题，海淀文化旅游体育的数字化服务平台，是我们在建设和运营的。海淀公共文化数字平台也有个叫海淀公共文化的 APP，大家也可以下载。上线两年来，海淀区所有的文化设施、文化场馆，政府各种的文化活动，海淀区的民众都可以通过线上预定报名，获得各种的资源。APP 现在的用户数有将近 18 万，都是海淀的居民，近两年来 APP 线上的累计订单大概有 22 万多条。海淀区每年有四个演出季，有大量的惠民活动票，现在都是通过平台推广给全区的市民百姓，这是我们在 4G 时代科技文化融合的一个具体的案例。

在 4G 时代，我们讲文旅融合，文化是内容，旅游是载体。5G 时代，5G 网络是一个通讯层面的基础设施，文旅要深度融合，将来一定还要融入 AI、3D、AR、VR、区块链等前沿技术。

技术的应用，必将推动文、旅、体加速融合，具体我想讲两点。

第一，技术应用会促进内容的极大丰富。因为高速的网络会促进各种终端设备的迭代更新，文化内容的生产、文化产品的传播，可能会跟现在我们看到的不一样，文化内容的数字化，像文化虚拟、全息影像等技术，可能会让原来躺在书本里的东西活起来。我们现在也在做一些项目，比如说让博物馆活起来。另外，我们现在和海淀体育局合作，通过 AI 技术，做出 AI 虚拟教练，没时间去找教练的白领们也可以进行健身，这就是我们在做的全民健身的活动。

第二，技术应用会升级整个文旅用户体验，例如，提升用户的获得感、满足用户的多种需求。技术会让文化旅游从被动式转化为主动式，包括沉浸式旅游，以后旅游不再依赖于导游怎么讲，我们就怎么听了。文化的欣赏会从剧场内延伸到剧场外，你坐在家里，甚至是在别的城市，甚至在国外也可以享受到。服务特殊人群也会更多样，现在很多文化旅游你必须亲自去，5G

时代腿脚不方便的人，不能亲临现场的老年人、盲人都有可能参与其中。技术的发展，会让高雅的各种文化艺术，有机会走进大众百姓当中。最后，技术是一个逐步发展、逐渐成熟的过程，我相信这一波新技术必将很快成熟，就像电子商务时代，刚开始都不信，但是过了三年五年以后，现在全都信了。5G、AI、区块链，会更快地被大家接受，谢谢。

唐金楠：感谢李总。作为实践中最早触碰、应用新技术的市场主体，大家感受还是非常的真切。当然四中全会强调，国家治理能力要融入信息技术的手段，你们已经做的这些工作，也为我们海淀区提供了城市治理、综合治理的一种探索，也期待未来新的一些变化。

下面我们请北京中海投资管理公司投资总监王华女士分享。中海投资的定位是在科技成果转化、全产业链金融服务的一个服务商，在中关村科学城的自主创新和产业发展的过程中，做出了非常重要的贡献，他们也是在产业的前沿。联网、云计算等等这些在转化领域怎么样去认识和应用，欢迎王总和我们分享。

王华：大家下午好，非常荣幸有机会第一次来到中国文化产业新年论坛。正像刚才唐老师说的，我们是做早期科技创新企业的资本投资公司，我们是海淀区一家区属国有企业，十多年来一直致力于通过各类资本的纽带方式，推进海淀区各种科技创新的发展。

截至目前，我们通过各类基金已经间接投资了 2000 多家企业，90% 以上投资都跟科技有关。我认为，下一代互联网、云计算是一种现代化的手段，它的主要价值体现在更好、更快地传播速度和更低廉的价格。像宽带 2G 时代，流量费非常贵，大家都不舍得买，那时候主要的媒介是微博、推特，内容以文字形式为主。3G 时代到来，微信朋友圈就开始流行，大家开始发一些图片。4G 时代的到来，内容是微视、快手直播等视频。5G 时代的到来，科技的手段可能会创造更大的价值，可能会刷新我们的耳目。作为最新的手段，怎么助力我们文化产业的发展？从投资角度来看，技术的作用是创造价值和价值增值。

在文化产业领域里怎么能够更多地融入科技要素？有几个方面，一个叫认识，要先认识各类科技手段，甚至在非常传统的产业里去应用。一个叫认知，当我们认识科技的时候，要思考怎么去深度认知它？怎么利用科技在文化产业领域创造更大的价值？科技的价值在哪里？商业模式在哪里？一个叫认可。只有大家认识和认知了科技，最后才会认可它，接受它，并且愿意去为它而付费。现在很多人都是爱奇艺、腾讯视频的付费用户，一个月 15 块钱、30 块钱 VIP 可能直接就刷微信刷走了，原来三、四年前让你去为一个视频平台的电影花 5 块钱，你是一定不会付费的。因为大家对这个东西已经认知了、接受了、认可了，它才会为这个东西去付费，这个时候价值已经被创造了。

无论是下一代互联网、云计算，还是更先进的科技，我们要思考的是如何让科技更好地融合在文化产业领域中，让它能够创造更好、更新的价值和价值增值。光有科技和文化还不行，它们的发展最后还是离不开金融这个手段，用一句话来总结，叫“文化与科技融合，创新与金融并举”，感谢各位。

唐金楠：好，谢谢王总，充满了一个投资人看问题的深度。认识、认知之后的认可，会带来商业模式的变革。特别感谢王总的分享。

据我所知，就像当年网页游戏的发展一样，现在像谷歌、腾讯，任天堂都在开发云端的游戏集成中心，现在大量的游戏可能并不需要下载到本地，在云端就可以有极好的体验。5G 时代数字环境的变化，对游戏产业和技术的发展会有怎么样的影响？下面我们请北京创新壹舟投资管理有限公司投资经理刘默冉先生分享。

刘默冉：谢谢主持人。我们这个机构叫创新壹舟，主要是做游戏产业投资，曾经孵化过一家海淀土生土长的游戏企业——智明星通。智明星通可能大家不太了解，因为我们主要是做出海游戏，用户主要是老外，我们是从 2008 年开始做出海游戏，大概是十年，也取得一定成绩，统计了一下，我们这十年大概累计给国家创造外汇 40 亿美金。去年，谷歌做了一个中国品牌海外影响力排行榜，我们是仅次于联想、华为、阿里，排第四位。今年，我们在游戏产业大概投资了近百家公司，智明星通也做了几十款产品，结合做产品的心得，给大家分享一下。

因为游戏本身就是技术和内容创意的结合，不管是动漫还是游戏，它其实就是创作一个好的故事，展现它的文化内容。这个领悟是来自我们的一个教训，我们公司最早开发的产品叫“开心农场”，就是“偷菜”，可能大家都听说过。借助社交红利这一波优势，让很多人了解到这个产品。但是从商业上来说，这个产品并不是特别成功，因为门槛有点低，很容易被山寨，后来腾讯就仿照“开心农场”做了“QQ 农场”，很快我们这款游戏就没有什么太大的亮点了。我们也反思，怎么能做出真正好的产品，结论是要打造具有 IP 属性的精品游戏。

后来我们又开发了一个游戏叫“列王的纷争”，这应该是近十年中国最成功的出海游戏，这个游戏从创意策划到后来上线，大概经历了三年的时间。这三年时间我们在做什么？我们首先是找了一个新西兰的小说家，帮我们融合了世界主流的历史文化，打造了一本小说，小说积累了大量的粉丝。后来我们通过游戏展现了一个完整的世界观。即便后来很多游戏都在模仿我们这个产品，即使这个游戏到现在有五年了，依然是有每个月过亿的流水。所以我们的经验就是，真正的好游戏就是一个好故事，有展现文化内容的属性，而内容是最不容易被模仿的。

我们确实是处于一个技术变革的时代，5G 时代的确会给游戏形式、游戏创意、游戏玩法带来很多变化，我们也在这种不确定性中摸索。我们的心得只有一个，就是保持敏感，保持学习的态度。我们希望把公司打造出学校的氛围，紧跟时代技术去不断地学习。怎么做呢？第一，保持全球视野，找到全球最好的技术。第二，承认差距，可能我们确实有些不足，但是我们不断学习，取长补短。整合全球的资源，打造最好的游戏，比如说我们现在做的游戏，可能是英国的技术，以色列的创意策划人员，中国台湾地区的美术人员，加上中国大陆的运营，用合力去做一个精品游戏。我们通过聘请一个外国专家，带领中国的技术人员，把技术学习到位，锻炼培养自己的队伍。另外，我们也通过投资，去鼓励一些团队尝试开发新的产品，打造一些新的创意。我们觉得投资比内部孵化更好，是因为投资更有激励，性能更好地激发创造团队的创造力。

这几年中国游戏产业确实有很大提高，但其实相比美国或者是日本的顶尖公司，我们还有大概三到五倍的差距。打造精品游戏产业，我们不断在投入，不断保持学习的态度，创作更多的精品游戏，去拓展我们的影响力。

唐金楠：好，谢谢刘总。“开心农场”一说就很亲切是吧？很多同学估计没玩过，我们这个年龄的人都玩过。当然听您讲，在构建文化氛围和打造游戏的世界观方面投入资源，我作为一个大学老师，还是非常高兴的。能够留在游戏历史上的好游戏，都是因为它有很好的世界观构建，价值观引导，甚至有巨大的知识储备。游戏跟动漫比较像，就像《阿凡达》，背后是多少个哈佛大学的教授、符号学家、历史学家，所以我们要以这种精神去做游戏。今天听您讲我们还是非常高兴，非常有信心，特别地受鼓舞。谢谢。

唐金楠：下面有请上海市浦东新区文化产业促进中心（上海东方艺术中心）主任张腾先生。讲到上海，我自己的感受是上海在很多方面，尤其在城市管理和治理方面，要比北京先进一些。这并不是自我贬低，我是北京人，但是确实在很多方面，上海人的一些观念比较开放。下面我们就请张主任给我们分享浦东的经验，大家欢迎。

张腾：尊敬的黄英部长、叶亮清主任，还有我们主持人，论坛组委会交给我的题目是：“长三角文化产业作为建设文化强国战略的排头兵，也是亚太门户的文化开放共同体。上海市浦东新区立足于东方大港的气度和胸怀，在打造对外文化开放的新优势，推动国内外文化产业资源的优化配置上具有丰富经验，请问您是如何看待数字时代下的对外文化贸易的呢？”

刚才这段提问当中“排头兵”“亚太门户”“东方大港”这样的描述，实感过誉，我们做得还远远不够。从地理位置上来说，浦东的确是具有这样的战略优势，这是天生资源，但如何利用好资源优势，我想靠我们单打独斗是形不成气候的，需要的是和在座各个兄弟省市的合作，需要的是全国联动。特别是作为精神文化产品，数字时代、互联网的平行链接，无论是文化产品还是文化服务，都不再完全依存于港岸通道。所以题目中的“数字时代背景”恰恰是对港岸地理优势的逐渐分解，这点我们很清醒，也需要更多的创新，更加努力。

本来想先向各位简单汇报一下，在对外文化贸易上浦东的基本情况和工作，由于时间关系，我们也通过一些网络平台，发布了一些相关的工作汇报，所以这里就简单报个数据。众所周知，中国首个国家级对外文化贸易基地是坐落于浦东的外高桥，是长三角文化贸易的一个枢纽港，也逐渐成为全国最为便捷高效的艺术品进出境的一个通道，积累了一批海内外优质的文化艺术产业资源。浦东新区充分利用自贸试验区的一个战略优势，开拓文化贸易渠道，提升了国家的文化贸易水平。刚刚过去的2019年，上海自贸区，也就是我们的保税区域年文化贸易额是400亿元，其中艺术品交易贡献最大，入驻企业超过1300家。

再回到数字时代的对外文化贸易主题上，我谈几点自己在工作中，对于数字技术在与文化贸易交融互动中所发挥作用的粗浅认识，主要体现在三个方面。一是增强文化的核心竞争力，二是推动文化的创新驱动力，三是加强文化的跨界整合力。

首先，增强文化的核心竞争力。文化在意识形态方面具有润物细无声的独特功能，是任何一个产业无法替代的，所以更要从战略角度去把握文化产业的价值。文化的引领作用越强，其产业价值也就越大。引领作用主要体现在两个方面，第一个是内容，第二是渠道。我们一直在讨论文化的核心竞争力究竟是什么？我个人以为内容的竞争都是以占领渠道为导向的，所以文化的核心竞争力是传播。数字技术既可以作为内容生产，同时更重要的是它的传导能力。比如近年来数字技术带动文化出口、游戏产业和数字内容产业异军突起，成为中国文化走出去阵营中的新亮点。我们的网络游戏和网络小说，特别是网络小说，正在成为一种代表中国、影响世界的新文化标签，这就是在数字技术背景下产生的一种文化现象。你可能没想到，很多国外的年轻人很喜欢阅读我们中国的网络小说。

其次，推进文化的创新驱动力。这方面我想用“科技赋能”四个字来概括。科技的创新，不断推动文化产业转型升级、提质增效，并催生了大量新兴的文化业态，这些年大家早已经耳濡目染。可以说如今科技进步已成为文化发展的第一助推力。数字化生产、数字化传播、数字化交易、线上线下的融合，以及各类文化体验结合贸易流程的场景化、智能化与个性化，还有大家刚才都提到的大数据、物联网、区块链、人工智能、5G等技术的运用，都为文化产业和文化贸易打开了无限的想象空间。

最后，加强文化的跨界整合力。文化的差异其实是很难轻易逾越，它不同于政治、宗教等在特定的背景场合下体现出来，而是最普遍、最能够在日常生活中体现出来的差异。简单的举个例子，比如白色可以代表纯洁，也可以代表恐怖；红色既能体现热情奔放，又能表达血腥暴力；黑色象征高雅，但是它又能代表神秘或者阴暗，所以一个小小的色彩在不同的文化区域内都能够有不同的表达方式。曾听外高桥上海文化贸易基地的任总讲过一个故事，他曾经带娘惹文化中艳丽色彩的瓷器参加展会交流，带到一些国家尤其是欧洲地区，基本是看的人多，买的人非常少，主要的原因就是这种艳丽色彩不符合欧洲人的审美。但是带到新加坡就非常的受欢迎，这就是文化认同的作用，所以文化贸易不能够孤立进行，必须要与文化交流、文化传播形成良性的互动。在数字化时代背景下，我们可以轻易地运用大数据、运用各类“算法”来精确地选取文化跨域和产业跨界的最大公约数。总书记一再强调要携手共建人类命运共同体。民心相通首先要文化相融，人类命运共同体需要不同文化交流互鉴的人文基础，如何利用数字技术在内的各种手段加强文化的跨界整合，是亟须认真对待和思考的方向。

今天在座的除了各地的专家学者，还有部分兄弟城区的文化产业推动部门的领导。推进对外文化贸易的国际竞争力的关键，在于我们国内的内部联动。如果不和中国广大腹地连接在一起，浦东又何来亚太门户的重要位置。浦东要做大对外文化贸易的蛋糕，必须要有国内源源不竭的文化资源和文化创造。我记得浦东开发之初是省部楼宇先行，全国支持浦东，浦东开发成功服务全国，也绝不是口号，而是“浦东开发为了谁”的理念和目标。文化贸易的口岸，永远是为国家的文化振兴服务的，这也是我们发展文化产业的初心和使命。谢谢!

唐金楠：好，感谢张主任精心准备了很聚焦的一个发言，发言里面既有展示，让我们了解浦东新区的情况，也有反思，还有对策和建议，非常到位，也彰显了我们作为改革开放最前沿的浦东新区的管理者的一种视野和能力。特别感谢张主任，谢谢。

下面我们请来自另外一个前沿地区，深圳市龙岗区文化广电旅游体育局文化产业促进中心的闵玉辉主任为我们分享。十二月刚刚结束的“第二届粤港澳大湾区新媒体产业创新峰会”落户龙岗，龙岗也实现了跨越式的发展。目前龙岗形成了以大芬村为代表的非常完备的文创产业链，园区内超过6000家的企业。龙岗在“产城融合”方面有很丰富的经验，下面想请闵主任为大家分享，创意产业应如何在技术的升级迭代中抓住机遇？大家欢迎！

闵玉辉：我讲三点。首先要感谢主办单位的邀请，在这个群贤毕至、大咖云集的盛会，我能够坐在这里与大家一起交流探讨，感到非常荣幸。所以要感谢主办单位海淀区，还有北京大学十七年来的坚守，以及对中国文化产业发展的推动。

第二点，我讲的就是深圳市。深圳是一个小地方，特别相对于北京、上海来说。刚刚过去的2019年是特区40周年，深圳能有今天，离不开全国人民的支持。深圳是个小地方，讲的是深圳的行政区划，我经常接待北京朋友的时候，我就讲，深圳很小。深圳市全市比怀柔还小，怀柔区2100平方公里，比深圳市多了200平方公里。但是深圳作为第一个经济特区，它取得了长足的发展。

龙岗区是深圳的产业大区、人口大区，我们龙岗有380平方公里，500万人口，在过去的2019年，GDP是4600亿。在去年底工信部颁布的工业百强县区中，龙岗区位列第一。龙岗区目前有13个文博会的分会场，28个园区，是深圳市的文化产业大区。但是我们龙岗有一个特点，所有的园区都是民营的，没有一个国资背景的，这就是深圳的一个特色。跟北京、上海的同行交流过程中，我得知北京的园区中，国企还是占大头，上海国企和民营可能各占一半，深圳则完全是民营，这是深圳和龙岗的基本情况。

第三点，我讲的是5G数字时代。5G会推动文化产业与科技创新的深度融合，会触发业态的创新以及生态的蜕变。所以，构建基于5G数字化数字创意生态系统，文化产业该怎么发展？首先我觉得数字创业产业内核始终是文化内容。我非常同意邓老师发言里面讲的，科学技术是手段，文化才是内涵，内容为王。在5G时代，中国应该引领这次浪潮。在全球的5G标准中，中国占比34%，深圳占到了25%，其中华为自己拥有的5G专利超过2000个，远远高于5G专利的第二、第三名。所以深圳有得天独厚的条件，在5G时代继续发挥我们创新的优势。

在5G数字时代，企业该怎么做？春江水暖鸭先知，企业以及企业家应该是最有发言权的。基于我个人认识，我觉得企业应该做到两点。第一，生产优质的内容，因为刚才讲的内容为王。第二，怎么样运用5G的先进的技术，为消费者提供好的消费体验，5G的运用，主要应该是在这两点下功夫。

那么政府应该怎么做？作为深圳的政府，它是一个弱势的政府，很多资源都是在社会、在民营企业家手里，政府所要做的就是引领和引导。龙岗区文化产业的特点就是文化创意和科技创新高度融合。2016年国家提出数字产业作为国家战略性新兴产业的时候，我们就开始了产业前沿的研究。2018年12月，我们就出台了两个规划，一个是粤港澳大湾区数字创意产业基地综合发展规划和龙岗区数字创意走廊综合发展规划。在龙岗区规划设计了长达45公里，面积35平方公里的一个数字创意走廊，定位为粤港澳大湾区的数字创意产业基地，力争规模以上文化企业实现营业收入超过1200亿元，占龙岗区文化产业总营收比例超85%。

政府在政策配套方面，正在进行文化产业扶持资金以及文化产业人才的政策修订，2020年1月会正式出台。在这个政策中，我们增加了数字创意产业专属的政策章节，重点对影视动漫、游戏电竞、网络视听、创意设计等核心领域进行大力的扶持，引导企业在这些领域进行发展。我想在深圳先行示范区的建设过程中，文化产业是不可或缺的，文化产业必将在深圳先行示范区的建设道路上面做出它应有的贡献。我的汇报到这里，谢谢！

唐金楠：好，感谢闵主任。刚才闵主任讲到说深圳市政府比较弱势，但是从另一个角度讲，其实深圳政府先行先试，探索的勇气是非常强大的。我在北大的体验也比较明显，我们有深圳研究生院，其中很多老师被深大、南科大挖走。在待遇方面，这些学校突破了诸多限制，比如说老师的个税，年薪高，缴纳的个税也会水涨船高，但深圳政府就提出老师的个税由政府承担。作为社会主义先行示范区，深圳确实有魄力去引领方向，为我们创造很好的经验。

刚刚结束的第六次中央财经工作领导小组会议上，一个重要的议题就是“成渝双城经济圈”，把经济圈定义为西部重要的增长极，作为一个中央的财经会议，这样高的定位也凸显了成都、重庆的战略地位。大家到成都可能有非常强烈的感受，浓郁的文化氛围，慢生活的舒适节奏，实在是难能可贵的一种体验。下面我们请成都文化产业促进中心文化产业宣传部文化产业处的处长谭莹女士，给我们分享来自成都的经验。

谭莹：谢谢主持人。刚才北京社科院的包路芳老师发布了一份包含成都在内的六城文化创意产业研究报告，对我们的工作非常有指导价值，各位专家和兄弟城市同仁的发言也让我获益匪浅、深受启发。当前，成都的文化创意产业和北京、上海、广州、深圳、杭州相比还有较大差距，但同时这也意味着成都在文化创意产业发展上拥有巨大的潜力和空间。

说到成都，大家首先想到的一定是舒适安逸的生活。但除此之外，成都更有着健康的经济和活跃的文化。“九天开出一成都，万户千门入画图”，成都拥有 4500 年城市文明发展史，2300 年城市规划建设史，自古享有“天府之国”美誉，拥有青城山、都江堰、大熊猫栖息地等世界自然文化遗产和武侯祠、杜甫草堂、金沙遗址等 38 处 4A 级以上景区，是国家首批历史文化名城、中国十大古都、世界非物质文化遗产之都，是独具文脉肌理、独特文化气质、独有生活美学的国际化都市。同时，成都也是中国西部重要的经济中心、科技中心、金融中心、文创中心、对外交往中心和国际综合交通通信枢纽，是国务院确立的国家中心城市。

2018 年，成都确立了建设世界文化名城的战略目标，围绕这个目标，我们始终坚持以文化为引领，以功能融合为基础，以业态融合为核心，以产城融合为依托，坚持文创与城市经济融合发展，探索文化创意产业带动文商旅体融合发展新路，高品位建设世界文创名城，高起点建设世界旅游名城，高标准建设世界赛事名城，高目标建设国际美食之都，高水平建设国际音乐之都，高质量建设国际会展之都，以此构建跨界融合、共生共荣的现代文创产业体系，提升“三城三都”这一城市创意品牌的世界影响力。这是一个很宏大的目标，需要我们坚持不懈、久久为功。

今天对话会的主题是文化和科技。自 2012 年成都高新区被评为国家文化和科技融合示范基地以来，成都正进一步深化文化体制改革，加快文化科技融合，文化创意产业快速发展。

一是先后编制出台了《成都市文化产业发展“十三五”规划》《建设西部文创中心行动计划 2017——2022》《关于弘扬中华文明发展天府文化加快建设世界文化名城的决定》等政策文件，从顶层设计上推动文化科技深度融合。高新区、天府新区、锦江区、成华区、郫都区等文化科技产业核心发展区也相继出台了相应政策，共同构筑起支撑成都文化科技产业加快发展的政策体系。

二是通过园区基地建设，打造文化科技产业集中发展区，营造文化和科技融合发展良好氛围，带动形成相关产业链，推进文化科技产业聚集发展。目前，成都已形成具有一定规模、产业链相对完整，且知名度较高的移动互联网产业集群，是国家网络游戏动漫产业发展基地、国家动漫游戏产业振兴基地和国家数字媒体技术产业化基地。2019 年，成都索贝数码科技股份有限公司被评为单体类“国家级文化和科技融合示范基地”；成都东郊记忆艺术区、少城国际文创谷、锦江新兴传媒功能区、成都影视城、腾讯西部创新创业中心等园区为市级文化和科技产业融合园区，重点开展数字娱乐、数字传媒、创意设计、时尚艺术等领域文化和科技融合应用示范；中国移动（成都）音乐基地是全国最大的数字音乐销售、发布平台和全球最大的无线音乐发行基地，重点围绕中国移动咪咕音乐平台发展，打造成了全国最大的数字音乐基地和数据平台。

三是加强孵化器、产业园等创新创业载体建设，扶持移动无线音乐基地、成都传媒集团、成都文旅集团等国有骨干文化企业加快发展。引进腾讯、育碧、盛大、金山、趣游等国内外大型文化科技企业在成都设立区域总部或研发基地，培育尼毕鲁科技、魔方软件、数字天空、墨境天合、可可豆等一大批新兴文化科技企业快速成长。初步形成了数字音乐、数字传媒、数字出版、数字娱乐等数字文化产业加快聚集，城市旅游文化、大熊猫生态文化、蜀绣传统技艺等传统文化领域科技含量全面提升的文化科技产业发展格局和以文化为内容核心、以科技创新为重要支撑、文化科技交互融合的产业业态。

四是建成成都 3D 打印设计体验中心、丙火创意—四川大学产学研联合实验室、数字版权综合服务平台、YOU 成都生活美学平台等一批公共服务平台，为全市文创企业提供创意设计与研发、创意实物打样、3D 打印技术培训等服务。同时，我们还将科技创新与文化创意深度融合，充分发挥科技在文物保护和管理、文化传承和传播、文化展示和体验、文化消费和服务中的应用。

当前，成都是中国最具发展实力、创新活力和开放魅力的城市之一，正以深厚的历史文化积淀、兼容并蓄的胸怀气度，搭建人文交流、产业合作新平台，吸引全球优势文化资源。我们真诚期盼各位专家能够给成都的文创产业发展传经送宝、多提宝贵意见，也盛邀各位优秀的企业家到成都来，让我们一起构建文化创意产业合作新机制，探寻文化创意产业发展新模式，培育文化创意产业发展新生态，引领文化创意产业繁荣新风尚。谢谢大家。

唐金楠：好，谢谢谭处长。我们非常期待“三城三都”，能够把成都按照中央的要求，建设成重要的增长极。在文化带动方面，也为西部带来非常重要的增长，乃至对我们整个国家发挥更重要的作用，谢谢。

海淀区在数字文化产业集聚方面有得天独厚的优势，刚才也讲到了“独角兽”企业，中关村有驱动科技与文化融合的传统，未来在开拓这些资源方面，还有哪些工作可以做。下面有请今天论坛的东道主，海淀区文化发展促进中心的叶亮清主任，为大家分享，大家欢迎。

叶亮清：中国文化产业新年论坛举办了十七届，是向院长、唐院长的功劳。海淀文化产业对话会，我们一块举办了八届，是陈部长、张部长，还有我们黄部长的功劳，我向你们表示敬意。但是今天把浦东、把深圳、把成都文化产业促进机构的负责人请来，这是我的功劳，欢迎你们，希望你们以后每年都参加。

那我还是按以前的习惯，把海淀区文化产业的情况给各位专家汇报一下，请各位专家来，就是想请大家帮我们分析问题，帮我们提建议。2019 年海淀区文化产业发展的三个主要特征：

第一，规模方面，海淀区的文化产业规模在巩固的基础上又有了一些扩大。2019 年 1 月至 10 月，海淀区规模以上的文化产业单位是 909 家，收入是 4817 亿元，同比增长 20%，占全市的比重是 48.6%。32 家上市文化企业，10 家“独角兽”文化企业发展势头非常强劲。2019 年，海淀区规模以上文化产业的收入有望达到 6000 亿，同比增幅 20%，这个增量可能和北京全市的增量差不多，但是如何保持如此的增速是我们面临的重大课题。

第二，品牌方面，我们品牌化的程度也比较优秀。例如，香山革命纪念馆、香山革命纪念地、红色文化品牌、京味文化品牌、古都文化品牌“三山五园”，我们还成立了中关村科学城管委会，中关村科学城等创新文化品牌，也成为我们新时代海淀文化的金字招牌和金色名片。

第三，从国际化的程度看，2019 年北京语言大学的国际文化节、北大的国际文化节都成为海淀文化活动的重要看点。“三山五园”文化巡展首次亮相法国巴黎，直接拉动了 8700 万人民币的文创产品的销售。以纳兰性德为原型改编的舞剧《人生若只如初见》到莫斯科的演出，引起强烈反响。29 家海淀的文化企业入选 2019-2020 年度国家文化出口重点企业，其中，14 个文化出口项目入选国家文化出口的重点项目。

另外，特别想分享一下我现在感到压力比较大的几个问题。

首先，海淀区的文化产业发展的潜力还够不够充分？海淀区文化企业存量下降幅度比较大，原来文化企业超过 5 万家，但是到了 2019 年我们只有 48800 多家，减少了一千多家，以前这种情况不怎么多见，小微文化企业生存的压力比较大。虽说文化独角兽企业表现不错，但是海淀只有 4 家独角兽企业，且主要集中在短视频方向，领域比较窄，如果能多有几个领域就好了。全区近 5 万家小微企业，怎么培育“独角兽”？刚才黄部长提到，可以在电竞方面、数字文化企业方面下功夫，但这不是我们的一厢情愿就能做到的，它更多的是市场作用的结果。如果这几家独角兽企业明年、后年上市了，海淀区文化企业的增长速度很有可能因此就会慢下来，所以我们要提前想对策。

第二，优质原创内容生产能力要加强。在新闻信息服务、文化传播渠道的细分行业，海淀区都是高速增长的。但是，优质的文化内容供给始终是海淀区的一个短板，优秀的原创 IP 和文化精品相对缺乏。我们都知道内容为王，但是海淀正好缺内容。

第三，文化企业的营商环境需要进一步改善。世界银行给中国营商环境的排位是第 31 位，取的样本就是北京和上海，上海占 55%，北京占 45%，海淀区在北京排名第一。相对来说，我们的营商环境还是不错的，但是和其他行业相比，文化产业有一定的特殊性，我觉得在市场准入、文化品牌的保护、舆论环境、行政审批、文化政策落实等方面，海淀区还有很多问题，需要改进。

2020 年具体怎么做，我觉得核心还是要优化营商环境，增强企业信心，引导文化内容生产，强化优质文化内容的供给。我们争取 2020 年的总收入能达到 6500 亿，占全市 45% 左右就比较好，也不用太高了。

下面谈一谈具体的投资的机会，我今天请了一些投资人，请你们关注以下几点。第一，我们促进文化产业的投资。北大东门和清华西门附近的征地和拆迁工作比较顺利，以后这里很有可能成为不错的文化阵地，这是一个机会，希望各位专家、各位投资人、相关企业关注。其他方面的投资也有很多机会，如老旧厂房、5G 应用、休闲公园、文化遗址的保护等，如果有需要，欢迎大家可以来找我。

第二，促进文化消费。我做了一个海淀文创市集，可以和北大的大学生市集联动，希望驻区的大学对地方开放文化市场，我们希望市集做到大学里，目的就是为了鼓励文化创业。第三，文化出口，我们也会做很多工作。第四，细分行业的服务也有很多机会，比如北大有一些很好的项目，其中北大的音乐剧节已经小有规模了，明年可以把音乐剧这个行业好好推广一番。电竞行业也是海淀区重点要发展的行业。另外，我们还会把海淀的特色文化做一些精彩呈现，争取把纳兰的舞剧带到上海艺术中心演一演。谢谢各位！

唐金楠：叶主任很实在，直接展示数据，直接汇报项目，直接阐述未来怎么干。在文化产业观感和直接体验上，海淀确实比朝阳要“土”一些。我们年薪百万的码农，生活过得不如年薪十万的朝阳文艺青年。每个区域聚焦的领域、文化的基因是不一样的，与其弥补短板，不如加固长板。海淀这些年做了很多工作，也取得了很好的成绩，如夜间消费、夜间文化，华熙 LIVE 空间，都让人印象深刻。实际上，海淀在科技驱动方面，产业优势、人才优势都非常明显。刚才叶主任直接把他们接下来要做的事开诚布公地和盘托出，我们很是期待，感谢叶主任的分享。

对话即将结束，我最后总结三点。第一，我们今天的论坛和对话是一次成功的大会、胜利的大会、团结的大会。大家分享了观点，交流了经验，对共同目标的深入思考与探讨，就是我们论坛本身的意义所在。

第二，这场分论坛是面向未来的。面向未来的这种关照，让我们这个论坛的价值会凸显出来。我们不是一个纯学术探讨，而是“产、学、研”三部分各个领域的专家发言，观点相互交叉，彼此借鉴。

第三，在交流的过程中，我们感受到浓浓的艺术、文化和人文关怀。这也正是北大办论坛的特色，也是我们倡导的。为什么北大要做文化产业？文化产业管理应该是一个商科领域，更多地偏向经济管理专业，但是在我们艺术的学科起点上去探讨，就应该有一种人文关照。这种反思，也会给我们的观众和读者带去一些启示。

再次感谢各位嘉宾的精彩发言！期待明年我们的朋友能更多，我们的论坛能够更大，我们的影响能够更广。再次祝福大家新年快乐，明年再见。

第三篇　创意管理峰会：文化新业态与商业新模式

第一章　数字技术对经营模式的影响

演讲者：张国有，北京大学光华管理学院教授、中国管理科学学会会长、北京大学原副校长

今年中国文化产业新年论坛的一个主题是新业态、新模式。我的研究领域主要是企业管理，在企业管理当中有一部分是企业文化，大方向与文化相关。长期参加文化产业方面的论坛，和大家一块讨论问题，受益不少，积攒下来，对文化产业也知一二。平时也注意这方面的发展，慢慢也有了一些看法。最近几个月一直在地方做调研，主题是数字经济。今天我想谈一个问题，就是“数字技术对经营模式的影响”，其中涉及数字技术对文化产品经营模式尤其是对电影产品经营模式的影响。

“商业模式”在社会上已经说得很多了，成了一个潮向和惯用词。但对模式而言，不仅是商业、产业等模式，还有非商业非产业的模式，如学校、政府、研究所、联合会、慈善机构等。这些机构没有商业模式，但有经营模式。经营模式可以涵盖商业模式。所以，这里用“经营模式”来说明问题。对经营模式，主要想说，我们做事情，第一，要有个基本意图，就是你究竟想干什么事情，想干成什么事情。干这个事情会遇到各种问题，接着要考虑用什么手段去解决这个问题。所以，第二就是技术手段。有了你想做的事情，又有了解决问题的手段之后，你再用一个什么方式把这个结果给经营出来，达到你想要的目的。这就是第三，经营模式的问题。

经营模式与基本意图、与技术手段有关。基本意图、技术手段变化之后，经营模式就要发生变化。从这三者之间的关系看，目前我们到了以数字技术为基础的阶段。无论哪个行业，什么机构，何种产品会服务，都要考虑数字技术对经营模式的影响。今天，我们就重点讨论一下数字技术及对经营模式的影响和对文化产品经营模式的影响。

一、技术手段与经营模式的时代变化

技术和技术手段，在不同时代都会发生不同的变化。不同时期的生活生产都与不同的技术手段相适应。人类开始时是采集和狩猎，后来到了农耕，又到了机器大工业，现在到了信息时代。现在的具体说法是“数字技术”，数字技术还是属于信息社会这个领域。技术发生变化以后，经营方式会跟着发生变化。

在狩猎时期，人们通过到处打猎、游牧得到食物，狩猎技术和狩猎方式就是生存方式。到了农耕时代，人们要固定下来去种植，种麦子，种蔬菜，种与当地气候条件、地质条件相适应的植物，供人们生存用。这时的技术手段就是种植工具和种植方法，以及农时、地势、人工组织等。人们稳定在某个区域之后，就会有住房的问题，就有了建筑。有了住房以后，就不断在固定的地方去种植，就有了农耕时代的农耕工具和小农的经营模式。

到了机器工业时代，需要许多人集中在一起，使用机器和机器体系进行生产，就有了厂房，工人集中，在规定的时间内，按程序工作。这就有了机器技术和使用机器的工作模式。工厂主通过人和机器，加工原料，生产产品，卖出去，赚钱回来，再生产。这就产生了机器技术基础上的经营模式。有了更多的工厂，更多聚集的人，就需要买卖等更多的交换和服务，于是就有了市场、城镇、城市。城市的机器大工业手段创造了机器大工业基础上的经营模式。

物质生产和生活到了信息社会阶段，出现了电脑和网络，有很多事情可以在电脑和网络上实现。电脑、网络等就成了新的技术手段。这时的技术，总体上可以称为信息技术，之所以后来称为数字技术，可能是因为计算机的基础结构是“0 和 1”的数字世界，用二进制代码组成程序语言。软件的编制也是在这样的基础上进行的。这里的数字技术主要是计算机硬件和计算机软件所表达的数字技术内涵，延伸到互联网、移动互联网、云计算、边沿计算等，都反映了这个技术集里面解决问题的技术手段的状态。

数字技术出现之后，应用这个手段解决问题的经营方式也发生变化了。比较明显的是，现在有了网上营销和数字技术控制下的生产，以及线上教育、线上旅游、线上诊疗、线上影院等等。这种经营模式前所未有。数字技术这样的技术手段将在各个领域发生影响，引起相关领域生产方式、分配方式、交换方式、消费方式的变化，由此，以数字技术为基础的经营模式也随之产生。

二、产业：数字技术对废品回收经营模式的影响

我在浙江调研时，遇到一个企业，用数字技术和装备去收集工业废品并做技术处理。他们自己说我们就是用数字技术改造收破烂的过程。用数字技术进行改造之后，废品收集和处理的经营模式发生了根本变化，其流程、管理及效益焕然一新。

废品收集和处理，原来是个人或机构中的个人进行收集，交售到一个集中点，这个点经过分类整理后，再输送到一个大一些的集中点，这个点用汽车送到废品处置厂，处置厂把废品，如废纸、废玻璃、废铁等进行分类处理，有的还可以重复利用。这个过程要经过多个点，环节多，分散、小商小贩、小规模，漏洞多，成本高，企业和政府都不便管理。我刚才说的浙江企业，处理的不是一般垃圾，而是工业废弃物，例如，船舶的废机油、制造企业的废塑料、医院里废弃物等，对环境危害性比较高，一般叫作危废品。现在说的就是用数字技术进行危废品收集和处理的经营模式问题。

有些小商小贩，收集到一吨废品，例如，在医院里的某些废弃物，针头、塑料、瓶罐等，一吨卖出去可能是600块钱，翻转几个环节，最后到处置厂的时候，有的可能就是1200元，或2000元，高档的甚至3000元一吨。这个过程既繁杂又不规范，成本高，出现的问题又多，历来是环境管理中政府头疼的问题。

这个企业就用数字技术来处理和经营。企业在各个产生废弃物的企业或机构，放置一个个收集仓，他们叫“云仓”，是智能联网的终端。人们按规定的要求，往里面投放废弃的塑料桶、倒废机油等。每次投放，云仓都会有记录，投的什么，投多少，谁投的，都有记录。将来根据记录来计算回报。企

业将各个点的云仓连起来，形成网络，他们叫“地网”。将地网系统上传到电脑系统，形成“天网”。地网是实体的，天网是虚拟的，用虚拟的天网去观察和运作地网，从源头的云仓废弃物收集后，用汽车将废弃物直接运到处置厂，中间省去多个环节。效率大大提高，成本大大降低。例如，可以把600元一吨的收集价格往上提，例如到800元，收集者有了更多的积极性。原来3000元给处置厂的，现在可以往下降，例如降到2600元。处置厂高兴。即使这样，废物处理的企业还能得利。这种经营模式，两头得利，中间得利，非常顺畅。政府支持，试点效果非常好。

现在正在做的是沿海船舶的废机油收集和处理。通常，船出海回来以后，如果废机油多，可以交到某个地方回收，得到一些废机油钱。如果少，就有可能顺手倒到海里，不想费事专门跑到什么地方去交售。船很多，都往海里倒，问题就很严重，但监督管理起来又比较难，这是个很头疼的问题。现在有了“地网”“天网”之后，在港口设云仓，船到港后，船家顺手就将废机油倒入云仓，无论多少，都有记录。积少成多。根据记录，可以用废机油的钱去换买成品油，供再出海时使用。而且，用这个记录再去买汽油、柴油的时候，价格比市场价还低20%。船主高兴，就愿意将废机油主动地及时地倒入云仓。多头得利，政府也高兴，主动给予支持。

用数字技术把整个过程用新的模式处理，处理的得当，有利于个人、有利于企业、有利于社会、有利于政府，而且不用政府掏多少钱，环保的事情就管住了，干好了。这个实例给我的启发，就是用数字技术处理问题，可以改变过程，可以改变结果。更重要的是数字技术改变了经营模式。这是个非常重要的变化。这个变化会带来一个效率上的提高、成本上的降低，使管理达到有序、有效、有益的状态，能把原来非常不规范的环节整理在一起，变成有序化，成本降低，既有益于个人，也有益于企业，也有于社会。这三方面达到之后，经营模式就有了活力，可以落下根来，不断持续。

三、《阿凡达》：数字技术对电影产品经营模式的影响

文化产业、文化产品如果用数字技术装备之后，经营模式会发生什么变化？我最先想到的就是《阿凡达》（Avatar）电影。这是影视产业中的文化产

品。《阿凡达》从编剧、故事、演员、道具、布景、音效、拍摄、后期、播出等，都充满了数字技术。应该是影视技术转向数字技术的具有里程碑意义的尝试，开启了三维电影时代。《阿凡达》2009 年 12 月 16 日在美国上映，2010 年 1 月 4 日在中国大陆上映。制片成本 2.37 亿美元，全球票房收入 27.5489 亿美元。很成功。看了《阿凡达》后，我一直在思考一个问题，就是将来的电影制作方式会发生什么变化？多大程度上会用数字技术在电脑上实现。如果演员可以通过数字技术来拟化、来展现，那些大牌演员可能不会受到更多的青睐，演员成本就会大大降低。也可能现在的虚拟演员不是那么逼真，但虚拟现实的数字技术会一步步地解决这个问题。用数字技术来生产文化产品，创造出新的模式，对文化产品的经营将产生很大的影响。听说《阿凡达》导演詹姆斯 . 卡梅隆还在做《阿凡达》系列续集，意图非常广大。续集出来后效果怎么样，现在还不知道，但数字技术在影视产品上引起的经营模式的变化，将是确定的。

1995 年，《阿凡达》剧本初稿已经成型，但当时的电影技术，难以实现《阿凡达》的要求，还有其他方面的问题。拍摄计划延迟。詹姆斯 · 卡梅隆在等待，等待什么？等待数字技术的进步，进步到可以实现《阿凡达》所要求的条件。十年后，有条件了，2005 年 3 月开机，2007 年 4 月完成。

数字技术是要将剧情的想象转化成科幻的影像。美国的科学家和技术人员研究三维计算机图形的理论与技术实现途径，尤其是这些技术在电影制作上的应用效果，力求制做出三维计算机图形的影片。詹姆斯 · 卡梅隆将计算机图像技术应用于几部电影特效制作中，并取得了非常的成功。《阿凡达》是最突出的杰作之一。在全球电影业中，三维电脑动画和三维电脑电影已经成为一种趋势。把剧本通过抽象、数学、算法、算力、数据等转换成图像，是数字技术时代的使命。

数字技术有可能给文化产品带来经营模式的变化是什么？这里需要考虑的问题，仍以影视产品为例。例如，基本意图，你想干什么？想拍什么电影？最早的创意是从哪儿出来的？技术基础，拍电影的技术手段是什么？当初用的是胶片拍摄，胶片太贵，成本高，为节省，导演说只能拍三条，最好两遍就过，演员压力很大。有了数字技术，成本降低，演员的压力减轻，有的十遍八遍过不了。当然，也有导演的精益求精在里面。用胶片拍摄的技术和用数字技术拍摄，其经营方式就不一样了，经营成本、经营过程也不一样了。还有，产品需要投资，需要钱。钱从哪儿来？剧本、导演、演员、背景空间、实景或影棚、后期加工、制片管理等，这就形成产品成果的经营模式。投资者、导演不同，经营模式可能就不一样，效果就不一样。制作成功之后，还有个销售模式，怎么销售？卖给谁？卖给影院？卖给电视台？即使到影院，也有影院的经营模式。通过各个经营模式，最后实现的结果，就是给观众一个感受，感官体验。体验好，观众就多，票房就多。数字技术的虚拟现实，就是在虚拟的情况下给观众真实感，给观众刺激。你能实现这样的效果吗？拍电影拍电视要的就是这样的效果，那么，用什么样的模式来实现呢？数字技术就是一个前瞻性的选择。

电影从无声到有声，从黑白到彩色，从 2D 到 3D，现在有了虚拟现实和增强现实等。如果有了数字技术，外边的实景可以在电脑上制作，可以在办公室里完成，可以在数字技术平台上实现。还有演员的虚拟化等。如果这样，将来经营电影的时候，什么可以去掉、什么不可以去掉呢？不能去掉的，一是投资，数字技术需要的投资很大，大概一半以上的投资要用在数字技术上。投资方的投资是不能免的。二是剧本不能免。三是导演不能免。四是制片管理不能免。五是后期制作不能免等。但演员可以选择，哪些镜头用真实的演员，哪些镜头用虚拟的演员，可以选择。甚至大多数演员镜头都可以虚拟。并不一定要大牌明星。档期就稳定得多、灵活得多。背景空间也可以选择，不一定非要到现场去拍摄。《阿凡达》的许多场景，就是采集了中国黄山等处的实景，在电脑上整合合成的。和过去相比，要增加的是运用数字技术的特殊人才，例如，三维计算机图形技术人才、故事想象、场景想象人员及设计人员、特效设计与制作人员、动画人才等，这些人成了人才宝贝。数字技术的经营模式，和过去比，有了根本的变化。现在任何一部电影，多少都与数字技术有关。数字技术基础上的经营，成了大势所趋。

现在有些电影，使用数字技术还不成熟，有瑕疵，一看就不是那么真，观众体验不佳。这与想象、创意及数字技术的实现有关。但不怕有问题，只要有问题，问题迟早可以解决，会越来越逼真。以数字技术为基础的经营方式，虽然技术上投资比较大，但收益与过去也不一样。收益究竟怎么样，就看采取什么样的经营模式了。

四、《流浪地球》：数字技术对中国电影产品经营模式的影响

中国电影人应用数字技术经营电影产品，目前的代表作当属《流浪地球》。中国缺乏应用数字技术来制作和经营电影的成熟经历和经验。中国人聪明，借鉴借助好莱坞电影视觉特效的工业流程和制作方式来制作自己的电影。与一些视觉特效制作公司合作，开创自己的科幻电影。西方的电影视觉特效公司拥有先进的数字技术、优秀的程序开发人员、专业的特效制作人员，这是一支由数字技术装备起来的队伍，为客户需要的效果，专门开发特效软件和制作技术。

例如，绿幕拍摄是计算机数字特效技术发展起来之后的电影合成拍摄方式。在电影制作中，编辑人员把带绿背景的人物影像调入电脑的后期合成软件中，通过命令，去掉绿色背景，搭上所需要的特效背景影像。演员在绿幕前踩在地上，经过合成，转成踩在一堆蛇之上。这个过程可以在电脑平台上完成。还有人物的形象，将人的脸部及形象转换成巨猿的脸部及形象，或者转换成其他想要的人物的脸部及形象。场景、人物、动作等，都可以通过动作捕获的数字技术很方便地转换。演员的“凭空”表演，其动态过程及表情，被动作捕获后，数据化存储在电脑之中，在后期合成中移植到相应的虚拟形象上。人物转换的原始形象，不必是大牌明星。将来的电影明星可以由数字技术来创造。《流浪地球》使用的还是真实演员，但许多场景是虚拟的。《阿凡达》在演员虚拟上已经前进了很多。《流浪地球》视效镜头达 4000 多个，后期剪辑缩到 2200 个，但仍超过了常规电影全片的镜头量。其中 50% 是高难度的视效镜头。制作上，许多特效镜头修改次数上百次，有的镜头甚至修改了 249 次才最终完成。这里，数字技术功不可没。

《流浪地球》将原著的文字通过数字技术转化成视觉体验，转换成未来景象，转换成强烈的感受体验。2019 年 2 月 5 日（农历大年初一）在中国内地上映。非常成功。国人第一次看到国产电影也能制做出像好莱坞电影那样的宏大的特效场面，彻底改观了国内电影制作的传统模式。故事也有吸引力。讲述的是太阳即将毁灭，已经不适合人类生存，而面对绝境，人类将开启“流浪地球”计划，试图带着地球一起逃离太阳系，寻找人类的新家园。其中

许多情节，却反好莱坞模式，体现了中国人的思维、情怀和电影的情节构造。

美国有好莱坞，有数字技术基础上的影视产品经营模式，中国也要有自己的数字技术基础上的影视产品经营模式。这个过程，尤其是有自己的道路和成就，还需很长的时间。我们需要虚心地借鉴一切合理的先进的东西，为我所用。不怕别人走在前面，就怕自己喜功自满，原地打转。只要我们虚心努力，一定可以在数字技术基础上创造出自己的文化产品的经营模式。

中国电影产品的经营模式已经有了长足的进步。在应用数字技术经营电影产品、经营其他的文化产品上，仍有很大的潜力，有更大的发展。我们以电影这个文化产品为例，考虑数字技术给文化产品经营模式带来的变化，希望能给大家带来思考，并进行前瞻性规划，去应对数字技术在文化产品经营模式上带来的各种挑战。

第二章　内容为王仍然是文化企业的竞争力核心

演讲者：薛镭　清华大学文化经济研究院副院长
清华大学经济管理学院企业战略与政策系教授

一、文化企业内容创作乱象

近年来我们注意到在文化产业里出现了一些现象，文化产品越来越注重形式，而忽略了内容。这种现象在电影、电视、综艺节目几个月方面都有体现。比如有的电视剧服装、道具、化妆都非常华美，用了大量数字技术，特技效果上也不吝重金，一个镜头动辄几十万，甚者上百万，演员阵容和制作团队也都很豪华，但唯独没有在剧本内容上下功夫。还有这部众所周知的科幻电影，也是在制作上花了很大功夫，但豆瓣评分并不高。这个过程中我们注意到两个趋向：第一，就是我刚才提到的，都追求在形式上花重金下功夫；第二个趋向是重视能带来巨大流量的演员。重视到什么程度呢？就是流量明星的报酬在整体的影视投资比例中显现出不相称的格局。我们无意去评价某部作品或者某个演员，只是从这种现象中看到，过于强调形式可能带来的风险与问题。综艺节目也存在这种现象，比如一个原本内容很不错的综艺节目，第一季口碑很好，但第二季开始引入流量明星，希望带动更广的受众，但由于流量明星本身特质与节目的核心内容之间并不能形成很好的支撑关系，结果导致第二季口碑断崖式下跌。不仅没有起到拉动收视的作用，却被流量反噬。

短视频作为内容创作的一个大类，也存在这样的问题。抖音、快手、西瓜视频等这样短视频平台的出现，本身就是一种追逐流量的结果。这些网络平台的出现一方面需要大量的内容来充实，另一方面更需要大量的流量来支撑。内容中逐渐出现比如低俗的内容，挖掘他人隐私的内容等等来吸引眼球，整体来看，出现了内容体系的滑坡。

二、文化企业内容创作动力缺失的原因

为什么会产生这种内容创作上的乱象？从表面上看，有以下几个方面的原因。第一，是资本。大量热钱的涌入，会加速对回报的要求。第二，是流量。网络经济就是一种流量经济，因此，它会把流量的多少，作为一个节目或者文化产品的评价指标，甚至是唯一指标。第三，是受众。一方面，大众对文化产品的消费是往“小处”走。人们的收听收看习惯在海量信息的冲击下，已经变得非常碎片化，变得没有时间或者缺乏耐心去看一个长内容。另一方面，人们的“求异”心理和“参与感”都在上升，因此对内容的要求也更加呈现出差异化，更难以预测。因此内容创作在这种不确定性市场需求下，变得更加分散化，不确定化，这都促进了乱象的产生。

究其背后的根本原因，我们认为来自两个方面。首先，文化企业的特性之一是轻资产运营。而我们目前对文化产品的估值体系并不完善，内容创作版权问题，创作者与生产者之间关系问题也有待进一步明确与完善，这就使得文化企业在抵抗风险时，和实体经济相比，没有可对价的能力。另一方面，文化产品具有时效性，这也会给文化企业带来一定的经营压力。从企业行为研究的角度，我们可以看到一些更深层次的原因。首先，投资者是要追求安全、可靠并有回报的标的。这就能解释为什么前一段时间流量明星会有那么贵的身价，因为他们是可以作为流量变现的吸收方，所以形成了投资流量明星比投资内容要相对安全和可靠的现象。当然，我们都知道，在我国，内容生产还面临着三个方面的风险：第一，我们有审查制度。审查制度本身是为了保证内容生产与社会需求相适应的一种体系。但审查制度不可避免地会受到审查人的主观因素的影响，这对内容生产者就会存在一定的不确定风险。第二，是市场风险。刚才我们提到，人的需求被碎片化后，到底生产什么样

的内容才能把握大多数受众的心理需求？这对于企业，对于内容创作者和团队来说，都是没有完全把握的。第三，社会环境和社会舆论导向风险。内容产品推出的时间如果与社会突发事件或者大事件相撞时，大众的注意力与社会舆论会被大事件完全吸引，内容企业就会面临高的投资风险。以上这些风险的存在，也促成了投资者更倾向以形式替代内容的一种趋势。

接下来，我们再来分析一下内容创作乱象背后的机制因素。首先从政府的政策层面看，虽然目前的文化产业政策对创新创作是适度地有一些包容，但整体来看，推力还是不足的。比如内容创作的知识产权还没有得到很好的保障。虽然最近以来得到了一些改善，但还不全面。以音乐创作为例。众所周知，一首脍炙人口的好歌的产生，也包含着一些运气成分。有人一辈子也就写了一首能经久不衰的好歌。如果我们不能保证歌曲创作者凭借知识产权生存，就无法保证歌曲创作者后续创做出更多的好作品。但现在的现象是什么？歌曲一创做出来，其知识产权就一万或者两万被平台大公司买断了，后续这首歌在网络上的传唱或者流行产生的任何收益，与创作者无关。整体体系上出现了这样的问题，也就不难理解，为什么近年来好歌越来越少了。第二个是企业层面，刚才讲过，文化企业自身抗风险能力不够。文化产业的企业大部分是小企业，因此我在这里呼吁，大的垄断性企业在这方面应该有一些自省。除此之外，文化企业的管理者对于文化产品的判断力不足，跟风随大流，这会造成产品的单一性和市场趋同。第三个层面是内容创作者。刚才提到，如果内容创作者权益得不到保护，生存都不足以支撑，只有改行。内容创作人才培育体系也是一个问题。我们目前的教育体系下，基础内容的学习培育都是完备的，但鼓励创作的培育体系并不健全，这都是现实存在的问题。

三、文化企业的核心竞争力是内容

在座的各位很多都是做企业的，文化企业的本质还是“企业”。经营企业就必须讲“核心竞争力”。文化企业的核心竞争力毫无疑问还是内容。我们可以看看，不同时期对内容为王的重视。二十世纪九十年代，维亚康姆公司就提出了内容为王的战略，提出“内容就是一切”；1996 年，比尔 · 盖茨在一次会议上第一次提出“内容为王”这个概念，认为“内容是在互联网上可以挣到真金白银的地方”；1998 年，“内容为王”被作为互联网搜索引擎优化的专业术语，强调“原创内容是一个网站留住用户，建立好口碑的根源”；今天，进入 5G 时代，我们重提“内容为王”，但强调“只有具备一定价值的优质内容，才是得以安身立王的根本所在。”最近很火的李子柒其实就是以一种创新的形式把大家心中共同追求的内容表现了出来。

今天这个时代，注意力成为最稀缺的资源，而在注意力中，最有价值的是优质内容。优质内容，自然吸引各种渠道资源聚拢。同时，不同内容又形成不同的社群与粉丝群，为营销奠定基础，能演化出更大的市场需求。因此，我们认为，内容产业已经进入了“拼价值”的时代。

一个优质的内容体系至少应该涵盖三个方面。第一，是情感层面。你是否能提供一种追求美好的共情能力，是否能与受众产生情感的共鸣。第二个，是知识层面。优质的内容一定具有文化内涵，能够启迪思想，能让大家有所收获。第三，是社会层面。内容一定要与生活联系，即便是玄幻剧也是大家的生活情感在玄幻形式上的投射。内容创作如果脱离了生活，受众就无法与之产生共鸣的。当然，内容创作还要体现一种价值观。价值观可以有多样性，比如对人性的体现，可以有真诚、有忠实等等，只要能产生共鸣，对社会产生影响，都是可以的。

再举一个《红楼梦》的例子。虽然《红楼梦》不是现实生活，但《红楼梦》反映的是中国人的生活哲学和生活观点。对《红楼梦》真正用心创作的并且口碑一直不倒的，就是 87 版《红楼梦》，无论被翻拍多少次，翻拍版即便拼命在形式上追求超越，也没有一版能从受众的认可度上超越它。所以，我们应该思考，形式上的过度追求，真的能带来价值吗？

当然，我们也在最近看到了一些积极的转变。受众在成长，人们对于只追求形式的内容开始出现审美疲劳，大家开始回过头来，不忘初心，开始对内容本身的审视与追求。行业也逐步形成共识，就是单纯追求短期流量，不是企业可持续发展的健康方式。同时，国家与企业在内容创作环境方面，也不断在优化。在内容创作上，知识类内容与长内容生产也在增量，是对过度娱乐化内容的一种修正，这都是向好发展的趋势，我们也期待这些好的趋势能够持续下去。

针对这些好的态势，我们也提出三个方面的思考：第一，政府方面，除了要建立对内容创作更好的知识产权保护，还要有一定的推动性的政策。我曾经思考过，能否在内容创作方面建立一种类似保险的体系，使得内容创作的风险在一定程度上得以分摊。比如，我们可以设定一些内容创作的边界，当内容创作面对一些障碍时，我们可以通过这种保险机制，将风险进行分摊，以此推动内容创作者的积极性。最重要的是首先提升内容创作的数量，创作的人多起来了，在此基础上才能产生出优质的好作品。另外就是，政府在文化金融方面，比如基金，有更多的扶持。企业层面，要有产业政策，使得企业获得更好的资本支持。在文创大企业和小企业之间，能否建立起一种相互融通的机制。第三就是人才层面。人才培育要有好环境，作为高校，我们应该投入做更多的工作给予支持。

2019 年有一句经典的台词说 :“是什么让人们团结？是故事。这世间最有号召力的莫过于一个好的故事。它的力量，什么也无法阻挡！”我想说，《红楼梦》是好故事，《阿凡达》形式很好，但其本质核心还是一个好的故事。今天在北大文化产业新年论坛，我想和大家在未来共同去追寻美好的故事，创造一个美好的未来！谢谢大家！

第三章　文化新业态的支点：科技创新与应用突破

演讲者：姜毅　利亚德光电集团首席运营官

刚才两位老师讲的模式创新和内容创新，刚好我讲第三点科技创新，我以我自己的企业来做一个案例，这样不是为了宣传，就是为了拿它来做一个衬托，大家去看怎么借鉴来做创新。

一、利亚德的科技创新

其实在这个场合提起来利亚德，大家可能都不见得知道。但是如果我要到一个电子或者是一个光电行业去讲，我不需要介绍我的公司。到了文化产业，这是完全跨行的一个公司。

这是一家什么样的公司？利亚德是1995年在中关村成立的一个创业公司，很小，16个人创业。到了1998年的时候，我们国家做了一件事情，对整个行业起了翻天覆地的作用，就是我们国家用LED做了一个全彩的大屏幕。这个事情大家现在好像都已经不觉得有什么了，但是大家想一想，在八九十年代之前，所有户外的宣传只能用海报、喷绘喷涂这些东西来做。我们当时室内也就是大家用电视，后来慢慢有了什么等离子，有了液晶这些显示技术。

但所有这些显示技术，因为它都不是直接发光的，所以它的亮度和对比度达不到户外观看的要求，当时的户外没有可以有足够亮度的显示产品来做显示。

利亚德在1998年的时候做了一件事情，就是大家知道要形成全彩的图像，你必须要有红、绿、蓝三原色，这是我们初中物理就学过的东西。但是在之前，因为我们国家没有蓝光的发光二极管，只有红和绿，所以大家经常看到LED只用来当一个指示灯，比如我们电视或者空调的指示灯，或者是门口那种滚动的，写着“欢迎张国有老师莅临我单位”的门头屏，它只有单色的，这个时候它的用处是非常单一的。但是后来利亚德去日本，包括跟台湾合作，引进了蓝光二极管以后，红绿蓝凑齐，1998年在我们国家做了第一块全彩色的LED屏，从此开启了户外电子显示的时代。这是这家公司在这个行业里的第一次革命。

第二次革命大家可以看得到大概是在2010年的时候。之前LED屏只用在户外，为什么？因为它的分辨率很低，大家感觉看起来很粗糙，颗粒感很强，对吧？近距离没法看，但是利亚德在这个行业里面第一次做了高分辨率的LED屏，使得这个产品能够近距离几米之内去观看，所以它的应用场景一下从户外拉到了户内。今天上午虽然我没在现场，我在倒时差，但是我相信我们主题演讲的嘉宾身后都有一个大屏幕，我们现在去任何这种大教室、大会议室、礼堂、指挥中心，全都有一个大屏幕，这都是司空见惯的东西。但是往前推，大概七八年之前，全世界没有这个东西。那个时候户内，要不然就是投影机，要不然就是液晶拼墙，就是一格一格的。这个东西原创在利亚德，做了第一个LED的高分辨率的显示屏，使得我们户内从此以后不用再看一格一格的东西了。再到之后，利亚德又做全球首个节能的LED产品。

所有的这些信息其实让我们看到，利亚德在整个显示行业做了很多全国甚至全世界的第一，它的应用场景非常广，这是我们几个典型的案例，像拉萨整个的监控指挥中心，包括我们下面看到的就是2008年奥运会地屏，升起来的梦幻五环，还有去年改革开放四十周年时候的展览等等。

我们在元旦的时候，也就是四天前，我们公司自己评了一个十大新闻。这里面我摘了几条，第一个就是我们连续三年保持了LED显示行业的全球老大，然后这是在国庆节的时候，大家如果去天安门广场，印象很深的两个飘带上的六个大屏全都是利亚德的。

再到之后在也就是大概一两周前我们在无锡，当时我也在现场做了一个让整个行业非常震动的事情。我们原来是做产品的公司，直接跨过去跟源头的半导体芯片公司，就是台湾的一家公司晶元光电公司签了一个战略合作，我们在那边搞了一个合资公司，就是从芯片端到显示产品端完全打通，开始做 Mini LED 和 Micro LED。大家现在炒得很热的 Micro LED，我们明年就会在无锡量产了。

所以，大家可以看到整个这一系列的信息给大家的一个印象，利亚德就是一家在全球引领了大屏显示技术发展的硬核高科技公司，足够的硬核，对吧？我们听了这些介绍以后，我再给大家放一个视频，大家去看一看，同样这个视频里显示的东西依然是利亚德做的，跟我前面传递给大家信息完全不同。

二、科技创新对文化产业的支持

我们国家有一个网红城市，大家看到都会第一反应就是古城西安，2019 年春节整个西安被点亮，尤其他的大唐不夜城，让所有去到现场的人被震惊，整个现场的声光电以及这种艺术造型、艺术设计全都是利亚德做的。当时我们在做整体设计的时候做了很多种方案，最后选出了三个主色调，就是中国红，还有中国皇家的黄色，另外为了显示这种大唐盛世加了一些青铜的、蓝绿色的感觉，大家觉得有一种秦汉时代的那种历史感。

所以大家看了以后突然就诧异了，说这家公司到底是做什么的？就是前面我传递给大家信息，它是做各种各样的技术突破的，要做各种各样的显示屏，但是我们刚才看到的所有的东西，这是完整的一个文化的呈现。

其实利亚德大概从 2015 年开始，逐渐就开始把自己的产品技术往各种场合去做应用。在整个过程当中，我们最后搭上了文化产业发展的大潮，开始启动技术公司向文化产业公司转型和融合的过程。这里我选了三点跟大家做一个分享。科技创新它可以对哪三个东西产生一个非常直观的影响？

1.科技创新与政治文化活动

大家可以看，首先对重大的政治文化活动，它会产生直接的影响。这是我们可以看得到在 1999 年五十周年大庆的时候，那个时候 LED 全彩屏在1998年由利亚德在国内第一个做出来以后，作为献礼工程献给了五十周年的大庆，做了一个彩车，上面写的是“科技是第一生产力”。那个时候这在中国是绝对一个新鲜玩意儿。但是到了六十周年大庆的时候，大家去看天安门广场的大屏幕，就已经不是原来游行彩车上的一个小屏幕了，可以做到这种几百平方米一个大横幅的屏幕。再到后来，到了今年七十周年大庆的时候，大家可以看得到，我们可以做出各种造型，就包括那两条飘带上的六个大屏，那个是传承了我们红色文化的基因，这是大家在现场可以看得到的。

更主要的是国庆当天晚上的表演，科技在当天晚上的整个艺术表演当中做了一个完美的呈现，尤其是我们左上角大屏，当时升起来的时候，所有现场的和电视机前的朋友们都为之惊叹，那是一个5400平方米的一个大屏，后面用了六个大吊车把它支撑起来，这是一个长90米高60米的屏幕，包括后面的七个烟花树，还有右下角的有大概三千多个演员。我刚才看到我们京东方的同事也在，演员手持的屏幕其实是几家公司合作完成的，利亚德做了面板，然后深圳的另外一家公司叫奥蕾达，他们做了成品，然后京东方做了集成，北京理工大学做的模拟仿真系统。

5400平方米网幕

国庆当晚用各种各样的技术手段呈现出来一个国庆的现场，非常震撼。其实当时在现场我们看烟花树真是看得提心吊胆，我们彩排的时候是没有真正放烟花的，所以我根本就不知道屏幕在整个烟花落下来以后会不会被烧着，会不会点着出事故？大家看得很震撼，我们看得很揪心，还好没事。好，刚才给大家讲的是在各种重大的政治文化活动当中，科技给大家呈现出来的各种技术手段，基本上导演或者是创意能够想到的事情，来问这些技术能手们，他们总能给你找到解决办法。

2.科技创新与舞台演出

科技创新对现在的很多演出、演艺、各种展览、展陈都起到了非常大的支撑作用。这是我们公司做得很多的演出的项目，包括大家看到的央视春晚，从 2001 年到今年整整二十年，舞台全都是利亚德给搭的 LED。也包括其他大家非常熟悉的，尤其我们很喜欢的《朗读者》，现场的很多这种声光电的东西都是利亚德做的，再到其他很多这种现场演出。

2017 年的春晚张杰和毛阿敏在现场演唱的时候，大家看到这个舞台他脚底下踩的地屏也是 LED 的屏幕，然后远处的这些 LED 的装饰，以及舞台上飞的无人机，这个无人机也是用了我们一个动作捕捉的技术给他做的室内定位。所以全程通过技术手段，包括了这种无人机的表演、无人机的定位和这种现场的整体显示，全都是拿技术手段来实现。

这是平安夜的时候，十天前，我在中央台去看我的团队，他们在给 2020 年的晚会做准备。当时说实话看得我很心酸，因为他们干活都是半夜干，因为白天有彩排。干技术活的全都是半夜在那干。大家看他们在干什么？在贴那种防摩尔纹的膜，因为我们的显示屏如果摄像机一照会出波浪纹，所以他们就拿手指头抠着贴，手指头上全都是血印。平安夜的时候，我去看大家，给每人端了一碗面，当时给我看的真的很心疼。我从来没有给自己要过掌声，我觉得大家应该给我们的团队鼓鼓掌。

这里大家也看得到，在很多的演出当中，比如说像之前大家很熟悉的《印象刘三姐》《又见平遥》，这些里面技术都起到了非常大的作用。这些在当时看来很宏伟的演出，在后来的运营当中都遇到了一个很大的经济模式的挑战，它的运营成本太高。像《印象刘三姐》《又见平遥》，大概一晚上的一场演出中，演员加工作人员要七八百人，所以它的运营成本非常的高。比如说《印象刘三姐》，原来找一个群众演员去撑竹筏子，一晚上给他二三十块钱，现在一晚上给他二三百块钱他不去。成本高了以后，整个的这种回收周期会非常的长。后来我们就开始用各种各样的技术手段，比如我们在茅台做了一场以酿酒文化为主要内容的一个演出《天酿》，我们在那边只用了36个演员，加上30多个演职人员，一晚上70个人就做下来了。

另外一个其实更能体现我们整个技术的集大成，是今年10月18号在武汉开幕的军运会。利亚德是整个军会开闭幕式的总包方，大家可以看到现场所有的表演都是用各种技术手段来实现的，包括舞台上的那些水，那都是真实的水。还有跑出来的高铁是按1:1的比例做的，其实在下面的时候是压着的，出来之后是现充氢气，充完了以后出来。大家有时间可以来找我做各种各样的技术解密，包括在水里面点火等等，其实都是通过技术手段来实现。

3.科技创新与影视制作

最后一个我想跟大家讲的就是科技创新，其实对影视制作的驱动作用是非常大的，刚才其实几位老师都讲到，包括张老师也讲了，像《阿凡达》就是用我们公司旗下的美国的一家公司的技术来做的，现在都已经不是像过去靠电脑来画，其实都是真人演完了以后，然后直接把动作面部表情，甚至眼珠的这种活动都给提取出来，提出来然后做后期蒙皮就形成了大家看到的阿凡达、看到的什么魔兽等等，这些影片全是这样做出来的。

我们公司大兴工厂是有一个影棚基地的，德云社的小岳岳去年拍的《鼠胆英雄》，在我们那边现场拍摄的。然后像《诛仙》，也是在我们现场影棚里面去拍，把它整个的动作给提取下来，提取下来之后拿它来做后期。刚才张老师在讲说现在影星的这种要价越来越高，对吧？现在单纯的限薪令好像只是解决了面上的事情，他们私底下的交易你又解决不了。这种通过各种技术手段其实可以做到什么？在美国有一个非常成熟的产业叫“影视预演”，开始并不真正地去请演员、明星来演，而是让比如电影学院的学生过来，走位动作全都演一遍，然后拿系统做完了动作捕捉了之后，请明星演员来三天就搞定一切的东西。所以单位时间价值可以不变，但是总价就比原来降低了很多。

这是跟大家分享这么几点，从这种大型的文化活动，然后再到刚才我们看到的舞台演出，还有影视的制作，其实都是靠科技在做助力。这里我写了两句结束语，一方面是视听科技在支撑着导演想要的东西都落地，另外一方面其实也给我们这些做艺术创作的人提供了很多新的启发和灵感。谢谢大家。

第四章　打造高品质儿童内容的“最小颗粒度”

演讲者：王朝阳　“凯叔讲故事”高级副总裁

我估计在座的各位老师分享的选题没有比我更小的了，因为我的标题就叫《打造内容生产的最小颗粒度》。讲讲我们是怎么跟我们的产品较劲的，我们较劲到一种什么程度？我们跟外界有很多环境、框架，甚至于盗版接触，我们都发现他们力量很强大，但是我们有一点是笃定的，就是我们可以掌控我们自己，我们是怎么不断优化对产品、对市场的一个基本认识，而且这个认识最后要体现在产品上，接受市场的考验。所以说最后选了这么一个名字“最小颗粒度”，讲好这个标题，我还是有把握的。

我们都知道《人类简史》里面有一个比喻，假如说我们再回到几十万年前，最早的智人和尼安德特人这些上古人的时代，有一个人动员说我们不要听课了，我们去森林里采蘑菇，你会发现大家觉得去森林好累。另外一个人说大家一块听我的，去森林里抓仙女，你会发现男士全都去了，这就叫讲故事。我有一个美好的未来愿景，这就是讲故事。虽然有很多不可捉摸的风险在里头，但是它的动员力极强，这就是愿景和故事的魅力。所以当初在“凯叔讲故事”最早创业的时候，抓住了故事，除了能唤起大人的想象，唤起我们自己创业的想象，最重要的是它能引起孩子的兴趣，紧紧地抓住孩子的兴趣和需求，在这个里面找到了我们创业的路径。

现在我们的“凯叔讲故事”，总用户已经超过3700万，我们从来都叫作

“用户”，从来不叫作“粉丝”。我注意到有一些以个人IP创业的人会用“粉丝”这个词，我觉得“粉丝”是相对于“偶像”而言的。我们从来不觉得凯叔是一个偶像，他就是一个提供文化内容产品的一个生产和创造者，这是一个根本的认识。

我们自己经常对小伙伴，和一些合作伙伴介绍说我们的目的就是打造极致的内容——儿童内容。那么极致的儿童内容是怎么打造的？你说极致就极致了？你假如说一个音频产品，我投入千万级的资金，我把这个钱花在哪儿才叫极致投入，我是不是有钱就能做到极致？我们看我们这个基础产品是怎么一步一步打造的？首先我们自己总结出来一个创作原则。

一、创作原则

创作原则说实话，这绝对不会是最后一版，但它肯定不是第一版。这只是我们目前为止刚刚制定下来的一个小的原则。其实在这么一个论坛和氛围下，包括这么多学者、硕士、博士，大家研究文化产业，我觉得在这里面提到我们创作研究室有点不好意思的，因为它没有从一个更高的创作逻辑层面上进行分类。这是我们针对自己创作中遇到的问题，按照时间顺序捋出来的一个工作要求，最后我们把它叫作创作原则。

1.河流和宝船法则

第一条就是河流和宝船原则。刚才薛教授提到一点，我们创造的内容至少第一个是要唤起大家的情感，让大家喜欢它。第二就是要提供支持，提供价值。其实在我们看来，无论是提供价值观，还是提供知识点，刚需的这些内容是特别重要的一点。我们认为它其实是一艘船，这个船上你装铁矿、时装、宝石、彩妆、装知识、物理、化学都可以，但是船本身它不会运动的，它一定是借助了河流才能运动。如果河流很弱，你进入一个拉纤模式，进入一个推船模式，你没有一条河流，这个船到达不了，所以说我很少见到有一个人会捧着数学课本去钻研，这种人非常稀缺，这就叫自驱力。但是你不能指望所有的孩子都做到，所以我们需要做的是什么？给他搭建河流，有时候一个好的人生导师，一个职业导师，一个老师，一堂有趣的课是河流，但是对于我们做儿童内容的来说，以音频为介质，其实故事就是一个特别好的河流，这是一个非常好的创业接入点。

明白这一点以后，你会发现你真正难做的是河流。因为知识点、价值观这些东西是不会经过时间随便改变的，我们做人的价值观、三观，不会说每过五年就淘汰一次。成人的认知大概每年能更迭 30%，这 30% 很有可能还是由概念造成的，基本概念认识变化没有那么大。罗振宇也是我以前同事，我大概在 2017 年左右在央视二套，他每年的演讲，其实是方法论，在一些新的概念上的一些优化，本质的认识不可能发生太大的变化。既然宝船不会发生太大的变化，唯一能变化的就是河流，所以说我们意识到，所有的创作都是要让孩子喜欢，就是一条故事河流，后面是我们产生的一系列的认识。

2.10分钟原则

基于时间的原因，我大概先讲一下 10 分钟原则。我们最早给孩子交付内容的时候，不是 10 分钟。我们当时做的“凯叔讲历史”，这一个产品给了 600 多个音频。家长你只花很少的钱，就可以获得 600 多个音频，前边《凯叔讲故事》，后边《马未都讲文物》，然后每周五再给你讲一堂古代文化课，家长交一份钱得三样东西，每一堂课还长达十几分钟。后来发现这个方案走不通，为什么呢？因为你占用了他的时间，他的时间成本，由于你给了他更多的东西，反而他对你的兴趣或者使用的频率会下降，你看似给予了其实是剥夺了。后来我们就迅速地调整这种产品策略，在你最短的时间内能够让你接收到更多的信息，而且仍然不减你的体验。

我们最早在“凯叔讲故事”推出付费内容的时候，你会发现自己打了自己。你在卖一个“凯叔 · 三国演义”的时候，孩子说妈妈我还想听一个行不行？都 8:30 了，剩下 30 分钟听啥？但你变成 10 分钟以后，我再听一个，行，再听一段 10 分钟，我还能听一个，你看洗个脚又听了一个，睡前又听了一个，你卖给他三样。所以说十分钟原则是对互联网环境下，用户使用时间的一个基本的认识。

3.1分钟原则

同样道理，我们为什么提出来 1 分钟原则？前 1 分钟不精彩，这稿子我给你打回去。你别上来给我打招呼“各位小朋友，我给你讲一个古代历史故事，这是个大英雄”，你在这说了半天，30 秒过去以后没有进入主题，我就认为你不合格。一分钟只能讲 250 个字左右，如果语速稍微慢一点，你再打个招呼，去掉120个字，你这个用户就已经走掉了，他还不能跳过去，视频还可以，音频拉起来还有点费劲。所以说不管怎么样用一分钟就让我觉得精彩，200字内如何让我进入故事境界的，你自己去研究去。这个里边也特别好玩，产生了大量的案例，时间关系就不展开了。

4.模块原则

你会发现按照一步步流程，进入一个娓娓道来的程序的时候。你说跟孩子讲的知识，怎么能变成结果？如果你用了一、二、三、四这种讲法的时候，这个小孩他听明白，但他出头转头出去跟隔壁邻居小孩炫耀的时候，比如说小狗不能吃巧克力，好多人不知道小狗不能吃巧克力，你前面告诉他为什么不能吃巧克力，因为它会咳嗽，咳嗽使得它心脏加快，然后小狗身体里边没有缓解和综合可可碱的东西，他就会得心脏病，他就会哮喘，最后到死。你看他一次讲了很多知识，孩子出门一转，马上便忘了，在这个点上他就无法转述了。

所以说你想让他使用你这个知识炫耀分发、输出，是最好的学习模式。你便于孩子输出的时候怎么办？第一，你把问题和答案放在一起，解决问题，马上给一句话答案，直接给结果，这就是麦肯锡一直提倡的，就是先对结果后备过程，把问题答案给他，一句话就行“小狗吃巧克力会得心脏病或者引发哮喘，因为他的心脏承受不了可可碱”，当然还可以更简单。在详细地阐述的时候，你放在后面，它基本上没有关系，实际上也确实背不下来。出门他就炫耀一句话，他就掌握了，这就是现在时代对于知识的碎片化、胶囊化，真正的意义是在这个地方，他能不能深刻理解不重要，重要的是第一他知道，第二他有兴趣去转述。第三它可以引发兴趣，孩子慢慢地去更深层次的学习。现在的学习模式跟以前不一样，你既要让他听明白，还得让他能说出来，他如果说不出来，我都认为你输入是失败的。所以我们现在对于我们自己有一个要求，小知识和写作都要求到这种程度，你要考虑到你地用户能不能转述。他转述的时候、输出的时候，才能够真正地掌握这条知识，这叫“费曼学习法”。这个东西会深刻地影响到我们对于文章写法的要求。

5.动名词原则

辅助原则里面我想提到一个动名词原则，我曾经极端地要求我们的小伙伴在进行故事创作的时候不要使用成语，后来考虑到孩子确实是小学课程需要学习成语，固化学习它背后的一些历史知识，我把看似粗暴的要求去掉了。因为成语其实是一个语言模块，它背后的价值观、时代场景、信息都是固定的，当你大量的使用成语创作的时候，你获得的是表面上的炫耀，但是你丧失的是语言感觉。我觉得它的利与弊之间把握不好，其实是伤害了某种可能性，所以我反而鼓励创造的时候，更多地使用动名词。

我还在检索的时候意外地发现，在英语的语境下，使用动名词以及某个文本中它什么时候能够唤起听众高度的兴奋和认同感，居然是有公式的。在什么样的词性，以什么样的频率，即在一段的文字里进行重复出现的时候，是能够唤起书中对于故事的高度情感认同。后来我发现在汉语中也有人做这种研究，这是当然就是一个课题了。

6.三笑原则

一个简单的10分钟的故事里，你能不能让孩子笑三次？现在让孩子笑是非常稀缺的，我不知道在座各位有多少是“凯叔讲故事”的用户，大家举个手我看一眼。谢谢，还是不少的。如果说你回去以后你自己就很焦虑，孩子考试也很焦虑。现在各位都是受过高等教育的，高等学府本身也是做文化的，但是其实你还是挺难和孩子交流的。如果有一个人让你使用他的产品，听完了孩子每天晚上哈哈大笑，他来问你很多思考性的问题，我觉得你会感谢这样的产品提供者，所以我们说制定了一个三笑原则。

二、三个语气词

我觉得所有的这些东西看起来有用，其实没有什么用，因为这是我总结的，不是你总结的。但是有三个字记住了，一定特别省事就好用。这三个字是三个语气词。

第一个就是“哇”。“哇！这东西好好听，好刺激，好紧张！”这一声对文化内容产品特别重要。刚才姜老师放的视频，大家其实都特想鼓掌是吧？“太壮美了太壮丽了，这是我们中国人自己原创！”这是第一个感受。所以说你的产品、内容，一定要让人有“哇”的这种感受。

第二个产品就是刚才我说的三笑原则，你能让别人笑，笑本来就稀缺，当这个社会上有人做内容产品卖焦虑的时候，它的对立面一定极其值钱。这面的市值越高，反面的市值就越高，这就是反作用力。所以现在大家看脱口秀看李诞多火，是因为让人笑价格太高。

第三个语气词是什么？是你说得“对”。我们看公众号文章转发的时候，除了你让我笑让我哭以外，我非常认同你的价值观，我非常认同你传递知识和看问题的方式，我非常认同你的观点。

所以说我们如果能在这个故事里，让别人学到知识就是快乐，也是成长。学到语文知识只用十多分钟，最后你传递了某种特别好的价值观，家长对你也特别放心，使用者就会自动地分发，成为你的一个推销者或者用户推广者。所以说这一切其他的东西都不太重要的时候，你记住这三个词，其实你自己就能做到这一点。

三、辅助原则

所谓的辅助原则就是对前面的一些原则，在细节性上做了一个解释，更多的是偏向于我们在创作细节上对自己的要求。但是你每一点都把它做到的话非常困难。

1.标题即精彩原则

我们刚才说了一个一分钟精彩，其实我认为如果以文字传播或者以其他方式传播的话，根本达不到一分钟精彩，这么奢侈的条件，一秒钟精彩公众号文章，一秒钟不想看你不会点，所以说我们也是在内容创作里面，把这些东西提出来作为一个要求。

2.三明治原则

我们连儿歌都有创作原则，就是这么微小的一个产品，我有自己的创作原则。什么叫三明治原则？唱一遍、念一遍、唱一遍。唱一遍是为了让他喜欢，念一遍，是为了让他学发音。儿歌让别人学说话发音很重要，再唱一遍让他复习一遍，然后我们在产品上利用技术做了一个伴唱功能，它还能给你伴唱，伴着你的儿歌，就跟我们去唱吧一样，它就等于做了练习，这个还能分发朋友圈。

我们所有的创作基于以上所有的认识和要求，我们所有的项目都先要建立原则才能创作。恰巧2019年最火的一本书《原则》，跟我们正在做的、做了好几年的东西，其实思路是一样的。原则就是你对事物的本质和你的语速、和你期望的愿景、和达成的目标之间的一种认识和理解，以及你能做什么和不能做什么之间的一种共同认识，是一种共识，一种工作共识。无论是我们自己的小伙伴，还是对外面的小孩，当他知道我们是这么来考虑问题的时候，首先一个他就是“哇”。家长和孩子、购买者和使用者共同地把这个词发出来的时候，你的产品就比较容易获得成功。刚才我说的就是让用户和他的父母共同发出三个语气词，它就能成为你的产品的一个成本。

我们在跟踪用户对产品的真正感受的时候，我们有大数据工具。这个数据工具以5秒为单位，看跳出量。当在这个地方产生跳出量，这意味着从这个产品里走的人。当这个产品里走开的人达到一定的小峰值的时候，我们就要对应的看旁边的稿子，稿子写得是不是让人不可理解？是不是音效下来了？马上做修改。这就是互联网产品的好处，今天发现了今天改马上把产品替换下来，明天这个高峰就没有了，你的产品就地优化。我们这种优化过去了以后，到了出版和硬件的时候，就已经是更好的产品。

非常感谢大家有耐心听我们讲这么琐碎的事情。《凯叔讲故事》真的是非常诚心地，以最小的颗粒度在打磨所有所谓的技术产品，我们把这种心思用在讲故事上，用在小学文化课程，用在讲科普课上，用在请顾问来参与我们的产品打磨上。我们虽然是做儿童的产品，但是假如说我们把这个精力用来做别的事情，我相信也能做得很好。我们刚刚跟腾讯签约，我们会在后年，上我们的第一部动画片，也不排除今年会同时启动。第二步也可能包括我们的动画电影，也会在不断地策划中，所以说我们也非常希望将来有更多的机会在这样的场合学到更多的东西，也可能会结识更多的合作伙伴，谢谢大家！

第五章　新消费时代，非遗+的跨界赋能

演讲者：殷丽莉　北京融今文化发展有限公司创始人、CEO

大家好，今天我分享的主题是“新消费时代，非遗＋的跨界赋能”，前十几年我主要在上市公司负责投融资并购相关的工作，近五年来，我深入到传统手工艺领域，开始研究非遗的品牌化发展和产业跨界赋能，积极推动非遗的生活化融入、国际化表达和社会化普及。

一、非遗与非遗＋

看到这个主题，大家首先会想，非遗和非遗＋的定义是什么？非遗＋的时代意义是什么？如果它本身没有意义，我们今天讨论这个话题也是没有价值的。如果在有意义的前提下，它的价值要素和路径又是什么？

每一件与众不同的绝世好东西，都是以无比的勤奋为前提。要么是血，要么是汗，要么是大把大把的曼妙好时光。非遗，其实就是在这样无比曼妙的好时光当中积淀下来的精神财富。具体来说，非物质文化遗产，是指各族人民世代相传，并视为其文化遗产组成部分的各种传统文化表现形式，以及与传统文化表现形式相关的实物和场所。非遗是传统文化的重要组成部分，是人民群众在生产、生活中创造并世代传承发展的精神财富。

我国非物质文化遗产的分类：民间文学、传统音乐、传统舞蹈、传统戏

剧、曲艺、传统体育、游艺与杂技、传统美术、传统技艺、传统医药、民俗。其实，非遗涵盖了方方面面，并不是我们所想象某个细分领域。非物质文化遗产是“活态文化遗产”，强调以人为核心的技艺、经验、精神，特点就是活态流变。非物质文化遗产中蕴含着许多中国传统文化的精华，更有渗透在衣食住行方方面面的中式生活美学。举个例子，大家理解起来会容易很多。

我们有一个非遗展示馆，它是明代距今有四百多年历史的一所徽民居。如果从实物形式的保存形式来讲，它属于物质文化遗产，看得见摸得着的，而砖雕、木雕等营造技术，则属于非物质文化遗产，在这样一个载体上我们能比较清晰地知道什么是物质文化遗产，什么是非物质文化遗产。

中国的非遗保护起步非常晚，2001 年昆曲入选联合国教科文组织人类口头非遗之后，我们才开始重视非遗保护。虽然起步晚，但我们跑得比较快。2011 年，《非遗法》正式颁布。在座的各位听说非遗很可能是从 2016 年开始的，因为那时陆续制定和落地了传统工艺的振兴计划。

如何给非遗 + 定义呢？“非遗 +”的概念是我们从实践角度总结出来的。“非遗＋”即在传统非遗的基础上，结合时代审美、市场需求、潮流趋势等，整合策划、设计、研发、生产、投资、传播、研究等资源要素，对非遗进行再创作、再创新，通过市场化和产业化举措，让非遗融入时代，走进生活，实现其商业价值转化，促进非遗可持续发展，从而形成非遗新经济的崭新生态体系。

为什么“非遗 +”可以跨界赋能呢？第一，传统手工艺中优良的基因得到广泛认同，结合当代人的生活习惯与审美创新后，非遗实现创造性转化创新性发展，伴随消费升级为人们带来更美好的生活化产品；第二，非遗 +，为品牌注入智慧、情怀，传递着文化底蕴和价值理念。东方美学引领的品质生活态度，正在成为潮流。举例来说，故宫 IP 火爆的背后反映了东方美学越来越受大众欢迎并融入现代生活，焕发了新的生命力；与此同时，现代产品注入非遗的技艺，也令其品牌溢价更有文化内涵的支撑。

二、非遗 + 跨界赋能的时代意义

谈论非遗 + 跨界赋能之前，需要先讨论当下是什么样的时代。目前改革开放之后出生的人，已经超过改革开放之前的人，市场人口结构已经发生变化，中国进入新消费时代。下面我们从变化入手，讨论这个问题。

变化一：消费场景发生了变化；2019 年，中国社会消费品零售总额预计首次超过 40 万亿人民币，意味着中国超过美国，成为全球第一大消费市场。1978 年，中国的人均 GDP 是 156 美元，2019 年，我们的 GDP 即将超过 1 万美元，2020 我们进入全面小康年。人均 GDP 超过 1 万美元时，新中产成为消费主力，消费主力的本土文化意识会大规模崛起。

北京 SKP2017 年度销售收入为 125 亿元，2018 年销售收入为 135 亿元，2019 年店庆当天销售额突破 10 个亿，预计在去年的基础之上保持两位数高增长毫无悬念。

变化二：年轻人生活态度发生了变化；

1. 追求美，颜值很重要。追求品质的同时也追求产品颜值，对传统文化的兴趣从外在的形式美开始。

2. 侧重感受，重要的是我喜欢。在新消费时代里，个体的感受要超过事实本身，年轻人如何感受传统文化直接影响消费。

3. 向往社交，不是简单的购物行为。新一代消费群体最向往认同感和归属感，他们更愿意找到共鸣共情的物品，并与朋友分享，所以产生了很多 KOL。

4. 参与创造，凡事与“我”有关。互联网经济下成长的一代，他们习惯了快速迭代和全民参与，他们前所未有地期待创新和未来，对于传统文化也毫不例外。

变化三：消费心理也发生了变化；

过去，很多中国消费者更多在追求符号化、有炫耀性的感性的需求，用品牌来彰显自己的身份。但新消费时代，消费者的观念已发生改变，逐渐从社会认同、消费符号转向注重自我个性表达。年轻人消费购买一个产品，要看这个产品是否符合自己个性，产品或品牌需要代表自己的品位，代表自己的生活理念和态度。消费者从盲目从众，迭代到关注质量、创意、颜值、个性品牌。

变化四："中国文化符号"受到消费群体认同；

新消费时代，所有的消费品类都值得用"中国红利"再做一遍。六百岁的故宫成为文创产业头号大 IP，产值 200 亿；华为开发的自主产权操作系统"鸿蒙"，注册了一本山海经。300 万汉服爱好者，淘宝店汉服一家一年的流水可以做到 4 个亿，中国文化符号开始引领时尚潮流。年轻人愿意以喜欢的方式，与文化传承接脉。"传承""国货""匠造""新中式"成为关键词，新一轮消费者愿意为传统买单，越来越多的产业从中国传统文化审美中汲取灵感。

讨论完了时代，接下来我们谈谈非遗 + 跨界赋能的时代意义，我将其概括为两点：第一，为消费升级及品牌迭代提供新路径。消费升级的本质是心理升级或观念升级，为场景、为心情、为品质买单；消费者既要考虑"性价比"又要考虑"颜价比"；面对巨大的消费市场，假如男生柜子里已经有 12 件衬衫，怎么把第 13 件衬衫塞到他的衣柜，新的审美、新的消费趣味，新的供给侧就需要去考虑。第二，非遗 + 为传统产业提质增效注入新能量。中国经济发展从追求"量"的增长转向"质"的提升；只有依靠创新提供充足的发展增量，才能顺利完成新旧动能的转换；非遗 + 为传统产业注入文化基因、匠心品质；与非遗 + 融合创新，为传统产业带来新的用户、新的模式、新的场景；非遗 + 带动传统产业提升附加值，推动转型升级。

三、非遗 + 跨界赋能的价值要素和路径

非遗本身是文化命题不是产业命题，难以跨界赋能；非遗 + 是以非遗为核心的产业生态、资源集合，具备了产业要素，因此具有赋能价值；非遗 +

的赋能价值体现在为产品、企业、产业赋能。

1.非遗+为产品赋能

非遗技艺以当代产品为载体直接融合。例如，珐琅系列的笔筒、手机座、U盘、名片盒、收纳盒。景泰蓝制作技艺加持在黑檀上，传统技艺与现代设计在一件作品上碰撞。

经历上千次点蓝，上万次打磨等近百道工序，掐丝珐琅堪称中国传统工艺的集大成者。孔氏珐琅突破珐琅无法在K金上烧制的技术瓶颈，为中国手表、首饰产业转型起到推动作用，让中国的钟表首饰走向世界，成为唯一被瑞士国际钟表博物馆收藏的中国腕表。

非遗作品的器型、图形、纹样、技艺、核心理念经概括、提炼形成IP后为产品赋能。例如，牛奶是快消食品代表，京绣的纹样提取之后，用于其礼盒包装，其标志、字体及主视觉图形全都采用京绣的工艺手法，将传统手工艺以美的形式很好地表现出来。以蝴蝶、鸳鸯、仙鹤三种神物形象为主角，并搭配不同的花卉植物，在传承美的同时用中国传统文化为产品赋能。

非遗传承人IP及其影响力为产品赋能。例如，在中国文化复兴和消费升级大趋势之下，小罐茶与六大茶类八位非遗传承人合作，提取制茶技艺的精华，建立高端茶产品标准化体系，非遗传承人的加入大大提升了小罐茶的产品溢价。

非遗手工元素所代表的生命沉淀为产品赋能。例如，时尚品牌EVE CINA，让哈尼绣娘手中的纹样绽放于华服之上，倾听到了哈尼人满载梦想与期待的故事，感悟到了哈尼族世代传承、执着守护的文化。

非遗代表的文化身份认同为产品赋能。例如，北京肯德基以非遗京剧文化为主线，把国粹京剧脸谱描绘成脸谱生肖，同时融合现代撞色元素，打造了六家京剧脸谱主题餐厅，除此之外，还有上海的金山农民画、唐山的皮影、成都的蜀绣、苏州的苏绣、天津的泥人张和杨柳青年画、南京的云锦、长沙的花鼓戏、陕西的剪纸等不同主题的餐厅。

2.非遗+为企业赋能

非遗代表的东方美学和生活智慧，可以提升企业的品牌。例如，“上下”是由法国爱马仕集团携手国际著名设计师蒋琼耳创立的当代东方雅致生活品牌。以东方美学和哲学为底色，吸纳竹编、木作、缂丝、瓷器等非遗技艺精华，出品家具、家居用品、服装、皮具、首饰，配饰等产品，强化了爱马仕

“手工制作、至精至美”的品牌理念，同时扩展了与中国消费者的情感链接。

非遗代表的追求卓越的匠心是企业价值观的外化，可以推动企业核心价值的传播。品牌价值，不仅仅关乎技术与产品，而是需要与当地社会产生有意义地联结，“BMW 中国文化之旅”致力于探访和保护中国传统文化，促进非物质文化遗产的传承与发展。以实际行动在支持非遗的保护和传承的过程中，加深了对中国传统文化的理解，对市场和消费者的需求也有更进一步的理解和洞察。很多宝马车主因为参与“BMW 中国文化之旅”，加强了他们对 BMW 品牌的忠诚度。

非遗代表的传承价值有助于提升企业的厚重感。例如，2019 年，121 岁的佰草集特别推出以“以国为潮，锦绣东方”为主题，以“非遗锦绣礼盒”为名的限量礼盒作为祖国 70 周年献礼，融合了金箔、苏绣、云锦、京绣、花丝 5 大非遗 IP，千锤百炼、一针一线将中国传统文化最深的根源体现得淋漓尽致，千年非遗为百年企业赋能，匠心和传承让时光沉淀，品牌历史价值凸显。

非遗的显著标签有利于快速定位精准客群。例如，电商领导品牌之一唯品会于 2017 年起与中国妇女发展基金会合作推出“妈妈制造”“唯爱工坊”等公益项目，旨在推广传统工艺制品，帮助贫困地区妇女手工劳动者提升收入，带来大量关注手工产品和爱心公益的客群，成为该品牌的粉丝，为唯品会进一步拓展和固化了精准客群。

3.非遗+为产业赋能

非遗可作为催化因子推动相关产业提质升级。消费升级时代，传统服装产业何去何从？很多品牌选择了从非遗 + 的角度来提质，多个女装品牌都是从少数民族刺绣纹样来切入，从苗绣、蒙绣、布依绣、马尾绣等元素提取设计灵感，以精致工艺手法来描绘原始图腾，找寻到中国传统文化与现代时尚产业的结合点，成为非遗 + 带动传统制造业提质升级的典型案例。

非遗可作为内容要素拓展产业原有边界。例如，欢娱影视与爱奇艺携手打造的《延禧攻略》，不仅收获了超高的人气，而且通过剧中大篇幅、多细节展示了刺绣、昆曲、缂丝、绒花、打树花等多项非物质文化遗产，使国内观众充分领略到中国传统文化的魅力、使海外观众加深了对中国传统文化的了解。

非遗可作为桥梁纽带推动产业间的异业联动。例如，丹寨小镇 2019 年游客量破 600 万，8 亿元的投资，相比其他几十亿、上百亿的文旅项目，丹寨创造了万达文旅项目史上首个“投资少、见效快”的奇迹。小镇集非物质文化遗产、民俗文化的保护、传承、体验于一体。将丹寨县内的 7 个国家级和 17 个省级非物质文化遗产项目集中引入小镇，对丹寨非物质文化遗产进行集中保护、传承和弘扬，将当地民族文化与现代商业相互融合，打造全国独具特色的民族文化旅游地。

其次，“非遗 +”成为产业跨界链接的新途径。随着“互联网 +”的延伸，非遗逐步找到了更好的表达通道，适应不断升级的消费环境，衍生出的产品融入现代生活方式，具备了市场基础，找到更多的流量入口。与此同时，非遗的再创作、再创新，通过市场化和产业化举措，实现其商业价值转化，形成非遗新经济的崭新生态体系，“非遗 +”以艺术的身份跨界，找到更多的商业价值。

那我们是如何定义自己的呢？我们是：非遗生活化融入的造物者，非遗品牌化发展的赋能者，非遗创造性转化的链接者。通过我们对于潮流化趋势的理解，我们将非遗进行跨界，与时尚、教育、科技、文旅等领域进行结合，抓准跨界要素，产生影响当代流行文化的产品和形象元素，形成渐入人心的非遗品牌。

我们也为非遗爱好者提供线下非遗沙龙活动，为企业量身定制雅集活动，能够零距离地感受非遗的魅力。作为链接者，我们与非遗传承人、设计师、手工艺工作室、专家、学者、行业协会、学会、文化产业园保持了深度的链接，积聚了创造性能量。以上就是我们总结出来的一点点小的感悟和启发，谢谢大家。

第六章　创意+技术重构整个产业

演讲者：刘香宁　宝资文化产业（北京）有限公司 董事长

我是一个广告人，从事广告业二十多年。2004年开始自己创业，率领团队15年持续稳定为世界五百强企业德国拜耳、巴斯夫、杜邦、世科姆、安道麦、中国华融、中国长城资产等提供品牌管理与传播服务。经过多年的累积和发展，目前业务涉及品牌管理、创意设计、战略咨询、建筑景观、文创等领域。其中著名案例有2011年的金砖国家会议品牌设计及国礼创意，2014年公司旗下文创品牌“BRAVO宝融”“KIWU镜悟”，荣膺亚太经合组织APEC会议部长级礼物和上海电影节vip嘉宾礼物；同中国著名文化品牌“荣宝斋”合作开发中国文房项目；2017年为中国援老挝国际公益合作项目“光明行”提供品牌形象设计，得到中央高层的认可，并作为礼物赠送老挝患者和医护人员留念；2018年1月为李克强总理访问柬埔寨设计两国世代友好国礼“心心相印”，现场由李克强总理与洪森首相共同启动。以上都是近年来我公司创意设计的部分经典案例。

下面我简单地介绍一下我们的团队历史，公司的联合创始人陈国进先生，是我同学。有朋友可能对他本人比较陌生，不过高铁的标志相信你们一定不陌生，那就是他设计的。鸟巢里面的导视系统也是他设计的。他是提名中国十大设计师、国家劳动部“全国技术能手”获得者，这也是设计界唯一获得过该奖项的个人。我们的联合创始人、著名建筑景观设计师朱贺先生也来到了现场，他是著名视觉艺术大师陈逸飞的得意门生，设计过北京茅台会所、上海龙美术馆、蚂蚁金服公益等著名项目，获得过包括英国室内空间艺术奖等很多国际设计奖项。

一、创意才是一切

在过去，我们做产品设计大多凭直觉：依靠自己的天赋或者迎合企业家喜好。20 世纪 90 年代末，当时客户考核设计的一个很重要的指标就是设计一定要做得漂亮、一定要美！随着大众审美水平的提高，我们后来发现：这些东西并不是创意的根本，这类作品大多是内部视角，非常缺乏顾客视角。这种视角对品牌的创意和打造没有任何帮助。

今天不懂认知创意规律的设计师或者设计公司、品牌管理公司很少能给企业创造价值，只能给企业添乱。各类专家们可能由于知识太丰富，总觉得品牌创意内涵一定要更丰富。我们一直认为品牌其实是一个追求简单的过程。当顾客产生相关需求的时候，顾客率先想到谁，谁就是品牌。这是考核企业经营成果的唯一指标，也是企业发展的终极目标。

我举一个最简单的例子，叮当快药成立于 2015 年，当时医药 O2O 市场上有 30 余家企业角逐，其中不乏美团跑腿、阿里健康、京东到家等巨头。如何在行业洗牌中存活下来，是品牌面临的最大挑战。它原有的定位是“半夜不用跑药店”。

我们把创意定位重新改成了：“手机买药，就上叮当快药。专业药师指导，28 分钟到家，24 小时服务。”

新创意定位效果：公司成为医药类 020 的领先品牌，获软银中国 6 亿融资。设计与创意可以做得很精美、炫酷、燃爆，但是如果不贴近市场，不能传达明确的信息和体验给消费者，无论画面多美好，对于品牌建设都没有帮助的。

再说一个我们做过的案例，喜临门床垫。以床垫起家的喜临门，在拓展了十余个家居品类后，逐渐陷入品牌老化、品牌认知不清、客群低端化的瓶颈，店铺增长乏力，公司形成一个不促不销，不死不活的局面。

什么原因？大家发现了没有，它的品牌 logo 这一基本的视觉传播符号，居然有很多不同版本，严重不统一、不规范。床垫在美国市场是一个相对更成熟的品类。在国内虽然发展了这么多年，竞争也很激烈，但是不完全充分。比如说未来 3 年，床垫品类在国内能达到 1000 亿规模，但是排名前三的品牌它加起来还不到 10%。2014 年的行业数据显示，排名前十的品牌市场集中度只有 12%。从这里可以看出，这个品类的竞争还是非常分散。

通过研究，我们发现：我们中国人今天对床垫的需求不再只是 30 年前所需要的一张软床。结合当前消费现状以及趋势，我们为喜临门提炼了品类的关键价值点：保护脊椎的床垫。然后协助喜临门围绕这一个关键价值，帮助企业基于这个特性构建独特的、属于喜临门的价值原型。让喜临门率先定义、绑定"保护脊椎"这个关键价值概念。强调"专注床垫研发 34 年，香港执业脊医协会质量标准认证"，之后床垫销量逆势增长 69%，这个增长幅度是非常厉害的。

承德露露杏仁露是一个有着一定历史的品牌，但是其包装设计一直是明星代言风格，未能突出品类差异化，露露也没有占据杏仁露品类价值原型。

经过我们系统调研，放大杏仁本身（品类原型点），通过升级原有露露蓝，放大品牌历史因子，一改露露杏仁露原有的风格。最终让露露能够更清晰地代表杏仁露品类，最大化露露的品牌价值。新产品创意形象设计发布会当天，露露股票上涨了 25%。

看起来觉得是个很简单的创意和设计，其实"简单是终极的复杂"，背后是我们团队花了很多的时间和精力去分析研究整个中国饮品市场。我们拥有二十多年的品牌设计传播服务经验，能够让我们基于视觉层面和语言层面为客户提供更高效的战略定位创意落地方案。一方面帮助企业做好定位传播，让品牌关键信息快速到达顾客心智；另一方面帮助企业最大程度减少同相关服务公司的沟通成本。创意设计在战略的指引下具备强大力量来解决企业的问题，帮助企业建立品牌、提高销量、创造效益。

二、未来从过去中发现

中国在过去的前工业时代的数千年中所积累的生活经验成果，正是今天社会所需要借鉴的，如何使中国从一个经济大国成为一个品牌大国呢？

我个人和团队都非常喜欢中国传统文化，但是怎样让传统文化的元素符合当代的审美，是挺难的事情。未来需要从过去中挖掘，从历史中去寻找，因为历史是已发生的未来。中国美学应该是充满着中国特有的民族风格、沉着而久远、洋溢着现代气息、开放和发展的，达到一种无比精致和单纯的高度。能够始终保持着中国传统风雅、古朴味道、华丽的色彩搭配，让人感受到来自五千年文明深厚的文化基因，还能看到时代赋予的现代印记，同时，焕发出新的绚烂光彩。

中国的很多品牌标志用的都是英文，而不是汉字，如果是为了全球化无所争议，但在中文世界里是很难识别的。我认为，相对中国市场来说，中文传递信息的能量最强，识别度最更快。所以，我们在设计品牌标志的时候，都会下大功夫思考，如何利用中国元素达成最好的效果。下图就是我们给八马旗下的普洱茶信记号做的品牌创意设计和外包装设计，里面包含了很强的中国元素，比如山水意境、书法、线描、陶瓷等。

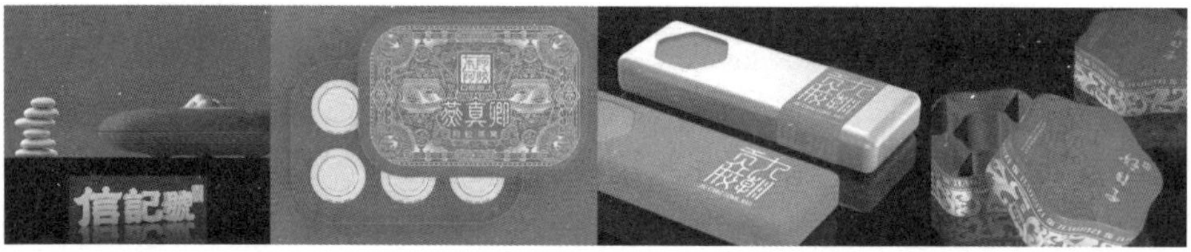

东阿阿胶是我们的老客户了，之前服务过桃花姬、阿胶原浆及最近非常热的燕真卿等产品！他们的九朝贡胶由国际顶级咨询公司做完战略后交给我们进行品牌视觉设计与创意，因为这个产品单品价格比较高，所以卖相极其重要。如果想促进中国传统文化元素在商业世界的推广，就必须得与当代人的审美倾向紧密结合，旧元素新组合，所以，在创意设计的时候，我们就充分发掘传统文化元素来衬托这个产品特质，做出了如下的设计。

下图世贸天阶的一个会所，室内呈现了山型的建筑形态，是不是很像梯田？既要体现中国古人追求的美学、意境，又要符合我们当代的审美。现场的呈现效果，非常有个性。

蚂蚁金服自然艺术学堂，它是蚂蚁金服在安徽黄山的一个公益项目，开始创意就是思考的“蚂蚁洞穴”这样一个切入点，来进行创意和设计，有时候设计和创意会有很多，但最终还要考虑的是成本和施工等方面问题。这个建筑使用的材料是新型环保水泥，减少对整个环境的破坏。设计理念是要体现出人与自然和谐共生的状态。

我们还设计了北京冬奥会数字艺术展，这个是用特殊建筑材质、集合灯光系统等设计出来的，经过工程师测算完以后，建筑符合力学安全标准。尤其在夜间开启之后，整个建筑就像仙境中的宫殿一样虚幻、又很数字时代的感觉。这也是我们的传统元素经过现代演绎创意手法，重新获得新体验。

三、技术重构整个产业

我个人一直有颗实业强国的心，也属于比较追求完美的人，市场上有很多产品不是很符合我们的审美，于是我们就开始做自己的产品。做产品的过程，我发现，其实产品的设计创意和造型并不是最难的，这可能跟我们这20多年的创意积累与沉淀有关，决胜的关键还有一个核心点就是技术。有好的设计，如果没有好的技术来实现完成是没有用的。所以、高科技的胜负分野，乃在于孰能将高水准的审美意识以及洗练程度应用在技术之上。 大家熟识的苹果系列产品就是结合得非常好的例子。

技术与艺术并非竞争，而是互补，创意文化更能为科技创新提供方向引领和智慧源泉，开辟文化科技产业融合新生态。

我们设计的十二生肖酒具，这是个系列酒具套装，采用中国人喜爱的十二生肖作为创意、用最简单纯粹的造型元素、贯彻轻奢设计理念，外形圆润富有质感，瓶盖兽头采用实心纯铜、运用传统蚀蜡法手工打造，酒瓶瓶身采用医药级标准316不锈钢，产品防锈、耐腐蚀。外壁镜面抛光打造光泽质感好，线条流畅触感细腻。为珍藏酒具良品，容量 500ML，一个酒瓶标配两个酒杯。

瓶身看起来觉得很简单，实际上它最大的难点在于弧度。国内开个模具加打样两个月六万块钱就出来了，但是在完美程度上距离我们的设计原形还是差了一些神韵。后来我们决定在德国做，德国人的确是严谨，他们前后花了十个月的时间，开模具六个月、样品打样四个月，开模具费用就花六十五万，结果是非常符合我们的严苛要求。

保温杯也是我们目前销售比较好的产品，今天，中国市场上的保温杯没有一个真正的国产品牌，质量更是无法让人满意的，有的使用的瓶盖塑料味道刺鼻（有害塑料），长期热水浸泡毒素都进到人体里，非常不健康。我们坚持使用高品质材料，杯口采用食品级硅胶（婴儿奶嘴级别）杜绝有害塑料，全程德国代工工厂 42 道人工与机器精密制造。

我们的第一款充电宝，2012 年诞生的。因为不锈钢特别硬，制做出如此完美的弧度难度是比较大的，另外毫安容量当时是按照国际飞行器携带标准，即 4000 毫安规格，是可以携带上飞机。设计上这个产品外观小巧精美，当时电池技术也导致容量有限。现在我们在重新梳理它的电池技术，也渴望在新能源方面有些创新。

我们公司设计的极书签字笔是由我们独立设计开发、标配著名德国品牌“万宝龙”的笔芯，在使用手感和书写流畅度上都是一流水准。以上的一些产品也得到了腾讯、阿里巴巴、HONMA、奔驰、奥迪、特斯拉、阿斯顿马丁等国际品牌的青睐，也成了我们多年的客户和合作伙伴。其实中国不缺市场、缺的还是有匠心精神的、充满创新意识的好产品，同时售价为又不会太高，我们的理念就是打造让更多人买得起的好商品。

谢谢大家。

第七章　高峰对话一：传统文化企业的转型与创新

主持人：

张玉玲，光明日报社文化产业研究中心副主任

对话嘉宾：

樊江波，北京京东方艺云科技有限公司品牌与市场中心总经理

聂锦荣，北京锦熹文化传媒有限公司联合创始人

吴睿智，北京环智文化传媒有限公司合伙人

范津华，二更视频华中公司总经理

张玉玲：欢迎今天到场的四位企业家。首先是樊江波老师，京东方艺云科技品牌中心总经理。第二位聂锦荣老师，北京锦熹文化传媒联合创始人。第三位是吴睿智老师，北京环智文化传媒有限公司合伙人，还有第四位是范津华老师，二更视频华中公司总经理。欢迎各位！我想请四位老总，可不可以用简要的时间介绍一下你们公司和你个人在做什么工作？

樊江波：京东方是一家非常老牌的企业，最早之前是做显示的液晶面板和半导体传感器的业务。我有些数字可以跟大家分享一下，京东方的显示屏的总出货量已经跃居全球第一，简单地说，全球每四块屏幕就有一块是京东方造的。总体来看，在智能手机、平板电脑、笔记本电脑、显示器、电视等

多个应用领域，都已经做到了世界第一。这么一个硬核的公司在2015年的时候进行物联网战略转型，开始布局我们文化领域中细分场景的一个应用，与数字文化相关的一块业务，我们称为数字艺术业务。

聂锦荣：我们公司是做原创的，突出在文化自信上。我们目前的表现形式还是以连环画的表现形式，但是我们的连环画和过去的连环画有很大区别了，可以说进入了新连环画时代了。我们出版的故事都是我们原创，根据故事创作的每幅图画也都是工笔彩色的，文字也是中英文对译，中文上面还有拼音，可以说老少皆宜，中外皆宜。在印装上，一部分我们采用宣纸彩色印装，封面采用绢制，每本独一编号，将连环画推向一个高端、大气、上档次的新阶段。精彩故事、精美图画、精练文字、精品印装，让人读后是一种精神享受，是我们向读者的承诺和追求。

吴睿智：其实我们之前做的是一个很传统的行业，我们做的是公关策划。但是这个行业在这些年可能遇到了一个瓶颈，所以我们也开始做转型，我们开始往更年轻的用户群体走，我们开始尝试做一些粉丝经济，把这个结合到我们的一些公关策划里面来为企业进行服务。

范津华：我现场调研一下，在座看过二更短视频的大概有多少，可以举下手吗？

对，所以我觉得大家对二更都非常熟悉，全国最大的原创短视频的内容公司。但我们应该再加个传统两个字，待会我们再详细讲，为什么我们是传统的互联网视频公司。

张玉玲：各位老师很简短，但是都留有悬念。想请问樊老师我刚才提出的问题，你们和利亚德有什么不一样？我先简单一句话介绍一下，如果有不完善的地方，樊总可以帮我再补充一下。其实都是做显示的企业，而且都是咱们国家非常重视的行业中的龙头企业。

樊江波：如果从产品上一句话来讲的话，京东方主要是做液晶面板的，也就是 LCD 屏。利亚德更擅长的应该是 LED 的大屏，两者的技术特性和应用场景多少还是有些不太一样，比如 LED 更多的是放在一些户外的大场景，然后 LCD 更适用于一些室内或大型的空间里。

张玉玲：好，我觉得你们有个共同点，以前都是做硬件设备的，但是现在越来越向文化内容在靠拢，所以我觉得文化产业软件硬件结合。我想问一下聂总，您说您是做传统连环画的，传统漫画连环画怎么和互联网结合？

聂锦荣：如何推动连环画再回大众视野，我们不断加快与时俱进的步伐，在传播手段和传播途径上进行了不断创新。 比如我们马上要出版的、体现全国人民抗击疫情的、纪实故事连环画《人民战疫》，我们从这本连环画开始，每本连环画都有体现这本连环画故事的歌曲，我们自己作词，请名家作曲，请名家演唱，通过唱歌的形式来传播这本连环画。同时，我们将这本连环画的文字请中央电视台顶级配音员配音，通过他们富有磁性的朗读，使愿意听声音的一批听众也能听到我们的连环画。当然我们优美的连环画还会录制出震撼力的视频。从视觉、听觉、触觉三方面使连环画的传播形成海陆空传播的交叉网络，从易读、易听、易看等易于传播上来传播正能量的文化，这是我们的责任和使命。

张玉玲：好，谢谢。吴总，你们是怎么实现你所提到的粉丝经济的转型？

吴睿智：其实也谈不上是转型，主要是用户在哪里，我们的营销传播就在哪里。你看今年其实有一个词非常的热，包括表情包里面大家也做了很多，我太“难”了，是吧？所以说大家都在其中转型，这也反映了这个行业发生的变化，就是从卖方市场到买方市场，大家比拼的是这种对于消费者变化的应变能力。所以说在大环境下，我们就开始尝试做一些转型。有数据显示 90 后、00 后，这一波小伙伴们已经占到整个总人口的 24% 了，也就是说他们整个的消费格局就主导了未来五至十年的中国乃至全球的消费格局。而且我们预计今年的整个偶像市场产业规模也可以达到 1000 个亿，因为 2019 年人均 GDP 已经突破了 1 万美元。像北京上海还不止，可能到两三万。所以就使我们的偶像产业到达窗口期，一般过了 1 万美元就会迎来一个爆发期。而且据一些数据调查，现在整个年龄层大概是在 14 岁到 34 岁，这样一个年龄比例占整个人口的消费比就非常高了。

张玉玲：我觉得吴总说的一个特别好的观点是：今年经济是寒冬，但是实际上“年年难过，年年过”。文化企业说自己太难，但是刚才吴总给我们一个很好的理念 ---- 不管怎么难，首先要练好内功，找到自己的用户市场，才能够渡过难关。所以特别想请范总讲讲，你们怎么能锁定自己的市场，在短视频领域做得这么好。

范津华：我刚才讲的二更其实已经很传统了，因为我们今天提及率最多的一个人应该就是李子柒，完美地实现了一个内容电商的转化。那说二更其实一直很传统，就是说还是在用内容在做媒体的这种形式，它的转化模式还是广告的这种形式，所以我们聚集了 8500 万的粉丝，但是没有卖一个东西去转化。实际上，我们也在考虑转型，其实我觉得今天这个课题已经给了答案，要么你去建立这个技术的壁垒，要么你就内容为王，因为这两点肯定是制胜的法宝，你至少要占领一个。比方说我们在视频这个领域其实有很多次技术的迭代，当时乔布斯创办皮克斯动画，替代了我们传统的手工的、绘画的形式，技术迭代带来的就是效率的提升。其次就是内容为王，也是我们今天说了很多的一个词，李子柒的内容是不是极致性的内容，从它的制作上面来讲，肯定没有办法跟我们这样专业公司比对吧？拍摄的画面、用的设备、剪辑、包装等等。但是也是极致性的内容，通过一个个人的 IP，做了极致性的选题。如果说活字印刷这个选题央视拍得很好，大家觉得这就是央视该做的内容，但是作为个人，一个乡村的姑娘拍活字印刷，所以为什么说她在选题上创造了极致性，用视频的方式在互联网的传播时代打造了极致的内容。我觉得技术和内容这都是二更永远要学习的课题和话题。

张玉玲：对，所以其实一个是拥抱技术，第二个就是内容为王。我们今天说得很多的一句话就是：做内容的人，要把内容做到极致，要懂用户，你要懂消费者。我觉得做内容的人一定要有一种自信，这是什么呢？“你若盛开，清风自来”，你自己做好了你的这些内容，也能够带来更多的附能和价值。

展望 2020 年，所以特别想请教各位。在 2020 年还会有什么样的布局，请各位分享一下今年的布局，让我们看到更多的信心和亮点。

樊江波：2018 年年初，在文旅部指导下，京东方牵头研制了数字艺术显示系统的国际标准，大概在 2019 年 10 月份左右这个标准获得国际电信联盟中审核通过，这个标准是我们国家在文化领域的第二个国际标准。标准的推出不仅为全球数字艺术显示产业发展贡献了中国智慧，我们更希望通过标准的落地能够去促进数字文化产业有序健康发展。所以在去年 11 月全球合伙人大会上，在文旅部指导下，京东方跟中国艺术研究院，中国美术馆、北京邮电大学、青年艺术 100 等机构，还有包括像咪咕文化、微软、百度这样的行业合作伙伴，共同启动了一个 H.269.1 数字艺术系统显示的产业联盟，并推出了百万艺术馆计划，希望在三年内打造一百万个数字艺术馆，汇集一千万件内容，将好的艺术内容带给三亿以上的人群。百万计划这也是我们今年的工作重心。

聂锦荣：三年来我们基本上都是在做内容的技术研发和投入，2019 年我们获得了很多的荣誉，包括北京十大影响力、中国原创原动力的奖，国家级的奖都有我们 2020 年的计划，就是能够拿一些国际的大奖，把中国的传统文化向国际去推广。我们今天跟外研社做了一个战略合作，把我们的连环画所有的小语种版全部授权给他们进行海外推广。我们在 2019 年的时候已经参加了法国的安博拉姆的国际动漫展，在法国连环画相当于一种艺术形式，是特别得到认可的。我们连环画现在在做一个凤凰涅槃，希望通过我们的推动，整个行业能够重新回归大众的视野。

吴睿智：我们 2018 年开始进行转型。首先是选赛道，这个赛道我们应该是选对了，从现在发展来看应该还可以，所以说今年的主要的一个任务和目的就是要去做体验。包括我们“豆榜”，包括我们的“豆姐开 Liao”，我们这些产品，我们要进行一个很好的打磨。再一个就是我们要拼速度，我们怎么能够迅速地服务客户，我觉得这两点可能是我们今年重点要做的事情。

范津华：我们2020年的战略以视频为核心，然后我们是三个板块，一个还是在视频的内容板块，第二个是科技，也就是刚才所说的数字科技服务平台，像淘宝一样，所有的创作人和工作室公司，还有包括设备的供应商，都可以在我们这个平台上发布信息。同时企业也可以在上面发布采购信息，能够用最合适的价格找到最合适的人，完成整个视频的生产制作流程。因为这个市场空间越来越大，大家对视频的需求也就越来越多，我们来做底层的服务商。第三块就是人才的培养，随着未来大家对这个视频的需求量越来越大以后，我们就研发出来一种人才模型视频专员。这是目前所有的高校没有做的一个工作，他们只培养导演、摄像、后期岗位，但是没有一个懂全产业链的人。所以我们会跟高校职业院校去合作，输送人才，为国家去解决岗位就业的问题，也希望大家与二更进行合作。

张玉玲：我总结一下，刚才四位老师结合自身谈了对2020的展望并且从不同领域跟我们分享了怎么去面对最难的2020年，给了我们很多的信心。不管哪个时代，不管什么人，其实都有焦虑，能够抵抗焦虑，能够战胜焦虑的办法是什么？只有一点——创新。所以我觉得每一个行业都要有创新，我们用我们的创新去战胜焦虑，去战胜最难的这一年。

第一场对话就到这里，谢谢各位老师。

第八章　高峰对话二：旅游资源的创造性开发

主持人：

张玉玲，光明日报社文化产业研究中心副主任

对话嘉宾：

文奇，湖南洪江古商城文化旅游产业投资股份有限公司董事

刘云辉，明道文化科技集团董事长

程军，武汉卓雅传播机构董事长

胡贵华，众星北斗（北京）科技发展有限公司联合创始人

薛向辉，西安黄鸟创意设计有限公司总经理

张玉玲：刚才四位企业家跟我们分享了有关传统文化的创造性转化，我们接下来还会更精彩。有请五位企业家给我们分享旅游资源的创造性开发，他们分别是湖南洪江古商城文化旅游产业投资股份有限公司的董事文奇、明道文化科技集团的刘云辉董事长，武汉卓雅文化传播有限公司董事长程军。然后是胡贵华老师，她是众星北斗（北京）科技发展有限公司的联合创始人，以及西安黄鸟创意设计有限公司的总经理，薛向辉老师。欢迎你们。我们请各位老师用两分钟时间简要介绍一下自己，也介绍一下自己的企业在从事着什么样的文化产业。

文奇：其实我和张老师原来也是同行，二十年前我从记者做到了发行处长，以前是发行报纸的，后来我觉得这样发行报纸对我来说没有太大的挑战

性。然后我就发起了门票，就去做旅游销售，从 2001 年到 2011 年，这十年我是做整个凤凰古城的门票销售。直到 2015 年的时候，我们整个的门票达到了 3.63 个亿。后来从 2011 年到今年 2020 年这十个年头，我做了凤凰古城以南 140 公里的一个中国第一古商城，号称是“中华商业故宫”的洪江古商城，那里有 380 栋古建筑群落，后来我就没有继续在凤凰古城做了。但是我依然是代表着国资的投资方，我依然觉得我为文旅产业，尤其是古城古镇的系统性开发，还是做出了自己的一点小小的贡献，谢谢大家。

刘云辉：我是明道文化科技集团的创始人，而我本人之前在 TCL 集团服务了许多年，早期的 TCL 集团也是国有企业，在 1998、1999 年我担任过 TCL 集团品牌管委会成员，2005 年担任 TCL 文化公司的总经理。后来在 2012 年自己出来创业，初创公司叫作明道灯光公司，是专业的舞台灯光公司。做了四年就成为行业领军企业以后，我们觉得这个行业太小了，想做强制造业的同时进行产业升级，开始向文化创意行业延伸，首先增加了声光电的设计和工程施工这样的业务。在 18 年底的时候，我们想进入文创行业，想打通全产业链。我们是跟文旅结合比较多的，张艺谋先生目前很少出来做文旅演艺项目了，王潮歌导演就是目前文旅演艺行业最著名的导演之一，于是我就跟王潮歌导演合作了八年的视觉创意公司，收购了这家公司以后我们公司对文旅的理解就更深了，对视觉的创作也更好，我们就打通了全产业链。目前我们可以做文旅夜游的策划和制作，最近在海南三亚演出的《乐动敦煌》，我是总制作人，这是一台沉浸式的演出，《乐动敦煌》展现了敦煌千年乐舞盛景画卷。另外我们跟王潮歌导演还在继续合作，在《只有峨眉山》《只有爱》《只有河南》等项目中都有一系列的合作，我们合作内容包括视觉创意制作和灯光工程实施。

程军：大家下午好，我原来也是做报媒的，很惭愧在这个行业没有坚持下去。过去的十年在报媒做内容，后来 2009 年我们创办了武汉卓雅传播，目前来说应该是整个湖北地区比较领先的 PR 公司，我们的业务主要是帮客户做品牌的传播和营销。

胡贵华：大家好，我今天坐在这里挺激动的，因为我记得多年前我经常在这里听论坛听讲座。我简要介绍一下我自己，我是众星北斗公司的副总经理，我们对外简称礼叮当，“叮当叮当，礼叮当送礼来了”。所以礼叮当主要定位是做企业礼品与品牌衍生品的开发设计。

薛向辉：黄鸟文创是一家基于传统文化，做文创业态开发以及文创产品打造的服务公司。同时也是一家在做自己符号文创的产品公司。其实我自己不是设计师，我这些年特别热衷于文化产业研究，然后一直在这里进行探索和摸索。符号文创也是我在这个过程中总结出来的一个实践的案例，一会儿有时间我再给大家进行分享。

张玉玲：薛总，你应该觉得很自豪，因为你创造了一个词叫符号文创，我觉得现在中国太需要有自己的符号了。刚才文老师给我们分享他成功运营了凤凰古城，现在又做一个新的古城，我想请问文老师你觉得你做新古城的挑战和难点是什么？是什么动力让你坚持做这样一个事儿？

文奇：文旅其实挺难的，看看整个产业链条，你像我们开始跟凤凰县政府谈判，包括后来跟洪江区人民政府谈判，从开始谈到设计、到拿地、到融资、到建设，到运营、到推广以及还要考虑退出，整个七八个环节下来，没有哪一个是容易的。然后我们发现 2019 年整个的旅游市场并不是我们想象中的那么火热，有很多景区投资巨大，要是不火，马上就会死了。还有很多的数据是下降的，整个 2019 年我们不要只看到这一片繁华，火热之后实际上是一片凄凉，就是现在的数据没出来，但是我们绝对不能够看数字，今年洪江古商城景区增长了 46%，但是这个 46% 的增长它是来源于什么呢？研学。我们的游客主要集中在两端，一端是中老年的游客比较多，另外一方面就是学生特别多。教育部出台的，包括文旅部出台的研学，实际上是救了大批与研学主题有关的景区。整个旅游市场它并不是我们所想象的一片繁华，大家所看到的都是莺歌燕舞，都是国庆节的很多照片，平常的时候是很惨淡的。我们既要看到它喧哗的一面，又要看到惨淡经营的一面，所以我讲文旅产业它最大的难点和痛点是什么？好的资源都在很偏远的地方，游客的主力消费人群又在重点的城市，还有一些就是无中生有的一些主题，坐落在城市的边缘，所以从城市的中心到城市的边缘，再到偏远的老少边城地区的资源所在地，产业链条的完整打通，它不是一个简单的历练过程，这中间很有许多的不足为外人道的艰辛和困苦，感谢大家的支持与聆听。

张玉玲：好，谢谢文老师给我们非常冷静的思考，但是我觉得我愿意把它理解成为一种转型，大浪淘沙不能够去满足游客的，可能你就只能死，你不可能都那么好，而且我相信每一个景区都在找自己的解决之道，像刚才您说研学是一个特别好的增长点，但是我觉得还有一个点，就应该是在去年2019年还有一个热词叫夜间经济，包括刚才为我们分享辉煌的夜间经济的实景，所以我想请问刘总，现在夜间经济很火，各个地方都在搞夜间经济，但是其实夜间经济提供的这种服务商也很多，你们怎么能够保证你们能够在竞争中能够胜出？

刘云辉：我们是从做设备、做科技向文化方面发展的，我们目前的业务叫科技+文化。那么其实在这个行业里面竞争也是非常激烈的。我们公司有什么绝招呢？使得在竞争的过程之中还要发展得不错，虽然刚才文奇说压力很大，我们公司还可以吧。以前做专业舞台灯光的时候，中国只要有名的项目，基本上就有我们的灯光，例如G20杭州峰会文艺晚会、国庆七十周年庆祝活动、央视春晚等。我们这个团队对市场还是比较了解的，最起码我们接触的资源很多。第二我们收购的公司，它在中国文旅创意这一块水平还是比较高的，跟王潮歌合作了从“印象”到“又见”到“只有”系列的这样一个水平比较高的做创意的公司加入以后，我们在做创意和做规划这一块还是有一定优势的。那么更主要是我们谈一站式一条龙，从文旅夜游项目创意到技术的设计，到产品的供应到施工、到服务、到运营，我们是做解决方案，所以整体来说我们现在做的项目还是不少的。而且国家这两年出台了很多鼓励夜游经济的政策，很多地方例如北京、上海、天津、济南都有一系列的政策支持，我们也做了很多的项目。文旅夜游项目整体来说这是一个新的方式，这种夜间的消费应该在中国有大的发展空间，以前的中国人到了晚上是要睡觉的，那么现在鼓励大家晚上要走出来，这也是经济持续发展可挖掘的新机会，我觉得还是有前景的，谢谢。

张玉玲：其实我觉得刚才听了文老师和刘老师发言我有个共同的感受，就是未来文化企业，要活得更好一定得专业。文老师做凤凰古城这么多年，然后刘老师也是做灯光这么多年，只有专业才能够发现机会，所以我觉得文化产业不仅要做好内容还要更专业。程老师，您觉得您的专业亮点，您的特点在哪？

程军：我在这里发现一个很有趣的现象，上一轮的话基本上都是从硬件到软件，我们这一轮基本上是从软件到硬件，形成一个比较强烈的对比。我们武汉卓雅是一家 PR 公司，主办方建议我谈杜莎蜡像馆的案例，我们调查过去杜莎的人基本上都是 18 岁到 30 岁之间的人为主，所以说去杜莎的人一般都是比较年轻的。杜莎是我们连续服务的 5 年客户之一，其实杜莎这个项目应该说是个比较难做的一个项目，要求也非常高。第一，相信很多的人去过杜莎之后不会再去第二次的，因为它基本上是一次性的消费，就像你买了票看电影，很少有人会再去第二次。第二，杜莎的门票比我们武汉的黄鹤楼，比故宫都高。杜莎的门票对外是 130 块钱一张，故宫的门票才 40 块钱一张，高很多。第三，这个项目基本上是没有广告投入这一块的，是需要我们去做传播的。我经常说的有钱去砸广告，没钱是四两拨千斤，去做传播。所以说我们认为传播真正做得好，它的效果会比广告会更好。就比如说我们做一篇内容的话，如果别人不愿意分享出去的话，那可能做的就是失败的。然后我们把大的方向定下来之后，然后我们再来想怎么去创意和创作内容这一块，虽然应该看得出我们效果应该说还是非常不错的，就像我们之前刚刚做的迪丽热巴蜡像入驻武汉的一个活动，我们在广告投放基本上为零的情况之下，话题的传播量达到了 4.7 个亿。我们把粉丝找到，把用户找到之后，然后给他们不断去做互动使他们愿意把它分享出去，这样就形成了很好的分享基因。所以这也是很多客户愿意跟我们合作的关键所在，我们帮客户赚到了钱，那么就跟他有长期合作这么一个可能性在里面了。

张玉玲：谢谢程总刚才分享的一个理念，就是不要去打硬广，要找到传播，要有创意。所以我们得感谢今天这么好一个平台，才能够有这么多的传播。接下来我想问胡总，刚才我们说的现在文旅的一个主要的模式可能是门票经济，其实现在大家可能更希望能够有更多的礼品和衍生品出来，去弥补一个很大的收入，您在这块是怎么做的呢？

胡贵华：礼品这一块其实和大家都息息相关，我觉得每个人都会有很多自己的一些看法和想法，我结合我们的一些实践来和大家做一些分享。礼叮当大概在八年前进入礼品开发、礼品定制领域的，在那个时候，我们最初是想去做很多的比如说 IBM 产品衍生品的开发，我们还去走访了很多这种旅游景点还有一些博物馆等等，但在那个阶段时机并不太成熟。包括我们那个时候做一些企业礼品，比如说我们做像三元牛奶、伊利牛奶等等，它更多的是一些现货，就现有的产品，印上企业的 logo，那个时候大家对礼品开发、对礼品的 IP 衍生品，这种设计定制的概念并不强，但是接下来这几年尤其在最近三四年，我觉得这种变化是非常明显的。我们现在经常会说故宫的文创，我们也会经常说各大博物馆和各景点，或者有些是个人 IP 等等，都会有一些 IP 的衍生品不断地开发出来，而且在市场上激起了很大的反响。那么现在 IP 衍生品的开发应该说是一个特别好的时机，我觉得这里面的原因可能更多的在于一个是消费的升级，大家不再会说我就买一个很普通的产品，我可能更希望这个产品背后它是有故事的，是有 IP 的，是有文化价值的，是有这样的情感授信的。另外一点，大国的文化自信，应该说也是一个很大的趋势，我们越来越认可我们的这种文化，无论是企业的还是说国家的文化。

张玉玲：好，谢谢胡总。我觉得是因为大家认识到了旅游衍生品的重要性，刚才你也谈到它重要性，但我觉得现在不仅仅要停留在重要性这个层面，大家要进入操作，你下一个问题告诉我们，然后薛老师您刚才说了您的符号文创，西安是座网红城，你怎么把西安的符号提取出来，让您自己找到了您自己的创意？

薛向辉：我先说一下我们做文创企业的，我觉得干的第一件关键的事情就是把文化元素变成自己的文化资产。我们经过整个 2019 年的探索，其实就是在积累自己的符号文化资产。支撑这个方向我有几个观点，首先，利用传统化元素的时候，我们注重它的四个维度和三个应用层。第一个就是元素的知名度、第二个是元素的故事性，第三个是故事的场景联想，第四个是审美性。如果说我要是在一个地方开发文创，首先要找到它的文化元素，我发现这四个信息组填位都满了，这就是最好的元素了。但如果不够就需要从某个方面去把这些位补齐。在打造文创的过程中，利用这些文化元素的时候，我要把它用在产品层上，我还要把它用在业态层上，还要用在它的传播层上。我们是要做商业的，必须要把它全面活化。其实这里面有好多的例子，比如说在产品层上，我们在做西夏陵的时候，做祥瑞西夏，其实元素没有什么神奇的，就是看到有一些建筑构件，摩羯、鸱吻、海狮，都已经残缺得不行了，没有审美性。但是通过研究发现，摩羯、鸱吻、海狮建筑构件还是不同于中原建筑构件的，而且每个都有美好的场景联想，所以就打造了祥瑞西夏。同时把这些元素我们重新美化，重新进行插画设计，这样转化出来的产品在产品形式上相对来说就是一种活化。还有在业态层上，西夏陵有一个西夏文木活字印刷，被考证这个木活字要早沈括近二百年。通过文物的考古，相当于四大发明的活字印刷的膜拜价值，一下子放在西夏陵了，所以我们在西夏陵一定要打造一个西夏木活字印刷的体验馆，结果效果非常好，还有配套的文创产品。西夏陵的人数大约每年有 40 万的游客，据统计，基本上超过 1/10 的人都参与这个，甚至买的是门票的套票。在传播活化方面元素的四维度也是一样的，最近特别火的西安大唐不夜城不倒翁小姐姐，其实这是一个最典型的文化元素的传播活化。因为唐代的女性形象，大家心目中有具象化的一面，开放、美丽、包容等等，不倒翁小姐姐婀娜多姿的旋转，有表演审美性，大家愿意去拍，而且主题是牵手千年大唐美女的这样一个话题。结果排队的 80% 都是男生，而且愿意花四五个小时去排队，让别人给他拍照，然后转发传播出去。这就是利用唐文化元素在传播创意上的探索，我是这么认为的。从黄鸟的发展方向上来说，我们做自己产品的时候做的是旅游纪念品。为了打造竞争力，我们把自己定位在符号文创上，而且定位在是一个以区域或者城市文化符号为内容的金属书签文创上，我们的产品对文化元素的应用完全符合四维度的创意，黄鸟文创的黄鸟也是我们的一个 IP 形象，黄鸟正在展整理中国的文化符号、创意符号。

张玉玲：确实历史很厚重，这是承载了很多厚重内容的一只小黄鸟，确实有故事。所以我们也特别期待你从你自己的小黄鸟开始变成一个特别好的符号和文创产品。其实我们特别愿意给大家说的是一种信心、一种力量，大家都知道很难，不仅文创行业难，哪个行业都难，所以我觉得我们文化产业除了创新以外，我们今年还很重要的工作是什么？是规避风险。然后文总我想你这一路身经百战，在文化产业做旅游这一方面也走了很多的坑，所以你可不可以给我们文化企业的分享一下，你觉得如果要避免风险，要怎么避免踩雷，怎么能够让自己活得更好？有什么建议？

文奇：因为今天是 2020 年的 1 月 4 日，新年的复始，万象更新，还真得讲点着眼一点的话。我想说的就是这是一个最坏的年代，也是一个最好的年代。无论在哪个年代，总有好的人，总有好的企业，总有好的想法，总有好的创新，这个是永远不变的。不管我们上空的天气多么充满着雾霾，我们心中依然有海洋和太阳的存在。内心焦虑大家都有，但是我们始终坚信，明年、明天怎样咬紧牙关让自己活得好一点。

张玉玲：我觉得最好的时代也有不好的企业，最坏的时代也有好的企业。实际上我觉得做企业已经走上了这条路，只有去创新，只有去坚持，你才能够看到明天的太阳。国务院刚刚发布了要支持民营经济，所以我们文化产业也要好好发展，国有企业它有它的活法，我们民营经济要有自己的活法。那么，刘总您作为民营企业在夜间经济怎么活下去？

刘云辉：其实文化产业本身不能够单一追求经济的回报，因为有些地方它发展它的文化，说文化要自信，要让游客来感受体验它当地的文化，有些是政府要投入的。作为企业，我是一个乙方，我不是甲方，那么我要做的工作是在创意的阶段，就要去想办法把这样的项目运作好，肯定要考虑它的经济效益，但有时候也会考虑它的社会效益。比如说我们现在《只有峨眉山》这个项目，那是王潮歌导演打造的，视觉的创意制作是我的团队，我认为是一个比较好的旅游项目，规模也很大。那么它一部分是多个室内的剧场，还有一个室外的露天剧场，原来就是一个又落后又破的山村建筑，很多村民都没在那里住了。王潮歌导演化腐朽为神奇，把山村所有的房子改造成一个大的演出场所，然后当地的民众通过训练成了演员，所以这个时候这个演出的社会效益和经济效益进行了很好地结合。当地的民众把房子租给了演出的投资单位，还有房租的收入，所以这个节目就得到当地政府很大的肯定，我觉得这是一个很好的项目。

我本人在去年年底，12 月 30 日时，公司进行了第四次融资，我融了一定的资本在我袋子里面，接下来的两年如果市场有不确定因素的时候，公司会活得好一点。这个是对未来的判断，其实整体的经济受影响，那么我们作为一个企业，一定要活得好一点不能死掉。这是对自己、对股东、对客户、对员工，包括对于社会负责任的，所以是谨慎地做这件事情。第二个实际上每个企业在困难来临的时候，谁的内心更有力量，谁求活的愿望更强烈，他就会活得更好。

张玉玲：好，谢谢北大的平台，让更多的企业能够和你一起抱团取暖，活得更好。那么，程总，您对我们从事文旅的文化企业有一些什么样的建议？

程军：对于我来说，没有什么宏大的愿望。首先第一个就是每年能活下来，大家都很难的时候，我活下来。第二个，我把自己做得更专业，不管再怎么难，这个行业永远是存在的。其实杜莎在我们公司里面占的比例比较小，我们做得最大的一块是农业，因为湖北是农业大省是鱼米之乡，整个湖北很多的农业品牌都是我们在服务的，所以说我们现在准备在今年年底把我们农业板块全部拆分出来，做一家专业的农业品牌公司。那么这样的话我们对客户来说，我们的服务力度就会更加的强大。

张玉玲：其实这个行业在大浪淘沙，挤出去的肯定是那些不好的企业，那些搅局者。真正留下来是更专业的企业，所以说文化企业最重要的是自己要更专业，而不成为搅局者。接下来，有请胡总。

胡贵华：我分享几个案例，刚才老师有句话说的挺好，叫故事是一切。

所以礼品它一定要有故事，要有 IP。我们当时服务招商银行的时候，我们把它的招财猫的 IP 形象做了各种生活场景的演化，抱枕上、笔记本上、U 盘上等等。对于这种信用卡积分兑换的朋友来说，这是和招商银行又一次的情感连接，又一次 IP 的强化记忆。我们其实也会聚焦在开发节日礼物这一块，每个人和每家企业都是息息相关的。我们也会想怎么讲这个故事？怎么讲 IP 呢？举个例子，端午节的时候，端午节的传统可能说送粽子等等，其实都比较传统，我们当时想端午节我们能怎么去挖掘一个 IP ？我们后来想的就是把钟馗这个形象进行深度的再挖掘，再赋予它时尚的元素，我们当时做了一款产品叫粽榜得馗，这是一个很好的寓意，每个人、每家企业都希望有不断高升的意思。而且当时我记得这款产品很多用户特别喜欢，尤其是一些家里有中考、高考这样的孩子，他觉得这个 IP 是对我们传统文化的挖掘和升级，加入新的时尚元素的融合。所以我们这样的案例是非常多的，无论是服务大的企业，或者我们自己开发一些产品，我们会不断地想我们是不是会联合 IP 或者我们去挖掘一些文化元素的 IP。然后在 2020 年的时候，我们希望可以去联合更多的文创机构，可以去联合 IP 或者我们去挖掘 IP，我们能做出更有故事的产品，能做出更能传递情感、传递文化的一些好的文创产品，尤其是一些节日的文创礼物。

张玉玲：好，谢谢。刚才我觉得宝姿的老总说得挺好的，有句话我记下来了，他说未来要从过去中发现，要从历史中去寻找。其实薛老师您就在做这样一个工作，那您最后给我们总结一下，因为我觉得你的理论思维特别高，能够给我们总结一下怎么能够在新的时代，把文化和传统能够完好的结合一下？

薛向辉：有两层，第一个其实黄鸟在做自己的符号文创过程之中，它是取巧的，黄鸟介入的是一个单品，这个单品把这个城市的文化符号全承载了，当我用单品进入到市场的时候，我发现我跟谁都不打架，因为他们家做一两个，我做的是五六十个。第二个黄鸟文创产品到店里展陈的时候，我的展陈面积是非常大的，而且销售量还很不错，店端的人也是非常喜欢的。另外我们聚焦在产品品类，我的设计成本也很低，然后生产渠道上量很大，成本也会降低。虽说我做的规模不是很大，但是我觉得这是一个好的方式，而且在

2019年获得了我觉得还不错的成绩。然后关于历史文化，包括今年的春节大礼包，黄鸟跟陕西历史博物馆今年是第三年的合作，推出了《花舞大唐春-属你有福》的春节大礼包，全部是唐代文化元素的一个活化。最后我想说的是，应用文化元素结合今天的创意，创意一个产品不重要。重要的是我们要去坚持三年、四年、五年一直做下去，这样才是真正有积累的发展，才算是结合成功。

张玉玲：好，谢谢。今天我们谈的这个话题，是怎么去应对困难，上半场的关键词叫创新，下半场的关键词叫专业。所以我希望能够在明年的时候，能够看到这么多的企业能够活得好，而且还能够有自己的模式创新、商业创新，还有技术创新，带着更多的创新走过来，这样的话我们的文化产业才是真正有活力的。好，我们明年见，谢谢。

第四篇　『一带一路』倡议下的文化遗产创意传承

第一章　推动中法文化交流，用创意传承滋养当代社会的文化艺术创作

演讲者：李少平，中国驻法国大使馆公使衔文化参赞

大家知道中法两国在园林的合作是很活跃的，我想对于我们两国的民众相互的这种了解，了解我们各自的历史。同时两国的园林也作为我们的历史古迹，能够为两国人民甚至更多的国际友人所了解。

三山五园是位于北京西北郊的清代皇家园林，见证了北京城800多年的发展历程。香山、静宜园、玉泉山、静明园、万寿山、清漪园（颐和园）、畅春园和圆明园、独具个性，具有非常深厚的文化内涵。作为皇家园林，三山五园体现的是帝王治国的理想，折射的是当时社会的经济基础。

三山五园的景观设置表现了帝王的文化追求。众多的书院、书屋、书楼，体现了帝王在青山绿水间仍不忘修身养性的追求。此外，三山五园的各个景区中，有数以百计的“斋馆”，很多是以读书为题命名的。这些都体现了古代帝王对文化的追求。

同时，三山五园代表了中国造园艺术的成就。中国园林的核心思想是“虽由人作，宛自天成”。世界认知中国造园艺术最早的窗口便是三山五园。以圆明园为代表的中国造园艺术，通过传教士和建筑师的介绍走向世界，在欧洲刮起了“中国风”，法国、英国、俄国、德国、瑞典等国竞相效仿，出现

了许多相似风格的园林。而中国园林对于欧洲园林艺术的影响，当时欧洲的许多建筑师都有所论述。

我们可以说，以圆明园为代表的三山五园，是集中国古典造园艺术之大成的杰作，它承载着一部厚重的造园史，折射着当时社会的发展变化，在世界造园史和文化史上展现出灿烂的光辉。

此次在巴黎举办的三山五园文化国际推广活动以及本次文化遗产国际研讨会，将促进法国民众对中国园林艺术的了解，密切两国在文化遗产保护方面的经验交流，推动两国文化交流与市场发展同步，加强中法文化和文创企业合作，用创意传承滋养当代社会的文化艺术创作。

今年 3 月，在习近平主席访法期间，两国元首共同倡议于 2021 年互办中法文化旅游年。我们希望以此为契机，有更多类似研讨会的交流活动举办，有更多中法各界人士参与到中法文化交流的行列中来，推动中法合作不断取得更大的成就。

最后预祝研讨会取得圆满成功。

谢谢大家！

第二章　力求逐步使三山五园成为文化创新、科技融合的典范

演讲者：佟志伟，中共北京市委中共北京市海淀区委宣传部副部长

今年正值中法两国建交五十五周年。回顾历史，我们不难发现，海淀是中法两国人文交流的一个样板。早在十八世纪，来自法国的传教士就参与了三山五园中圆明园的设计和建造。法国传教士王致诚更是向欧洲介绍三山五园的第一人，在欧洲兴起了很长一段时间的“中国风尚”。法国医生贝熙业在中国生活了四十多年，在海淀西山一带开展义诊，后来担任中法大学董事、教授兼校医；更可贵的是他还为中国人民的反法西斯战争运送药品，掩护爱国人士奔向革命根据地，为抗战勇士和平民百姓分文不取地医治伤病。1994年，海淀和巴黎大区比尔、马西、巴莱三市结为友好城区。2010年，法中友好协会向圆明园捐赠雨果先生铜像。2015年起，在中法人文交流机制框架下，海淀连续举办四届中法人文交流海淀论坛，中国法国工商会、空客公司、艺术8等机构的法国嘉宾参与论坛、分享经验。

本次会议的主题是“一带一路倡议下的文化遗产创意传承”。三山五园是中国历史长河中最宝贵的文化遗产之一。在座的专家学者中，有很多三山五园文化的研究者和传承者。三山五园是体现着中国传统造园理论和实践的集大成之作，是一部以园林形态表现历史文化的活的史书。

三山五园所在的北京市海淀区，在北京市十六个行政区中占有独特的地位。中外人士熟知的联想、百度、小米、新浪等企业均以海淀为总部。文化科技双轮驱动，是海淀最显著的特征。海淀区一直致力于三山五园文化遗产的研究、规划、保护、利用和传承，坚持不懈地推进文化科技融合。刚刚在巴黎举办的“三山五园皇家园林光影艺术展”就是我们的全新尝试。海淀区力求逐步使三山五园成为文化创新、科技融合的典范，国际化的传播和展示是我们的目标。

今天，来自中法两国的专家学者、联合国教科文组织“数字创新、传播和编辑”教席的研究人员，以及长期推广三山五园文化的单位和企业代表欢聚一堂，共同分享在文化遗产的保护传承、三山五园创新发展方面的宝贵经验。我相信今天的思想碰撞将进一步激发中法两国在文化遗产的创新传播、数字化推广方面能够有更长足的合作。

最后，我要非常感谢与海淀有深厚友谊和渊源的让·路易·贝熙业先生，感谢您和家人对海淀和中国的长期关注，我们将进一步推动贝家花园中法人文交流基地的发展，使其成为中法文化沟通的桥梁！我们更期待中法两国在文化、教育、经济、科技等方面的合作更加深入、更加广泛，让两国人民的友谊更加牢固！

谢谢大家！

第三章　文化媒体的新形态

演讲者：阿泽玛赫·茜斯莲娜，法国巴黎第八大学副校长，法国社会科学研究院副院长、联合国教科文组织数字创新、传播与编辑教席教授

我的发言主要是针对法国的博物馆界文化方面的演变，我会简要地介绍一下我所负责联合国教科文组织“数字创新、传播与编辑”的情况。我们和不同的部委一起工作，我们和不同国家的项目和欧盟的项目一起展开去工作。

这十年来，我们在有关博物馆和针对所有有关地理定位方面，都做了大量的工作。此外，我们为一些大博物馆提供网站服务方面的工作，以及围绕着文化遗产来展开的工作。那么有关合作这方面，大家有着不同的关注主题，因此我们会有一些工作项目，接下来我会谈及有关教科文这方面。有关数字传播这方面的一些工作，有关非物质的遗产，还有有关文化的互动性，接下来还会谈及有关大数据和人工智能，谈到使用这些新技术引导公众进入博物馆的开发实践工作，最后一部分是我的同事会进一步探讨“区块链如何为文化服务”。

对于教科文组织数字创新传输与出版方面，它与欧洲的人文教育方面一个机构挂钩，同时也和巴黎第八大学一起协作。我们针对一些新的有关数字传播模式展开工作，一方面是初级教育，一方面是在职教育，这两方面我们都共同展开一些工作。同时我们还进行一些实践与培训。有关教科文这个项目，我们是围绕着四大关键目标展开的。一方面，我们有四个跨学科的理论来说明我们怎么样在当代来从事这个进程，因为在博物馆方面根本的问题就是由公众掌握这一种遗产，所以这方面的有关新形势，有关科学价值，有关各个地方机构如何掌握，我们也从事研究。还有有关创新工作的分享和宣传，它也涉及所有的有关出版界的工作。在蒙帕纳斯大厦中我们有一个实验室基地，在这里我们有些智能性设备展示，还有一些触摸式的屏幕，这里主要是针对大学生，还有研究人员，还有那些合作伙伴。昨天我们还和我们的合作伙伴见了面，并和一些博物馆还有地方机构的负责人一起沟通分享。

我们已培养了 7000 名大学生，让他们学会处理这些数据的工作，我们还有众多的合作伙伴。除了上面举例的那些，还有一点涉及有关数字方面的企业，我们也和他们合作。从这张图你们可以看到，我们有不同类别的教学，甚至还有地方领土整治这方面的一些内容。

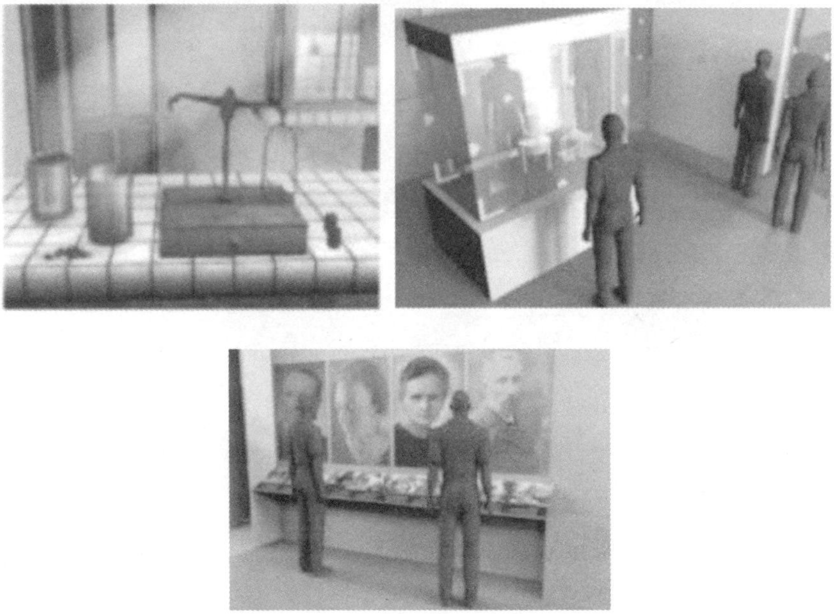

图 1　科学媒介

图 2　文化媒介

图 3　教育媒介

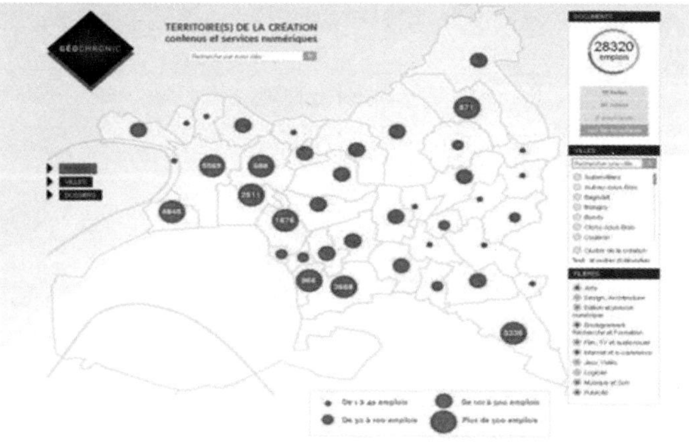

图 4　政务管理媒体

有关科学媒介、文化媒介这方面是由达勒贝哈·让·皮埃尔先生来负责的，他以前是在法国文化部专门负责有关文化研究工作的。在法国国家重大文化活动中，我们为文化部设计了一个平台。我们这十年间在法国的博物馆开展了一些工作，还参加了一个战略与框架性数字项目，是我们和其他企业共同对三维技术进行开发的项目，这个项目我们管它叫作“文化实验室”，它是文化部的一个平台型的文化项目。

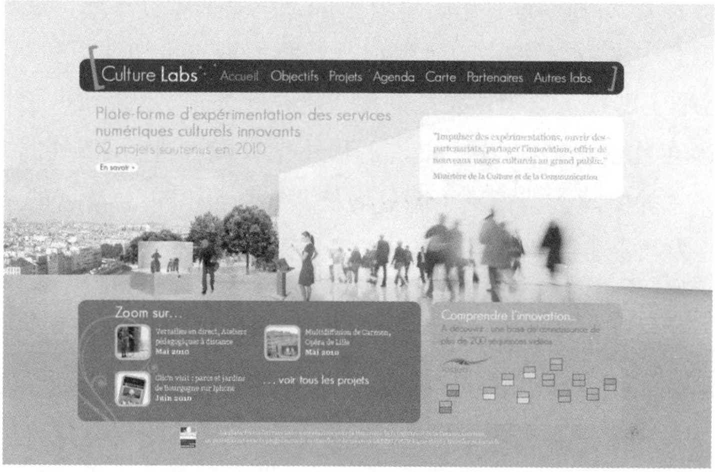

图 5　文化实验室

在法国文化旅游中，博物馆起着重要作用。我们每年有 6300 万博物馆观众，我们在法国一共有 1010 个博物馆，法国巴黎四座参观人数最多的博物馆是：卢浮宫、蓬皮杜艺术中心、奥赛博物馆、博朗利河滨博物馆，博物馆观众的 57 % 是法国或外国的游客。卢浮宫 2018 年创了纪录，接待了 1000 万名来访者，和 2017 年相比，增长非常显著，上一次是 2012 年创的。巴黎卢浮宫博物馆的伊斯兰艺术馆接待了最高人数为 900 万的参观者。2018 年来卢浮宫参观的国外游客人数明显增长，大约 75% 的观众都是外国游客，其中 10% 是中国游客。因此我们的工作要做的更具体一点，让他们感到满意，这主要是来自美国和中国的游客，还有欧盟的、巴西的游客，大部分都是 30 岁以下的年轻人。在 Instagram 这些平台上，大家都非常愿意关注我们。我们的平台有 900 万名用户，Twitter 有 500 万人，无论是微博、YouTube，还有微信都会关注。1/3 的票都是网上购票，让观众们无须在售票处等待就能很快进入卢浮宫内开始参观，应该说有些人对文化并不是非常陌生的。还有凡尔赛宫，也是首次超过了 800 万名参观者，这是 2018 年的观众数字，应该说对巴黎的游客人数来说也是非常惊人的。这些数字对法国来说是一个历史记录。

第三大建筑物就是巴黎圣母院了，我们与凡尔赛宫和文化部都展开很多的工作，我们对那些数字应用展开许多的研究，同时也提供信息。在这方面我们有中文版本的，我们还有一些纸质的文件、视听方面的导游手册。这方面我们是从 2010 年开始推荐的，可以帮助各位顺利进行参观，特别是凡尔赛宫的园林也有中文版介绍在 2014 年以来，我们进一步加强了和中国的关系。3 月份习近平主席到了法国，总统的接待也是在这里，然后 10 月中旬起，我们有《中国在凡尔赛，18 世纪的艺术和外交》展也进行了举办。2010 年以来，凡尔赛宫的中国游客得到了明显增长，2015 年已占总游客的 11%。是参观凡尔赛宫人数最多的一个国家，其次是美国，

现在这里我想说明一下，我们为什么要运用数字媒介？为什么要设置移动终端？首先互联网获得巨大的发展，在法国、在中国都是这样的，手机已经成为人们查询信息的主要设备。因此，我们在有了各个博物馆的网站之后，我看到在法国和中国都有使用载体设备的多元化的趋势，它往往通过两种设备来上网，无论是手机、平板、电脑都是如此。而且现在视频越来越重要，使用平板电脑让人们更深一步的发展了视频，那么中心问题就是有关信息的掌握，在视频观众的注意力日渐分散的情况下，应该怎么样吸引这些使用者的注意力？这就是上面两个问题的原因。

以法国博物馆的数字媒介为例，这十年来我们看到“多语言系统”现在越来越普及，而以前并不是这样的情况。影响这种趋势有许多因素。首先，所有的一切都是为了做好游览的准备，无论你在哪个地方，同时我们也看到各种网站也不断增多，而且界面的质量不断提高，内容的质量也不断提高，布朗里博物馆还有这样的音乐界面，在这里可以把大家联系到一起。文化部在科技发展这方面也做了大量基础工作，我们的工作范畴内也做了，我一些同事也参加了这样的项目，所以我就非常理解你们在海淀现在非常关注有关传承这方面的工作，我们认为这一点是至关重要的，只有了解了自己的历史才能够发扬未来。

有关个性化的游览，我们现在可以装一些传感器，这样能够知道哪些游

客在参观，这样我们可以通过一些实践，让他们进行进一步个性化的游览。我们有很多的游戏在博物馆都已经普及了，每个博物馆的各个角落都有，之前提到的“文化实验室”项目，我们通过三维来建设一些建筑，在马赛还有巴黎我们都有开发，可以让所有的观众都投身到自己的世界中，还有历史中。关键的问题，在于怎么样帮助人们更好地理解各个作品，我们怎么样才可以在介绍背景文件的时候，用他们的目光去看作品，这样可以进一步加深理解，这样就可以给这些游客提供他们所希望获得的信息。我觉得这是一个有关积极参与的观众非常重要的概念。开始的时候我也提供了一些愿意参与合作的观众，他们愿意说明自己的观点，他们愿意在社交网络上发表自己的意见，所以有 229 个博物馆都已经上了社交网络。 有一些是比较有象征性的，有些人就认为其实数字化就是博物馆的未来，以俄罗斯国家馆的情况来说，的确应该说数字化已经成为一种绝对的形式，让人们可以得到数字方面的服务。

数字化应用，尽管它的发展是如此之快，但却永远也无法取代人在博物馆和各类展览里所起到的媒介作用。我们应该进一步思考，然后对一些使用的问题展开工作。通过一种更简练的方式来面对不同类别的观众。现在我们还要看到在经济一体化环境下，世界各地的游客都来参与文化交流，我们要向他们讲述我们文化的历史，通过不同的方式让他们理解，让他们喜欢，进行文化的交流。

谢谢大家！

（本文为现场同声传译翻译稿）

第四章　服务文化的区块链

演讲者：马修·圭义，国际摩比斯奖执行主席，联合国教科文组织“数字创新、传播与编辑”教席研究员

对于大家来说，我这个议题确实是致力于技术化的发展，所以我今天十分高兴，能够在这里跟大家交流有关于文化中的技术合作问题。使用区块链这样的一个技术，在文化领域进行推广是一个新事物。

我们在这方面也与中国北京中关村的有关科技人员进行了区块链方面的一些技术合作，我本人也去了中关村与他们进行了交流，特别是对于文化产品方面进行了交流。在这方面我们已经请了中方的有关机构来参与到我们的项目中来，也让他们来看看我们正在从事的工作，也就是在联合国教科文组织下的一个数字创新的项目。就这个项目我简单说一些关于区块链的问题，方便大家理解。

简单介绍一下区块链的人工智能技术。区块链技术发展的时间只有十几年的历史，它是建筑在一种高信息化的密码技术之上的，并在十几年之内迅速实现了国际化。它的特点在于它的管理和记录是分布式的。也就是说没有一个中心管理站，它可以保证所有的版本都是原版本，不会得到篡改。所以这就是区块链的一个重要的优点。但是还是有人怀疑它的安全性。当然我们认为它的确不是完美的，不过我们认为它还是有很大的优势，而且可以改进。我特别要强调身份认证的问题，通过数字来进行身份认证，这是一个很重要的方面。所以在区块链方面它有着十分突出的长处，我们可以运用这种技术获取很多的数据。一般来说，这种数据是为分散性的群众提供的，其实就是指，并不要求他是一个专业性人员，不要求他具有专业性的兴趣。

我们专门设置了一个智能联系或者智能接触的系统，它是建立在区块链技术基础之上的。它不是一个契约，而只是一个松散的提供信息服务的系统。我们对这种技术叫作智能合约，这样可以使大家进行比较安全的广泛交流，而且可以很准确地确定你的身份。

区块链的主要好处在于它可以完全把所传递的信息数字化，并且具有很强的保密性。比如说现在你要下载一个电影，你可以把它若干个版本下载下来，很多人都可以下载这样的一个版本，但你不想让其他人进行无限制的版本下载的话，你就可以用这样的技术来限制他们的下载与版本的拥有。这样就可以制造出“物以稀为贵”的效应。可以达到一个很好的商业效应。如果在文化遗产领域也要求保证的这样的特性，我们就可以用区块链来实现这样的目的。

在海淀我们做过这样的一些试点项目。在法国，我们也做过类似的例子，当然目前还是有一些难题的。如果想在这方面取得一些公证方面的手续还是很烦琐的，我想这方面问题在两国都存在，但是最近这几年中国在这方面做了许多的工作，使得这方面的技术推广更加地简化和便捷。总之就是为了实现原版性，特别是保证视频产品的唯一性和“物以稀为贵”的特性。

中介化是我们需要探索的课题。在信息时代，信息一旦出来以后，就会被别人无限地复制，那么这就产生大规模数字传输的安全保护问题。所以我们的区块链技术要保证大量的信息能够被迅速传输。比如说一些民宿的消息，可以通过我们这样的系统直接提供给相应的客户，而去掉中间的代理阶层，这是我们区块链的第二个技术。可以去中介化，使一些相应的居住的信息、旅馆的信息、旅游的信息直接传递给最终的用户。

在这种情况下，我们的信息传输是绝对保险安全的，不会出现伪造。使信息传输更便捷，可以去掉这些中介过程，这就是我们目前所提出的项目，并且给有关部门所提供了一些要实施的建议。实施这样的一个技术，我们可以用整个区块链的信息加快信息的传输，快速得知“哪些人选举了？哪些人已经选举并投票了？哪些人没有投票？”并且可以对某个人已经投票、某个人没有投票起到防伪的作用。

信息区块链技术可以应用在我们文化领域，既加强信息的传输能力，又可以加强原版信息和文化身份的确认。在这方面来说，我们可以大量节省文化保护方面的一些费用。同时允许哪些人来进行合作，不允许哪些人进行合作？也有一个准入标准的设置。所以很多艺术品也可以使用到我们的区块链的技术，可以运用区块链技术来进行原版真实的身份宣传。举个例子，比如说大家都知道新出现的“黄马甲运动”，我们有关的安全系统就使用了这样的区块链的技术来甄别有关的一些人员的情况，这种技术可与红外线摄像头相连，来确定某些街区的情况等等。

区块链技术不仅可以将各个版本分布式管理、分散传输，还可以确定某一个版本所在的位置，并相应显示出应该给予什么样的保护、什么样的管理等，这就是我们区块链技术可以与文化跟艺术产业对接的地方。现在我们已经设立了四个区块链技术的文化实验平台，我们已经展开了这方面的一些区块链技术交流的报告会，我们也希望在联合教文组织下能够进行更多这样的报告会，来与大家分享这样的技术，促进这方面的合作，特别是文化产业。跟大家交流，并介绍我们相应的技术，倾听大家各方面的交流意见。

我们曾提到，希望中方可以参加我们将要举行的第二次的会议，这个会议是关于数字创新主题的。不同的国家都可以来参加我们的第二次数字创新的会议，我们希望能够在这方面进行国际化的交流合作。我觉得会议将会是有趣的，在这样的会议上，我们各方面、各国的代表都可以来畅所欲言，进行横向的认识和交流。

谢谢大家！

第五章　旅游发展对文化遗产的积极影响

演讲者：高舜礼　中国社会科学院旅游研究中心特约研究员

“一带一路”倡议是面向国际和未来的创新性战略思维，在这个背景下探讨文化遗产的创意传承，具有非常现实的意义。

中国政府非常重视文化遗产的保护，不但有多项立法的明确保障，还有对各类文化遗产的分级保护，已公布七批全国文物保护单位 4295 处。近些年，还加强了对非物质文化遗产的保护，确定了代表性项目、传承人（至 2018 年 5 月，5 批公布 3068 人），给予政策和经费等保障，使文化遗产保护措施日趋缜密。

在长期的实践中体会到，要做好文化遗产的保护，不能就保护而保护，还必须很好地与利用统筹起来，只有让文化遗产“活起来”，才能让它教化百姓、造福民众，唤起大众对它的重视。只有全体民众都重视起来，文化遗产保护的大环境才会更好。

对文化遗产最具这种调动和影响能力的，是旅游业蓬勃发展所发挥的利用。2018 年中国国内旅游已达 55 亿人次，年均每个中国人出游四次。其中，人文类的旅游产品很受欢迎，广大游客认识到文化遗产是祖辈传下来的宝贵财富，只有统筹做好保护与利用，才能把它保护好和传承好。

一是保护中加以开发利用。中国是一个农业大国，传统文化大多存在于农村，近些年随着大力发展乡村旅游，很多与文化遗产相关的旅游资源得到开发，如古镇老村、老街老屋、百工技艺、年俗民俗、非遗工艺，如制作砚台、老纸、雕刻、年画。像安徽省的黟县宏村、浙江省的松阳县，通过开发旅游，让这些文化遗产得到了更好保护。

二是旅游中加以传承弘扬。旅游作为文化传播的重要载体和渠道，通过旅游这种方式，可使许多文化遗产地得到认知和传播。例如，丝绸之路上的重要节点——甘肃敦煌，2018 年旅游达 1077 万人次，同比增长近 20%。其中，入境旅游 7 万多人次，同比增长 55.57%；外国人 4.9 万人次，港澳台同胞 2 万多人次。通过接待旅游参观，敦煌由沙漠戈壁中的绿洲，变为了中外游客向往的文化遗产圣地。近些年，为了满足旅游业不断发展的需要，莫高窟开发了数字展示中心，放映数字电影《千年莫高》和《梦幻佛宫》；一些酒店和接待场所的装修，充分借鉴莫高窟壁画和雕塑艺术；一些文化企业以敦煌文史为题材，创作上演了《敦煌盛典》《又见敦煌》等大型旅游演艺；敦煌艺术研究院研发了大量文创产品，组织“莫高学堂”举办研学活动，所有这些都很好地宣传了敦煌、弘扬了敦煌文化遗产。

三是交流中加以互鉴推广。旅游活动是传播的重要渠道，通过开展旅游活动，可以增进不同地区的文化传播，加强文化的交流互鉴。现在中国已是世界旅游大国，入境旅游和出境旅游均突破 1 亿人次，成为文化传播和交流的重要渠道。今年 7 月下旬到 8 月初，我随自驾车旅游团前往世界屋脊——青藏高原调研，那儿也是各国游客向往的地方，我游览了文成公主庙、结古寺、拉卜楞寺、西宁藏文化博物馆等，观赏了金碧辉煌的喇嘛寺院、精美绝伦的建筑雕塑、栩栩如生的酥油花、工笔细腻的唐卡壁画，尤其是西宁藏文化博物馆展出的 618 米的唐卡，让人深深地感受到藏民族文化艺术的博大、深邃、璀璨。不论是中国境内其他地区的游客，还是来世界各地的外国游客，都领略了这些文化在中国得到了完好保护、传承与宣传。我在藏文化博物馆和一些旅游区看到，很多带有鲜明民族特色的文化遗产被进一步开发为文创产品，例如，把唐卡开发为一种装饰挂画，把寺庙的宗教器物开发为工艺摆件，把藏香研发为多种式样和用途，把民族传统服饰的文化符号装饰到现代时装，这一切都受到了广大游客的欢迎。

当然，旅游对文化遗产的借鉴和利用是一个很大的课题，需要破题、探索和实践的东西很多，需要对外学习借鉴的方面也不少，期望通过不断地努力和总结，中国能够为全人类提供尽量多一些的中国案例和体会。

第六章　天人合一的三山五园——文化遗产数字化的创意活化

演讲者：肖永亮　北京师范大学艺术与传媒学院教授

一、以三山五园论数字化的重要性

数字化对我们的社会生活和文化传承有着重要作用。我想通过聚焦到天人合一的三山五园的例子，来解释并强调其重要性。主要的内容要分为五个部分简要概括，其一为风景秀丽的三山五园，其二为天人合一的三山五园，其三为英才汇聚的三山五园，其四为文化传承的三山五园，其五为科技融合的三山五园。大概就从这五个方面，我来谈一下个人认识。

“三山五园”是什么？它们是风景秀丽的皇家园林，用于避暑，还有朝廷办公。海淀区早在金元时期就有很多活水，西山一带风景非常好，所以皇家选了这块宝地不断建设，包括万寿山、香山、玉泉山，这就是所谓的“三山”。“五园”包括静怡园、静明园、畅春园，清漪园（颐和园），当然还有圆明园。他们共同构成了就风景秀丽的“三山五园”。圆明园当年被八国联军大火烧掉了，现在与原样貌有差异，但是园区还在。圆明园很悠然，依旧是风景秀丽。

三山五园的建造，蕴藏和体现了中国传统文化要素，主要体现了天人合一这一精神气质内涵。天人合一，它强调的是人和大自然的关系。过去皇帝都在故宫里面办公、生活，但是有些皇帝就觉得始终在皇宫这样一个环境驻留不太满意，就像今天在城市里的人不满足仅往返于高楼大厦，所以要找有好山好水的地方，使得能从自身达到天人合一状态。天人合一包含很多方面内容，而这些园子里面，有许多文化积累和浸润。在文化传承方面，包括很多细节，比如将一些南方戏曲引入到北方，如昆曲。昆曲是一个专业性较强的剧种，音乐曲调都很难传唱，对唱腔要求很高，但伴奏的形式却很简单，当然戏文内容也很有趣，它很早就被定为世界非物质文化遗产。《牡丹亭》是由汤显祖写成，流传至今，该戏曲伴奏的形式主要是笛子，一个打板、一个笛子、一架琴。这种笛子把南方天人合一的理念引进来，叫曲笛。北方一般用的是梆笛，梆笛声音比较尖，曲笛粗一点。曲笛非常优雅，就十分适合用于给昆曲伴奏演唱。笛子是中国民乐中非常经典的乐器，笛子可以独奏，它可以使整个乐曲保持比较高昂的曲调，声音也非常优雅（笛子演示）。而在节目内容方面，昆曲里面有很多元素，后来慢慢地也转向传统文学题材，比如说曹雪芹写的《红楼梦》。

英才汇集的三山五园，其实是一块风水宝地。清华园的前身也是类似的皇家园林，北京大学前身也坐落于此。我现在也是北大文化产业研究院的研究员，也是清华国家文化产业基地研究员。众所周知，北大清华是中国最好的大学，汇集了很多的人才。为什么人才都在此汇聚。三山五园在此周边汇集，这其中应该也是大有道理。

二、发展数字化前的研究历程

下面用我自身的经历简要回顾一下数字化时代发展历程。我最开始考入北京师范大学，成为 78 级化学本科生，后来到美国去攻读文学硕士，专业是高等教育管理，期间我喜欢上了计算机，所以我又跨专业开始学习计算机，攻读电脑可视化和量子理论博士课程。读完博士毕业时，美国正好普及计算机技术、个人电脑和数字技术。西方当时大量资金都投入到生命科学领域。所以我读完博士学位以后，第一个博士后是在斯坦福大学分子研究所做生命科学研究。接着就到肯塔基大学数学学院做计算机算法和图像处理的数学博士后。后来在西奈山医学院做了生理和生物物理医学博士后，用数字化手段研究癌症机理和药物分子设计。

虽然这些学科与我硕士学位所学人文专业关系不大，但是却将现在我要做的很多事情都关联在一起。我在读博士的时候就发表了六篇重要的国际论文。博士后在斯坦福大学研究生命科学领域的大分子，还有在肯塔基用数学算法来破解 DNA 结构和机理。当时在纽约西奈山医学院设立了一个美国国家基因工程中心，我们在这里做一些分子设计，研究怎么样来治疗癌症，怎么样来防治艾滋病的药物等等。记得在 1995 年以前，中国还没有互联网。我们当时在计算机领域里面有很深的涉猎，所以我觉得为中国做的第一件重要事情是，我们五个在美国的留学人员，回国把中国互联网国家骨干网开创出来，六个月时间便覆盖接通了全国各地。

三、人文艺术与科技融合的发展

在我做了这些以后不久，被好莱坞相中了，机缘际会之下就加入了好莱坞的福克斯，这就说明数字化开始从生命科学等领域转入到文化艺术圈。我在福克斯作为蓝天工作室技术总监做了一大批的电影、动画和数字特效，比如《泰坦尼克号》《异形》《星际迷航》《冰河世纪》等。《邦尼》是我们一个 7 分钟的小短片，靠它我们轻而易举拿下了第 71 届奥斯卡最佳动画短片奖。

我是艾美奖的国际评委，电视行业的数字化也是有目共睹。因为技术的飞速发展，我当时也在思考如何面对人才严重不足问题，所以我就转到纽约大学，在纽约大学电影学院任教并研究可能产生的新学科。纽约大学电影学院出了很多奥斯卡奖获得者，包括大家都熟知的李安导演。我们 NYU 培养的学生不少人很杰出，校友们获得过很多奖项，像奥斯卡奖、艾美奖、托尼奖、麦克阿瑟奖等。

我在纽约大学沉淀积累以后，就在琢磨怎么在国内建数字媒体学科，1995 年开创国家骨干网以后，1999 年我就回国开始来建设中国的数字媒体新专业。我首先在北京师范大学发起了数字媒体学科建设，目前已构建了完整学科体系，学位设置从本科、硕士、博士、博士后都齐全。当时有很多高校如清华、北大、中传、北影都积极响应该学科的建设。同时我也为北京文化创意产业做了许多社会贡献，以文创推动文化经济，包括推动国家动漫产业发展。我是国家动漫创意研发中心的总监，也是国家沉浸式交互动漫重点实验室学术主任，我在青岛也做了一些虚拟现实方面的研发，比如说空气影像的技术实验。

近两年，我差不多获得有七八项国家发明专利。我们在研究沉浸式全息体验，我们在成都的团队拥有 1000 台超高清设备。我们在故宫也刚刚完成一部纪录片，内容是关于非遗保护。传承文化我们要有一些方法，怎么样去定位，怎么发现项目，怎么解决问题。如何在定位里面运用技术，市场定位，文化价值寻找到精品内容，这些方面都需要去认真研究。

对于中国传统文化的理念，我也有自己独特的理解。中华文明五千年都是延绵不断的。它有着强大的互相包容的信仰体系，儒释道三教合一相辅相成，这极其重要。比如说道家天人合一顺其自然的理念，我个人认为在人文与科技融合时也应该顺势而为，以人为本。需要注意，新的数字革命带来新的生活观念和新的学术理论。有一些新的视觉理论，如恐怖谷定律等，又如数字艺术平面设计带来一些视觉美学的新命题，形式设计如何选择抽象、像征还是简约。这些都需要我们认真研究，以便于更好利用这些理论，用数字虚拟来增强生活现实，促进科学技术与文化艺术更好地融合发展。北京的文化名片之一——三山五园文化遗产，在天人合一的理念指导下不断加强人文科技融合，利用数字技术进一步激活、保护和传承，使传统文化发扬光大。

第七章　活的传统、美的未来
——中国美学语境下的文化遗产数字活化与创新表达

演讲者：宋　亮　北京大学文化产业研究院创意实验室执行主任，
北京大学元培美育基金执行秘书

一、纵古观今论传统文化新媒体展览

我的演讲内容是一个时间的概念，大约220年前，也就是清朝乾隆时期，这位十全老人把《汉宫春晓图》等很多文化遗产和宝贝都收纳在自己的囊中。约220年后，也就是2018年，我在中国台湾偶然看到一场展览叫“乾隆潮——新媒体艺术展”，我几次去中国台湾，拜访策展人，即时任“台北故宫博物院”院长冯明珠女士，就此话题与她进行了深入的探讨。起初我只是对这场展览产生了浓厚的兴趣，后来经了解才知道这是一场轰动世界的展览，首展参观人数超过117万人，并斩获多项国际大奖。展览现场运用各种数字媒体技术，对乾隆文化进行二次元的解构再读。

一百年前北京大学的校长蔡元培先生，在1916年成立了北京大学音乐传习所。北京大学音乐传习所，是中国近代以来成立的第一个以西方音乐理论和西洋弦乐器教育为主的艺术培训机构，在中国提倡了以美育代宗教。

去年是北京大学建校一百二十周年，我们一百二十年风华的北大美育传统薪火相传，从蔡元培先生、王国维先生到后来的朱光潜先生，再到如今的张世英、叶朗先生。一代代的北大人，在美育的路程中不断地探索。在这一百年期间，我们成立了北京大学元培美育基金，目的是继续把先生们的美育思想发扬光大，继续推进。元培美育基金的口号是“向美而行”。美育人生包含四部分，探讨艺术之美、探讨自然之美、探讨社会之美、探讨科技之美。

七十五年前的1939年，董希文先生作为中央美术学院教授，赴越南河内巴黎美专分校学习。虽然没有去过巴黎，但是他所接受的专业西方油画教育直接影响了他的绘画。他在接受欧洲古典绘画的技法的同时，又将自己熟悉的中国绘画技法融入其中。其人物肖像画运用了西方油画的艺术语言和表现方法，写实绘画技巧极高。

七十五年后，也就是2014年，我在中央美院美术馆就职。我们策划了董希文先生一百周年纪念大展，其中展出了一副家喻户晓的图——《开国大典》。《开国大典》是董希文先生第一次运用西方绘画技巧表现中国写实主题的作品。当时这张画被印成年画宣传开来，我想这是最好的美育传播之一。我也在中央美术学院组织了十次公共教育活动，希望招来各年龄层次的儿童在展场中绘画。

张大千先生是中国画坛的巨匠，1980年他在新加坡举办了中国画现代画坛三杰作品展览。四十年后，我们在新加坡举办了“水韵丝路新媒体数字艺术展”。我们运用的数字艺术元素，全部来源于张大千先生四季“荷”系列作品，在一个约十几米的桌面上进行动态演示。人们可以跟张大千先生绘画中的鱼虾蟹以及其他水生物互动。春、夏、秋、冬四个展示部分的所有创意以及元素，全部来源于张大千先生的水墨作品。春水、夏水、秋水、冬水分别由绿、红、金、蓝4个色调构成。

2014年，我有幸策划了“华彩奔腾——中国生肖马文化艺术特展”，此展览的主题是把徐悲鸿先生作品中的马进行动态化演示。我们邀请了一百多件有关于生肖马的当代作品和新媒体艺术作品。其中《马踏飞燕》采用了全息投影的形式，其他一些作品也采用了交互投影等科技手段来展示。从2014年开始，我们一直在做国际新媒体艺术展，把国际青年新媒体艺术家聚集于此，共同探讨新媒体艺术语言，艺术与科技的融合。

2015 年，我们在北京 798 文化产业园区做了新媒体艺术灯光节，当时 798 文化产业园区的产业处于低谷期，所以我们想办法尝试运用新媒体艺术，数字艺术化来激活。同时，在 2018 年就我们也做了大型公益新媒体艺术项目《爱在阳光下》，这是中国艾滋病协会的一个自主品牌，每年把全国各地贫困地区的儿童邀请到北京参加活动。2018 年，我们当时邀请的是中国四川大凉山的儿童，于是我们提取了大凉山的各种元素，运用新媒体就行演绎。昨天看到《江山如此多娇》的现场，这也是基于前几年不断积累才能取得如今的成果。北京大学文化产业研究院协助海淀区委宣传部组织了这样的学术活动，无论是对于美育推广，还是学术研究，还是艺术事物，都离不开活化传统、美化未来的理念。

我们的文化资源，从价值形式分为膜拜价值、展示价值和体验价值。我们想要集中整个文化资源，需要感官体验、情感体验和精神体验共同来构筑审美场景。为此，我们活化传统、创新赋能、保存与开发相结合。用科技引领，创意表达，传播助力三方面作为激活手段。

二、中华文化审美内涵展现的科技性转化

中华文化的审美内涵，我认为包含三点：美在意象、意境深远、气韵生动。我用三个新媒体案例为大家做一个解释。

美在意象：海淀区政府和中央美院共同策划的亚洲数字艺术大展，它用中国京剧的语言服装和元素对形体京剧进行表达。

意境深远：《中华精品字库工程成果展示》这个作品分为三部分，第一部分是远古文字的数字表达，甲骨文等古老文字无一不是从自然中产生，是凭借抽象的自然想象来传递书法的流动；第二部分是将书法字库开发十道工序转化为动态，如“收集字稿”——将代表字帖进行整理，查找重复字，比较，去重；“字稿扫描”——将文字修补残缺、矢量处理；“修字补字”——处理繁简、补充缺失；“专家批改”——请书法家及研究者对字体逐一修正；“成库测试”——数字化转换；结尾是以一百位中国历代书法名家作品名录及简繁字表，在历史长河以繁密字库在屏幕划过，也为这个宏大字库工程中的历

位书法家定格。

气韵生动：达沃斯论坛上有一个创作，它是起源于四幅书法都是古人的作品，同样是用数字化进行创意表达。每一个杯子上会有各种的技术，有平衡仪，有热感器。当你摇动和喝水的时候，它对应的每个季节的动画会进行变化。比如说，雷声、闪电、下雪。你晃动杯子，里边的花鸟会进行变化。你喝水，嘴唇碰到水杯，它整个里边的动态也会发生变化。所以我们强调以人为主体的功能性，集中体现中华美学精神："中和为美"、"心物一元"和"天人合一"。

三、向美而行，含蕴人生

最后介绍一下北京大学文化产业研究院创意实验室。我们是依托于北京大学艺术学院、文化产业研究院，着眼于文化产业学术实务与高精尖项目的研发。大概分为四部分，第一部分就是我们今天讨论的"文化遗产和创意活化"，第二部分也是我们今天的内容"数字创意和科技创新"，第三部分是"公共美育和艺术赋能；"第四部分是"文化空间与创意营造"。我觉得把中法两国的公众对于美的一个追求，用元培美育基金的一句话总结："向美而行，含蕴人生。"

谢谢大家。

第八章　北京海淀文化印象

演讲者：高　洁　北京市海淀区文化发展促进中心副主任

我今天想分享的海淀区文化资源有五项，也就是平常所说的海淀区文化名片，希望通过我的介绍，能给在座的各位嘉宾留下更多的海淀文化印象。首先，简单介绍一下海淀区，北京市有十六个行政区，海淀区是其中之一。海淀区面积 430.77 平方公里，截止到 2018 年，常住人口 348 万人。海淀区科技、教育、文化三方面的资源，应该说在北京市都是最优质、最丰厚的。

一、海淀区文化名片之一：曹雪芹《红楼梦》文化

我介绍的第一个文化名片是曹雪芹《红楼梦》文化，清代乾隆时期的文学家曹雪芹，花费了十年时间在海淀香山脚下创作了优秀的文学作品《红楼梦》。在中国，曹雪芹和《红楼梦》家喻户晓，有三十万的热心粉丝，在中国我们叫他们“红迷”。

在这里也要非常感谢一位法国友人，法国汉学家安德烈·铎尔孟先生。他在中国居住了四十九年，1954 年回到了法国。然后 1956 年起，在法国的华幽梦修道院与他的学生李治华一起合作翻译了《红楼梦》的法译本，为我们《红楼梦》在法国的传播做出了很大的贡献，非常感谢他。在六十年之后，2017 年北京外国语大学出版社与法国的一家出版社合作，出版了《孙温绘全

本红楼梦》。这本书在法国有售，总销售量虽然不是很多，1500册，但是看到我们优秀的传统文化产品能够在法国售出，我们就已经很开心了。

在曹雪芹创作《红楼梦》的地方，我们建了一座曹雪芹纪念馆，也在做曹雪芹西山故里景区的规划，希望把它建成一个景区。同时，我们也非常支持曹雪芹学会在海淀区建设文化产业园区来传承红楼梦文化。

从2010年起，我们每年举办一届曹雪芹文化艺术节。这个艺术节比较丰富，有论坛、有展览、有演出、有创意市集，可以说是一场盛大的“红迷嘉年华”。2015年曹雪芹300周年诞辰时，我们举办了一系列活动，其中一个论坛的主题是“大师与经典：文化遗产的国内传承与国际传播”，很多重量级的嘉宾参加，比如，莎士比亚故居负责人，托尔斯泰故居负责人，巴尔扎克故居负责人，还有曹雪芹学会会长胡德平先生，大家共同来研讨文化遗产的国内传承和国际传播。

同时，我们还推出了昆曲《红楼梦》的演出，举办了曹雪芹300周年诞辰的纪念特展。在曹雪芹艺术节举办期间，我们还会举办各种文化讲座。2019年10月，将举办第十届曹雪芹文化艺术节，我们将在中国国家博物馆做曹雪芹《红楼梦》文化的特展，也会邀请10位曹雪芹《红楼梦》文化最知名的专家来为我们分享，开展文化大讲堂活动。

除了文化活动，曹雪芹《红楼梦》文化也一直在努力尝试做文创产品、文化产品。我们开发量两款很有代表性的文创产品：一个是《红楼梦日历》，一个是《脂砚斋重评石头记》复制。这本书有什么特点呢？首先它确实非常精美，书法也好，线装方式也好，代表了一个很高的水准。

二、海淀区文化名片之二：纳兰性德文化

第二个我们海淀特有的文化是纳兰性德文化。纳兰性德是清代著名诗人，他的父亲明珠是康熙朝的重臣。海淀区的上庄地区是纳兰性德家族几代人生活归宿之地，留下了他们家族丰富的足迹，也留下了纳兰性德相关的诗篇和传说。纳兰性德的诗，特点是婉约、凄美，深受年轻人的喜爱。我们有很多微信群，纳兰的“纳兰迷”每天在群里诵读纳兰诗，纳兰性德的作品广受传播。

2015 年我们成立了海淀区纳兰文化研究中心，同时举办纳兰性德主题文化活动。我们还成立了纳兰文化出版联盟，希望通过出版的方式传播和推广纳兰文化。2018 年起，海淀区委宣传部出品了纳兰主题的舞剧《人生若只如初见》。“人生若只如初见”是纳兰性德最脍炙人口的一句诗，在中国可谓家喻户晓。这个舞剧在我们国内已经演出超过了 60 场，在中国国家大剧院也做过演出。创排这个舞剧的团队，从今年开始创排《红楼梦》舞剧。

三、海淀区文化名片之三：三山五园皇家园林文化

第三个特有的文化资源就是三山五园皇家园林文化。三山五园皇家园林文化，应该说是海淀最负盛名，也是最优质的文化资源。从 2012 年起，在海淀区委宣传部的推广和努力下，三山五园这个品牌和 IP 在中国取得了非常大的进步。因为三山五园都坐落在海淀区，所以我们希望把它作为一个整体来推广，而且它确实也是清代皇家园林最杰出的代表，是中国皇家园林的巅峰之作。

“三山五园”是对位于北京西北郊，以清代皇家园林为代表的各历史时期文化遗产的统称。三山是指香山、玉泉山、万寿山，五园指静宜园、静明园、清漪园（颐和园）、圆明园、畅春园。三山五园不论在政治史，还是在文化史方面，在中国都具有举足轻重的价值。

2016—2035 年北京市的城市总体规划中，我们对三山五园地区有一个新的定位。三山五园地区是中国传统文化与新兴文化交融的复合型地区，拥有以世界遗产颐和园为代表的古典皇家园林群，拥有中关村、科学城和大学城。按照北京市的城市总体规划，我们要努力把三山五园地区，建设成为中国历史文化传承的典范地区和国际交往活动的重要载体。

每年到三山五园地区参观游览的人员，应该有 3000 万。为了传播三山五园传统文化，我们从 2013 年起创立三山五园文化巡展品牌活动，用巡展的方式讲好三山五园故事。这一次来到法国巴黎，是我们第一次在海外展出。今年又是中法建交 55 周年，所以真的是非常荣幸。这个展览在中国国内已经展出十八站，累计观众超过 300 万人次。展览在中国国家博物馆、中国国家图书馆、山东博物馆等等都做过展出。2014 年，海淀区委宣传部和北京联合大

学共同成立了三山五园研究院。就是说我们所做的三山五园的文化推广工作，一定是要在长期持续的三山五园历史文化研究基础上进行。成立了研究院以后，每年举办三山五园国际学术研讨会。

四、海淀区文化名片之四：贝家花园

第四个特有的文化资源是贝家花园。20 世纪初，北京西山聚集了贝熙业、铎尔孟、圣琼·佩斯、李石曾等一大批中法知识分子。他们引进法国经验，为中国的乡村建设、农业发展、社会教育做出了诸多改革和尝试，由此形成了包括贝家花园、贝大夫桥、中法大学、温泉中学、圣琼·佩斯著诗处等在内的众多中法文化交流史迹。

在中法建交 50 周年，也就是 2014 年的时候，习近平总书记在纪念大会讲话中特别强调："我们不会忘记，无数法国友人为中国各项事业发展做出了重要贡献。他们中有冒着生命危险开辟一条自行车'驼峰航线'，把宝贵的药品运往中国抗日根据地的法国医生贝熙业。"

海淀区在中法建交 50 周年的时候，也做了系列中法文化交流活动，做了展览、研讨会，拍摄了《贝家花园往事》的纪录片。纪录片的首映式在北京的法国文化中心举行，当时的法国驻华大使，国家新闻出版广电总局的领导，还有我们海淀区的领导都出席了首映式。2014 年，在北京国家会议中心举办了北京西山中法文化交流研讨会。基于这些文化资源，2015 年 5 月，时任刘延东副总理和法国外长法比尤斯在钓鱼台国宾馆，授予海淀中法文化交流史迹群"中法人文交流基地"。2016 年起，我们每年举办中法人文交流海淀论坛，作为中法两国中法文化论坛分论坛。

五、海淀区文化名片之五：中关村创新文化

最后一个我要介绍的是大家所熟知的中关村创新文化。刚才讲了那么多，都是在说我们海淀区是一个有着深厚历史文化资源的区域。我们有名胜古迹近 700 处，各类图书馆、博物馆 300 多家，大中型的文艺演出场所 100 多个，科技教育资源丰富。清华大学、北京大学、中国科学院都坐落在海淀区，另

外还有各类高校33所，国家级科研机构99家，院士605名，占全国的比例是36%。

中关村的发展确实是建立在三山五园历史文化资源积淀的基础上，北京大学、清华大学目前都坐落于原来三山五园皇家园林之上。基于这样的文化积淀，海淀区成了北京建设中国科技创新中心的核心区，中国科技创新的先行者和试验田，中国创新创业的引领区。中关村创业大街，是海淀区创新创业的一个重要项目，截止到2019年6月，中关村创业大街开街5年，累计孵化了3451家创业团队，获得融资的团队是1181家，融资额达到了731亿元。

2018年在中国改革开放40年的纪念活动里，海淀区举办了“海淀·筑梦创新之路——中关村创新文化展”。海淀是一个科技大区、科技强区，一直在致力于推动文化和科技融合，希望通过海淀区委宣传部和海淀区文促中心的努力，让文化进一步渗透到中关村。所以我们构建了一个“艺术中关村”的项目，希望能有更多的艺术家参与到中关村创新文化的推广里面来。我们会组织艺术家去中关村地区写生、创作，然后跟科学家对话。我们还举办中关村创新文化沙龙，搭建交流互建平台。我们还举办展览，来做好创新文化的推广。

非常欢迎大家能够到海淀，能够到我刚才介绍的那些地方去走一走、看一看，也帮助我们推广和传承海淀的文化，谢谢大家！

第九章　守护三山五园，发挥青年力量

演讲者：朱　强　北京林业大学博士研究生
北京林业大学三山五园研究团队创始人

尊敬的各位领导、各位专家，大家好，非常荣幸可以在这个场合分享我的关于三山五园的研究，以及公众科普上的心得。

一、三山五园：建立在自然山水之上的皇家综合功能区

北京的皇家园林体系非常庞大，在北京主要分为第一类是大内宫苑，第二类是离宫别苑，以三山五园为代表，第三类是行宫猎苑，包括南苑以及一些比较小型的行宫。三山五园位于北京的西北郊，占据了非常大的面积。

“三山”和“五园”建立在非常良好的自然环境基础之上，是非常著名的风景名胜地。位于东侧的圆明园和畅春园，是建立在海淀的自然山水的基础上，主要是湿地。它们属于皇家离宫，皇帝和他的家人常年居住在这两座皇家园林里边。三山——香山静宜园、玉泉山静明园和万寿山清漪园（颐和园）属于游赏型的行宫。除了皇家园林，这个地区还有私家园林、河湖水系、八旗驻军、皇家寺庙，以及为皇家服务的百姓居住的村落。

总而言之，三山五园是一个由山、水、林、田、湖、园、村、营八种要素构成的有机体，它是建立在自然山水之上的皇家综合功能区。这是古人利

用并且改造自然环境，创造宜居环境的一个典范，古人居住在这里，园居的生活给人带来感官与精神上的双重享受。

二、北京林业大学三山五园研究团队

在城市规划政策上，无论是北京城市总体规划，还是海淀区的分区规划，都对三山五园提出了非常高的战略定位。《北京城市总体规划（2016-2035年）》要把它建设为国家级历史文化传承的典范地区和国际交往活动的重要载体，《海淀分区规划（2017-2035年）》也把中关村和三山五园作为两个非常重要的内容进行打造。对于我们团队来说，我们成员的构成非常年轻，团队成立于2015年，是一个由青年专业学生自发形成的学术组织，现有来自北京林业大学园林学院的本科、硕士和博士生16人。大家根据兴趣爱好来组织队伍，一起研究和向公众科普三山五园和北京的历史文化。

北林三山五园团队的运行模式，首先是学术研究，主要包含四个方面。第一，三山五园整体区域格局的精确复原。为什么要先做复原？因为大家如果去到现场去看的话，三山五园大面积的园林是遗址，或者是完全消失的状态，所以不经过复原没法进行研究。第二，各园林的精确复原及理法研究。具体区域复原以后，就是局部复原，其中包括十座皇家居住的园林，十四座皇帝赐予大臣或皇族亲信的园林，以及三个军事防卫体系，对这些内容进行综合地复原和它们的设计理法的研究。第三，清代宫廷活动及皇家园林运营管理。关于清代的宫廷活动以及皇家园林的运营管理，目前学界关注的并不多，所以我们通过清宫档案对它进行深入挖掘，希望可以给我们以启示。第四，1860年之后的演变以及现状调研。从英法联军1860年的入侵到现在，三山五园经历了非常大的演变，今天如何对它进行保护和利用是一个重要的课题，因此这部分紧密结合现实。

其次，在研究的基础上，我们开展非常广泛的文化科普活动，比如，展览、沙龙、纪录片、广播节目、公众活动、公益宣讲、出版书籍等。

再次，寻求与政府部门、出版社、电视台、规划设计机构进行合作。

接下来简单回顾一下我们团队从2015年以来做的一些工作。首先是2015年在北京林业大学举办的这一场公益展览，回顾了三山五园的历史发展进程，这次活动得到了校方的大力的支持。2017 年，我们在北京国际设计周举办了一场面向社会的展览，名字叫《157 周年纪念：三山五园的乡愁记忆》，希望通过大量的图纸来唤起北京公众对于三山五园的乡愁记忆。这项活动也得到了《北京青年报》等媒体的报道。我们还举办了沙龙，当时有很多在座的嘉宾也参加过。

2018 年，我们参加了高雄站的三山五园的巡展，《海淀三山五园历史发展图轴》作为参展作品，被放在了展览的第一幅图，系统化地回顾了三山五园从辽金时期到清代的发展历程，以图示的方式进行展示。我们还在海淀的北部文化中心举办了一场公众活动，跟当地图书馆合作，以亲子游戏活动的形式举办，向公众科普三山五园的历史文化。另外，我们还拍摄了《行走三山五园》的纪录片和录制了《三山五园，朕有话说》的广播节目，引起网友热烈讨论。

2019 年 1 月，我们在故宫博物院，参加了西城区名城保护的一场公益展览，在现场展示了我们团队所做的工作，包括一些文创产品。5 月，我们在海淀公园的第十六届插秧节，与主办方合作，制作了畅春园历史文化的宣传。因为海淀公园就是畅春园的遗址，所以在这个地方进行展示非常的恰当。6 月，我们走进了中央国家机关，向各个国家部委的工作人员，宣讲三山五园的历史文化价值。我们还发表了很多的学术论文。

三、讲好三山五园的故事

接下来介绍一下我们团队刚刚出版的这本新书——《今日宜逛园——图解皇家园林美学与生活》，这是我们团队历时 9 个月精心打磨而成，全书一共为四章，书写了史诗般的千年历史风云，15 万字的生动严谨的语言诉说胜景与宫廷。其中书的前两章主要介绍了三山五园的风貌和园景之美，后两章再现了清代帝后及各种身份的人在三山五园的生活场景。

本书最大的特色之一，借助了 335 张精致而生动的复原图、古代绘画、舆图、新老照片等图像，和 328 条清代的宫廷档案，来真实地还原历史，图解皇家园林的“美学”与“生活”。其中，20 张大幅复原及现状的园林平面图，带领读者走入现场，感受历史。值得一提的是，一幅超大三山五园地区双线导览地图，这是针对现状规划的两条线路。本书邀请我的导师孟兆祯教授和张宝章老先生题字并作序，还邀请来自北京大学、香山、颐和园的共8位专家和学者对本书审稿校正，他们提出了大量宝贵的意见。

这本书的装帧也是非常精美，可以带来比较舒适的阅读体验。我总结出它的四个特点：

第一，皇家园林台前与幕后的千年岁月全覆盖。当我们翻开古代工匠绘制的设计图样、画师描绘的园林场景、皇帝创作的御制诗文和大臣抄录的宫廷档案，会惊讶地发现：三山五园不再是历史的片段或是空旷的遗址，也不再是单纯的园林风景，它其实是一个由皇室、臣子、农民、商人、工匠、僧侣和军人等组成的古代社会的缩影，这里面既有国家的政治外交和军事演练，也有皇室的日常起居和艺术生活，还有官员的苦心经营和百姓的辛勤劳作……这里面出现过的人和发生过的事，都使这个文化遗产的形象更加立体和饱满。对三山五园了解得越多，就越觉得它远逝的辉煌值得让更多人所了解。

所以，皇家园林不光是一个空壳，它里边有很多的人，很多的事，究竟是如何利用这些场所？究竟他们在里面发生过什么？他们是如何赏析和品位的？这些可能对于当代中国来说有更重要的意义。

第二，原创精准复原图配合导览图以便深度游。原创了很多精准的原图，以便公众进行深度地游览。

第三，大量引用了御制诗文、宫廷档案等原始的文献。书中引用了182条康熙到光绪皇帝的诗文上谕，85条宫廷档案，61条典籍、诗文、日记，还包含了1860年英国和法国军人的日记。

第四，高清古代绘画样式房图档老照片首披露。书中大量的高清古代绘画、样式房、图档，以及老照片，都是首次披露，其中包含了137幅古代绘画、45幅老照片、76幅实景照片、15幅清代工匠绘制的样式房图。

我希望通过原真性的史料，向公众传达历史的沧桑。第一章是“三山五园的万千景象”，我们用三个小节来讲解五园的历史脉络，把静宜园和静明园放在一起讲，因为它们都是在山林里边的皇家园林；把畅春园和圆明园放在一起讲，因为它们都是皇家长期居住的园林；把清漪园单独拿出来，因为这座园林跟水利的关系非常紧密。到了后来变成了晚清的颐和园，一直保留至今，所以它的价值是特别突出的。

第二章是“京西特区的通盘规划”，我们对它的整体进行了各种量化的统计。比如一个比较特殊的现象，三山五园建造的时候，模拟了很多中国其他地方的景观。尤其是像圆明园，还模拟了法国和意大利的欧式园林。我们还对不同时期颐和园的谐趣园进行了复原，这里我们引用了嘉庆皇帝的《谐趣园记》，后面也做了翻译。

第三章“繁复隐秘的皇室生活”介绍了皇室成员的园居生活，包括皇帝山水巡游的路线，皇帝和后妃是如何居住的，节日庆典及骑射演武等。

第四章是“皇家园林的后勤管理”，我们统计了皇家内务府对于皇家园林管理的体制、人员、钱财等方面的详细数据。例如，为皇家服务人员的数量庞大，乾隆中期三山五园的管理人员是 1947 人，圆明园就占了 810 人。

以上就是我的分享，谢谢大家！

第十章　三山五园文创开发与历史文化文物的活化

演讲者：秋童　北京中创文旅文化产业集团 CEO

本次演讲希望与大家分享一些实战经验，和大家交流我们所做的、比较轻松有趣的文创产品以及一些有关历史文化文物活化开发等工作。

首先，我想和大家汇报一下我的初心，也就是为什么要去做这样的事。是因为在我的小学启蒙教育中，接触更多的是西方文化，而反映中国文化的内容其实并不多，这并不是因为中国没有好的文化，没有好的文物，而是在我们小的时候，中华文化传统、深厚绵长的中国历史文化的教育，还是比较空泛，相对比较缺失，没有得到更多地培育。所以我希望现在的中国下一代中成长起来的孩子，能够通过社会、通过我们的努力，引导他们更深入地了解中华民族璀璨的历史和博大精深的传统文化的认识和感知。我希望我们中国自己的文物和文化足以让国人和下一代感觉到自豪，提到举世闻名的建筑，首先想到的是故宫、颐和园、苏州园林，而不仅仅是埃菲尔铁塔以及凯旋门。提到世界名作，也不再是跨越万水千山，到卢浮宫去看《蒙娜丽莎》，去乌菲齐美术馆去看《维纳斯的诞生》，而是对中华几千年的文化、文物津津乐道，引以为豪。让中华优秀的文化基因得到传承与弘扬，融入社会，走入生活。这就是我们的初衷，是为什么我们去运营中国传统文化的 IP 以及文创产品开发的主要目的。概括起来三句话："浓郁的东方情感，与你一起重新书写"，"让中国文物活起来"，"见人见物见生活"，也是我们落实习近平主席让传统文化释放出独特魅力和新的活力的指示精神。这样的目标，值得我以及我的团队一生努力去实现。

那么言归正传，我来说一说今天我来分享的主题。我们是一家主要以 IP 运营管理为主要业务、利用传统文化为中国制造业和零售业赋能的新型文旅企业，可以比喻为是文创全产业链的引领者。业务包括 IP 的运营、设计、生产、线上销售以及线下销售的衔接以及现在所做的展览业务等。我们的团队虽然年轻，但成长得很快，合作的机构非常多，例如北京三山五园、苏州博物馆，陕西历史博物馆、山西永乐宫、中国航天等，也参加文旅部国家非遗项目等工作，目前正在商榷合作的还有著名的布达拉宫等。在国家文旅部、国家文物局和北京市各级政府的支持和帮助下，我们积极主动与相关部门共同协作，在 2018 年和 2019 年，中创文旅获得了一些国际和国内的大奖，创出了跨越式发展的新路。

一、国潮：清漪园（颐和园）IP 运营与开发

介绍一下北京三山五园中的颐和园 IP 的先期运作和整体开发。现在在中国非常火的一个词叫"国潮"。什么是"国潮"？国潮好像是新名词，大约就是以中国文化和传统为基础，集合了中国特定的元素的潮品所掀起的潮流。大家可以看到这张图，就是我们的友商"天猫"在 2018 年纽约时装周上演的一场时装秀，这场纽约时装周的走秀，引起了一个非常轰动的效应，那么在最右边就是当时我们为颐和园所开发的一个 T 恤，走了纽约时装周，得到了非常大的好评，成为非常潮非常酷的衣服。这场走秀，掀起了一场国潮，将颐和园文化符号和精美的生活方式带到国际舞台，传达了中国文化自古至今、生生不息、与时俱进的信息，表现了中华文化的绵长、中国人的精神风貌。

清漪园（颐和园）在传统意义上最突出的特点，是目前世界上现存最大的一个皇家园林，这是大家对颐和园的主要印象，它被视为中国国家的形象代表，接待过百余位的国家元首以及政府的首脑，每年大概 1700 万的人流量。而风景如画的照片，并不全是年轻人眼中的颐和园，并不全是设计者眼

中的清漪园（颐和园），而是游客眼中的清漪园（颐和园）。清漪园（颐和园）聚集山水、人物、建筑、植物和文物于一身，绝不仅仅是一个皇家的园林，而是承载了深厚的历史底蕴、丰富的“皇家基因”、社会多层次的生活万象等。如何将其禀赋的深厚的文化遗产挖掘出来，与现代人们的事业、生活亲近起来，让那些生动的故事、美丽的花草、恢宏的建筑一件件走进寻常百姓家？对此，我们真是开拓了大脑，最后决定在中国互联网非常热的时代背景下，充分运用互联网，利用多媒体，搭起一座桥梁，让年轻人喜欢它、接受它。当然，这就需要重新给它去定位，然后进行品牌的重新梳理。

我们做了大量的实地调查和充分深入的碰撞式讨论，对颐和园历史文化的再认识、再梳理后，抓住其“皇家的精致生活”的这一特点，围绕这个特点和主题进行了再创作。把它的山水重新进行了手绘，把它的人物重新进行了开发设计。比如把慈禧的毛笔字做成了文创产品。同样对它的建筑，设计师进行了重新手绘，像最右边这张颐和园是“summer palace”，所以就是“夏日的石舫”，聚集所有夏日的景色。包括植物，我们进行了重新手绘，还有开发了一系列的文创产品。还有颐和园的文物，颐和园的文物非常有意思，像慈禧太后非常喜欢的一套瓷器，叫作大雅斋，但是它其实是很网红的一些颜色，包括“Tiffany 蓝”“Mint 绿”“Pink 粉”，都是现在年轻人很喜欢的颜色，其实在中国原来的文物上都有体现。这些大量创作手绘和照片，形成了颐和园文创产品的图库，在此基础上，开发文创产品 1000 多款。

我们在给清漪园（颐和园）进行重新梳理以及打造，它的产品定位在：我是有态度的、精致的潮生活。从衣、食、住、行、礼和妆中来进行重新梳理，打造一些爆款的礼品。因为皇家的礼品有御赐的，也有进贡的，非常有意思，还有一些各个国家进贡的香水。还有像中国的第一辆汽车、第一个电话都是在颐和园里。我们根据它开发了一系列美妆。

那么如何让传统的文化进行重新的活化？传统新体验要从皇家文化潮起来，那就是要与当代人进行沟通。我们在我们所有的购买文创产品的用户群中发现 40% 是男性，60% 是女性，同时他们大多是 90 后和 95 后。他们的方式其实就是更喜欢潮流化的语言、潮流化的设计，我们用全新的沟通方式来讲中国文化，让它在新的时代活起来。所以我们对清漪园（颐和园）的定位就是“美”和“潮”。“美”作为机体，就是园林本身的美。而“潮”，就是现在年轻人 90 后喜欢的潮，进行更多网络传播，传承文化之美，发扬时代之潮。

基于此，我们在做整个三山五园的清漪园（颐和园）的开发中，我们一年多做了这样的工作。我们用十个月的时间，插画师画了 5000 张图，包括 41 个主题，涵盖了建筑、植物、山水、人物等各个方面，以及饮食、服饰、书法。化妆等 12 个领域和 7 个传统节日方面的资料，使颐和园成为第一个有图库的文博类的单位。我们在对它进行史学的梳理、历史的梳理的基础上，进行整体的 VI 的开发，包括动画、漫画、文物，做 3D 的重绘等。还有包括中国颜色"China color"的一个梳理，还有插画，根据这些插画开发了相应的文创产品。像在乐寿堂前的一套文物，叫"六合太平"。它是铜器，有六个，也是颐和园的镇店之宝。还有"凤穿牡丹"，是慈禧当时拍了一幅照片。对这样一幅场景进行重新手绘，还有从一个文物上面重新画的一个图，是一个蝙蝠的形象，蝙蝠在中国是吉祥如意的意思。包括颐和园开满桃花的春天的盛景，还有一个非常有名的粤绣屏风，叫作"孔雀开屏"以及"百鸟朝凤"。还有根据端午的主题所体现的，"端午游龙"，上面是一个龙舟。还有一系列的茶器，乾隆皇帝非常喜欢喝茶，他说道："君不可一日无茶。"就在颐和园的春风照明台上去品来自各地的贡茶。

根据此，我们在 2018 年一年的时间设计了 1300 个产品，生产了涉及九大品类的 561 款产品，包括刚才说到去走纽约时装周的龙腾的服装，还有相关的百鸟朝凤的手杖，这个也是我们和天猫一起做 co-branding 联合推出的，还有相关的一些各种各样的产品，不计其数。我们和网易在合作的茶叶，出来就是爆款第 1 名，各种各样的礼盒。还有起名为"福在眼前"，一只蝙蝠在眼前。这套瓷器改变了景德镇的产业结构，景德镇政府因为这套瓷器让他们所有的产业都去效仿，去做 IP 的产品。今年产品的订单已经排到了三个月以后，然后景德镇市政府现在要和我们整体来进行合作，来帮助整个景德镇产业升级。

在产品销售方面，颐和园系列中，我们搭建了天猫、京东、网易严选、寺库、一条、有赞等八个主流电商平台销售网络。去年 9 月，我们和天猫在颐和园里进行了一个战略发布会。去年 1 月，我们和京东做了一个皇家年货节，一个月的销量突破了 2000 万，这个案例产生了良好的社会影响，得到了北京市委领导重点表扬。还有和网易全年合作的一系列产品，得到网易的全力合作，当时网易的CEO丁磊来亲自打样，其中的爆款行李箱现在每天有几万元的销量，每天！

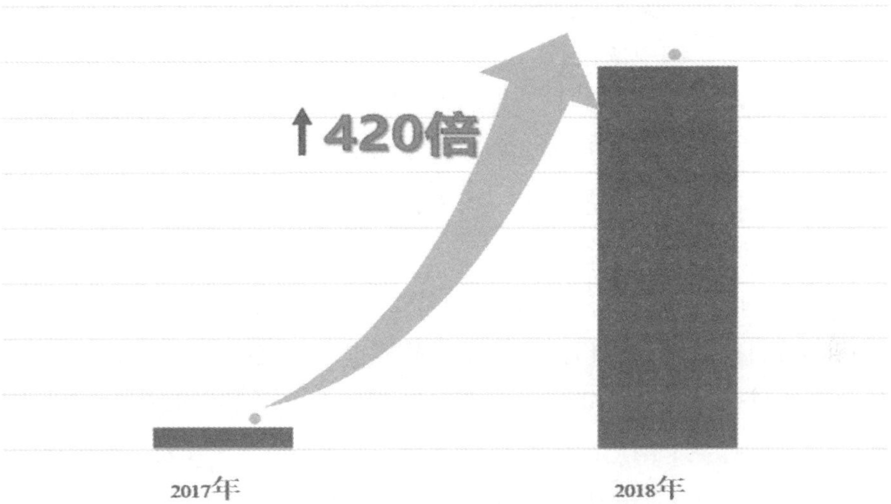

2018 年颐和园文创产品线上销售额增长 420 倍

在2018年，整个颐和园文创产品线上销售额增长420倍，在我们和它合作之前，它每年在线上的销量不到4万元。在我们合作之后，推出了561款文创产品，在2018年达成了1680万的销量，今年的销量再次实现了翻番。而与海淀区合作的三山五园主题系列文创产品的终端销售额已经超过了两个亿。在我们运营了颐和园的天猫旗舰店半年之后，它的整个产品数量排在第三。第一是故宫，运营了十年；第二是国家博物馆，运营了四年；颐和园只用了半年的时间，就是第三名。这是2018年的数据，到现在，也就是2019年还会有上升。

二、品牌推广、跨界合作、出海展览助力文创活化

时代已经走进融合发展的新阶段。产业融合、机制体制融合、多业态跨界融合，已经是很多成功经验和案例。我们充分强化了这些理念和特点，并积极将这些模式带入实践。在品牌推广上，我们与新闻媒体、电商、影视界等多业界合作，2018年完成了十四场线上市场合作的发声，线下国内外的行

业展会超过了三十五场，其中包括一系列的活动。

品牌跨界合作，也体现在co-boarding上，整个2018年，我们达成了十二家的跨界合作，撬动社会资源1.3亿元用于市场推广宣传。其中，有我们伊利合作的套盒；和中信银行一起推出的颐和园联名信用卡；打造了通往颐和园的地铁4号线的车厢设计。我们在9月份和美图T9系列一起合作推出了一款颐和园主题手机，预售期就售罄了。当时，包括AngelaBaby在内的很多个中国的明星在线下一起进行了一场美轮美奂的发布会；在整个的线上的传播中，微博阅读量达到了亿量级。

我们和中国最有名的文具品牌——得力进行了很多产品的合作；参与了百草味食品的礼盒设计、相宜本草化妆品的设计、奥妙瓶装设计等。我们和华为合作了一系列的主题壁纸，一共有20款，一个月的下载量已经超过了3万次，每个月对整个用户的传播和触达在中国超过了10万人，这是很快的。我们和飞利浦合作设计的礼盒成了小家电的第一名。

在出海和展览上，我们在2018年携手颐和园参加纽约时装周。2019年，在北京市政府的支持和领导下，在海淀区委宣传部的主办下，我们承办了中法文化年的系列活动，配合宣传部，进行了"三山五园皇家园林光影艺术展"巴黎站的展出。其他还有一些颐和园的线下的活动，如2019年年初，在杭州开了一个快闪店，售卖相关的文创产品；还有一些新春的游园会等等。这些品牌的跨界合作，文化和艺术、文化创作与电商、多媒体等良好互补合作，开辟了新的表现形式、新的宣传途径、新的销售渠道、新的受众和市场。也让恢宏灿烂的中华文化，走出固定模式，移动到异地、国外展览展示，生动活泼地走入了当今世界的角角落落，走进了万千大众的生活和精神世界。最大限度地传播、弘扬了中国的文化遗产。

这个就是我和大家的分享，因为时间非常有限，未及准确推敲，不妥之处，敬请指正。

诚恳致谢！

第十一章　虚拟现实再生产三山五园文化价值

作者：张啸　广州美术学院副教授，联合国教科文组织（UNESCO）创新传播与数字编辑教席研究员，法国社会科学研究院研究员

三山五园是清代北京西郊皇家园林的统称，是我国的重要文化遗产，西方人眼中的东方夏宫。“三山”是指香山、玉泉山和万寿山，“五园”分别是畅春园、静明园、圆明园、静宜园、清漪园（后为颐和园）。[1] 在一带一路倡议和中法建交 55 周年背景下，2019 年北京市在法国巴黎组织“江山如此多娇——三山五园文化主题展”中法文化交流推广活动，以虚拟现实和沉浸式体验文化展览，结合文创展示和手机体验，配合国际国内媒体传播三山五园文化取得成功。

本文根据此次展览探索的问题是，在今天全球网络化环境怎样对中国传统皇家园林再生产创新文化价值的方式。研究方法是理论演绎分析展览案例：从虚拟现实和沉浸式体验理论、文化符号与后生产理论的角度，分析展览的文化再生产方式；结合茜斯莲娜·阿泽玛赫教授对虚拟的定义、向勇教授的“一带一路”文化产业合作发展指数体系、朱强博士的三山五园理论研究，并参考曹汛的中国造园艺术理论、亨利·列斐伏尔的空间生产理论、西摩·查特曼的话语理论，劳伦斯·格罗斯伯格的文化研究理论等，从阐释中华文化价值观的话语、再生产三山五园当代文化基因、符号融合实现再文化生产价值

[1]　朱强 等：《今日宜逛园》，北京：中国林业出版社，2019 年，第 24 页。

等角度，探析“江山如此多娇——三山五园文化主题展”（巴黎站）（以下称三山五园展）在巴黎实现中华文化再生产价值的方式，供我国政府单位和企业的对外文化传播工作参考。

三山五园展：阐释中华文化价值观的一种话语

通过虚拟现实和沉浸式体验，三山五园展建构了一种阐释中国皇家园林价值的话语。三山五园反映了帝王的生活和历史背景，也体现了中华民族在适应、协调和改造自然过程中，造成的崇尚自然、亲和自然[1]的文化价值观。园林的造景方式与内容是一种媒介话语，构建起的话语空间阐释中国古人生活与自然之间的关系。三山五园展重构了这个话语空间，用虚拟现实和沉浸式体验阐释皇家园林“如何作为文本、意义系统、象征系统、所指系统来表达意识形态、价值观、信仰以及民族主义和国家关系”。[2]重构的话语空间以网络化言语方式，对法国观众阐释中国传统皇家园林文化来传播中华价值意识。

虚拟现实是在视、听、触、动觉关联之间向观众阐释对象的话语形式，它用建构数字虚拟空间导向观众对内容的理解。茜斯莲娜·阿泽玛赫教授认为“虚拟是非实体事物的一种呈现方式，一般具备无形、潜在以及需要实化等特征。……在文化遗产领域，虚拟这一概念经常被专业与科学人士使用，而且也可用以帮助游客获取信息。”[3]虚拟现实是用计算机技术模拟的三维空间，为用户仿真模拟在空间里的视、听、触、动觉，使其感觉身临其境。虚拟空间的“注意力之聚焦点，是隐含受众的注意力被话语所导向的框定区域，这个区域是整个故事空间中‘被注意’或遮蔽的一部分”。[4]三山五园展没有直接展示文物，而是用虚拟现实方式来展示皇家园林的部分图像并意指其文化价值——园居文化的正面意义及其对社会与自然的有用性。展览选取的图

[1] 曹汛：《中国造园艺术》，北京：北京出版集团北京出版社，2019 年，第 1 页。

[2] 亨利·列斐伏尔：《空间：社会产物与使用价值》，转引自包亚明：《现代性与空间的生产》，上海：上海教育出版社，2006 年，第 47 页。

[3] 茜斯莲娜·阿泽玛赫：《跨媒体传播百词解惑》，张楠 等，译，北京：人民教育出版社，2013 年，第 172-173 页。

[4] 西摩·查特曼：《故事与话语：小说和电影的叙事结构》，徐强译，北京：中国人民大学出版社，2013 年，第 87 页。

像内容有古画、器物、建筑、山水、动物和植物，也有象征皇室生活的图案，这些内容是虚拟现实空间的框定区域，帮观众获取三山五园文化信息，形成的话语导向观众对皇室天人合一园居文化的理解。展览通过虚拟现实技术使这些图像关联音效、材质和交互，构成信息内容具有实化感觉的具身，将观众的视觉联系听觉、触觉和动觉，使他们对东方园居生活的想象更鲜活、体验更具在场感。

虚拟现实视、听、触、动觉深度关联与谐振形成能使观众产生身临其境的沉浸式场域体验。三山五园展包含 4 个展厅——颐和仙境、江山多娇、传承之光、圆明幻园，观众顺序参观这 4 个片段式场景，沉浸到不同场域。4 个场景彼此联系又各不相同，蒙太奇观众对三山五园的体验，从不同角度阐释皇家园林和生活的文化价值。例如有 3 个场景的图像内容出现水的形象，朱强博士认为三山五园是“在水利和农业开发的基础上对自然环境进行艺术化的改造和美化，”[1] 因此随着观众参观路线，展览将水的元素隐喻在沉浸式场域中，从不同角度展现了三山五园“科学选址、驻山理水、布置殿宇、配置花木、置入文化”[2] 的人居环境特色，阐释了以人、德、民、合为本的中华文化适应自然的意义及其对社会生产的有用性。接下来，本文探讨三山五园展的话语语素进入当代文化背景的方式。

虚拟现实：再生产三山五园当代文化基因

三山五园展是北京市在一带一路倡议下的中法文化交流推广活动，是为了探索文化产业合作发展方式，推动两地文化交流与市场发展同步，通过展览面向世界阐释构建三山五园的文化价值。“‘经济’从某种程度上来说是话语构建的”，[3] 构成话语的语素需融入当代语境来与经济实践和制度结合，形成价值。三山五园展的文化符号是展示话语的语素，例如所展示图像里象征皇室生活的符号，它们选自皇家园林的生活和历史，用计算机再创作具有网

[1]　朱强 等：《今日宜逛园》，北京：中国林业出版社，2019 年，第 239 页。

[2]　朱强 等：《今日宜逛园》，北京：中国林业出版社，2019 年，第 239 页。

[3]　劳伦斯·格罗斯伯格：《文化研究的未来》，庄鹏涛，王林生，刘林德，译，北京：中国人民大学出版社，2017 年，第 127 页。

络时代特征造型，由虚拟现实整合视、听、触、动觉体验，再生产为当代文化符号，形成向勇教授认为的“文化基因”。[1] 网络是全球化语境，这些网络化中华文化符号能与法国观众在当代语境更直接沟通，增强中法两国民心相通。

这种文化基因是可看、可听、可触、可互动的多模态中华文化符号，是在网络社会传承传统文化并用科技创新的文化记忆和价值内涵，它们可通过各种网络媒体在社会广泛传播。蕴含在三山五园里的中华文化符号来自皇室图案、古画、器物、建筑、山水、动物和植物等，是古人的一种文化生产成果，联系着古代社会和自然环境。在今天，科技是网络社会的基础，通过科技生产出的各种物形成我们的生活环境。三山五园展用交互、仿真模拟、全景沉浸等科技，将这些传统中华文化符号更新为动画、全景影像、互动装置、体感装置里的文化符号内容，是将古人的成果作为原材料的文化再生产。这些再生产的符号内容传承了中华传统文化特征，但图像是用计算机造型，并能结合音效，配合交互程序与观众互动，或者通过装置对观众产生触觉或动觉体验。这些更新的多模态符号紧密联系着网络社会和生活环境，也通过科技化手段引发观众对今天自然环境的反思，例如展厅里虚拟颐和园昆明湖水里能与观众互动的锦鲤图像，能使法国观众感同身受理解园居文化亲和自然的价值观。更新的中华文化符号可进入全球网络、与不同文化建立联系，促进中华文化基因融入世界网络环境。

通过创新文化符号再生产文化基因是重构文化价值的过程。进入全球网络的中华文化符号会把信息和意义铭刻在网络中，将文化基因里的信息在网络里传递，并与世界不同文化内容结合、不断再生产新的形式或意义。网络媒体是种世界性话语，并与不同国家、地区、人群联系紧密，话语形式能灵活适应不同文化认知，又可面向世界开放对话。通过网络传播能联系再生产的新形式或意义，产生能更亲近世界不同文化背景的符号内容，使中华文化基因信息对不同文化和群体可产生更多正面意义和有用性，因地制宜重构文化价值。使中华文化基因信息广泛融入今天社会生产和生活，演化当代语境和话语空间，为实现文化价值交换开拓新环境，减少因不同“文化内涵、历

[1] 向勇：《学术成果发布："一带一路"文化产业合作发展指数研究》，转引自向勇：《新征程——文化自信与融合创新》，北京：金城出版社，2020 年，第 182 页。

史传统、价值观念、生活习惯”影响造成的文化价值折扣。[1] 接下来本文继续研究三山五园展探索实现再生产文化价值的方式。

符号融合：实现再生产的文化价值

再生产文化基因是为促进中华文化能亲近世界不同人群和文化圈，以民心相通促进文化之间的贸易、建设、交流和相互支撑，实现当代中华文化价值、赋能产业。此次中法文化交流推广在巴黎市中心的罗斯柴尔德公馆举办，活动框架包括三山五园文化展示、文创展示和手机体验，配合国际国内媒体传播，框架孕育了实现文化再生产价值的模式。此框架有效结合法国当地语境来融合当代中华文化符号，增值三山五园文化的意义和有用性，实现再生产的文化价值。向勇提出“一带一路”文化产业合作发展指数体系的五个指标：文化基因亲近度，文化贸易畅通度，文化建设互补度，文化交流紧密度，文化支撑相容度，[2] 可为该框架提供理论体系基础。

三山五园文化展示与文创展示的融合是此次活动主要特点，将可看、可听、可触、可互动的多模态中华文化符号与中国当代文创产品内容融合一体，实现再生产的文化价值。法国观众在文化展示空间体验的中华文化符号是关联视、听、触、动觉的鲜活体验，这种沉浸体验能以短暂记忆移植到他们对文创展示的产品想象或体验。例如，水的符号在中华传统文化里的表现形式多样化也较抽象，但观众在展厅里看到的有关水的中华文化符号视觉形象具有网络化特点，并关联触碰水滴的体感，如在颐和仙境里的雨水视觉形象关联江山多娇里的装置可模仿触碰水滴的体感。它们不仅用计算机造型增强传统视觉文化符号的网络时代特点，也融合视觉与触觉体验，同时为文创展厅里与水有关或有水的符号的产品赋予视觉和触觉的体验联想。从文化展示走进文创展示的法国观众带着对中华文化的短暂记忆，能将颐和仙境和江山多娇里对水的符号融合体验移植到对文创产品的理解，会将对水的文化认识移

[1] 向勇：《学术成果发布：“一带一路”文化产业合作发展指数研究》，转引自向勇：《新征程——文化自信与融合创新》，北京：金城出版社，2020 年，第 182 页。

[2] 向勇：《学术成果发布：“一带一路”文化产业合作发展指数研究》，转引自向勇：《新征程——文化自信与融合创新》，北京：金城出版社，2020 年，第 182—184 页。

情到对文创产品的感性认识，潜移默化地对中国当代文创产品价值萌生好感，为实现消费奠定基础，实现三山五园文化展示再生产的文化价值。

优秀的中华历史、艺术和文化资源奠定三山五园展的根基，对三山五园文化资源的开发利用、文创展示、手机体验和媒体传播提升对中华文化资源开发使用效率。文化基因包括三个二级指标：历史文化资源、艺术文化资源、文化资源，历史文化资源根据联合国教科文组织的世界遗产到所在国家的国家遗产的级别高低，艺术文化资源从当下的文化艺术符号看文化资源的亲近度，会影响文化基因的被接受、被采纳的可能性，进而影响文化贸易畅通度、文化建设互补度、文化交流紧密度、文化支撑相容度。[1] 颐和园是世界文化遗产和全国重点文物保护单位，圆明园也是全国重点文物保护单位，所以三山五园是我国重要的文化遗产和优秀的文化资源。三山五园展用文化研究和数字技术开发资源，用文化遗产数据管理资源，用展览和开发文创利用资源并跨国传播，提升中华文化被接受度，提高文化资源利用率，减少文化折扣。

活动设置了手机体验以及国际国内媒体协同配合，传播文化展示与文创展示，增强文化交流紧密度来扩展再生产三山五园当代文化基因的能力。网络化媒体传播是将中华文化符号置入法国大众生活的有效方式，将活动内容在手机上展示，增强文化展示的线上传播推广能力。展览活动在巴黎公交、地铁、Twitter、Instagram、法国巴黎以及欧洲、美洲等多国媒体传播，在新华社、人民网、中国网、腾讯、网易、文化类及跨界合作品牌特约报道，并结合 30 家微博号、20 家微信公众号并配合 KOL 及国潮红人组成多维度媒体宣传，将三山五园虚拟现实再生产的文化符号在全球网络广泛传播，是扩散中华基因广泛进入世界网络文化环境的有效方法。

结语

通过虚拟现实和沉浸式展示与传播方式，三山五园展在今天的网络化世界对中国传统皇家园林再生产新的文化价值，并结合文创展示、手机体验、媒体传播形成系统框架，孕育了实现文化再生产价值的模式。本文简要总结

[1] 向勇：《学术成果发布："一带一路"文化产业合作发展指数研究》，转引自向勇：《新征程——文化自信与融合创新》，北京：金城出版社，2020 年，第 184 页。

如下：

1. 虚拟现实和沉浸式展览是在网络全球化环境阐释建构中华文化价值观的一种有效话语。

2. 用虚拟现实等技术可将中华传统文化创新为多模态文化符号，观众可看、可听、可触、可互动这些符号，更易体验沟通，是创新的当代中华文化基因。

3. 创新的中华文化基因可通过全球网络与不同文化和群体结合，因地制宜产生更多正面意义和有用性，增强文化基因对不同文化和群体的亲近度，重构中华文化价值。

4. 文化展示结合文创展示是实现中华文化再生产价值的有效方式。深度融合法国观众对文化展示符号的视、听、触、动觉体验，并移植认识到文创展示产品和内容，使其认同中国当代文创产品的价值。

5. 用手机等新兴媒体扩展虚拟现实文化展示效果，增强文化交流紧密度，将优秀的中华文化基因传播到更广阔的网络世界与更多不同文化结合，拓展能实现中华文化价值的语境空间。

因此，三山五园展用虚拟现实再生产文化符号更新中华文化基因、融合符号实现文化价值的方式，为我国政府单位和企业在一带一路倡议下对外推广中华文化贡献宝贵经验，为在全球化网络环境阐释中华文化价值观贡献构建话语的方法。

本成果系国家社科基金重大项目《新时代中国动画学派的重建与民族文化传播研究》（项目编号：19ZDA333）阶段性成果，并获得广州美术学院科研项目支持（编号 15XJA030）资助。

参考文献

[1]曹汛：《中国造园艺术》，北京：北京出版集团北京出版社，2019 年。

[2]亨利·列斐伏尔：《空间：社会产物与使用价值》，转引自包亚明：《现代性与空间的生产》，上海：上海教育出版社，2006 年。

[3]劳伦斯·格罗斯伯格：《文化研究的未来》，庄鹏涛，王林生，刘林德，译，北京：中国

人民大学出版社，2017 年。

[4]西摩 · 查特曼 :《故事与话语 : 小说和电影的叙事结构》，徐强译，北京 : 中国人民大学出版社，2013 年。

[5]茜斯莲娜 · 阿泽玛赫 :《跨媒体传播百词解惑》，张楠 等，译，北京 : 人民教育出版社，2013 年。

[6]向勇 :《学术成果发布 :"一带一路" 文化产业合作发展指数研究》，转引自向勇 :《新征程——文化自信与融合创新》，北京 : 金城出版社，2020 年。

[7]朱强 等 :《今日宜逛园》，北京 : 中国林业出版社，2019 年。

第十二章　三山五园文化巡展的回首与展望

作者：郭正雄　北京奇想飞航文化传播有限公司总经理

海淀三山五园皇家园林，肇始于辽金，发展于元明，全盛于清代，享誉中外。

海淀三山五园，包含香山静宜园、玉泉山静明园、万寿山清漪园（颐和园）和畅春园、圆明园；融合了中国南、北及东、西方园林建筑精华，是中国历史上最雄伟的帝王宫苑，也是世界园林史的伟大传奇！山园重叠，艺术水平高超、布局精巧、造景奇妙、意境悠远，涉及历史文化、园林建筑、典章制度、宗教祭祀、礼仪风俗、饮食服饰、音乐戏曲、诗词楹联、绘画装饰，以及中外交流、宫廷生活、园林管理等诸多方面。突显五千年中华文明积淀，散发独特民族风采。

笔者感到非常荣幸能为三山五园文化传承与推广略尽绵薄之力，非常感谢一路走来获得的社会各方的支持和指导，谨在此分享一点自己的心得体会，不到之处望诸位读者海涵。

三山五园文化巡展的缘起

2019 年三山五园文化巡展法国站圆满落幕，不知不觉已经走过十二城十九站，借此机会回想起做这件事情的缘起，2009 年领导来台交流考察，开始了这段历史的机遇。我们尝试从更广的人文角度去发掘这段历史，重新构建的将不是建筑本体，而是生活在这座皇家园林的生活美学、人文特色以及传统文化对当代所能产生的文创能量。所以我们做了大量研究、搜集工作，希望能对清代盛世工艺、文学、音乐、科学、建筑、时尚认知一二，并能通过我们科技 + 艺术 + 文化的方式分享给观众一场特别的历史文化之旅！

2011 年第六届北京文博会，《数字圆明园》是与圆明园管理处进行合作，隶属“三山五园计划”文化资产保存计划的一部分，“武陵春色”数字展示项目给观众耳目一新的体验，收获比较好的反响，这也给了我们信心继续深入推广这件事，与此同时，我们也有缘结识了北京相关的政府单位并得到各方大力的支持，这对我们后续的发展奠定了基础。

从北京文博会的雏形作品进行两岸合作的谋合，历经三年，终于在 2013 年 7 月 5 日催生出三山五园文化巡展首部曲 ：“圆明园—大清皇帝最美的梦特展”。展览从十八世纪两个世界的相遇作为起始。以倒叙的章回小说概念，逐步铺陈出盛世皇家生活的多元面貌，文艺、工艺、音乐、表演、建筑等，探索清代皇家生活品位的同时，也勾勒出伟大时代的身影。

对于一个创新展览来说，新颖的展示手法仍需奠基与扎实的学术文化底蕴，在上文的理念指引下，我们在台北召集了国内外专家学者组成学术团队，进行深入的史实考究，从万寿盛典、南巡图及西洋铜版画等艺术史研究观点上，支撑我们当代科技内容诠释的基础 ；甚至英国维多利亚和亚伯特博物馆，从十八世纪中西方文化交流的角度，支援我们西方研究观点及收藏。由于众多学者及机构的倾囊相授，我们得以兼顾展览内容的严谨性和丰富性。通过丰富的历史文献，将之转换为生动的人文图像，重新建构出帝王的心境与皇家园林生活，开创一个崭新的展览面貌。

在策展过程中，我们延伸出一个十分有趣的题材——“乾隆皇帝与英皇乔治三世”，相对于十八世纪的中、英文化交流，目前尚未有主题策展加以深究。我们通过英皇乔治三世赠送乾隆的礼物清册，以及“乔治三世镀金画珐琅盒”“乾隆御用铜镀金镶嵌珍珠宝石西洋怀表”“乾隆御用镀金镶嵌珍珠宝石西洋鼻烟盒”三件文物，从十八世纪白金汉宫到圆明园的文化交流，对照出当时风行于欧洲的中国风尚以及从欧洲输入中国的西洋流行风。从两个世界的通商、文化品位的交流与相互影响，铺陈出东西方文化从相遇到冲突的历史进程。

三山五园文化巡展回顾

台北首展以文化交流和教育推广为出发点，融合历史、科技与艺术，打造盛世圆明园的绚丽景观，剧场式空间和体感互动装置展现了全盛时期圆明园的美景以及那个时代的文化氛围。展览涉及雕塑、绘画、摄影、古籍、清代样式雷烫样、音乐等艺术形式，展现清代皇家园林十八世纪以来多元文化的交流与碰撞；共计展出艺术品、文物 300 余件。

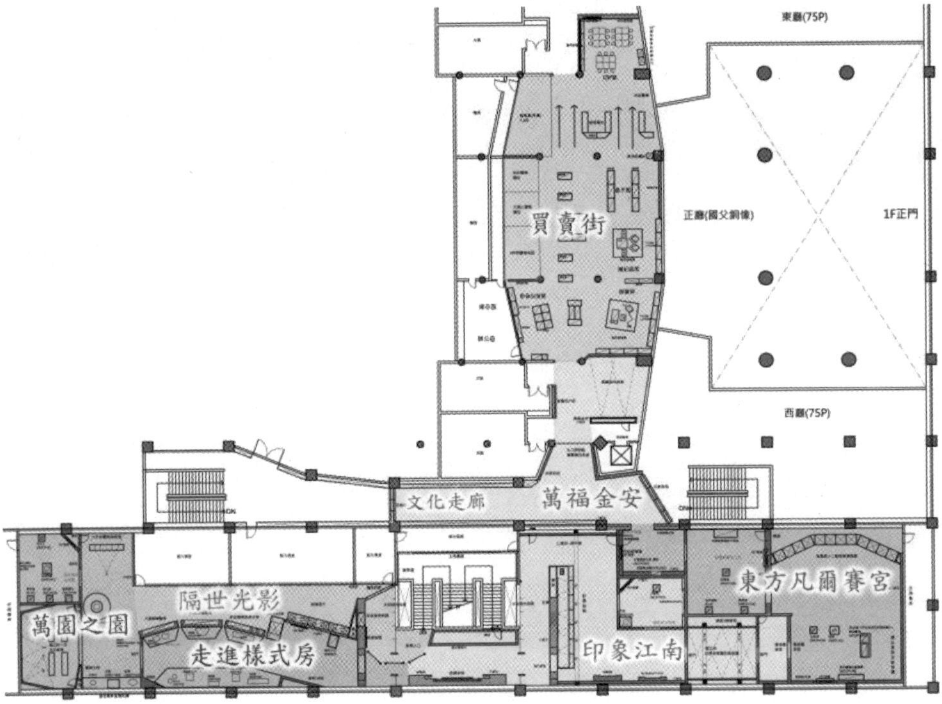

台北站展览布局示意图

卷一：隔世光影——火烧圆明园的那一天

卷二：万园之园——圆明园大观

卷三：走进样式房——皇家建筑事务所

卷四：印象江南——乾隆的设计之旅

卷五：东方凡尔赛宫——十八世纪的皇家风尚

展览概述

卷一：隔世光影——火烧圆明园的那一天

展览从 1860 年火烧圆明园的那一天开始，跟随一幅幅珍贵的历史照片，带领观众踏入现代数字仿真技术开发的火光中，在大火肆虐的空间里，透过文物底片的呈现，回到火烧圆明园的历史时刻。

火烧“万方安和”投影装置

通过双面展示的形式，结合全息投影技术，观者从一面看到的是1860年第二次鸦片战争火烧圆明园的情境，从另一面向看到的则是建筑物的还原，让一件展品打破时空的框架，在两个不同展区中呈现出截然不同的观看模式。

卷二：万园之园——圆明园大观

采用科技与艺术结合的手段重建圆明园大观，以环场投影的剧场手法呈现圆明园精彩变迁的故事，如圆明园四十景，历经雍正朝到乾隆朝的设计建置，集结了大江南北、历代各朝、天上人间的经典胜景。在建造完成后，乾隆皇帝又聘请宫廷画家沈源、唐岱绘制《圆明园四十景图册》。另外，我们还用动画形式，呈现史上最勤政的雍正皇帝一天的生活情况。

卷三：印象江南——乾隆皇帝的设计之旅

我们取得美国大都会博物馆图像授权，带来了《乾隆南巡图》第六卷

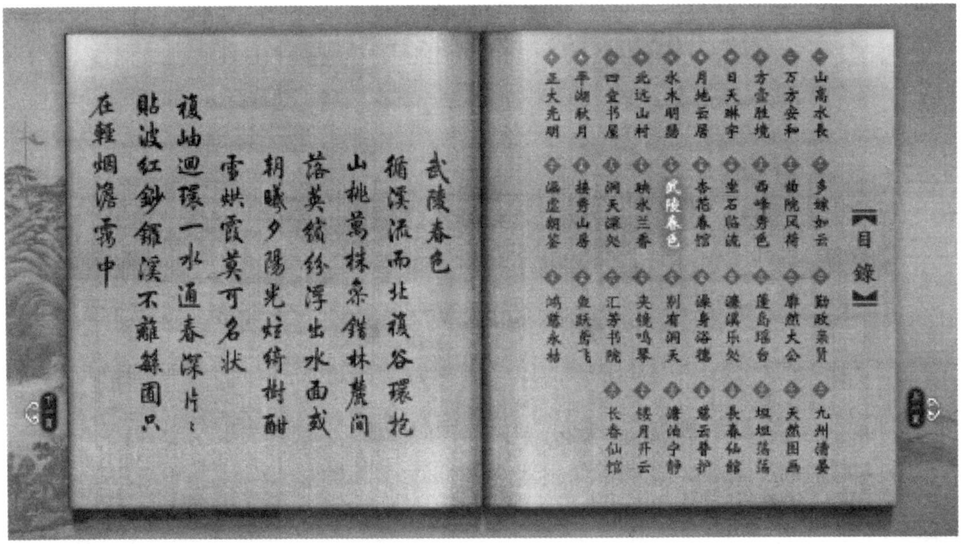

配合四十景图展出开发的科技互动体验装置

生活剧场 ：雍正的一天

乾隆南巡大型互动装置

“驻跸姑苏”，不过不只是单纯图像呈现方式，而是通过数位互动装置，利用科技手段将《乾隆南巡图》变成超大型互动画作，以乾隆皇帝游江南的足迹为引，记录乾隆下江南时所见江南的风景人文，效果生动有趣。这部分，有大运河北盐南送、南粮北送的故事。

卷四：走进样式雷——皇家建筑事务所

雷氏家族被誉为“永修八代样式雷、中国半部古建史”，他们是为清代皇家建筑立下赫赫功勋的“大国工匠”。我们的展览结合了清代皇家文化收藏品、当代艺术大师艺术精品，以及雷氏家族所绘地盘图、圆明园老照片等，呈现清代皇家园林的辉煌、沧桑及重生。

雷氏所设计的建筑也通称为样式雷。样式雷烫样收藏至今已有一百年多的历史，作为专供皇帝御览的宫殿建筑设计模型，其历史价值不言而喻，如今已被列为世界记忆的遗产。我们跟北京大学建筑研究所，共同创造了一个复制品，把样式雷的图稿、布局等数据复原其中，将其真真切切复原出来。

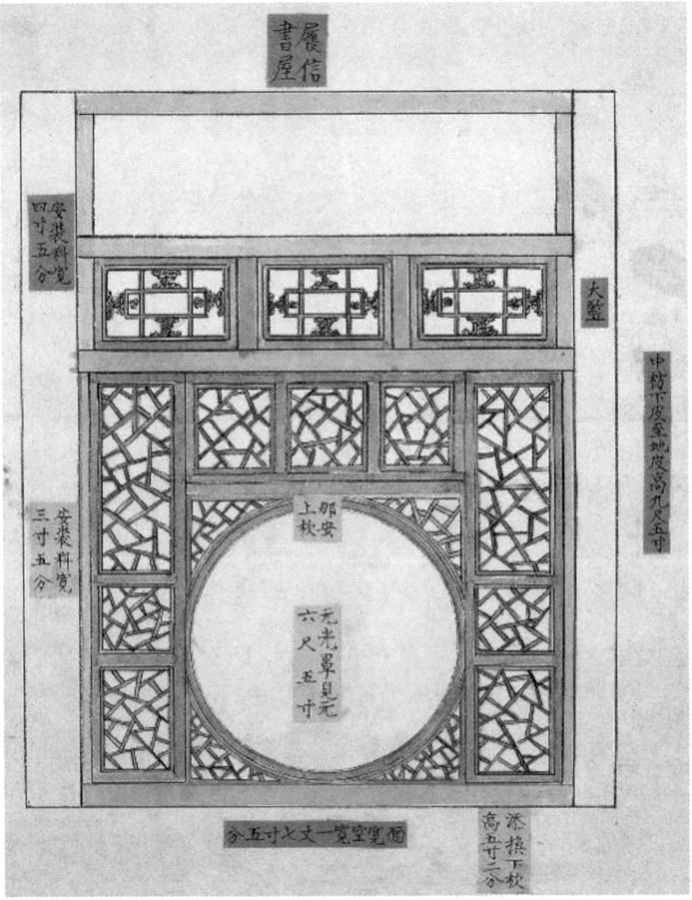
履信書屋
安装料宽四寸五分
大竖
中枋下皮至地皮高九尺五寸
挪安上枕
安装料宽三寸五分
元光罩見元六尺五寸
面寬空寬一丈七寸五分
添换下枕高五寸二分

卷五：东方凡尔赛宫——十八世纪的皇家时尚。

西洋楼铜版画互动体验，呈现盛时圆明园华美风景

乾隆钟情南方园林，也醉心西洋文化。乾隆二十四年（1759），长春园北面“西洋楼”欧式景区落成，又称为东方的凡尔赛宫，是中国皇家宫苑中第一次大规模仿建的西洋建筑和园林。

十二生肖水舞数位装置

通过圆明园珍贵影像等，展示中国皇家宫苑第一次大规模仿建西洋建筑和园林的皇家时尚。在东方凡尔赛宫，我们展出十二件举世闻名的兽首水力钟复制品，结合当代艺术科技，运用最新智能透视技术，数位透析闻名中外的 12 兽首铜全身像，并以数位动画还原 12 兽首的古往今来，通过声光 3D 数字技术，再现十二生肖兽首喷水的壮观场面。

来自美国旧金山大学利玛窦中西历史研究所，传教士德里格为康熙皇帝谱写的小提琴协奏组曲，为我们印证了西洋传教士如何透过各种艺术形式来争取当时清廷的认同，以及西洋音乐进入清代皇宫，进而影响皇家艺术风尚的历程。我们与欧洲知名的当代音乐家合作，重新演绎曾经飘扬于十八世纪清宫的古老曲谱，并结合海晏堂十二兽言互动装置，诠释出康熙与乾隆两代帝王的跨时空对话，刻画出中西文化的历史性交汇！

雍正 COSPLAY 公仔

在台北展的时候，展期 81 天，先后有 30 万人次前往观展，配合展览设计的文创衍生品，也受到观众的关注和追捧。

此后经年，三山五园文化巡展正式拉开序幕。笔者在这里简单跟大家回顾下主要的几站巡展经历。

2014 年 7 月杭州站除了延续上一站的展览精华之外，引进更多实物展项。例如圆明园、万寿山颐和园、香山静宜园的琉璃构件等，以丰富的展览内容，为观众带来全新的观展体验。

2014 年 12 月，三山五园文化巡展（济南站）在山东博物馆成功举办，这是我们正式巡展首次进入省级博物馆，此次展览中《三山五园及外三营地图》等三山五园相关的清代古地图的展示，将展览内容重心从圆明园扩大到三山五园整个皇家园林；本展还集合山东博物馆馆藏展品和保利艺术馆馆藏展品，共计200件实物展品，集中亮相，配合多媒体展览，让观众更加系统全面的认识和了解皇家园林的精华所在。80天展期，总观展人次约90万人，观众的热情让我们意识到推广传统文化的必要性和可行性，此后我们展览内容逐步扩大到整个三山五园，这是非常重要的改变。

2015年4月28日至5月31日，“三山五园文化巡展——圆明园四十景文化展”在中国国家图书馆典藏博物馆正式展出。本次展览最大亮点为展出了法国国家图书馆向中国国家图书馆赠送的《圆明园四十景图咏》原件再造复制品，这个展项使原属圆明园的珍贵文物以文化交流的方式走上“文化回归”之路。本站还展出中国国家图书馆样式雷图档和故宫博物院“圆明园四十景烫样”；中国国家图书馆藏清代刻本圆明园典籍图书和西文相关图书，版本非常珍贵，此次特展对于促进中法文化交流与理解，推动世界文明多元化融合发展意义深远。巡展采取中法合作开发文物文化价值的模式，为世界各国流散文物的“回家之路”探索了法律以外的途径，在一定程度上打破了海外流散文物难利用的僵局。合作开发、互利共赢的模式有利于推动人类文明的共同进步与多元化融合发展。

2015年12月，以“18世纪东西方古典与时尚艺术之美”为主题的三山五园文化巡展在香港两依藏博物馆展出，本次展览增加了李沙老师古建彩画和孙佩杰老师写意三山五园系列展项。笔者清晰记得当时香港民众怀着对皇家园林无限憧憬和向往进入展厅，仔细观看每一件展品介绍，很多民众没有去过北京，不甚了解三山五园，在观看展览后大家有了寻根同源的归属感。很多观众慕名而来，用不太标准的普通话跟我们导览人员请教展品故事，走的时候会过来跟我们致谢道别。所以文化的力量在此刻终于显现，不管时空多遥远，历史多厚重，文脉相传，血脉相通，终会在另一个时空遇见、感动。

2017年5月18日，三山五园文化巡展走进雪域高原，在西藏自治区群众艺术馆开幕。展览以“亲密关系的历史见证”为主题，此次展览除了呈现出三山五园所代表的旷世园林之美，新开发的三山五园与藏传佛教的展览内容首次亮相于西藏拉萨各族同胞面前。乾隆四十三年（1778年），乾隆皇帝为庆贺自己的七十大寿，邀请六世班禅进京，并在三山五园地区的静宜园和承德避暑山庄仿照西藏扎什伦布寺修建了“昭庙”和“须弥福寿之庙”，同时下令在圆明园内最大的佛教建筑“月地云居”东侧添建“法源楼”，供班禅大师游览圆明园时休憩礼佛，三山五园也因此见证了民族交往密切，交流互融的历史进程，成为中华民族大团结的伟大一幕。

2017 年 7 月 30 日，三山五园文化巡展以“艺术视野下的皇家园林”为主题在江西南昌开幕，开幕式当天下午还举办了“从江西永修到京师三山五园——样式雷建筑文化研讨会”，主题展览 + 主题研讨会新模式尝试。此次三山五园展览第一次来到江西，深入到宫廷建筑师雷氏家族的故里，通过与江西永修“样式雷”文化研究协会等专家、学者的共同探讨，北京市海淀区文化发展促进中心与江西省“样式雷”建筑文化研究会签署战略合作协议，以期进一步推动“样式雷”的学术研究和学术成果的推广发扬工作。展览结束后我们还将部分样式雷相关展品借展永修县雷氏家族祖宅，用于当地展览。

2018 年 3 月 8 日，三山五园文化巡展到高雄展出，展览增加了北京林业大学朱强团队提供的《三山五园历史时间图轴》和“样式雷”地盘图档等展项，让观众可以深入了解三山五园的建造发展历史和探究皇家园林的构造之精妙。因为展览恰逢元宵佳节，巡展的支持单位故宫博物院授权《乾隆元宵行乐图》展项，与台湾地区观众一探皇家元宵佳节喜庆祥和的热烈气氛，为三山五园文化巡展高雄站拉开序幕。高雄皇家买卖街单元展出和售卖三山五园的文创商品和艺术品。买卖街是指皇帝设在皇宫中或皇家园林里的买卖场所，其中街道、店铺、商号、旅馆、码头应有尽有，直接反映了当时的市井文化。在西郊清代皇家园林中，很多园子都建有买卖街，像静宜园（今香山）买卖街在香山寺前，清漪园买卖街在北宫门内（今颐和园苏州街）等。但最著名最热闹的当属圆明园坐石临流景区内的买卖街。而至明清近代的市民生活、文艺已经突破厚厚宫墙的重围、限制，影响着封闭宫廷、贵族的审美趣味与生活方式。

2018 年 9 月，着眼服务国家“一带一路”倡议，推进国际人文交流合作和国家向西开放，三山五园巡展昂首西进敦煌，参加第三届敦煌文博会，开启第十八站之旅。本站展览以“丝丝入扣庭院寄，园园不绝万里情”为主题，除原有展项外还增加“历史穿越趣——中国古文明亲子互动展”的发布，这是我们推出的另一个主题展览，围绕“知识娱乐化、学习情境化、科技人性化、体验多元化”目标策展，按照唐、宋、元、明、清朝代脉络划分五大主题展区，每个朝代设计成一个微型空间，聚焦于一位“代言人”的视角，从

他 / 她的观点或视野来体验古人生活智慧，旨在让孩子们通过一个展览从衣食住行乐五个视角来认识五朝文明和当时的历史风貌，寓教于乐的体验效果，打造一种全新的亲子生活方式。

此外还参与 2018 年尼泊尔文化旅游年。2019 年 8 月 26 日至 28 日，“三山五园文化主题展和文化遗产创意传承专题研讨”在法国巴黎罗斯柴尔德公馆成功举办。

三山五园文化巡展多年来始终坚持发挥与时俱进的精神，不断从多个角度探索皇家园林，以精湛的诠释手法，结合国宝级文物、科技艺术，和欧美及两岸学术研究成果，深度开发清代中国皇家园林与十八世纪欧洲文化交流互动的内容，将《乾隆南巡图》《圆明园四十景图咏》《平定准部回部铜版画》《西洋楼铜版画》《海晏堂十二兽首》《雍正行乐图册》等史料发展为大型的数位体验展品，带领观众穿越时空，深入体验清代盛世最美的梦境！因地制宜开发马戛尔尼来华访见闻、圆明园西洋楼景区与欧洲建筑等多个特色展项，在推进艺术、科技与文化传播的融合发展。

透过三山五园文化巡展的探索与磨合，我们努力尝试找寻可以面向市场的解决方案，结合文化题材、创新路径、全球市场、生产商、海内外博物馆、代理商、技术合作方形成文化产业链，助力三山五园文化大发展大繁荣。

三山五园文化巡展累积了多元素材，如何能够有效满足研究机构、三山五园相关单位、学生群体、社会展览对接单位等等多元化需求，成为现在必须要面对的课题。于是，巡展 + 固展相结合的模式应运而生，2015 年建设的北宫门三山五园文化体验馆承载着这样集展示、研究为一体的目标，通过定期调整展陈目标、展览内容、展示手段，以便进一步加强区域特色文化品牌建设，带动群众参与传播、传承“三山五园”文化。

思考探索共享路径及永续传承发展，将巡展积累的内容和资源形成三山五园文化枢纽；今年我们把“海淀三山五园”微信公众号运营起来，内容分为文化中心、旅游中心、博物苑三板块，作为智慧博物馆的雏形前导版本，吸纳更多的内容，延续初心传承文化将是我们未来不变的理想。

附录　专题发表论文集锦

传统文化资源的价值开发保护传承研究
——以《布依族婚俗视觉符号图标库》为例

郑喜淑[1] 中央民族大学民族博物馆少数民族文物研究所所长

摘　要：传统文化资源是民族的根脉，是人民的精神家园，是党和国家的精神旗帜。传统文化是文明演化而汇集成的反映一个地方特质和风貌的文化，是一个地方历史上各种思想文化、观念形态的总体表征。深度开发利用文化资源，大力促进文化事业繁荣发展，既是守护民族和国家过去的辉煌，又是挖掘保护今天的资源和未来的希望。本文从《布依族婚俗视觉符号图标库》为案例论证文化创意是传统资源中资本价值的实现，是传承和保护传统文化的实现。布依族婚俗文化是布依族的族群习惯、审美心理与民族文化内涵的集中展示与体现，于布依人而言，是人生礼仪的必经过程；于整个社会而言，其作为中华民族传统文化的一分子，发挥着传承和启示的价值与意义。

关键词：传统文化资源　布依族婚俗文化　价值开发　保护传承

---

[1] ［作者简介］郑喜淑，女，博士，中央民族大学民族博物馆少数民族文物研究所所长，副研究馆员，硕士生导师，主要研究领域民族文化遗产与博物馆。

人类学将婚姻看成是一种制度性文化，而婚姻关系和婚姻缔结仪式看作是人们日常生活中最常见和关键的人生礼仪，成为其中普及程度较高的文化现象。所谓人生仪礼就是将特定群体成员在漫长的历史行程中所积淀下来的生活智慧及价值观，生动而含蓄地投影到仪式这样一个极其有限的时空间内。布依族婚礼仪式是具有布依族特色的礼仪文化，也是一种伴随着发展发展而普遍存在的社会文化现象，同时，婚礼也是布依族群体在仪式过程中进行传统文化的传承与展演，以及建构社会关系与增强群体认同的媒介。绝大多数人一生中都要经历很多仪式，婚礼仪式是人生礼仪中的一个重要组成部分。婚姻是男女两性的结合，同时这种“公众宣告”式的婚礼仪式无论是在形式上还是在内容上都是了解民族特性的一种很好的方式。本文试图将以《布依族婚俗视觉符号图标库》为例，用视觉符号进行全面记录和描述布依族婚俗文化，使人们对布依族婚礼仪式有一个较为全面的了解，使人们增强对布依族传统文化和价值观念的认知。同时，布依族婚礼文化是其少数民族文化发展的重要载体，也是对保护传承、弘扬传统民族文化的重要尝试。

一、布依族传统婚俗文化资源

布依族是中国西南地区的一个少数民族，有着独特的语言和婚姻习俗。但随着文化的融合和现代化进程的加快，布依族独有的文化正在渐渐消失。布依族有很多有别于其他民族的婚俗，就比如：相恋（浪哨）的方式是通过唱歌来互相了解彼此，建立感情，进而选择情投意合的伴侣。提亲，通过“浪哨”活动结识并情投意合的布依男女，进入了“媒妁之言”的阶段。议亲，经媒妁之言撮合、双方父母应允的亲事，进入了男方与女方家族人员相互结识的阶段——议亲。婚事的决定权由父母与子女共同做主，婚俗的礼仪事项则邀请(女方)家族人员集思广益，共同为这门亲事出谋划策。订（定）亲，议亲是男方与女方家族人员相互结识的过程，而订（定）亲则是给予男女双方亲朋挚友结识的场合与条件。订（定）亲在布依族内，大多俗称“订（定）亲酒”。结亲，布依族的“结亲”(亦称“接亲”)仪式，是整个婚俗流程中最隆重的仪礼形式。婚期一般于秋收后，媒人通知双方家族做相应准备。整个结亲仪式达 3 天之久。不落夫家，结婚仪式结束，女方不住丈夫家里而独自回娘家居住，称为“不落夫家”或“常住娘家”。该习俗多为结婚仪式的最后一天，女方随送亲客队伍一同回娘家，或是婚后第三天由男方姊妹送回娘家，在男方家居住期间仍由男方家姊妹陪同女方居住，新婚夫妻不能同房。

表一　布依族婚俗仪式

布依族婚俗	男方	女方
探亲	新郎浩浩荡荡地迎亲队伍走在夜晚的山路上。最前面是吹吹打打的乐队，接着是骑着高头大马的新郎，最后是扛着生猪、大米、美酒等聘礼的队伍。	
拦亲	新郎终于到达了新娘家门口，却受到新娘家人朋友的阻拦。布依族通过拦亲的方式对新郎隐晦地传达“如果将来你对新娘不够好，这就是下场”的意思。	
跨火盆	新郎将在午夜的山路上背着新娘，跨过一个火盆，这象征者两人携手克服未来道路上的困难。	
守吉时	布依族的婚礼往往在半夜举行，对他们来说，晴朗的月夜是吉祥的象征。等到某一最适宜的时刻，新娘家会结束拦亲，燃放焰火，将带着红盖头的新娘送出家门。	
浪哨		“浪哨”系布依语，即恋爱之意（“浪”是的布依语谐音，有“坐”的意思，根据谐音，也有“和某某（人）、跟某某（人）”的意思，许多有关布依族婚俗的报道和文章都将此音当成坐的意思，但阿布认为此音译为“和某某（人）”更符合本意，“浪哨”就是“和姑娘（泛指谈恋爱）”的意思。阿布注）。青年男女浪哨的主要方式是唱歌，通过唱歌来互相认识，互相了解，建立感情，进而选择情投意合的伴侣。这样的歌就叫“浪哨歌”有些地区又叫“问由”。“问”即歌的意思，“由”是情人的意思。因此，一般把“浪哨歌”和“问由”译为“情歌”。浪哨歌有初识、试探、赞美、蜜恋、起誓、相念、送郎、苦情、逃婚等九类。
织布		女方送的信物一般是亲手做的帐被、枕套、枕巾、鞋垫等

布依族婚俗	男方	女方
梳妆		新娘婚礼中头上需穿戴十几米长的蓝染布头巾，有画作夸张地表现了新娘的家人为其制作头巾的全过程，将几个月的嫁妆准备时间压缩在了一个空间里。
哭亲		与一般婚礼上的喜庆气氛相反，布依族的新娘出嫁前，全家人都会用号啕大哭地方式来表达对她的不舍，哭得越厉害表示他们越疼爱这个姑娘
婚礼		布依族的结（接）亲仪式与汉族的婚礼仪式性质相似，但程序与事项却更为烦琐。
竹竿舞		布依族有用竹竿舞检验新郎舞技的习俗，新郎还会接受背着新娘热舞的考验
拜天地		新人将在新郎家的神龛前跪拜祖先，在族长的见证下结为夫妇。同时新郎的家人正在为结婚喜宴热火朝天的准备着食材，傍水而居的布依族，喜欢将酸汤鱼作为款待客人的菜肴。
长桌宴		摆长桌宴已经成了人们接待贵客的最高规格。长桌宴也不是随时都可以摆，一般只在重大节庆、集体联谊、接待贵宾等等重要活动中才会摆长桌宴。
不落夫家		布依族没有真正的洞房，喜宴是新郎新娘在屋里屋外分别庆祝，热闹的喜宴过后，新娘会回到娘家，几年之后才会回到新郎家过上真正的夫妻生活。

布依族小伙子在择偶时，姑娘挑花水平高低，仍是他们所要求的条件之一。挑花图案，由无数个小正方形、三角形、平行四边形组成，经过妇女们巧妙安排，图案在严谨中见活泼，在整齐对称中富于变化。其素材多来自大自然中的花卉鸟兽。同时，挑花妇女还大胆采用夸张变形的手法，使之更加稚拙、可爱，甚至还具有现代艺术的意味。六枝落别布依族挑花色调对比强烈，布底多采用深色，配以明亮的五彩色线，使得图案具有一跃而出的感觉。在制作过程中，由于她们对素材的熟悉和娴熟的技巧，不用划线起稿，直接飞针走线绣出各式各样的花纹图案，也堪称一绝。

挑花刺绣是布依族妇女擅长的一种传统工艺，具有浓厚的乡土气息和民族特色。布依族挑花的技术，是用手工在黑布上进行挑刺，它以 × 字为基本针法，“反面挑花正面看，它没有统一的图案，不用草稿，也不打样，全凭挑制者的爱好和丰富的想象力挑制。挑时用一块布盖正面使之净洁，其用经纬交织成 × 形为基本针法，还有插花、豆花之分，在构图上饱满紧凑，均齐对称，疏密得当，挑花刺绣不仅可以装饰，还可起到耐磨布边、袖口、领口、肩膀等各部位衣料的实用功能。有的妇女先用纸剪成底样图案后，贴于上，再用五色丝线平绣而成，有人物、花卉、鸟兽、虫鱼等图案，常用于服饰、帐檐、门帘、被面、背带、围腰、童帽、枕套、头帕、荷包、鞋面等。配以各种花色，色彩调和，纹饰美观。

所谓的文化资源概念学界尚存争议。丹增认为，文化资源是人类发展过程中所创造的一切含有文化意味的文明成果以及承载着一定文化意义的活动、物件、事件以及一些名人、名城等等，我们都把其认为是某种形式的文化资源。[1] 吴圣刚提出，文化资源是人类生存发展需要的、以一切文化产品和精神现象为指向的精神要素。[2] 李东红、杨利美认为，文化资源是人类所创造的物质文化、制度文化和精神文化遗产的总和。[3] 米子川提出，文化资源是指凝结了人类无差别的劳动成果的精华和丰富的思维活动的物质的或精神的产品或者活动。文化资源包括历史人物、文物古迹、民俗、建筑、工艺、宗教信仰、语言文字、戏曲等。[4] 上述学者关于文化资源的定义，从不同方面明确了文化资源的内涵、特性、分类以及具体表现形式，这些多是关于文化资源的静态描述，出于文化资源开发的考虑，本文更侧重于金冠军等人关于文化资源的定义。金冠军指出，文化资源是人们从事文化生产或文化活动所利用或可资利用的资源，文化资源可分为物质形态和精神形态两类。[5] 韦正球认为，文化资源是人类在社会发展过程中创造并借以进一步从事文化生产和文化活动的各种精神产品的总和，包括物化形态的文化资源(如历史遗迹、博物馆、图书馆等)和精神文化资源(价值观、思想体系、意识形态、科学、技术、信息等)[6]。程恩富认为，文化资源是人们从事文化生产或文化活动所利用的各种资

[1] 丹增．文化产业发展论 [M]. 北京：人民出版社，2005:103

[2] 李东红，杨利美．文化资源的价值评估、成本核算与经济补偿 [J]. 思想战线 ,2004(3):97-101

[3] 米子川．文化资源的时间价值评价 [J]. 开发研究 ,2004(5):25-28

[4] 金冠军．文化资源的市场机制配置和政府宏观调控 [J]. 上海大学学报，1994(6):78-86

[5] 韦正球．大资源观初探田 [J]. 学术论坛，2006(2):63-66

[6] 程恩富．文化生产力与文化资源的开发 [J]. 生产力研究，1994.(5):14-20

源总和。文化资源具有以精神形态为主要存在形式的无形性、地域性等特点。金冠军等人把文化资源纳入文化生产和文化生活当中，强调了文化资源可以开发利用的特性，对于文化资源的产业开发具有指导意义。

综上所述，本文将布依族婚俗文化资源为题材，制作《布依族婚俗视觉符号图标库》的案例，对于文化资源的产业开发具有指导意义。

二、布依族传统文化资源的价值

价值是指客体的存在、作用及变化对于主体的某种需要的满足。简单地说，价值就是有用性。自然资源有经济价值，文化资源同样有其价值表现。文化价值指“一定的价值对象显现出的有益于人规范和优化自身的生命存在的功能、意义或意向。”布依族的婚俗文化资源是非物质文化的总和，具有独特的文化认知价值与人生礼仪价值、教育价值、传承价值。

（一）布依族婚俗文化认知价值

近年来，文化自觉与文化自信成为学界乃至社会高度关注的话题，国家软实力的发展与建设成为检验大国风范的重要因素。民族文化作为构成中华传统文化的重要部分，其传承与发展问题显得尤为重要。民族文化传承是民族文化自觉得以展开的基础，而民族文化自觉又是使民族文化有意识、有方向、有信念地发展传承的保障。婚姻礼仪文化是由许多个具体的文化现象组成的，婚姻礼仪研究承载着丰富的文化内涵。自身就蕴含着丰富文化资源的艺术品，在带给人艺术享受的同时，也传达了海量的文化信息，令人叹为观止。如：挑花刺绣工艺和织布工艺。

（二）布依族婚俗文化的人生礼仪价值

布依族婚俗仪式，涵盖提亲、会亲、订（定）亲与结（接）亲 4 个主要流程，均体现了强烈的礼俗观念。提亲时的双媒“走过场”，显示出对女方家庭的充分尊重与媒人工作的顺利进行；会亲时双方家庭把酒言欢增感情，是女方家庭对于对方提亲的交代与回礼过程；订（定）亲时由女方家宴请男方的血缘宗亲、亲朋挚友，实则是对结（接）亲时男方家聘礼的回馈形式。整个婚俗仪式流程在浓郁的“礼尚往来”观念中得以展开，其中人际交往也呈循序渐进的过程有规律地得到维系与巩固。

具体的行为表达背后，一定是由相应的思想观念支配。黔南布依族整个婚俗仪式流程，均于“尊重”与“孝道”的“礼”之观念支配下进行。会亲与订（定）亲流程，起到对血缘宗亲话语权自由的保障作用。一对新人的婚事，其性质由家庭内部之事向两个家族之事转变，出于对血缘宗亲关系的充分尊重，会亲、订（定）亲流程，即是为家族成员提供充分话语权的环节。而双媒提亲，在反映黔南布依人恋爱自由的同时，也体现了其对于父母的孝道。尽管“走过场”式的提亲不具有实质性意义，但对于双方父母而言，在心理上都有子女主动请示、协商的意味。结（接）亲环节中，女儿以亲手缝制的鞋垫拜谢父母的生养之恩，以亲手做成的糯米粑敬公婆日后的教导之情，均体现了中华传统文化之“礼”——孝道。出于尊重与孝道之“礼”，衍生出一系列的婚俗仪礼形式。于是，礼俗在“礼”的支配下赋予“俗”文化内核，“俗”又将“礼”展现得富有生活情趣、民族个性与地域特色。

（三）布依族婚俗文化的人与社会、自然之间的和谐价值

布依族的婚俗仪式，或许对今日社会的异化现象能予以启示。布依人而言，整个婚俗仪式流程，也是他们与自然界、与人、与自我的对话过程。贯穿于仪式全程的祭祖仪式，是布依人朴素的“天人合一”思想的具体行为表达。祖先于天，通过祭拜方式达致与“天”的沟通。“合八字”的婚俗行为，“合”即可结合，“不合”即有为违天命，是稚嫩的人化自然的行为表达。尽管其在寻求与天地、与自然的和谐共处中，行为思想显幼稚乃至懵懂无知，但却显现了布依人极度渴求自身于自然中的和谐统一愿望；以金桂同声比拟自家女儿身份矜贵，以蒜、葱寓意子嗣伶俐聪慧，是布依人与自然相处过程中，“万物有灵”观的特殊表达；特设会亲、订（定）亲仪式以显现血缘宗亲的充分话语权地位，以及亲朋挚友乃至街坊邻居的高度热情、主动张罗的态度，是布依人于人际交往中寻求与人和谐的做人态度；经过异文化冲击与洗礼的布依青年男女，仍然能遵循民族礼俗并乐意为之，是布依人与自我内心和谐共处之道。

三、布依族婚俗文化视觉符号图形设计信息数据库开发

传统文化资源与当代艺术创作是互相联系的两个方面，前者是基础、前提，后者是对前者的继承和发展。有继承才有创造，艺术的创造不是在一个虚无的真空中实现，而只有立足历史语境，才会有创新和延伸。充分利用传统文化资源进行当代艺术创作，是当代语境下的必然趋势。少数民族传统婚俗文化，沉淀着博大深厚的传统文化，凝固着人类的情感和审美艺术，只要我们深入挖掘，充分利用就会发挥其价值，转化成生动的艺术语言形式，使其焕发出艺术的活力。

布依族婚俗符号化设计是由中央民族大学美术学院美术学院学生陈霄、马圆圆、姜士茜、霍永鑫为成员，张志伟、牧婧、胡柳指导教师团队设计的作品。此设计以布依族婚礼习俗为题材，结合布依族传统挑花秀工艺，对布依族婚俗文化整理、提取、重构、视觉表现的展示，转化为数字化符号图标与文化深度结合，借助动态表现和多元传播媒介，进行互动式的体验，最终达到民族传统文化传播的目的。此作品还有很多可发挥的空间，尝试了部分表现形式，将继续进行其他尝试，寻找更多的可能性。

（一）布依族婚俗符号化设计是传统文化元素与高科技元素的融合。

布依族婚俗符号化设计是以布依族婚俗故事，作为创作的立足点，结合传统挑花秀工艺，把传统文化资源与当代视觉艺术结合起来，设计出独特的时代特色的民族文化符号和艺术形式的作品。

首先，元素提取。针对布依族现有的文献及文物资源，如婚俗故事、内涵元素、象征物符号等，将具有布依族婚姻特色的资源进行整合分类，结合布依族传统挑花秀工艺，提取具有代表性的婚俗元素建立数据库；其次，产品匹配。寻找当下流行的时尚表达载体，结合布依族挑花刺绣元素进行再设计。发掘元素与载体之间的共性与联系，对提取的图案、色彩、结构进行拆分、抽象或重组，创建出新的色彩群与图案组，赋予载体新的生命；第三，载体延伸。基于产品匹配找到某个对应的设计载体，以此为中心，将相近功能的产品并入到设计范围，形成文创产品的群组。通过赋予产品群组新的文化内涵，开发出具有博物馆特色的文创产品；第四，统

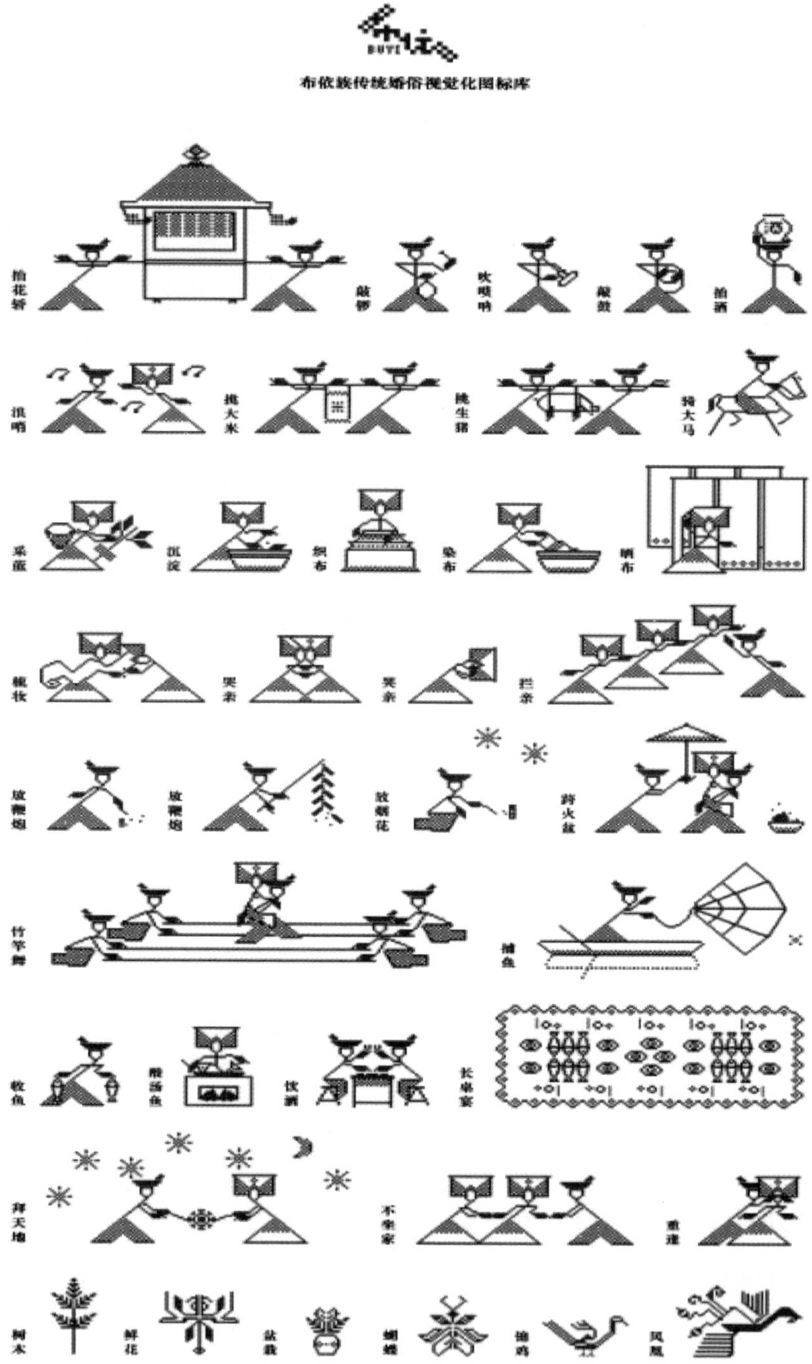

图 1 《布依族婚俗视觉符号图标库》

一组合包装。产品的包装需与内容匹配。在材质、颜色、图案的选取上要与产品本身呼应。例如具有传统风格的文创产品更适合使用天然的材质与布依族古靛蓝色彩。

艺术作为一种生产方式，在今天的社会运转系统中，已经同其他方式发生了最大的交叉与黏合。这表明艺术在当代已经不是以唯一的方式存在，而是混合在一起的综合艺术，她以不同的方式寻找资源，包括高科技带来的成果，同时也包含被改造、利用优秀传统的文化遗产，甚至是艺术创作的“理念”与传统资源的融合，在艺术形式上的创新，都是当代艺术借鉴传统文化资源的新发展。以民族传统文化艺术特定地域性文化的符号作为创新资源，无论是从事当代艺术创作的艺术家，还是从事其他艺术创作的设计者，都是从传统文化资源中汲取营养，在借鉴传统文化元素的基础上，融入现代性理念，甚至结合高科技元素，运用自己的智慧和胆识，使作品充满无穷意味。因而，在社会的巨大变革中，当代艺术是一种社会性的行为，是与社会紧密联系的产物，艺术观念、语言的变化和发展，就是不断继承传统和否定过去。充分利用传统文化资源，既是一个不断拓展和延伸的过程，同时也就是一个不断继承与否定的过程，在此过程中作品充满了时代气息。

（二）布依族婚俗符号化设计是传统文化元素与现代性理念的融合。

当代社会的科技化、信息化，对新的观念与思维方式的形成起到了积极的作用。一方面，传统文化资源在当代艺术创作中体现出特定的价值，为我们重新审视传统文化提供了无限的空间；另一方面，新的技术、新的材料为艺术创作的多样化提供了更多的媒介材料，艺术家在寻找传统文化资源的个性的表现语言中，对各种非传统材料的选择利用，创造了艺术表现的崭新空间。民族传统文化艺术资源随着时代的变迁，已经形成文化历史遗产资源，抓住市场全球化的机遇，使其变成各种各样的文化商品，实现落后地区的经济跨越式的发展，增强文化的活力和影响。

（三）布依族婚俗符号化设计是传统资源中资本价值的实现

传统文化研究要为现代文明建设提供有效资源，十分需要能揭示并设计出传统文化由资源转化为资本的环节和途径，其中的关键是创意。从文化产业、创意产业的角度讲创意，是现今一些经济学家和企业家的论说热点。这里着重想说明：为着实现传统文化由资源向资本转化而引入的创意观念，其内涵包括思维智慧和产业化经营两个方面，应是创意之“道”与创意之“术”的互动结合。创意在本质上是创新(创造)。创新源于发明但又高于发明。美国管理学家彼得·圣吉对发明和创新的关系的论述颇为到位。他称：“当一个新的构想在实验室被证实可行的时候，工程师称之为‘发明(invention)，而只有当它能够以适当的规模和切合实际的成本，稳定地加以重复生产的时候，这个构想才成为一项创新”[1]。表达的意思很清楚：一个发明的构想，只有通过实际运作获得落实和推广的效应才能称为“创新”。彼得·圣吉是被美国商业周刊推崇为当代杰出的新管理学大师，其致力于系统动力学与组织行为理论、企业管理实践的融贯和沟通，提出了著名的“学习型组织”理论。所以，他从“创新”与“发明”的关系中阐述“创新”含意，不是局限于工程技术领域，而是涉及“创新”活动的本质内涵和普遍功能。受此启发，我们对传统文化资源转化为文化资本中的“创意”(创新)就需要有新的理解和阐述：首先，这种“创意”不是仅指学者们的研究思路和学术成果上的“创新”，因为当学者们声称通过案头研究已探索到，并完成了传统文化资源的“价值再发现”时，那还只是“发明”，只有将这种“发明”纳入社会化、产业化运作的轨道，实现传统资源规模性转化和传播，获得社会共享，实现文化资本的价值增值时，才能称之为文化创意或文化创新。就此而言，真正的“创意”，应该包括学术发明和实践智慧两个方面，具有价值(社会的、经济的)效应的。难怪美国人在规划创意产业、文化产业的发展时，先要在智慧和创造的意义上阐明“文化资本”的内涵和功能。2001年，美国有个作为国家项目的《艺术、文化与国家对策》研究报告，其中强调：“美国文化是美国智慧和创造精神积累而成的一种资本。这种特殊的资本既是人类成就和历史的宝藏，也是人类创造力和创造精神的源泉”。还指出：在当今全球知识性经济社会中，美国文化资本应“作为一种关键性社会资源”[2]。美国人基于文

[1] 彼得·圣吉，郭进隆译．第五项修炼[M]．上海：三联书店，1998：5

美国文化艺术中心给美国总统文化决策的建议．中国企业形象管理网，2006. 8. 13

[2] 戴志康．文化、资本与财富．http://www.ionly.com.cn ,2005. 5. 17

化资本概念来理解创意，规划创意产业和文化产业的发展，是可供我们参考的。其次，这种“创意”的实现必须要有新的组织体制和运作机制，既要突破过度细分的学科专业分限，又要突破学术事业和文化产业的两离。在现有条件下，可以先在志同道合组建的基础上，争取政府指导、支持，实施学者——商人联合研发，推进事业型与产业型两个不同功能的“发明”群体之间的优势互补，促成长效化的“创意”互动。最后，这种创意一定要发展成创意产业才真正是有价值的。传统文化资源转化为文化资本过程中的“创意”，不仅要有社会效应，也要通过资本的经济增量来体现，这样才能有文化价值和资本价值的同步实现。所以，文化创意是以产业化经营为基础和条件的。一个尖锐的问题是：文化创意的产业化运作是否会削弱和破坏文化资源的固有价值？这里确实存在着两难选择，也是文化创意产业难以避免的经营风险。产业经营当然有风险，但很少有人因为有风险而放弃经营。关键还在增强风险意识，设置风险减缓以至避免的预控机制，落实社会性综合监督保证措施。应该相信，文化创意的产业化经营更多的是应该有利于传统文化资源价值的保护、开发和传播。

四、传统文化资源的价值开发是文化遗产保护与传承

（一）传统文化资源的价值开发是传承文化遗产的实践

艺术创作是一种“再创造”，它根植于传统，同时离不开其特定的文化语境，它为艺术提供了一个具体的符号表达与意义生成的空间，随着时代的发展而延续、嬗变和发展。当代艺术创作借助现实的文化语境，以民族传统文化发展为立足点，多元化与个性化协调发展，使处于“休眠”状态的传统成为艺术创新发展的动力，拓展和延伸了当代艺术发展的新空间。只要我们深入发掘，充分利用就会发挥其价值，转化成生动的艺术语言形式，使其焕发出艺术的青春与活力。

尤其是动态游戏交互方向和体验游戏《布依族婚俗视觉符号化科普设计》有很大的普及传统文化的教育价值。

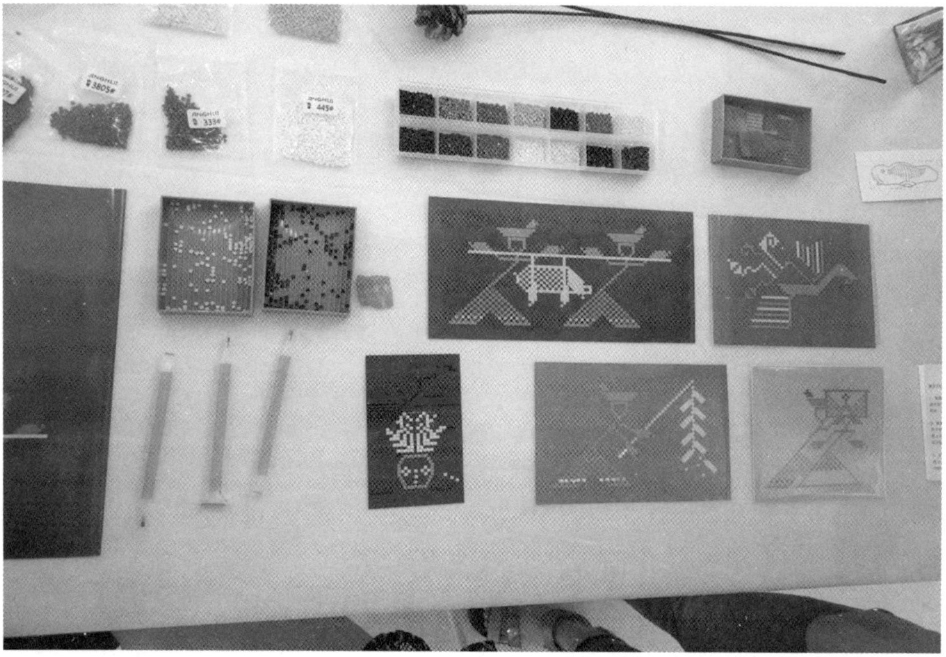

图 2　体验游戏——《布依族婚俗视觉符号化科普设计》

（二）传统文化资源的价值开发是保护文化遗产的实践

《布依族婚俗视觉符号图形设计信息数据库》就是针对流失的布依族婚礼习俗为题材，结合布依族传统挑花秀工艺，进行视觉符号化图标库的设计。非物质文化遗产是人类无形的、世代相传的活态文化遗产，体现着一个民族的发展特点和文化内涵，是不同民族历史演变的文化基因。一个国家的文化特色已然成为本国的文化生存支柱，保护和传承本国优秀文化遗产是每个国家的使命。在我国，长期以来非物质文化遗产的保护与传承主要是政府主导，国家事业经费支持，各级地方政府牵头来进行。但由于我国非物质文化遗产的种类和数量极其庞大，政府主导这种单一的保护方式以及保护经费的不足等局限都使我国非物质文化遗产保护事业面临严峻的挑战。另一方面，非物质文化遗产中有诸多以优秀“手工技艺”传承而闻名，诸如：各类刺绣、民间剪纸、漆器、木雕石雕玉雕、泥塑、陶瓷烧制等等，门类繁多举不胜举。这些手工技艺类遗产在传统社会生活，从一定的实用功能价值到如今极高的审美价值，一直是中华优秀传统文化中的瑰宝。

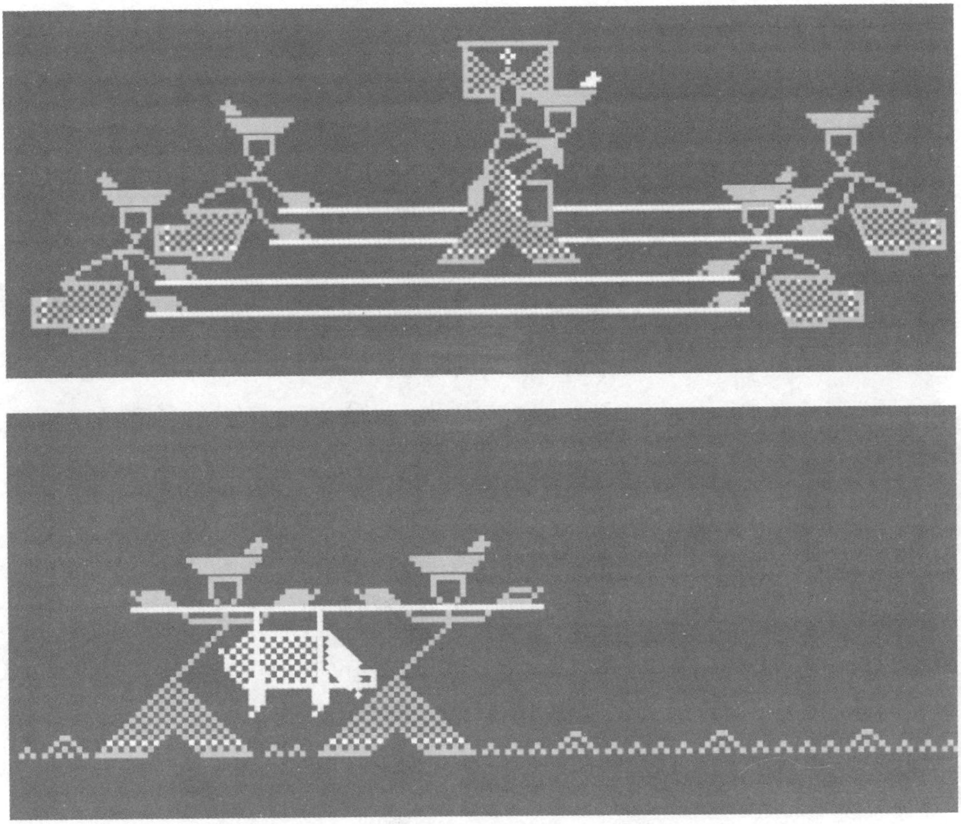

图 3　动态游戏交互方向——竹竿舞和抬生猪

结语

人生仪礼是集中体现特定群体鲜明认同意识的重要文化载体。尤其是对于少数民族群体而言亦是如此。可以说，这些传统仪礼在长期艰难困苦的生活中赋予了他们生存的活力，成为其构筑民族自尊的坚强支撑和原动力。与此同时，我们必须注意到，传统文化的传承又是一个极富动态性的变化过程，需要顺应社会变迁而进行不断的调整和重建，只有这样才能实现其世代延续下去的美好愿望。如本文所述，布依族婚礼传统在当代的重建及其具体实践所映射的正是这种文化传承的原理。因此，对少数民族传统仪礼的传承现状进行更为细致而深入的研究，并在此基础上进一步探讨民族文化发展的有效模式，既是时代赋予学界的重要使命，也是一种机遇。

在目前本土文化根基不稳固、元气不足，且异文化源源不断通入的背景下，传统文化在社会参与中必须坚持文化独立性、坚守文化自信、践行文化创新，为未来发展营造足够的生存空间。

首先，布依族婚礼文化是社会生活中重要的人生礼仪，当地人赋予了丰富的文化内涵，它集中反映了布依族群体的传统文化、价值观念和行为模式。

其次，传统文化资源的价值开发研究，不仅能够全面了解布依族少数民族婚礼仪式的变迁、婚礼仪式象征及特色、婚礼仪式的功能和文化内涵，而且能够增强对其承载的社会和文化意义的理解。

最后，布依族婚礼仪式这一具有鲜明的民族特征、地方特色和承载意义的特殊形式，能够发展至今，既是民族智慧和创造力的结晶，也是民族自觉的体现。

通过《布依族婚俗视觉符号图标库》案例的分析，传统文化资源的价值开发促进了对非遗的保护与传承功能。传统文化资源的有效开发，能进一步激发和突出我国文化创意产业的活力与特色，必将成为我国文化产业发展的重要助推器，也将成为一道独特的风景线，为我国优秀传统文化的有效传播和传承开创一条道路，让中国文化、中国元素更好地走向世界。

参考文献

[1] 丹增 . 文化产业发展论 [M]. 北京 : 人民出版社，2005 年

[2] 吴圣刚文化资源及其利用闭 [J]. 山西师大学报 (社会科学版),2005(6)

[3] 米子川 . 文化资源的时间价值评价 [J]. 开发研究，2004(5).

[4] 金冠军 . 文化资源的市场机制配置和政府宏观调控闭 [J]. 上海大学学报，1994(6)

[5] 韦正球 . 大资源观初探田 [J]. 学术论坛，2006(2)

[6] 程恩富 . 文化生产力与文化资源的开发 [J]. 生产力研究，1994(5)

[7] 彼得 · 圣吉，郭进隆译 . 第五项修炼 [M]. 上海 ：三联书店，1998

[8] 美国文化艺术中心给美国总统文化决策的建议 . 中国企业形象管理网 ,2006.8.13

[9] 戴志康 . 文化、资本与财富 . http://www.ionly.com.cn,2005.5.17

[10] 李东红、杨利美 . 文化资源的价值评估、成本核算与经济补偿 [J]. 思想战线 ,2004（3）

VR/AR 技术在韩国博物馆中创新发展与启示

金宝镜[1]　金娜瑛[2]
中国工艺美术大师博物馆副馆长、韩国旌善 507 美术馆馆长

提　要：5G 网络时代的博物馆消费者是以数码产品和网络为基础，拥有沟通主导权、独自行动的主动型消费者，又是比起理性更重视感性、比起认真细致的思考更强调即时瞬间感性的数字故事人。他们关注的是五感、价值、经验、历史等要素。现代博物馆成为具有美感、历史感、科技感的博物馆需要的是通过 VR、AR、MR、XR 技术成为“活着”的博物馆。韩国敦义门博物馆是一个很好的例子。博物馆作为现有的展示教育空间，应超越收集、挖掘、维护、保管的层面，成为满足消费者各种需求，进行愉悦体验的空间。为此，技术和文化艺术要积极融合。专家们的合作应该得到更多重视，给予其发挥的空间。

关键词：5G　VR　AR　MR　XR 技术　博物馆消费者　千禧一代　敦义门

[1]　[韩] Kim Bo Kyong (金宝镜)，北京大学博士，教授，中国工艺美术大师博物馆副馆长。现执教于南昌工学院，兼任首尔大学人文研究院中国学研究所研究员、KBS (Korean Broadcasting System) 广播电视研究所研究员。

[2]　[韩] Kim Ns Young(金娜瑛)，弘益大学博物馆学研究院博士及策展人，现任韩国旌善 507 美术馆馆长，韩国策展学会会长，韩国融合学会学术理事。

一、引言：5G 时代韩国社会的趋势及韩国千禧一代消费者的趋势

随着 2019 年 4 月 3 日推出 5G 智能手机，韩国三个移动运营商（SK Telecom，KT，LG U+）推出了 5G 服务，并实现了全球首个基于智能手机的 5G 商业化。5G 是推动公众和整个社会进行创新变革的动力，并有望为改善公民的生活质量和升级文化艺术产业的基础设施做出巨大贡献。5G 是指第五代移动通信，与现有的第四代移动通信（长期演进）相比，它可以非常快（超高速）地传输大量数据并实时连接所有内容（超低延迟）。它是第四次工业革命的核心基础设施。

现有移动通信（4G）和 5G 的核心性能比较 * 国际电信联盟（ITU）				
核心性能		4G	5G	与 4G 对比
超高速	最快传送速度	1Gbps	20Gbps	20 倍
超低延迟	传送延迟	百分之一秒	千分之一秒	1/10
超链接	最多可匹配机器数量	十万个 /km²	百万个 /km²	10 倍

因此，预计 5G 将极大地改善现代人的生活质量，成为推动公众和整个社会进行创新变革的动力。换句话说，这有助于提高所创造的内容与现实并无差距，甚至可以实现在虚拟现实中的互动，也有可能实现沉浸式远程学习。5G 时代的到来及高速传输大量数据得以实现，8k 内容的使用环境将会加速取代 4k 内容的使用环境，并且会加速虚拟现实及增强现实内容的使用和传播。

Figure 1、动态现实媒体消费

如今，在线和离线之间的界限正在变得模糊，虚拟现实和增强现实已用于游戏、医疗、教育、购物和展览等各个领域。本研究将着重关注 5G 时代的虚拟现实与增强现实，讨论什么是虚拟现实、增强现实、混合现实和扩展现实（VR，AR，MR，XR）以及韩国千禧一代[1]怎样适用上述技术于生活和消

[1] 千禧一代是指世界范围内 1982 年至 2000 年出生的一代人，在韩国指 1981 年至 1996 年之间出生的婴儿潮一代（1955 年至 1986 年出生）的孩子，以 2009 年为基准大概 23 岁至 38 岁之间的人。ko.wikipedia.org 参考。

家庭式高画质真实 entertainment

移动式动态现实型媒体

费。根据韩国消费者趋势报告，以劳逸结合[1]、性价比[2]、经验、“新复古风[3]”等作为关键词的韩国千禧一代，倾向于以自己独特的方式去消费。韩国千禧一代不仅是 5G 时代 VR 和 AR 的主要消费者，而且还是开发 VR 和 AR 技术的主要一代。因此，了解他们有助于预测 VR 和 AR 技术在第四工业时代被如何利用和发展。而本人更加专注的是 VR 和 AR 技术在博物馆运用中的发展。除了博物馆已有的展示、保存等作用，这篇文章着重于讨论如和运用 VR，AR 技术来将博物馆发展成集美、历史、科学为一体的动态博物馆，及其现状和启示。

二、VR，AR，MR，XR 的定义及生活中的应用案例

虚拟现实（VR，Virtual Reality）和增强现实（AR，Augmented Reality）都是虚构的现实，有着可以提供现实生活中无法体验的新环境、扩张体验等

[1] 劳逸结合（Work-Life Balance），根据宋英美，《关于工作和生活的平衡的质量研究：以深层面试为基础的均衡条件的探索》，高丽大学研究生院硕士论文，韦拉贝尔（Wolabel）是 Work-Life Balance 的简称，意思是工作和生活的均衡。

[2] 性价比是首尔大学消费趋势分析中心预测的 2018 年消费趋势之一，是指比起价格和性能更重视心理稳定和满足感的消费形态。这是表示性价比的“性价比”加上“心”字的新造词。2018 年广告公司 HS Ad 对 SNS 上的 120 亿件大数据进行分析的结果显示，从 2017 年下半年开始，加审比超过了加成比的提及量。

[3] 新复古风（Newtro）：根据 eduwill 常识研究所，《eduwill 试思式 2018 年 11 号》新造词，新造词 (new) 和复古 (retro) 与流行转来转去的说法有关。 实际上，通过过去流行的设计在数十年后重新流行的现象可以确认这一点。中老年文化是指在模拟感性的基础上，利用最新技术强化功能的商品（服务），给中老年人带来回忆和乡愁，给年轻一代带来新鲜和乐趣。

的共同点。但是，现实是虚拟现实是一种体现新空间的技术，而增强现实则是一种在现实世界中增加虚拟体验的技术。换句话说，虚拟现实技术是一种能够让用户感觉自己好像在虚拟空间中的技术，通过使用可穿戴设备，用户可以体验到自己在水中或宇宙中等不同的空间中的感觉。增强现实是一种将虚拟图像叠加在现实世界中的技术。与虚拟现实（完全虚拟的图像）不同的地方在于，增强现实将一些虚拟图形添加到现实世界中。前段时间一直是热门话题的《Pokemon GO》就是一款利用增强现实技术的游戏。与需要使用特殊设备才能显示新环境的虚拟现实不同，增强现实更易于使用，因为它可以直接通过智能手机应用程序运行。

"Pokemon GO" - 因虚拟角色出现在现实世界中而广受欢迎的游戏

混合现实这一术语出于完善现有技术的局限性的意图，这一技术融合了 AR 与 VR 的优点，也就是说，该技术通过在现实场景呈现虚拟场景信息，将现实世界和虚拟世界重叠起来。听起来与 AR 的区别可能是模棱两可的，但是如果说在 AR 技术中能够清楚地分辨出真实的内容和虚拟的内容，那么 MR 技术中两者是几乎无法区分开的。这项技术在微软公司发布 HoloLens 时开始被广为人知。

Figure 2、MR，利用了 HoloLens 的福特

近来，将 AR、VR、MR 等包含在一起的技术——扩展现实（XR，Extended Reality）这一术语也开始被使用。扩展现实在词义上与增强现实类似，但在技术上被解释为完全不同的形式。XR 中的“X”代表的是变量。这一术语包含着未来可能会出现的不同形态的“现实”。XR 技术将向着现实和虚拟之间的距离消失，从而能够触摸到放置在现实空间中的虚拟物体的方向发展。因此，预计在未来不会复杂的区分 AR、VR、MR，而是会简单地表现为 XR。

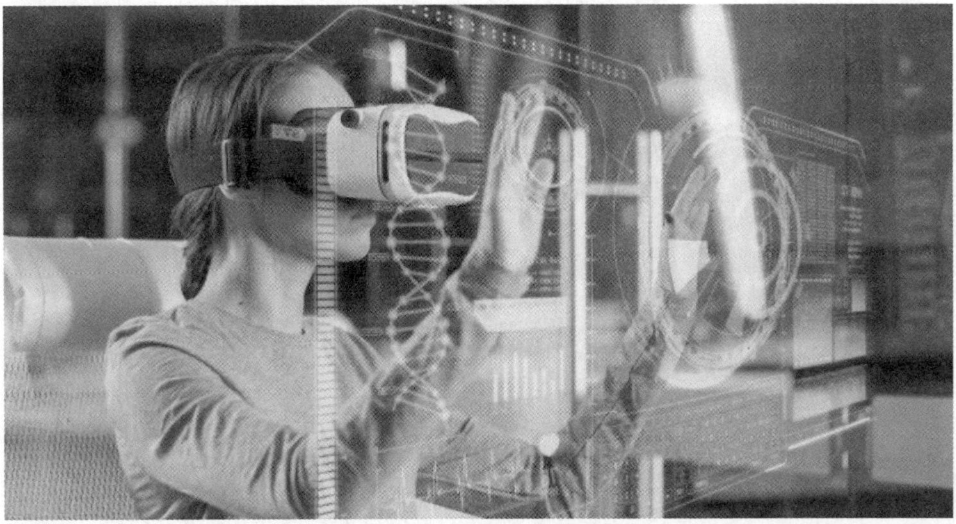

Figure 3、XR 应用案例

随着这些市场的快速增长，现有许多跨国公司都在关注并积极地进行投资。根据 Counterpoint Research 的最新报告，2017 年全球 AR / VR / MR 耳机的出货量约为 1000 万台，但由于 AR 的快速增长，预计到 2022 年将销售超过 6600 万台。

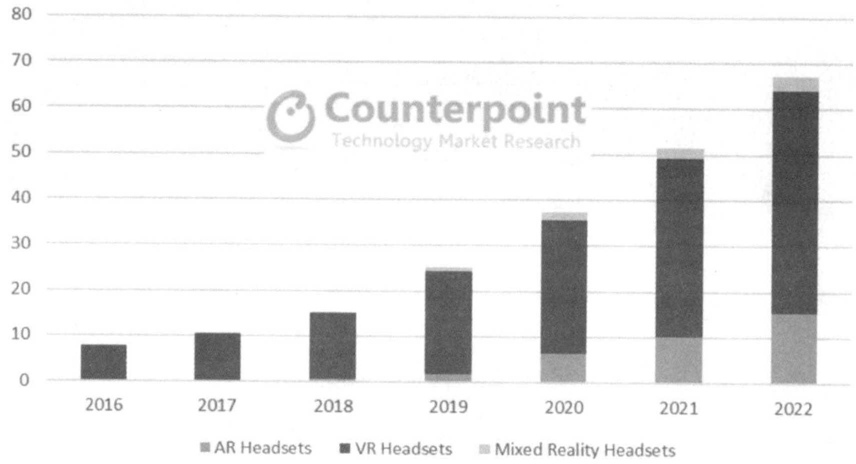

AR VR MR-Headset shipments forecast

通过 2018 年发布的“头号玩家”，可以预想活用 AR、VR、MR、XR 的状况 [1]。可以在与现实基本没有差别的增强现实或是虚拟现实中，做出实际交互式的内容，也可以亲身体验。

（一）虚拟现实与增强现实技术在教育中的应用

在教育领域，虚拟现实和增强现实的使用正在增加，这是将来发展空间非常大的领域。

虚拟现实技术在教室中也很实用。坐在教室里，就可以体验数千公里外的异国风光或壮丽的自然风光。谷歌公司推出的“ Expeditions”项目就是一个典型的例子。这是一个将虚拟现实内容，例如巴黎卢浮宫博物馆的内部、中国长城的风景以及太空中的地球等作为学校教学内容的项目。谷歌最近在

---

[1] “头号玩家”是美国在 2018 年发布的 SF 冒险类电影。该片根据恩斯特 · 克莱恩同名小说改编，是一个展现虚拟现实的好莱坞大片。

巴西里约热内卢的小学在教室里进行冲浪培训

美国、英国和加纳的小学进行了演示。2015 年，三星在巴西里约热内卢的一所郊区小学为学生举办了一次冲浪课。[1]

例如，学生们可以通过虚拟现实体验从未访问过的各个区域，与此同时学习这些地方的历史、地理等，也可以借此体验宇宙真实的样子来学习科学。也可以在读书时，通过虚拟现实技术体验书中提及的场所和背景。像解剖学或建筑项目等领域中，的确通过提供虚拟图像来学习。与其阅读文本中的历史教科书，可以通过虚拟现实真实地体验当时的时代，从而加深理解和学习。整合这些技能可以帮助激发学生的积极性和参与度，从而提高教育效率和互动性。由此，通过虚拟现实和增强现实，能够通过体验来生动地学习新知识，能够进行现实生活中无法体验的宇宙、海底、人体等的亲身体验，而这有利于低成本高效率的教育。

[1] 朝鲜日报 2015.0626.《假象还是真实……》；巴西冲浪冠军加布里埃尔·麦迪纳(Gabriel Medina) 使用 VR 教巴西小学生们学习冲浪。将“ Gear VR”设备戴在头上后，站在模拟冲浪板运动的设备，则可以体验在海面上骑行真实波浪的快感。

（二）虚拟现实与增强现实技术在购物中的应用

近来，在商场和购物车中也经常提到虚拟现实和增强现实。虚拟现实和增强现实也可以用于将视觉体验非常看重的购物当中。其中积极使用增强现实技术的情况之一是家具。在考虑购买家具时，常常会考虑到“希望能提前知道我挑的家具适不适合我的房子”等想法。若是在此应用增强现实，可 以通过机器在用户希望的地方放置家具，就像真的在装饰房子一样。产品的尺寸和设计也可以根据实际产品的比例进行调整，因此可以灵活地放置虚拟家具甚至是购买家具。

宜家，利用增强现实在空间中放置家具

目前，宜家为消费者提供可以运用增强现实的APP，使消费者可以体验到亲自以自己的品位装饰空间的乐趣。这样的方式也可用于时尚领域。除了Zara的“智能商场”和“体验型商场”外，Nepa和Millet的“THE RIDGE354”也引入了物联网，VR（虚拟现实）和AR技术。消费者可以利用通过摄影提供的360度虚拟试穿的服务。在这里，可以通过虚拟的方式，亲身试穿挑选的衣服以考虑衣服是否适合自己。ICT（Information & Communication）也可用于消费者的私人定制服务。金刚制鞋（KumKangshoe）推出了3D足部扫描仪，它可以帮助准确地测量尺寸，并使用 3D 扫描技术测量整个脚部 360 度的形状，从而测量 22 个详细项目，例如脚的长度，脚背的高度以及脚之间的差异。也就是说，可以通过提前体验适合自己的产品来提高品牌的满意度。这也适用于购买化妆品。即使不去商场试用口红、眼影等，也可以通过 app 的虚拟现实技术来体验各种不同颜色和质地的化妆品。

虚拟现实与增强现实技术在驾驶中的应用。近年来，汽车基本上都在车内配备有导航信息以提供导航服务。此外还有为飞行员提供的带有增强现实技术的智能眼镜。飞行员在试戴这种 Aero Glass 之后，可以通过自己的视野直接看到有助于飞行的必要情报，如同地形、路线、交通情况、天气等。通过增强现实技术提供的信息会叠加在真实信息上，而不是叠加在称为导航的小显示屏上，因此就可读性和有效性而言，可以更方便、更安全地使用它。

增强现实技术用于宝马导航系统的案例

而且，出于教育和培训的目的，虚拟现实和增强现实已经达到成熟阶段。日本航空（JAL）正在利用微软公司的 HoloLens 技术开发有助于飞机飞行培训和维护培训的培训工具。这能使飞行员和机组人员通过 AR 体验真实的飞行情况，也有助于机械师学习和加深有关发动机的结构、零件、维护等工作的技术。

由于5G的商业化以及智能手机和VR可穿戴设备的结合，AR和VR进入了我们的生活，使我们能够以低成本享受虚拟现实。现在的时代，任何人只要真的下定决心，都可以轻松体验到虚拟现实技术。

三、AR和VR在韩国博物馆应用的案例

近来，各大博物馆已经进行了许多研究以各种方法向访客传递诸如“教育”和娱乐的作品信息。尤其是随着智能手机的普及和5G时代的到来，互联网和数字设备的性能得到了改善，计算机图形处理技术也应运而生，并尝试将其应用于博物馆领域。最近，韩国也开始将增强现实和虚拟现实技术应用于博物馆的展示和制作、教育等方面，也就是将这些技术应用于寓教于乐的故事制作方面。而能够利用二维码App来详细查看文物或是作品的周边信息的环境也开始变好起来，可以使参观者更加关注单个的观看体验。

韩国国立中央博物馆

AR Curator DID(数码放大镜)

自2015年以来，韩国领先的博物馆——韩国国家博物馆也开始积极引入AR技术，将展览信息活灵活现地带给观众。去国立金属艺术博物馆，就会发现国宝天兴寺钟。制造于高丽时代1010年，它是韩国最古老的钟。在过去，参观者只能满足与用肉眼看看这个钟，但在引入AR Curator之后，便可以听到钟声。

首先，在进入博物馆之前，请通过智能手机下载在韩国国立博物馆免费分发的应用程序“ AR Curator”。下载该应用程序后，只要将智能手机放在天兴寺钟前，就会出现有关这个钟的信息，随后会弹出播放键。按下播放键之后，就可以听到宏伟的声音。此外，仔细查看展示着文物的玻璃橱窗内，就能看到很多文物上都标有“AR”标志。也就是说将手机靠近标有“AR”标志的文物时，有些褪色的文物会展现出清晰的纹路并且放大，甚至会展现出在没有火的蜡烛上点燃火焰的景象。

此外，通过按安装在金属工艺室中的大型触摸屏的列表，可以查看各种有关文物的详细说明。其中最引人注目的是被称为“数码放大镜”的技术。就像在智能手机上可以用手指放大照片一样，参观者可以在手机 360 度旋转文物以进行放大和详细观察[1]。由于真实的文物就放在屏幕边，所以可以相互对比着观察。

进入展厅后，可以通过智能指南更轻松、方便地欣赏作品。也是经常在美术馆和博物馆中可以看到的音频指南的进阶版本。音频指南是一种需要佩戴耳机，按下文物旁边的按键时才会出现简略说明的机器。另一方面，数字指南可以使用 HD 分辨率和 5.5 英寸大屏幕终端，是参观者不仅可以听到语音，还可以看到视频信息。安装在天花板上的红外传感器使每个终端都能独立识别每个部件，因此无须去按下每个文物旁的按键。它配备了触摸功能，可让使参观者旋转和放大屏幕上的文物影像。此外，如果按下“常设亮点”按键，智能指南会自动挑选出不可错过的主要作品。如果忘记了刚刚浏览过的文物叫什么名字，不必返回去再看，只要按下“回放”按键就可以了。如果手机带有 Beam 功能，那么只要把智能手机靠近智能指南，就可以用自己的手机下载作品的图片。

敦义门 博物馆村

敦义门 展览馆

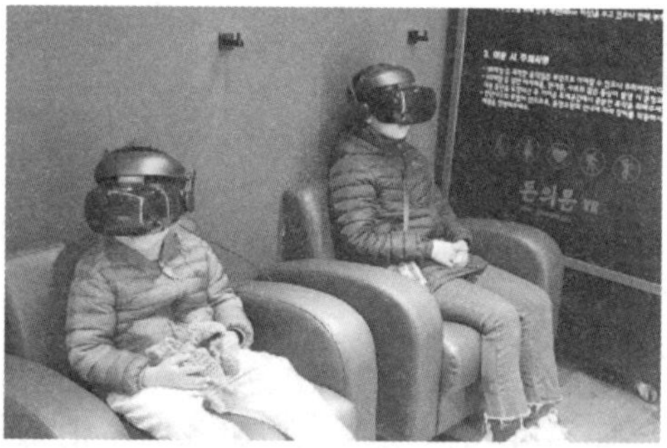

敦义门 体验馆

在朝鲜时代汉阳都城的四大城门之一，“敦义门”在日本占领期间消失了 104 年之后又复原了。以西大门更为知名的敦义门，是代表韩国文化遗产。在

[1] 韩国最早引入数码放大镜的是 Leeum，这是一家三星美术馆，于 2004 年从龙仁迁至汉南洞。进入美术馆，就可以大厅的一堵墙上放置着三个大型显示器，而在那下面则放着小的触摸屏。这是一种能够将以 8000 万像素拍摄的伪像的照片旋转 360 度并放大至原来的 6 倍的设备。

1396 年汉阳城建成后随四大城门和四道小门一起搭建成功。在 1915 年日本殖民时期因道路扩张而被拆除后，进行了几次修复尝试，但情况并不可观。因而在数字技术的帮助下，首尔市制定了一项修复计划，并将其作为旅游内容展示出来，使国内外访问首尔的游客都可以体验到。特别是在此修复过程中运用了第四次产业革命的重要 IT 技术之一——增强现实技术。

如果下载自主开发的移动应用程序“敦义门 AR”并在正东路口附近运行，可以从多角度观看敦义门过去的壮丽景色。随着不同时间段，会展现四种以上的图像，从而可以欣赏到敦义门各种风景。好似敦义门当年的风景历历在目。此外，安装在正东十字路口旁的自助服务亭提供有关敦义门的历史和修复过程的简要信息，以及安装敦义门 AR 体验应用程序的介绍指南。可通过 55 英寸 kiosk 屏幕欣赏再现的敦义的风景。

为了扩大敦义门 IT 再现的体验，并吸引新游客涌入敦义门博物馆村，也在敦义门博物馆村里开设了一个三层规模的体验馆，可以看到敦义门的简化模型和记录过去风景的摄影展。敦义门虚拟体验 VR 区中，安置了八个 VR 设备，用来观看敦义门的周边环境，也能够体验到爬上城墙欣赏首尔风光的真实逼真的体验。之后也将会增加，通过 VR 穿越到建造敦义门的朝鲜时代进行时间旅行，或观览汉阳都城的各种新内容。用数字技术复原的敦义门是现代和文化价值结合的产物，同复原古建筑的意义相随，能够看到并体验到，是留给后代的新的文化遗产，意味着被遗忘的历史文物将重获生命。

最近，通过普及互动（interaction）和多感互动（multisensory space），将其引入到儿童科学博物馆、儿童艺术博物馆和主题公园，并进行展示。此外，博物馆中多少也在应用 AR 和 VR 技术。更何况，在现代美术中，工作本身就是使用新技术。但是，由于在特殊影像等展示媒体结合利用的新技术的开发阶段中，存在人力和费用等问题，目前仍有许多限制。然而随着持续的技术开发，预计构筑费用会逐渐减少，因此预计将来许多艺术家和博物馆会增加使用 AR、VR 的展览，这些作品也将会持续增加。

四、结论：对于在博物馆中运用 AR，VR 的启示

5G 网络时代的博物馆消费者以数码产品和网络为基础，拥有沟通主导权

的主动消费者，作为比起理性，更加感性、真挚，比起深沉的思考，更能实时、瞬间反应感性的数字化故事者，重视例如五感、价值、经验和历史等要素。现代博物馆希望超越展览，成为兼具美感，历史性和科学性的有活力的博物馆。

博物馆需要的是体验和经历，而不是说明。从平面方式 (Eyes-on) 到通过直接触摸和操作体验来理解的方式 (Hands-on), 再到通过相互作用的主动体验来理解的方式 (Minds-on), 变为通过五感体验的再现方法进行感性表演 (Feels-on) 重视工作和私生活的均衡，重视性价比的满足，比起“性价比”，诞生了体现价格对比“心灵的满足”的新词“心价比”，从 2017 年下半年开始，心价比成为重要的消费判断标准。

博物馆作为现有的展示教育空间，应重生为超越收集、挖掘、维护、保管的层面，成为能够解决消费者各种需求，愉悦体验的空间。为此，技术和文化艺术要积极融复合。专家们的合作应该更加得到重视和活跃。

当我们第一次接触智能手机时，分明有段时间对于智能手机感到生疏，而后来，智能手机取得了长足的进步，并成为我们生活中密不可分的一部分。虽然我们目前对 AR、VR、MR、XR 世界仍然不熟悉并且还有些距离，但是它们将以什么样的速度发展、又会发展到哪些领域，都是作为研究者和生活者所值得期待和关注。

参考文献

[1] eduwill 常识研究所，《eduwill 试思式 2018 年 02 月号》,eduwill,2018。

[2] eduwill 常识研究所，《eduwill 试思式 2018 年 11 月号》,eduwill,2018。

[3] 沈东衡，《5G 带来的新世界 - 包括 5G，A.I. 和 loT 在内的第四次工业革命的 Enabler》，韩国情报学会，2019.03.04。

[4] 宋英美，《关于工作和生活的平衡的质量研究 : 以深层面试为基础的均衡条件的探索》，高丽大学研究生院硕士论文 ,2013。

[5] 李秀智，《从大数据看千禧一代的生活风格》，《KAA Focus 1 月号》，韩国矿业总联合会 ,2019。

[6] 梁熙英，《21 世纪消费者文化趋势特性研究》，《韩国服装设计学会志》，第 14 卷第 2 号，韩国服装设计学会 ,2012。

[7] 文化体育观光部 ,《发表 2018 年文化香水实态调查结果》, 文化体育观光部，2019. 2. 11. (https://mcst.go.kr/kor)。
[8] 20 代研究所,《1934 世代文化 Data Clipping 报告书》, 大学明天 , 2018 年 11 月 。
[9] 20 多岁研究所,《1934 一代文化 Data Clipping 报告书》, 大学明天 , 2019 年 2 月 。
[10] 洪基永 ,《洪基永 - 卡勒姆消费主力》, 每日经济 ,2018. 11. 5。
[11] 科学技术信息通讯部 ,《以 5G 改变的世界》, 2019. 4.9. (http://www.korea.kr/news/mediaNewsView)。
[12] 新闻电视朝鲜 ,《日本帝国主义曾拆除的敦义门……时隔 104 年以数码方式重生》2019。
[13] YTN NEWS,《废除日帝的敦义门 , 用数码技术复活》,2019。
[14] 统计局博客 ,https://blog。naver.com/hi_nso/221505393931，2019。
[15] 维基百科 (ko.wikipedia.org)。
[16] http://dmvillage.info

非物质文化遗产的商品化：基于国外研究的理论思考

苏俊杰 云南大学文化发展研究院副教授

摘　要：非物质文化遗产（非遗）的商品化是文化遗产保护与利用中最为显著的问题之一，但是国内外对此的研究都显薄弱，尤其国内学者对于非遗的价值、真实性、商品化的研究尚缺乏与国际学界的对话。基于国外前沿的遗产思辨研究视角，本文提出了一种“过程式”的视角，把非遗商品化过程和非遗的价值构建过程进行整合，以云南丽江的非遗为例，揭示了非遗商品化过程中的动态价值构建过程和多元价值构建过程。研究突破了国内既有传统理论视角的局限，通过建立创新的非遗思辨视角来审视非遗商品化中出现的遗产价值、文化变化、真实性等理论问题。

关键词：非物质文化遗产（非遗）　真实性　商品化　遗产思辨研究　过程式　旅游文化产业

一、前言

文化遗产的保护与利用是一个长期存在于学理与实践层面的议题，包括非物质文化遗产（以下简称非遗）在内的所有文化遗产都面临保护与利用的可持续发展问题。2018 年 10 月国务院发布了《关于加强文物保护利用改革的若干意见》，指出“文物保护利用不平衡不充分的矛盾依然存在，文物资源促进经济社会发展作用仍需加强”。相比较于物质类的文化遗产，非遗因其与人民群众的生产生活密切相关，更容易在旅游、文化、创意产业中出现商品化利用的需求，因此非遗的商品化问题值得深入探讨。商业化、商品化、产业化几个概念经常不加区分地出现在与遗产利用相关的文献中，为了避免混淆并且与国外相关研究保持术语一致，本文使用商品化 (Commodification) 一词。非遗的商品化，通俗地说，指非遗成为具有一定商品价值的文化商品（产品或者服务），可以在旅游文化市场上进行售卖。

国内学界一直存在着关于非遗真实性保护与发展变化之间的冲突问题的争论（高小康，2016）。总体来看，学者们对于非遗的商品化现象的评价大致分为三种情况：第一种认为非遗不能进行商品化，应该保留其“原生态”的“真实性”和“整体性”；第二种认为某些形式的非遗可以进行商品化，尤其是手工艺类等和市场有着密切联系的非遗项目可以进行商品化，例如实施非遗的生产性保护；第三种认为非遗是否能进行商品化应该取决于具体非遗项目的特性。这些观点显示出国内专家学者对于非遗的保护与利用存在不同认知，而造成这些不同认知的核心是关于非遗的概念、价值、保护原则的认知偏差。

要在理论层面探讨非遗的商品化问题并在实际层面解决非遗的保护与利用难题，需要突破中国既有的理论视角局限，拓宽视野，借鉴国际文化遗产研究领域的新视角。国际学术界在 20 世纪 90 年代开始从多学科探讨文化遗产的本质及其为社会带来的影响，这些研究超越了以往注重文化遗产的物质性、技术保护、静态性的局限，更多地从遗产与人的关系、遗产化过程、遗产的话语和文化实践等议题入手去探究“遗产是什么”。这些文化遗产研究的新思想和新理论开启了国际学术界对于文化遗产的产生、保护、利用的广泛讨论，对于我们重新审视非遗的商品化现象具有重要理论意义。本文将通过引荐国际学术界的前沿研究，应用具有理论创新意义的新视角来分析当下中国社会的非遗商品化现象，反思关于非遗商品化的既有看法，为国内专家学者提供具有思辨和启示性的研究路径。

二、非遗的特征与保护原则

非遗的概念是一个逐渐演化的复合概念。中国现行的非遗概念一部分来自于中华人民共和国后实施的民族民间传统文化保护工作，一部分来自联合国教科文组织20世纪90年代后期在世界范围内推广的非遗（早期也称作无形文化遗产）概念，还有一部分来自东亚日本等国自上世纪中叶提出的无形文化财概念的影响。因此，虽然中国《非遗法》中的非遗定义与联合国教科文组织的定义有较大相似性，相关法规政策及学者的论述中又保留了较多来自国内民族民间传统文化等工作的特点。这些因素都在不同程度上影响着非遗概念在国内的理解与定义。

理解非遗的商品化现象，需要首先审视非遗具有什么样的特征。国内学者王文章（2013）、宋俊华等（2013）等都概括了非遗具有的特征，尤其是“活态性”“传承性”两个特征。这两个特征明确显示出非遗与当下人们的生产生活密切相关，受到社会文化环境变化的影响，因此非遗存在于持续不断的生成、创新、变化之中。国外学者尤其关注非遗的文化变化特征，例如Laurajane Smith认为“在非遗话语中以及整个关于遗产‘非物质性’（intangibility）的讨论中最显著的一个动向就是对于文化变化的承认”（2006，p108）。文化变化不仅呈现了非遗的关键特征，也是我们理解非遗商品化现象的一个重要切入口，因为非遗在旅游与文化产业中发生的商品化属于一种文化变化现象。

要分析非遗的文化变化的原因和趋势，需要了解其内在的动力机制，因此，需要认识推动非遗实践活动的人的主观能动性。我在文章《非物质文化遗产主观真实性的概念构建》（2018）一文中认为非遗实践者在从事非遗活动中用来生成、创造、传承非遗价值的主观能动性是一种重要的能力，这种能力可以被描述为“主观真实性”（Subjective Authenticity）。在此能力的引导下，非遗实践者得以构建非遗的价值以及他们的文化认同。少数国内学者（例如程振翼、邱运华2013）开始关注非遗真实性中人的主观性的问题，但是国内官方非遗文件和主流学者依然从客观性的视角来定义非遗的真实性，并将其制定为非遗保护的重要原则。

中国政府颁布的非遗法律法规（例如2011年《非遗法》）将真实性作为非遗保护的标准或者原则，国内大多数学者对此持认可态度（例如刘魁立 2010；王文章 2013；顾军和苑利 2016）。信春鹰等主编的《中国非遗法解读》解释道："保持非遗项目的本真性或者原真性，其在历史上原来是个什么样子，我们就按什么样子进行传承和传播，要尊重它的历史原貌，不能走样，更不能歪曲，否则就是对非遗的一种破坏。"（2011，p14）这种认知所持的真实性概念是一种偏向物质性、静态性、过去性的客观性真实性视角，是对非遗文化变化的一种控制，与非遗的非物质性、活态性、当下性等特征有所矛盾（苏俊杰 2018）。

客观性的非遗真实性必然会在实践中与商品化等文化变化现象发生矛盾，因为官方的政策法规中除了强调用真实性来控制非遗的文化变化，也鼓励利用非遗参与旅游与文化产业发展。例如在 2005 年《国务院办公厅关于加强我国非物质文化遗产保护工作的意见》中明确提到"非遗既是历史发展的见证，又是珍贵的、具有重要价值的文化资源"。同样，在《非遗法》第 37 条陈述："国家鼓励和支持发挥非遗资源的特殊优势，在有效保护的及基础上，合理利用非遗代表性项目开发具有地方、民族特色和市场潜力的文化产品和文化服务"。非遗的商品化利用在国家政策中是受到支持的，商品化可以成为一种有益的文化变化形式。但是在中国官方真实性原则的指导下，非遗的保护与利用在现实中存在着较大的理论与执行的困难。我在文章《旅游情境中的非物质文化遗产管理：中国官员的视角》（2019）一文中，通过研究中国政府四级非遗管理机构针对真实性和商品化的认知情况，发现省级、市级、县区级的非遗管理机构都出现了理解、执行"真实性保护原则"的难题。在面对旅游文化产业中商品化利用的非遗项目时，管理者难以界定哪些商品化非遗形式是"真实性"的，非遗可以在多大程度上被商品化。同时，研究也发现，和非遗项目及传承人有密切联系的当地非遗管理者对于非遗的商品化表现出更多的接纳和鼓励。

相比较于国内提出的非遗真实性保护原则，联合国教科文组织发布的非遗公约与文件中是明确提出反对在非遗保护中使用真实性概念的。遗憾的是，中国大多数专家学者对于联合国教科文组织的这个态度似乎并不知晓。早在 1998 年联合国教科文将非遗的概念首次在《人类口头和非物质文化遗产代表作》项目中确立的时候，就将真实性概念从该项目中去除（Blake 2009）。随着 2003 年《保护非物质文化遗产公约》的制定，联合国教科文组织在 2004

年发布的《大和宣言》(The Yamoto Declaration) 中明确指出真实性概念和非遗的认定与保护不相关，最近又在 2015 年发布的《保护非物质文化遗产伦理准则》(The Ethical Principles for Safeguarding ICH) 第八条中指出真实性不应该成为非遗保护的关切点和阻碍。检索联合国教科文组织关于非遗的文件，并没有使用真实性或者相关的概念来控制非遗的文化变化，例如商品化。联合国教科文组织倡导的非遗保护原则并不像世界遗产项目的遴选原则那样明确客观，而是提出了三个考量点：非遗传承人（或群体）的自我认定、非遗传承人（或群体）的文化权利保障与文化尊重、文化的可持续发展。这三个考量点实际上显示出了联合国教科文组织对于非遗传承人个体和群体的文化能力、文化权利、文化话语的承认与尊重。对于传统文化传承、运用、创新、发展的能力，便是我提出的"主观真实性"概念要表达的含义，而这一概念是和提倡保持传统文化的历史性、静态性、过去性等"客观真实性"不相适应的。

三、非遗的价值

要深刻理解非遗的文化变化对于非遗究竟意味着什么，首先要反思我们对于非遗的一个基本认识，即非遗的价值是什么？非遗的价值在《非遗法》中明确归纳为历史、文学、艺术和科学价值，这种价值分类形式和物质遗产在《文物保护法》中的价值归纳大体一致，显示出中国官方文件对于非遗的价值认定受到了物质遗产价值的影响。这种价值认知视角认为遗产的价值存在于遗产本身，这些价值是遗产经历了历史的沉淀而形成的，因此，2005 年《国务院办公厅关于加强我国非物质文化遗产保护工作的意见》指出非遗是"历史发展的见证"。不仅官方认知如此，国内许多知名专家学者，例如王文章（2013）、苑利（2012），同样认为非遗是"历史的见证"。苑利提出，"就非遗的本质而言，它与文物一样，本身就是历史的一部分，是历史在今天的残留"，因此，"保护非遗并不是让非遗发展，而是让非遗尽量保持不变"（2012）。在国内这类偏向物质性、静态性、过去性的客观性价值视角指导下，真实性原则的提出和对商品化的消极批评就难以避免。

放眼世界，在国际遗产思辨研究视角（Critical Heritage Studies Approach）看来，遗产并不是一个既定的、静态的、历史遗留下来的事物，而是一系列经过当代的人的确认、构建、实践、协商、保持和传承的价值、意义和身份认同（Smith 2006；Harvey 2001；Macdonald 2013）。这一系列过程在当下所产生的结果才是我们所见的“遗产”。这种视角属于一种“过程式”视角。从这个视角来说，遗产并不是一种无先决条件自动存在的“东西”，而是一个文化社会现象和文化过程（Harrison 2013；Harvey 2001；Smith 2006,2012）。简而言之，“遗产”不是一个名词，而是一个动词（Harvey 2001）。在遗产思辨研究视角中，无论物质载体还是非物质载体，遗产都是“非物质的”（Smith 2006，2018），因为遗产是基于“非物质的”价值和意义而存在的。无论是物质的还是非物质的遗产，都可以被认为是“一系列价值和认知的构建与规制”（Smith 2006，p11）。正是因为这样一个极具思辨意识的视角，让国际遗产学者能够回到遗产研究的本质问题进行深刻反思，即遗产（价值）是什么。

相比较于国内对于非遗价值认定的局限性，联合国教科文组织倡导从非遗传承群体的视角来阐释、认定非遗的价值。与世界遗产的“突出的普遍价值”的认定标准不同，联合国教科文组织的《非遗公约》并没有针对非遗价值进行规定，而是在其官网解释道：“非遗的价值由社区成员自己定义。”在国际遗产思辨研究中，学者同样倡导应该从遗产实践者的视角来阐释非遗的价值。例如，我在论文《非物质文化遗产主观真实性的概念构建》（2018）中提出应该从非遗实践者的主观视角来阐释非遗的价值，并通过中国丽江的案例揭示出了非遗价值和个人、家庭、社区、游客等群体具有紧密的关系，并且，研究证实非遗价值的产生是一个多元、复合、动态的演进过程。正因为如此，非遗在当下很多文化变化中出现的价值构建过程并不能在传统的历史、文学、艺术和科学价值框架中得到承认，而其中最显著的就是旅游文化产业中由商品化引起的价值构建过程。

四、非遗的商品化

在传统的遗产认知中，遗产是既定的、静态的、过去的、不可再生的，因而遗产价值是在历史上内化在遗产本身中的，因此，一切文化变化，包括商品化利用，都会在某种程度上减损遗产固有的历史、文学、艺术和科学价值，所以，政府和很多专家学者希望运用“真实性、完整性”等原则来保护遗产的价值不受到自然、文化、社会等外在因素的破坏，让非遗永远生活在“历史中”。在国际遗产思辨研究视角下，这些既有的传统观念受到了巨大的挑战，尤其是非遗的概念提出以后。如果说人们对于物质遗产的文化变化还存在疑虑，那么非遗的出现就更加明显地把文化变化的存在摆到了所有遗产工作者和学者的面前。正如前文所述，在思辨的新视角和新理念中，我们把遗产视作由一系列由当下人群的文化实践所产生的价值和认知，人参与了遗产价值的认知、生成、保持、传承活动，从而呈现了遗产。更有学者提出，个人或者相关群体对于遗产的利用产生了遗产（包括非遗）的价值（Smith 2006；菅丰 2009）。不论是发掘、记录、展示、保存、管理，还是游览、欣赏、回忆、购买、体验，这些利用遗产的方式都产生了某种遗产价值，这些相关的利益相关者都在同时参与遗产的构建。

关于非遗商品化的研究在国内外都显薄弱（苏俊杰 2018b）。但是，国际学界对于原住民传统文化的商品化现象已经有较多的研究，尤其是在文化旅游领域。回顾相关研究文献可以看出，早期很多学者都从商品化对原住民传统文化的价值或者意义的改变进行分析，从而把商品化作为一种结果进行研究，从消极和积极方面来论述商品化的影响。例如，Greenwood（1978）等学者批评了商品化对于传统文化的损害，van den Berghe（1992）等学者描述了商品化对于当地文化传承人的文化和民族认同的增强。这一类研究的弊端或者是把商品化视作为一种施加给传统文化的外在力量，或者是把商品化视作一种静态结果。意识到这些研究理论视角的弊端，Wall 和谢飞帆（2005）、苏晓波（2011）等国外学者从“过程式”的视角来研究民族传统文化在旅游中的商品化问题，认为商品化是一个持续中的历时性过程，而非一个或好或坏的静态结果。基于相同的认知，我在《理解旅游商品化中变化的非遗》（2018b）一文中提出应该用过程式的视角去看待非遗的商品化现象，在非遗价值构建的文化过程中审视商品化过程，从而把遗产思辨研究中提出的遗产价值构建过程和旅游研究中提出的商品化过程结合起来。我提出，在非遗传承人的主观真实性得到保证的前提下，商品化过程可以被视作非遗价值构建过程的一个部分。

从遗产思辨研究视角来看，非遗的商品化过程和非遗的价值构建过程一样，不是一个单一、线性的过程，而是一系列多元、复合、动态的过程。这是因为人具有不同的主观能动性（暨主观真实性）和不同的需求，同时，人所处的社会政治文化经济环境也永远处在变化之中，因此，人们参与非遗价值构建的实践活动也会是一系列多元、复合、动态的过程。因此，遗产的价值并不是单一、静态、固有的；相反，是利益相关者们运用各自的主观真实性在不同的遗产利用实践中产生的一系列多元、复合、动态的价值和意义的叠加。也因此，商品化过程中产生的新价值可能对非遗原有的价值产生增强、减弱、冲突、协调等各种作用。结果，单一形式的非遗项目在商品化过程中会形成多样化的价值表现，也因此形成了多样化的非遗形态。下文中，我将用云南丽江的非遗案例来进行分析阐明。

五、非遗商品化案例

丽江是中国改革开放以来依托文化资源发展旅游文化产业并获得显著经济和社会效益的典型案例（邢正 2008）。丽江是中国纳西族最为集中的地方，纳西族的语言、宗教、建筑、民俗等传统文化具有独特的魅力，结合当地世外桃源般的自然环境，吸引了早期对于云南民族文化感兴趣的探险家、民族学家、背包客们。20 世纪 90 年代中期以来，大众旅游开始在丽江等滇西地区发展。1994 年，云南省政府在滇西北召开旅游规划会议，提出将按照产业化和区域化的思路来开发利用云南的旅游资源，由此，丽江等云南少数民族遗产资源丰富的地方开始向国内外游客全面开放。1997 年丽江古城被联合国教科文组织列入世界遗产名录以后，当地纳西族的多种非遗元素成为旅游文化产业的核心吸引物，在旅游情境中大量商品化，成为游客观看、游览、品尝、体验、购买的文化商品。

在丽江众多的非遗项目中，最早面向旅游市场商品化的典型案例是洞经音乐。丽江洞经音乐于 2013 年被列入云南省省级非遗项目“洞经音乐”的组成部分。洞经音乐是源于汉族的道教科仪音乐，在明清时期传入云南各地并在当地得以保留发展。1911 年以后，洞经音乐一度被民国政府视为迷信而受到禁止，于是，洞经音乐开始逐渐世俗化，带有道教性质的演奏和纯粹消遣娱乐性质的演奏在民国时期开始并行存在发展（宗晓莲 2006）。“文革”时期，洞经音乐被禁止演奏，直到 1979 年左右，才作为一种消遣娱乐的音乐演奏而复兴（宗晓莲 2006）。80 年代后期，随着丽江旅游的兴起，洞经音乐再次产生了新形式，一方面是消遣娱乐的洞经古乐队演奏逐渐在民间社区复兴，另一方面，丽江文化名人宣科等开始将洞经音乐包装后引入到旅游舞台进行商业演出，并且获得了巨大的经济和社会效益。目前，丽江有数个洞经音乐古乐队分散在各个社区，其中很多演奏者不仅参与社区古乐队的消遣娱乐演奏，也定期参与“丽江大研纳西古乐会”“丽水金沙”“印象纳西”等文化旅游项目的商业演出。

手工技艺同样是在旅游市场中容易被商品化的非遗项目。这类以产品为呈现形式的非遗项目的商品化早在旅游文化产业发生之前就已经存在。丽江在历史上由于地处滇藏交通要道，是滇西北一个重要的手工艺品生产集散地，皮革、铜器、木刻等手工艺品历来就是当地民众的日常消费品和重要外销产品，是丽江手工艺产业的重要组成部分。在众多手工技艺中，纳西族传统服饰制作、铜器制作、珐琅彩银器制作、手工造纸等制作技艺都相继被列入省级非遗名录。随着改革开放后当地人民生活方式的改变和现代商品的冲击，很多传统的日用手工艺品制作技艺逐渐面临生存危机，而其中一些和旅游、艺术等结合的工艺技艺受到旅游文化产业的青睐，游客群体逐渐代替当地居民成为产品的主要购买者。和洞经音乐案例类似，当前丽江的手工技艺类非遗也存在多种发展形式，有为本地居民服务的，也有专门针对游客喜好的，更多的手工艺者同时为各种群体的消费者生产着丰富多样的手工艺品。

丽江非遗项目中除了表演艺术和手工艺之外，东巴文化也是当地旅游文化产业发展的一个重要依托。东巴文化的主要内容是指在纳西族中存在的一种具有多元宗教因素的民族宗教，涉及传统纳西族生产生活的很多方面。东巴教在 20 世纪之前的纳西族中广泛存在，后来逐渐衰落，“文革”期间被禁止，直到 80 年代后期才逐渐得到认可和部分恢复，并逐渐使用“东巴文化”的名称。东巴文化的宗教价值一直在衰落，而其文化、艺术、历史、经济等价值逐渐得到发扬，尤其在 20 世纪 90 年代丽江旅游发展以后成为旅游文化产业的重要文化资本，在旅游市场中呈现出多种商品化的形态。最为典型的案例就是丽江建设了多处以东巴文化为主题的文化旅游地，例如 1997 年在丽江白沙建设的“玉水寨”，拥有自然神广场、和合院等展示、传承、传播东巴文化的场所，定期举行东巴教仪式，并且培养年轻的东巴文化传承人。这里不仅是国家4A级景区，也被全国文艺家协会授予“东巴文化传承基地”，拥有数名国家级和省级东巴文化非遗传承人。

除此之外，其他的丽江非遗元素也都不同程度地融入丽江文化旅游的发展过程，呈现出不同的商品化形态，例如丽江纳西族的传统饮食、传统建筑营造、节庆等。这些非遗项目都在不同程度上经历着文化变化，而在旅游文化产业中的商品化是其中最为显著的一种文化变化。

六、案例分析

作为活态遗产的非遗一直随着自然和社会环境的变化发生着文化变化。从案例来看，丽江的非遗在进入20世纪以后经历了一系列更加显著的文化变化过程：从早期丽江当地原住民的日常生活文化的一部分，成为探险家、研究者、游客眼中“异域、神秘”的少数民族文化，经历了“文革”的巨大影响之后又成为政府提倡保护的“民族民间传统文化”和各个级别的“非遗”，随着90年代丽江大众旅游的兴起在旅游文化产业中广泛商品化。从以上案例描述可以看出，文化变化这个非遗的关键特征充分呈现在了案例中，而商品化只是文化变化中的一种形态。基于文章前述的遗产思辨研究理论视角，本文将从价值的动态构建、价值的多元构建两个方面来分析丽江非遗案例中的商品化现象。

（一）商品化中的动态价值构建

从上文案例的介绍可以清楚地看到非遗的活态性，这种活态性是通过一系列的文化变化显现出来的。虽然“非遗”作为一个学术术语和正式的官方话语在中国提出不过近20年之内的事情，但是非遗作为和人们生产生活中的传统文化实践活动早已经超过了20年。因此，我们对于非遗价值的认知应该关注非遗从过去到现在的变化情况，在过程式的视角中审视非遗的价值构建。

丽江案例中的洞经音乐、手工艺、东巴文化等非遗在20世纪早期都是当地纳西原住民传统文化生活中的一部分，这些非遗最主要的价值就是对于丽江当地社区个体和群体的意义与文化认同。从遗产思辨研究视角来看，是丽江当地社区的文化持有者们在他们的日常生产生活中创造、维系、传承了这些非遗意义与文化认同，即非遗的价值。举例来说，洞经音乐是当地文人生活文化的一部分，主要是为了满足他们的精神需求，不论是为了道教文化的修养还是闲暇时间的消遣娱乐。东巴文化是当地人生活文化的重要部分，涉及婚丧嫁娶等很多方面，是满足当地纳西族个人、家庭、社区精神信仰生活的重要传统知识。手工技艺是当地手工艺人生产文化的一部分，是一种满足自己经济需求、审美需求、展示技能兴趣的职业选择。这些非遗项目整合起来，满足了当地社区的个人和群体的精神和物质需求，这些需求是非遗在那个时期对非遗实践者来说最重要的价值。

中华人民共和国成立以后，丽江的非遗也随着中国现代化、工业化的进程发生着变化，而其中最为剧烈的一个变化就是在“文革”时期。在“文革”期间，东巴文化等和宗教相关的祭祀、仪式等项目均被禁止，洞经音乐因为带有一定的宗教色彩同样被禁止。手工艺的情况有所不同。大多数手工艺并没有在“文革”中被禁止，但是大多数手工艺在20世纪50年代经历了社会主义改造，很多家庭作坊式的手工艺制作合并到集体工厂，同时有很多个体手工艺作坊倒闭。从20世纪50年代到改革开放开始，很多非遗都处在濒危的境地，尤其是和宗教相关的非遗。这个时候，非遗实践者不能自由从事非遗活动，他们的主观真实性是被压制的，非遗的价值已经减弱到仅仅只有记忆的价值。

改革开放以后，非遗的发展迎来了好时机，很多“文革”期间被禁止和压制的非遗开始逐渐复兴并进入丽江旅游发展的商品化过程中。经历了现代化、工业化的发展，经历了“文革”和改革开放，随着科学教育卫生事业的快速发展，很多非遗赖以存在的社会文化环境和人们的心理需求都发生了变化，因此，非遗与宗教信仰、传统生活方式、乡土知识等相关的价值在减弱。1978年以后，东巴文化中与宗教祭祀功能相关的内涵在减少，洞经音乐也不再谈演道教内容，生产传统日常用品的手工艺也在减少。与此同时，借助丽江旅游的发展，与文化欣赏、旅游观赏、文化消费、地方文化建设相关的内容在增加，因此出现了古城内洞经音乐演出、玉水寨东巴主题公园、古城内民族手工艺商品街等旅游文化产业项目。

与之前的非遗实践服务于当地社区人群不同，80年代后期兴起的这些商品化非遗主要服务于外来游客，他们的功能发生了较大的变化。从内涵看，非遗的价值在也在发生改变：非遗实践者通过从事商品化的非遗实践，产生了与个人有关（自我实现、自豪、经济收入、创意等）、与游客观众有关（赞赏、信任、文化自信等）、与社区有关（民族认同、民族自豪感等）的新非遗价值（苏俊杰 2018a）。这些由商品化过程带来的新价值的出现不仅构建了非遗新的内涵，更在很大程度上延续了非遗的“生命力”或者“持续性”，使得当代人能够适应当代的社会文化环境，继续参与非遗的价值构建过程。以东巴文化为例，很多在玉水寨工作的年轻东巴传承人表示，丽江旅游的发展为东巴文化在现代社会的发展提供了适合的生存机会，避免了东巴文化走向消亡（苏俊杰 2018b）。不仅如此，旅游商品化带来的资金支持和文化自信又使得玉水寨建立了自己的年轻东巴传承人培训培养机制，使得东巴文化后继有人，能够继续参与东巴文化在当代的价值创造与传承。

（二）商品化中的多元价值构建

非遗的价值构建不仅是一个动态的过程，更是一个多元的复合过程，即非遗价值的动态构建过程不是单一的一种价值的动态构建，而是几种价值在同时进行动态价值构建。在遗产思辨研究的视角中，遗产的价值并不是一种统一而单一的认知，而存在着多种多样的认知，这是因为参与遗产价值构建过程的有多种利益相关者，不仅仅有专家学者、政府官员，还有当地社区、文化实践者、企业、团体，更有广大的外来游客、消费者等等。他们在不同程度上都参与了非遗价值的构建，而由于他们的主观能动性和诉求不同，他们构建的不同价值之间可能存在着协调和统一，也可能存在着冲突和矛盾。

丽江的几类非遗案例在旅游商品化过程中都呈现出了非遗价值的多元构建过程。如前文所述，在 20 世纪的前半叶，丽江的非遗绝大多数的实践者为当地的文化持有者，他们或者是个体的非遗传承者，例如东巴、手工艺匠人，或者是群体的非遗传承者，例如音乐演奏者和更为广泛的纳西族民间歌舞等。他们参与这些非遗活动所产生的价值都是指向社区内部的个人和群体的。自从丽江在 80 年代后期开始发展旅游之后，不同的利益相关者开始参与非遗新的价值构建。这些新出现的利益相关者可以分为两类，一类是在社区内部产生的新利益相关者，一类是社区外的新利益相关者的加入。这两种情况在非遗的商品化过程中都有明显的出现。

在社区内部，开始出现不同的人群利用非遗的情况。以东巴文化为例。

自从80年代后期东巴文化得以恢复以来，丽江东巴研究院等机构开始尝试培养新一代的东巴传承人，他们偏向学术研究。通常这些传承人家里祖辈从事过东巴文化，他们对于东巴文化的宗教性和传统功能很看重，同时，他们看重在从事东巴文化过程中和社区成员的互动与交流。而自90年代丽江东巴文化旅游业发展以来，以玉水寨为代表的文化旅游企业开始尝试在旅游企业支持下培养民间东巴传承人，他们偏向旅游从业者。这些东巴传承人大多数是因为个人兴趣从事东巴文化工作，他们乐于接纳东巴文化在当代旅游文化产业中的新功能，看重外来游客和社区外人群对于东巴文化的认可，积极推广传播东巴文化走出社区。后一类东巴文化传承人拓展了东巴文化的受众群体，在与社区外人群的互动中带来了文化变化，增加了东巴文化新的社会价值。

此外，这两类东巴文化传承人也存在很多交叉的情况，例如，玉水寨、“印象纳西”等东巴文化旅游项目中的年轻东巴有的在东巴研究院中学习过，有的在旅游企业工作之外，还会经常到自己的家乡中为当地社区的纳西族义务进行东巴文化服务活动。这种同一类非遗传承人从事两种以上不同形态非遗项目的情况在各种非遗商品化过程中都可以观察到。早期在社区为原住民服务的非遗传承人群体逐渐分化出一部分参与非遗商品化的传承人群体，他们没有脱离社区基础，但是直接参与了自己非遗的商品化过程。这是遗产商品化所带来的影响，它使得过去单一的非遗文化实践复杂化，产生了多元化的非遗文化实践，从而产生了多元化的非遗价值。

随着丽江旅游文化产业的发展，社区外部的利益相关者也逐渐参与非遗价值构建的过程中，使得非遗的表现形式与价值构成呈现出多样性和复杂性。非遗旅游业的发展所引入的利益相关者中，最为显著的就是外来游客群体。改革开放前，来到丽江旅游的只是少数海外游客和国内背包客，但是他们的文字与图片表述构建了早期丽江非遗对外的价值，例如美籍探险家、学者约瑟夫洛克（Joseph Rock）于1947年出版的《中国西南古纳西王国》一书，在很大程度上塑造了国内外观众对于丽江如“香格里拉”一般的神秘古朴的形象。90年代以来大众旅游者到访丽江的人数逐渐攀升，尤其是1997年丽江列入联合国教科文组织世界遗产名录以后，丽江成为中国最为著名的遗产旅游地之一，国内游客激增。这些来自天南地北的游客们对丽江的手工艺、民族歌舞、东巴文化、饮食等表现出了极大的兴趣，在旅游活动中构建了丽江新的对外形象。

在传统遗产研究视角中，游客的角色和作用并没有受到关注，相反，游客被认为是对遗产保护具有潜在威胁的群体，因为他们对于文化遗产的消费、观赏、接触会带来对遗产本体和价值的损害，例如 Greenwood（1978）等学者早期的研究。而在遗产思辨研究视角中，游客是与遗产价值构建紧密联系的群体，因为游客是对遗产利用数量最大、最直接的群体，他们参与遗产的互动、和非遗实践者的交流，不断地构建了非遗在文化变化中的新价值。在丽江的非遗旅游项目中，游客对于不同非遗项目有着不同的价值认知。例如，他们认为洞经音乐是“古老悠远”的，认为手工艺品是“独特、有民族特色”的，认为东巴文化是“神秘、内涵丰富”的。这些简单评语背后蕴含着丰富的个人体验和认知，它们通过个人回忆、口耳相传、网络传播，形成了具有相当规模的游客价值认知，这些认知在社区外形成了具有相当影响力的遗产话语（Smith 2006）。这些遗产话语，在遗产思辨视角看来，与专家学者、政府官员、非遗传承人所持有的遗产话语不一定一致，但是这些多元丰富的遗产话语构建了丽江非遗项目在社区外的价值。这些价值是非遗多元价值构成的一部分，是不应该被忽略的遗产价值。

七、结语

文化遗产的商品化是一个长期存在于文化遗产、文化产业、旅游等学术领域和旅游文化产业业内的理论和实践问题。在国内传统的文化遗产研究视角局限下，非遗的概念、价值和保护原则受限于偏向物质性、静态性、过去性的客观视角，非遗的活态性特征及其文化变化现象没有得到足够的理论分析。尤其值得注意的是，国内大多数学者对于国际上关于非遗“真实性”的共识和研究不甚清楚，造成很多理论和实践上的困惑。非遗作为一种和旅游文化产业关系密切的遗产类型，商品化现象非常明显，需要进行深入研究。本文通过引入国际上近年来蓬勃发展的遗产思辨研究视角和理论，从遗产本质和遗产的价值构建来建立审视非遗商品化的“过程式”视角。同时，通过回顾和发展国外关于传统文化商品化的研究成果，本文把文化遗产的商品化过程纳入文化遗产的价值构建过程进行整合，从基础理论上探索非遗商品化现象的本质和规律。

本文基于创新的非遗思辨研究视角，从商品化过程中的动态价值构建和多元价值构建两个方面来审视丽江典型的非遗商品化案例，分析了洞经音乐、东巴文化和手工技艺在丽江旅游发展中的商品化过程，揭示出了商品化过程中不同利益相关者对于非遗的动态、多元价值构建现象。商品化不是一个静态的利弊结果，而应该被视为一个动态的复杂化过程。非遗的商品化过程是一个包含了多类利益相关者参与的动态多元遗产构建过程，会使得原来单一的非遗产生多种形态和多种价值表现。依据我提出的主观真实性（2018a）概念，本文认为在非遗传承人主观真实性得到保证的前提下，非遗传承人参与创造的非遗新价值应该得到承认。同时，非遗观众（受众、游客、消费者等）在欣赏、购买、消费非遗产品的过程中产生的认知与感受也应该得到重视，这些新产生的价值与意义同样构成了非遗价值的一部分。针对这类由非遗观众所产生的新价值的探讨是今后非遗利用研究中有待继续研究的一个重要议题。

国家提出了"让文化遗产活起来"的口号，同时也对文化遗产的保护与利用提出了新要求。当前，非遗与文化创意产业、非遗与旅游、非遗与博物馆等都是涉及非遗文化变化与商品化的议题，需要我们拓宽研究视野、方法和研究对象，借鉴国内外前沿研究成果，从多学科多侧面探究非遗和旅游文化产业的结合，推动非遗商品化在理论上的探究和在实践中的有益运用。

参考文献

[1] 高小康，《非遗活态传承的悖论：保存与发展》，《文化遗产》，2016 年第 5 期 .

[2] 王文章，《非物质文化遗产概论》，北京：教育科学出版社，2013.

[3] 宋俊华，《非物质文化遗产保护研究》，广州：中山大学出版社，2013.

[4] Laurajane Smith，*Uses of Heritage*（遗产的利用），New York：Routledge，2006.

[5] 苏俊杰 a，Conceptualising the Subjective Authenticity of Intangible Cultural Heritage（非物质文化遗产主观真实性的概念构建），*International Journal of Heritage Studies*（遗产研究国际期刊），第 24 卷，第 9 期，2018.

[6] 程振翼、邱运华，《反思非物质文化遗产的真实性》，《广西社会科学》，2013 年第 7 期 .

[7] 刘魁立，《非物质文化遗产的共享性本真性与人类文化多样性发展》，《山东社会科学》，

2010 年第 3 期 .
[8] 顾军、苑利,《非物质文化遗产原生态保护三议》,《原生态民族文化学刊》, 2016 年第 8 卷第 1 期 .
[9] 信春鹰（主编),《中华人民共和国非物质文化遗产法解读》, 北京：中国法制出版社, 2011.
[10] 苏俊杰, Managing Intangible Cultural Heritage in the Context of Tourism：Chinese Officials' Perspectives(旅游情境中的非物质文化遗产管理 : 中国官员的视角), *Journal of Tourism and Cultural Change* (旅游与文化变迁), DOI:10.1080/14766825.2019.1604720, 2019.
[11] Janet Blake, UNESCO's 2003 Convention on Intangible Cultural Heritage：the Implication of Community Involvement in Safeguarding (联合国教科文组织 2003 非物质文化遗产公约：社区参与在保育中的作用), Laurajane Smith and Natsuko Akagawa (eds), *Intangible Heritage* (非物质遗产), New York：Routledge, 2009.
[12] 苑利,《人民日报金台论道：刹住非遗改编热》,《人民日报》, 2012 年 4 月 20 日
[13] David C. Harvey, Heritage Pasts and Heritage Presents: Temporality, Meaning and the Scope of Heritage Studies（遗产的过去与遗产的现在：遗产研究的现世性、意义和视野）, *International Journal of Heritage Studies*（遗产研究国际期刊）, 第 7 卷, 第 4 期, 2001.
[14] Sharon Macdonald, *Memorylands*: *Heritage and Identity in Europe Today*（记忆之地：欧洲今日的遗产与认同）, London：Routledge, 2013.
[15] Rodney Harrison, *Heritage*: *Critical Approach*（遗产：思辨的视角）, New York：Routledge, 2013.
[16] Laurajane Smith, Editorial（社论）, *International Journal of Heritage Studies*（遗产研究国际期刊）, 第 18 卷, 第 6 期, 2012.
[17]（澳）劳拉简 · 史密斯著, 张煜译,《遗产批判研究和博物馆研究》,《文化遗产》, 2018 年第 3 期 .
[18]（日）菅丰著, 陈志勤译,《何谓非物质文化遗产的价值》,《文化遗产》, 2009 年第 2 期 .
[19] 苏俊杰 b, Understanding the Intangible Cultural Heritage in Tourism Commodification：the Music Players' Perspective from Lijiang, China (理解旅游商品化中变化的非物质文化遗产：中国丽江音乐演奏者的视角), *Journal of Tourism and Cultural Change*（旅游与文化变迁）, 第 17 卷, 第 3 期, 2018.
[20] Davydd J. Greenwood, Culture by the Pound：an Anthropological Perspective on Tourism as Cultural Commoditization（以磅出售的文化：旅游作为文化商品化的人类学视角）, Valene L. Smith (eds), *Hosts and Guests*: *the Anthropology of Tourism*（主与客：旅游人类

学）, Philadelphia：University of Pennsylvania，1978.

[21] van den Berghe，Tourism and the Ethnic Division of Labor（旅游与劳动力的民族区分），*Annals of Tourism Research*（旅游研究纪事），第 19 卷，第 2 期，1992.

[22] Geoffrey Wall、谢飞帆，Authenticating Ethnic Tourism：Li Dancers' Perspectives（民族旅游的真实性验证：黎族舞蹈者的视角），*Asia Pacific Journal of Tourism Research*（亚太旅游研究期刊），第 10 卷，第 1 期，2005.

[23] 苏晓波，Commodification and the Selling of Ethnic Music to Tourists（民族音乐的商品化与面向游客的售卖），*Geoforum*: *Journal of Physical*, *Human*, *and Reginal Geosciences*（地理论坛：物理、人类和区域地理科学），第 42 卷，第 4 期，2011.

[24] 邢正，《高原明珠再放异彩：云南丽江经济社会发展调查》，《人民日报》，2008 年 12 月 1 日 .

[25] 宗晓莲，《旅游开发与文化变迁：以云南省丽江县纳西族文化为例》，北京：中国旅游出版社，2006.

基于User Profile技术的社区公共文化服务互联机制研究

徐津　江西财经大学艺术学院副教授

摘　要：社区公共文化服务是“文化小康”建设的重要内容，在现有公共文化的社区服务机制中，存在供需双方联动不足的问题。User Profile 是大数据环境下的用户描述工具，能够对用户进行较为精准的描述。本文基于 User Profile 技术进行 Community Profile 及其标签模型的构建，进而构建社区公共文化服务的互联模型，为公共文化供给方和生产方提供社区特征信息与文化需求预测，推动社区间文化交流与合作，实现社区公共文化服务的互联机制。

关键词：User Profile　Community Profile　社区公共文化服务　标签　模型

User Profile，即用户画像，是一种勾画目标用户，将用户需求与产品定位有机联系起来的工具，其核心工作就是给目标用户贴“标签”。在大数据时代，基于网络数据进行的 User Profile，由于其数据来源丰富且量大，因而能够抽象出更加准确的标签化用户画像。随着我国社会治理结构的转型，社区公共文化服务领域的供给方、生产方和消费方关系更为清晰，然相互之间的联动因为多种原因仍明显不足，进而导致供需双方信息不对称，社区公共文化服务满意度不高。借用大数据资源的 User Profile 能够对社区进行标签化的用户画像，实现与公共文化供给方、生产方的有效联动，提升社区公共文化服务的质量与效率。

一、相关文献回顾

（一）User Profile 的文献回顾

在 User Profile 的应用研究中涉及众多领域，体现出其强大的用户描绘工具功能。在各产业方向，利用 User Profile 分析用户流失问题、研究用户体验提升的学者较多。在传媒产业，许志强等基于数据驱动的用户画像生命周期管理思想，研究价值、连接、生态、体验、创新五个维度上提升传媒业用户体验的优化策略（2019）。在具体行业中，User Profile 更多服务于精细营销与个性服务的用户定位研究。王庆等在图书馆服务领域，分析用户画像数据源并构建图书馆用户画像模型，设计从单用户和多用户角度分别推荐馆藏资源的个性化服务模式（2018）。单晓红等以携程网上北京地区酒店的在线评论为数据源，构建用户画像，帮助酒店了解用户需求进而开展精准营销（2018）。在网络社区方面，User Profile 的研究更加深入。王凌霄等从用户的资历、参与度、回答质量和发展趋势四个方面构建社会化问答虚拟社区的用户画像，并结合具体用户数据验证结果，提出标记用户特征的一些方法（2018）。陈志明等通过对“知乎”网站的深入挖掘，构建了基于用户基本属性、社交属性、兴趣属性和能力属性四个维度的动态用户画像模型（2017）。林燕霞等从社会认同理论出发，使用主题模型文本挖掘出用户感兴趣的微博主题，利用得到的用户偏好主题的概率分布空间向量计算相应的用户相似度，得到不同微博群体的典型用户画像（2018）。

User Profile 的技术研究主要涉及其算法模型的改进。李恒超等基于用户的查询词历史记录，提出一种用于预测用户多维标签的二级融合算法框架（2018）。张小可等通过利用用户的实时上网数据动态更新贝叶斯网络各种兴趣的概率，结合兴趣阈值刻画用户画像（2016）。陈巧红等针对已有算法中特征构建效果不佳以及泛化能力不足的问题，提出一种基于集成学习框架的，包括集成学习模块、语义编码模块和决策投票机制的用户画像方法（2019）。张壮等针对当前用户画像工作中各模态信息不能充分利用的问题，设计了一种基于多模态融合的用户画像模型，实现用户画像中特征级融合和决策级融合组成的联合特征表示（2019）。陈泽宇等针对用户画像中现有词向量模型无法很好地处理一词多义的问题，使用 LDA 主题模型与神经网络模型构建分类精度更高的改进词向量模型（2019）。

（二）社区公共文化服务的文献回顾

如何更全面、有效地为全社会提供公共文化服务是我国公共文化事业发展的重要内容，其中社区的公共文化服务更是近年来社会学、文化学、人类学、艺术学等诸多领域学者的研究热点。

公共文化体制与政策角度的宏观研究中，王列生认为，文化体制与文化机构的结构性矛盾，束缚了文化生产力，政府的文化履约和公民文化权益保障功能衰减，强调以体制创新和体制改革委先导的公共文化服务体系构建方式（2014）。祁述裕强调立足"实际"建设适合中国国情的"现代"公共文化服务体系，科学界定免费公共服务的内容、对象、范围，以及公共文化服务标准化和均等化问题，避免把公共文化服务等同于基本公共文化服务，提高政府服务效能以满足数字化时代要求和公众新需求（2017）。唐亚林认为，通过"议行分离"的社区自治体制有利于复归社会基层民主，建构公民意识；从公民文化权利的道德属性角度，政府担有文化民生责任，政府需建立均等化的中国公共文化服务体系，为每一个公民提供均等化的产品与服务，保证公民基本文化权利（2017）。

侧重于社区公共文化供给的微观研究中，王列生主张通过激活体制末梢，实现社区文化活动增量，进而生成文化普惠合力（2019）。颜玉凡基于对公共文化服务中政府、文化组织、居民三个参与主体的行为特征分析，提出提升基层政府工作职能、发挥人情因素的正面效应和扶持文化组织三条优化发展思路（2019）。张惠梅以佛山市南海区狮山镇为案例，提出了社区文化发展委员会和社区文化发展基金会的"两会"+群众艺术团和文体社团的"两团"+文体辅导队和文体义工队的"两队"的基层公共文化组织体系（2018）。陈世香等通过对武汉南湖街社区的案例分析，认为社区在公共文化服务过程中应与其他行动者建立起协同关系，解决集体行动困境，以有效提升社区公共文化服务供给效能（2018）。

二、中国社区的公共文化服务现状

中国社会治理结构正在经历变革期，公共文化服务得到前所未有的重视，社区作为发挥公共文化社会治理功能的基层场域更是近年来的工作重点，通过秩序化、规范化的发展，目前我国社区公共文化服务面貌已经出现较大改观。

但同时也受到来自国家体制、政府政策、社会惯性思维、地方价值体系、文化组织发展等诸多因素的影响和限制，在具体的实践运作中比较突出的问题当属社区公共文化服务的供需不一致，导致社区居民的文化满意度不高。

在一些社区，公共文化的服务形式呈现出从供给方到消费方的单线模式。相关政府部门作为社区公共文化服务的供给者，在制定文化政策、设定文化服务内容与供给方式时，忽视与作为社区文化服务消费者的社区居民、社区文化服务生产者的文化组织和文化企事业单位之间的交流与沟通，在本位主义的思维习惯下，单方面进行决策与决定，在具体执行时依靠行政命令强制推行。其结果则是政府供给的公共文化服务无法与社区居民的实际文化需求相一致。

一些街办、社区居委会等社区文化服务的基层管理部门，为了应对上级主管部门文化建设绩效的量化考核以及各类日常检查，在公共文化服务的具体工作中呈现出形式主义倾向。在开展社区文化活动之前，不主动与社区居民进行互动和沟通，居民的实际文化需求难以得到表达；在开展社区文化活动之后，不积极向社区居民获取反馈意见，对文化活动的设计与开展不思考不改进；在社区文化服务的开展中，为求程序简单化，不认真寻求与社会文化组织、文化企事业单位的帮助与合作，导致社区文化服务内容与形式固定化、同质化，社区居民满意度和认同度不高。

一些参与社区公共文化服务的社会组织、文化企事业单位，在为社区居民进行公共文化服务产品生产时，惯于以文化精英地位自居，缺乏深入社区进行调研的主动性，在不了解社区居民实际文化需求的情况下，进行自上而下的社区文化服务产品的规划与设计，导致与社区自然条件、人文情境不协调的公共文化设施出现，与社区历史传统、地域文化脱节的公共文化活动开展，这些设施与活动难以引起居民的情感共鸣。

造成社区公共文化服务供需不一致的重要原因则是社区公共文化服务供给方、生产方和消费方三方的信息不对等、缺乏联动。在我国现有阶段，要解决这一突出问题，关键是要构建一个有效的互联机制。在此机制中，政府和文化企事业单位、社会文化组织能获取社区文化需求信息和社区文化服务效能信息，社区能通过自身力量表达真实的文化需求和文化消费反馈，实现三方的有效互联；此外，社区之间也能够进行文化服务方面的沟通与合作。

三、基于 User Profile 技术的社区公共文化服务互联模型

社区公共文化服务互联模型是以社区公共文化服务供需结构为基础构建的，以 User Profile 为核心技术的，以实现社区公共文化服务三方联动机制为目标的模型。作为公共文化消费方的社区，文化需求广泛而多样，作为供给方的政府和作为生产方的文化企事业单位、社会文化组织在配给文化服务和开展文化生产的决策时，需要对社区及其文化需求有较清晰的了解，基于 User Profile 技术的互联模型为供给方与生产方提供了了解社区、预测文化需求的有效途径。

通过文本挖掘技术对公共文化供需结构中的消费方——社区进行特征挖掘，利用特征的词云图构成可视化的社区画像，即 Community Profile。由众多特征词构成的 Community Profile 是公共文化服务互联体系中的用户名片，并参与公共文化服务互联模型构建，成为政府与社区、公共文化生产方与社区、社区与社区之间联系互动的枢纽。Community Profile 能够刻画出社区的特征化信息，以可视化形式帮助社区公共文化服务的供给方和生产方快速了解社区；在此基础上，我们将社区特征进行社区基本信息、社区文化设施、社区文化活动三个不同类型标签的人工建模及社区文化需求预测标签的建模，以便能实现社区文化需求的概括性输出，进而完成社区公共文化互联模型的建构。模型体现的供需三方之间的联动关系就是社区公共文化服务的互联机制，在此机制的作用下，三方之间的沟通更加简单有效，信息互动更加具体直接，在减少供给方与生产方人力物力付出的同时，为社区提供更加精准优

质的公共文化服务。

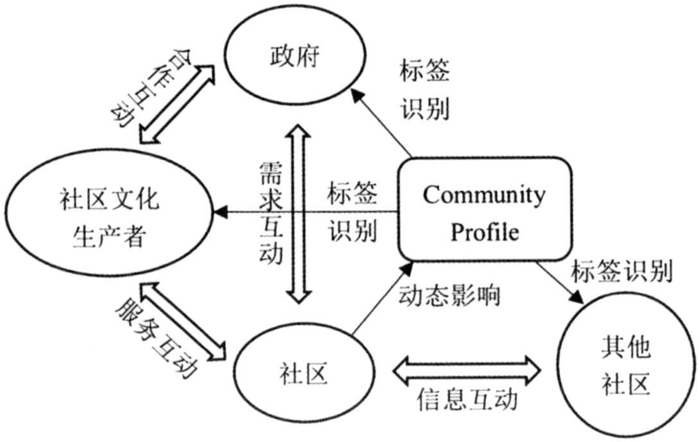

图 1. 社区公共文化服务互联模型

（一）社区与政府之间的联动关系

政府居于公共文化供需结构中的主导地位。作为供给方，政府需要了解和预测社区的文化需求，以合理地组织社区公共文化服务产品的社会化生产。在本模型中，一方面政府通过观察不同社区 Community Profile 及其标签、社区文化需求预测标签推测其具体的文化需求，在众多文化企事业单位、社会文化组织中进行筛选，选择合适的生产者进行社区文化服务产品的精准生产。另一方面，政府通过社区文化活动参与的动态数据了解社区对公共文化生产方的服务满意度，以此作为评估文化企事业单位、社会文化组织服务绩效的重要参考，为公共文化生产方的发展提供具体的指导意见。作为公共文化消费方的社区，利用网络平台更多地表明文化需求、反馈消费意见能够对标签和数据的动态变化产生影响，提升 Community Profile 的绘制精准度。

（二）社区与公共文化生产方之间的联动关系

社区与公共文化生产方的现实联系是最为频繁的，然而由于传统表达方式的不具体、不可视等特点使得生产方难以获取准确的社区文化需求与文化服务消费反馈信息。在本模型中，文化企事业单位、社会文化组织等公共文化生产方根据不同社区的 Community Profile 及其标签、社区文化设施使用和社区文化活动参与的动态数据对社区文化需求做出预测，结合自身生产资源与条件，有针对性地参与政府的社区公共文化服务购买和合作环节，在为社区提供精准文化服务产品的同时实现自身的优势竞争与有序发展。同时，在公共文化的社区服务过程中，与社区居民进行现实交流，积极调整服务方式，以提升社区文化活动的参与度，借此对后续人工收集的动态数据产生影响，进而为政府长期的社区文化服务供给政策和模式变革提供重要参考。

（三）社区与社区之间的联动关系

社区之间的交互关系是公共文化服务实现社会协同效应的重要方式，社区通过信息共享、资源互补、决策交流能够更有效地推进社区文化自治。在本模型中，各社区通过观察其他社区的画像及其标签判断是否与本社区由相似的文化需求、共同的文化偏好，并建立有效的信息交流与共享。此外，社区还可根据 Community Profile 中的动态人工数据进一步探求其他社区公共文化活动的内容、开展形式、资源渠道等，结合自身情况，为本社区公共文化服务消费决策提供一定的依据。

四、Community Profile 构建

现代资讯随着互联网的快速发展变得越来越丰富，关于社区的百科词条，报纸杂志官网和各新闻网站对社区的报道介绍，虚拟社群中关于社区的网络文章，对社区活动的网络评论，社区活动上传的视频与照片等，为政府、组织和民众了解社区提供了充足的信息。但众多来源带来的信息过载也让了解社区的过程变得不再快速有效，我们进行 Community Profile 构建正是希望能从大量的网络信息资源中抽取出最能够体现社区特征、反映社区文化需求的信息。这也是社区公共文化服务互联模型中的核心内容。

关于社区的大量网络信息资源是进行 Community Profile 构建的重要数字化资源，开采价值巨大。在关于社区的网络信息资源中，文本数据应该是最为丰富的，它们是挖掘社区特征的首选数据。

Community Profile 的核心技术是文本挖掘，即通过对大量的文本语料进行挖掘，从中抽取关键词作为社区的特征，构建 Community Profile 及其分类标签。这其中，文本关键词的抽取选择能在文档中识别出能够高度概括文档

主题的重要词语的 TextRank 算法，以保证关键词抽取的准确度。Community Profile 选择向量空间模型（Vector Space Model，VSM）作为存储结构。在 VSM 中，网络文本资源中关于某社区的每一篇文档被表示成由加权关键字组成的向量，其形式为（t，w），其中 t 为关键词，w 为相应的权重，表示关键词的重要程度。大量文档形成的加权 VSM 模型即可以用来表示社区画像。

Community Profile 的构建主要包括三个环节，第一个环节是社区特征的抽取，第二个环节是 Community Profile 的生成，第三个环节是 Community Profile 的标签建模。

（一）社区特征的抽取

社区特征是指最能描述和表达某社区特点的一些关键词和关键短语，我们需要从收集的网络文本中选择名词进行关键词抽取，抽取得到的每一个关键词将作为社区的一个特征，并存储为 VSM 中的一个词向量。这些关键词同时具备以下两个特点：第一，自身词频较高；第二，与其他词在文本语料中共现的频率较高。

社区特征抽取的大致流程如下：首先，在网络爬取包括新闻、文章、评论在内的某社区网络文本，并在所爬取的文本中筛选出长度合适且内容适宜的文档作为研究数据，构建出社区语料库；然后使用 NLPIR-master 开源工具抽取新词，结合人工补充构建社区词典并进行文本分词，筛选出社区特征候选词；接下来，构建词共现网络，使用 TextRank 算法从语料库数据中抽取关键词，组成词向量代表社区特征向量；最后将社区特征用特征向量函数进行表示。

$$\mathrm{F}(v) = \{(t_1, TR_1), (t_2, TR_2), \dots\dots, (t_n, TR_n)\}$$

诚如上文所言，社区网络信息资源的来源广泛、格式多样，Community Profile 选择适合抽取社区特征和进行标签建模的新闻、文章和评论作为社区文本。新闻的文本收集，在百度新闻中输入某社区名称，收集标题中含有该社区名称且没有重复内容的新闻，在这些新闻中筛选出以报道社区事件、人物、文化活动等为主要内容的新闻。文章的文本收集，在微信中以某社区名称为搜索关键词，指定文章为搜索内容，收集标题中含有该社区名称且没有重复内容的文章，同样筛选出以记录社区事件、人物、文化活动等为主要内容的文章。评论的文本收集，在新浪博客和腾讯博客上以某社区名称为搜索关键词，收集标题中含有该社区名称且没有重复内容的博文，筛选出以记录社区事件、人物、文化活动等为主要内容的博文和评论。所收集的网络新闻、文章和评论大都长短不一，鉴于文本挖掘中文本长短对于词频计算的较大影响，我们可设定一个长度标准（如微博限制的 140 字），将长于此标准的文档划入研究数据的范畴，而短于此标准的文档则舍弃不用。

（二）Community Profile 的生成

经过了社区特征的抽取阶段，得到社区特征向量，每一个特征和最终的画像结果均有密切的关系，选择 VSM 向量空间模型存储社区的 Community Profile，将社区的 Community Profile 定义为，包含中所有特征及其权重，其具体形式如下：

$$\mathrm{C}(v)=\{(t_1,w_1),(t_2,w_2),\ldots\ldots,(t_n,w_n)|t_i\in\mathrm{F}(v),0<w_i<1\}$$

其中，n 表示在社区特征集中有 n 个特征，ti 是第 i 个特征；wi 是特征相对应的权重，某一个特征的相应权重是通过将 TextRank 进行归一化计算得分，得分越高表明该特征在社区特征集中的重要性越高，其计算公式如下：

$$w_i=\frac{TR_i-\min(TR)}{\max(TR)-\min(TR)},0<w_i<1$$

Community Profile 的生成形式是社区特征词的可视化词云图。特征词的大小由特征的权重所决定，权重越大的特征，在词云图中的标签也越大；权重较小的特征，其在词云图中的标签也相对较小。词云图形式的 Community Profile，是对社区重要特征信息的可视化展示，能够帮助作为公共文化供给方的政府和作为公共文化生产方的文化企事业单位、社会文化组织对目标社区进行清晰、快速地了解，并以 Community Profile 为入口分析社区的文化需求。

（三）Community Profile 的标签建模

Community Profile 的词云图是对社区特征的一个总体概览，而要进一步分析社区的文化需求，还需要在 Community Profile 的基础上进行特征的人工分类建模以及进行部分标签的人工数据补充。首先，在协助构建社区公共文化服务互联机制的目标下，我们将社区特征分为社区基本信息、社区文化设施、社区文化活动三类标签，通过人工识别的方法将抽取的社区特征分别放入三个标签中。

第一，社区基本信息标签。主要包含了描述社区基本信息的特征词，如社区的名称、地理位置、覆盖范围、所属辖区、历史背景、自然条件、人口数量、年龄结构等。

第二，社区文化设施标签。主要是描述社区中物质性文化设施的特征词，包括实体类信息和描述类信息。活动中心、阅读室、雕塑等等都属于实体类信息范畴，描述类信息则主要指的是对文化设施实体的描述词。

第三，社区文化活动标签。主要是描述社区开展公共文化活动的特征词，也同样包括实体类信息和描述类信息。具体的文化活动及其相关组织信息是这一标签中的实体类信息，对活动的描述词就是标签中的描述类信息。

Community Profile 的三类人工标签是对社区文化软硬件的高度概括，但不足以反映社区公共文化服务的参与度和满意度，因此在人工建模标签的基础上，还需要对社区文化设施标签和社区文化活动标签进行使用和参与数据的人工补充与动态更新。

社区文化设施的使用数据需要社区基层工作人员在 Community Profile 的标签模型使用初期阶段进行定期收集，数据收集周期需要视文化设施使用现状、社区文化服务开展计划、社区人力等多种条件而定。社区文化设施标签与使用数据的动态变化相结合，有助于评估社区文化设施的数量与质量、分析社区居民对社区文化设施的满意度及其变化，进而为政府相关部门改进改善社区文化设施条件，参与社区公共文化服务的社会组织和文化企事业单位有效利用与活化社区文化设施提供有价值的参考信息。

社区文化活动的参与数据则相对较好收集，如在每一次社区文化活动开展之初利用线下与线上相结合的方式进行报名数据统计，在活动现场利用签到方式进行参与数据统计，在活动之后进行评分制或等级制满意度数据统计。

三部分数据的汇总与图示，能够有效反映出社区居民对社区文化活动的认同度和满意度，并在一定程度上体现出社区的文化偏好。

借助 Community Profile 的三类人工标签及其中两类标签的动态数据能够让政府、公共文化生产者、其他社区快速了解社区的公共文化开展情况，提升社区公共文化供需结构中的信息传播与交流速度。在这三类标签与数据的基础上可以进一步提炼出社区文化服务需求的预测标签，其具体内容包括文化服务内容需求、文化服务形式需求、参与概率。

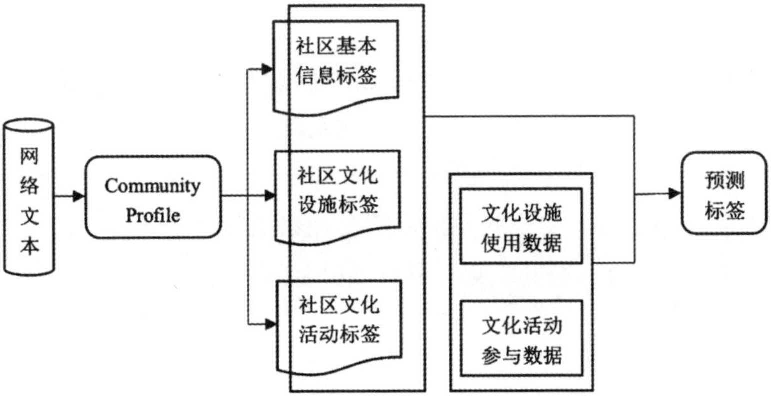

图 2. Community Profile 标签模型

预测标签的宏观作用是推动社区公共文化服务供需一致性，这也是社区公共文化服务互联机制中的重要环节。政府相关部门根据预测标签制定下一阶段社区公共文化服务的主要内容和实施政策，为保证社区文化服务的高参与率，其服务内容参照预测标签中的内容需求进行规划和决策，并依据规划内容合理安排文化服务的生产与配给。社区公共文化服务生产者，社会文化组织、文化企事业单位等，根据预测标签评估自身文化生产资源，基于组织发展目标和计划，积极而合理地参与政府制定的社区公共文化服务生产合作项目，保障在合作中能够为社区提供充足而优质的公共文化服务产品。同时，社区公共文化服务生产者借助社区文化设施标签与预测标签，对社区公共文化活动和项目的开展形式进行因地制宜的创新设计，在有限的硬件设施条件下为社区居民创造个性化服务形式，既有效保障了较高的文化活动项目参与度，也为生产者在政府合作或政府购买的项目竞争中赢得优势，促进组织发展。

结语

社区公共文化服务的互联机制将保障服务过程中的供需一致性，对公共文化政策的具体落实有着积极的影响，有益于我国“文化小康”事业的整体推进。本文将 User Profile 技术应用于社区公共文化服务中，通过对与社区相关的网络文本数据进行挖掘构建 Community Profile，使得社区特征得以可视化、形象化呈现；同时进行社区基本信息、文化设施、文化活动三类标签的建模，结合社区文化设施使用数据与文化活动参与数据的人工补充，使得社区的公共文化服务特征更加鲜明准确；在此基础上建模社区文化服务需求的预测标签，为社区公共文化服务的供给方和生产方提供预测社区文化服务需求的重要依据，保障社区文化服务供需信息在供给方、生产方、消费方之间形成高效流动，实现社区公共文化服务互联机制的成功运行。

参考文献

[1] 宋美琦，陈烨，张瑞 . 用户画像研究述评 [J]. 情报科学 .2019(4):171-177.

[2] 许志强，徐瑾钰 . 基于大数据的用户画像构建及用户体验优化策略 [J]. 中国出版 .2019(6):52-56.

[3] 王庆，赵发珍 . 基于“用户画像”的图书馆资源推荐模式设计与分析 [J]. 现代情报 .2018(3):105-109.

[4] 王凌霄，沈卓，李艳 . 社会化问答社区用户画像构建 [J]. 情报理论与实践 .2018(1):129-134.

[5] 李恒超，林鸿飞，杨亮，徐博，魏晓聪，张绍武，古丽孜热 · 艾尼外 . 一种用于构建用户画像的二级融合算法框架 [J]. 计算机科学 .2018(1):157-161.

[6] 林燕霞，谢湘生 . 基于社会认同理论的微博群体用户画像 [J]. 情报理论与实践 .2018(3):142-148.

[7] 单晓红，张晓月，刘晓燕 . 基于在线评论的用户画像研究—以携程酒店为例 [J]. 情报理论与实践 .2018(4):99-104.

[8] 陈志明，胡震云 .UGC 网站用户画像研究 [J]. 计算机系统应用 .2017(1):24-30.

[9] 张小可，沈文明，杜翠凤．贝叶斯网络在用户画像构建中的研究 [J]. 移动通信 .2016(22):22-26.

[10] 陈巧红，凌明杰，孙麒，贾宇波．基于集成学习框架的用户画像方法 [J]. 浙江理工大学学报 (自然科学版).2019(10):22-30.

[11] 张壮，冯小年，钱铁云．基于多模态融合技术的用户画像方法 [J]. 北京大学学报 (自然科学版).2019(9):88-95.

[12] 陈泽宇，黄勃．改进词向量模型的用户画像研究 [J]. 计算机工程与应用 .2019(9):55-60.

[13] 王列生．面对构建现代公共文化服务体系的制度召唤 [J]. 唯实 (现代管理).2014(5):4-5.

[14] 祁述裕．党的十九大关于文化建设的四个突出特点 [J]. 行政管理改革 .2017(11):40-41.

[15] 唐亚林．当代中国文化治理的生成逻辑与维度建构 [J]. 中国文化产业评论 .2017(1):8-10.

[16] 王列生．论"末梢激活"助推社区文化活动增量 [J]. 福建论坛 (人文社会科学版).2019(4):82-91.

[17] 颜玉凡．公共文化服务参与主体的行为特征及优化发展 [J]. 中州学刊 .2019(1):81-86.

[18] 张惠梅．社区文化发展委员会 : 基层文化治理新机制 [J]. 图书馆论坛 .2018(9):25-26.

[19] 陈世香，黄冬季．协同治理 : 我国城市社区公共文化服务供给机制创新的个案研究 [J]. 南通大学学报 (社会科学版).2018(9):120-128.

公民策展的兴起：社交媒体用户与艺术家的互动分析

康欣[1] 台北科技大学博士研究生
康健[2] 新地能源工程技术有限公司

提　要：艺术进入社交媒体时代，网络艺术市场大幅增长。社交媒体越来越多地被直接用于创作或策划艺术。网络的参与性和协作性使观众的角色发生很大变化，就像 Web2.0 时代的公民记者和公民新闻一样，“专业”和“业余”的界限越来越模糊，公民策展开始兴起。许多博物馆采用“公民策展人（Citizen curators）”或“用户生成内容（User-generated content）”的方式规划展览。在线艺术体验发生重大改变，人们通过点赞、评论和转发的方式表达对社交媒体上的艺术作品的“隐性认可”。社交媒体增加了新的策展维度，了解什么样的艺术作品更能推动参与至关重要。本研究采用定量和定性的方法来研究社交媒体艺术家和粉丝之间的互动，分析社交媒体用户作为“守门人”的这种偶然的、不自觉的线上策展过滤出了怎样的艺术作品。数据来自社交媒体 Instagram 上 706 位艺术类账户的 497649 个帖子，结果表明，那些最受欢迎的艺术作品具有更强的互动性。本研究拓展了艺术世界中社交媒体

[1] 康欣，女，台北科技大学博士，主要研究领域：共同设计，品牌。
[2] 康健，男，硕士，主要研究领域：能源，人机交互。

互动的研究，对研究艺术作品的互动心理及数字营销具有重要意义。这些发现也可以支持对公民策展人及社会行为领域的研究。

关键词：社交媒体　Instagram　参与式文化　公民策展　艺术作品　互动

一、引言

艺术进入社交媒体时代[1]，与过去五年相比，网络艺术市场大幅增长。Instagram 是所有社交媒体中参与度最高的，成为艺术家的首选平台[2]。在线艺术体验发生重大转变，人们通过点赞、转发和评论表达对网上艺术作品的“隐性认可”。互联网技术日新月异，Web 3.0 基于用户的合作创造价值，更加彻底地站在用户的角度，网上公民不再受到现有资源积累的限制，获得财富和声誉的机会更加平等。人们创造了更广泛的数字资产，包括视频、照片、位置数据、购买资料等。就像 web2.0 时代产生的公民记者和公民新闻一样，由于网络越来越强的参与性和协作性，观众的角色发生很大转变，“专业”和“业余”的界限越来越模糊[3]。数字技术在扩大艺术的边界方面发挥了重要作用，它改变了观众的期望，甚至艺术的概念也在改变，社交媒体越来越多地被直接用于创作或策划艺术。博物馆也被重新定义[4，5][6]，博物馆与公众之间的关系正朝着更加互动和协作的形式转变[7][4][8]。许多博物馆采用“公民策展人（Citizen curators）”和用户生成内容（User-generated content）来规划展览[9]。Kristin，Kristen 和 Lee 认为，博物馆的功能和策展人的角色的变化可能也会改变艺术在社会中的角色[10]。

社交媒体的高度参与和互动使公民策展成为可能，公民策展人消除了博物馆和画廊与观众之间的线性说教关系，专业人士和公众之间出现了令人兴奋的新合作。库尔特·卢因（Kurt Lewin）创造了守门人理论(Gatekeeping theory)，守门人是高层次的数据决策者，他们基于个人偏好、专业经验或社会影响允许某些信息传递给受众，从而控制着整个社会的信息流[11]。Shoemaker 和 Vos 将“守门人”发展为“观众守门人（Audience gatekeeping）”[12]。从历史上看，观众早就被由守门人组成的系统从艺术诠释的舞台上驱逐出去了[11]。今天，“观众守门人”根据他们自己的一套标准来传递帖子和评论，选出我们看到的艺术作品。与观众的互动可以促进认知解码，增强对艺术活动的动态和情感的反应[13]。Hamari，Sjoklint 和 Ukkonen 认为，内容和服务的重要性或有用性并不完全由生产内容的组织定义，而是由使用它们的公众定义[14]。现代博物馆面临的压力已经从传统的守门人式的鉴赏力、详尽的收藏和线性的历史展示转变为回应性和包容性[15]。

社交媒体的互动性扩展了策展的维度，观众作为“守门人”这种偶然的、不自觉的线上策展的作用进一步扩大，这也一直是国际上艺术机构关注的焦点，也是学术研究的对象。这也引出了一个问题：观众守门人的力量是否会取代对艺术的深思熟虑的分析，而代之以不加批判的、以时尚为导向的大众心理的广义概念?

本研究希望对社交媒体推动的艺术作品互动的本质提供新的见解，拓展对社交媒体用户在艺术市场中的互动行为的研究，这对研究移动互联网时代的互动心理和营销传播具有重要意义。此外，我们的分析揭示了艺术作品范围之外的重要心理层面，可以为博物馆、画廊等采用“公民策展人”或“用户生成内容”形式策划展览提供有价值的数据，并重新审视公民策展人在展览中的作用和定位。

二、艺术进入社交媒体时代

网络可以被看作是终极的“没有墙壁的博物馆”[16]，它们同时存在于许多地方，被反复地重新解释，并以新的和意想不到的方式加以利用。展览空间的解放，在线展览的内容存在着一个巨大的“长尾”[17]，这条“长尾”为不断扩大和多样化的线上展览创造了空间，更大、更传统的展览可以与更个性、更小众的展览一起讲述，这是以前任何形式的传统存档方式所无法企及的。社交媒体的“帖子”，成为新的策展对象[18]，它是一个永恒的“活的档案”[19]。通过这种方式，在线展览空间成为一个记忆场所，策展人可以随意处理的资料几乎是无限的，重新组合和修复的新策展形式[20]对展览空间进行了重新改造和格式化，展览空间的时间性和物质性被颠覆。

社群媒体的流行塑造了参观博物馆和画廊的新体验。媒介生态学（Media

ecology）认为，媒介是人类感官在各个时代的延伸，社会变革的主要原因是传播技术[21]。网络参与使艺术和观众的交流更加深入和民主化[13]，社交媒体艺术体验通过摄影或视频与观众的实时交流，让各种艺术作品在一个高度互动的过程中随时得到调整。

参与式文化 (Participatory Culture) 始于 Henry Jenkins 对粉丝文化的研究，通过邀请人们根据自己的兴趣来交流、制作和传播内容和思想，它模糊了文化生产与社会交流的形式[22]。McLuhan 认为媒体是人的延伸[23]，如果技术是文化发展的媒介，那么这些技术的交互和用户导向就产生了一种参与性的"混搭"文化。通过在线平台，生成和访问内容的方式被解构、混合、融合和重建，形成一种参与性文化[24]。参与式文化是一种对艺术表达和公民参与的障碍相对较低的文化，对创作和分享自己的作品的强烈支持，以及某种非正式的指导方式，最富有经验的人可以通过这种方式把自己知道的东西传授给新手。参与性文化也是一种成员相信他们的贡献是重要的，并感觉到彼此之间某种程度的社会联系的文化[25]。

三、公民策展的兴起

策展人（Curator）（来自拉丁语 :cura，意为"照顾"）是经理或监督员。传统上，文化遗产机构（如美术馆、博物馆、图书馆或档案馆）的馆长或管理人是负责机构收藏并参与遗产资料解释的专家[26]。策展人的主要职能是学科专家，对文物进行原创性的研究，并指导组织的收藏工作。近些年，随着博物馆越来越数字化，博物馆和策展人的角色也发生很大变化。历史学家 Elaine Gurian 呼吁建立这样的博物馆："游客可以在里面舒适地寻找自己问题的答案，而不管别人对这些问题的重视程度"。策展人的角色由说教者转变为"促进者和协助者"[27]。从这个意义上说，策展人的角色是不确定的，社交媒体的参与和互动让公众成为自己的策展人。这样，就能在他们感兴趣的特定主题上进行自我教育，而不是花时间去听不感兴趣的信息。当前的网络环境创造了一个公民策展人可以被认可的环境。公民策展人像公民科学和公民新闻一样，新的互动技术平台使这些实践变得可见和重要[28]。

这些公民主义的主要共同点是，允许特定专业背景之外的人生产与某领域相关的信息，Hartley 称他们是“Prosumer(s) 和 Produser(s) (产消者)”[29]，而不是纯粹的静态消费者，由于传播和消费方式的转变，公民不仅消费文化，他们还创造文化。这些公民活动不仅在其专业同行之外、平行或对立地运作，而且还常常涉及、强调或表达主流媒体未涵盖的观点、主题或内容。Gehl 认为 Web 2.0 已经使新媒体公司和企业家承担起了策展人的角色[30]。策展成为一种社交媒体的参与性行为[31]。有一种观念认为，每个在网上露面的人都是策展人。这种过滤、分类和策划的行为是早在数字时代之前就存在的行为的延续。 随着众包、基于参与的项目在网络上的激增，“公民策展”和“公民策展人”这两个词的使用也开始流行起来。当“公民策展”用于网络活动时，数字资源经过重新混合和调节，“策展”这个词似乎变成一种公民无意识、不自觉的活动结果。Balzer 认为，策展人不是一个整体，而是转变为一个不断变化、可塑的结构。这个词似乎被解放了，因为“策展人不再只是一个艺术界的人物”[32]。O’Neill 认为，自 20 世纪 90 年代中期以来，我们一直生活在策展人的时代[33]。

策展作为一种过滤活动的概念经常被引用[15]。在过滤或整理日益增多的在线信息方面，人类和计算机之间也存在着协作元素。有一个普遍的观点认为，这片信息的沼泽需要过滤和协作的两种形式：计算机需要存储和实现搜索算法，而人类需要在适当的地方放置更微妙的筛选形式[20]。通常，这种过滤不仅是为了帮助其他人类用户找到有用的或相关的信息，而且还允许计算机优化和调整它们的搜索和存储能力，Rosenbaum 称之为大量信息或数据的“人性化”[34]。

社交媒体的互动创造一个所有用户都可以成为策展人的环境，即使他们没有意识到这一点。罗森鲍姆（Rosenbaum）认为，公民策展人的优势在于“选择最重要的元素，组织内容，并以简洁、易于消费的方式与他人分享[34]。这种偶然或巧合策展人的概念，吸收了对策展的广泛解释，以及对在线互动的社交方面的强调。人们通过点赞、转发和评论社交媒体上的帖子，对朋友的推荐或产品、场所、服务等的“隐性认可”采取行动[35]。“守门人”被描述为一种形式的外包[36]。然而，在微博、Instagram 或 Facebook 上加别人为好友或关注他人的行为本身可以被视为一种管理行为，通过将这些内容组织成列表或分组，或者过滤这些内容，可以进一步扩展管理功能。这种不自觉地策展或没有公开策展人的策展，Balzer 称其为“策展时刻”，这个时刻正在发生[32]。这些线上策展人可以是匿名的或无法追踪的，但他们的影响可能是广泛和持久的。他们在没有意识到的情况下进行策展，只是凭借某种形式的在线呈现，策展行为内置在在线互动中。Miekle 和 Young 认为，正是社交媒体的“媒介生态系统”增加了这种新的策展维度[36]。

公民策展项目

弗莱艺术博物馆 (Frye Art Museum) 在各种社交媒体用户投票基础上，策划了一个名为 #SocialMedium 的展览，博物馆将藏品中点赞最多的画作，连同来自世界各地 4500 位公众投票人的名字和评论一起展出，大大提升了 Frye 在社交媒体上的影响力[37]。布鲁克林博物馆 (Brooklyn Museum) 受到 James Surowiecki 的著作《群体的智慧》(*The Wisdom of Crowds*) 的启发，举办了一场名为“Click!”的展览，博物馆根据游客和网络投票者的反馈对作品进行排名，观众和专家各占一半，很多投票者对艺术根本不了解[38]。

大英博物馆（British Museum）的项目《100 件物品中的世界历史》（A History of the World in 100 Objects），试图通过强调叙事不是线性的，而是多方面的，并且常常是有争议的，来开启关于博物馆和故事制作者的对话。大英博物馆通过征求更广泛的公众的回馈和参与颠覆了传统的策展角色。将观众置于策展人的角色，并将其置于一个更大的知识和叙事体中。创造了一个在线空间，所有参与者通过讲述他们的故事来叙说更大的世界历史[39]。

互动在社交媒体上扮演着重要的角色，Ritter 指出，虽然形式和内容在艺术创作中极为重要，但也要考虑艺术作品与人的交流方式[40]。公民策展与公民新闻有更多的共同点，它是一个自我激励的任务，不依赖于机构的支持来实现[41]。

四、社交媒体用户与艺术家的互动行为分析

根据以上对策展人概念和意义的探讨，本节我们将讨论社交媒体用户作为公民策展人在与艺术家互动的过程中过滤出了怎样的艺术作品，探讨公民策展人的参与动机及行为特征，进而分析那些点赞最多和评论最多的艺术作品的特征。

研究方法

本研究采用量化和质化的研究方法，系统地分析艺术家与社交媒体粉丝之间的互动。我们在 Instagram 上随机选择了粉丝数在 1 万以上的艺术类账户。收集的数据包括 (1) 帖子、关注者和追随者的数量；(2) 艺术家简介；(3) 帖子 (艺术作品的照片或视频)；(4) 点赞、评论、标签等。最终的数据包括来自 48 个国家的 706 位艺术家（其中男性 319 位，女性 387 位）的 497649 个帖子，以及每个帖子的点赞、评论，粉丝及关注的数量（见表 1）。

表 1 描述性统计

	Frequency	Percent	Valid Percent	Cumulative Percent
Male	319	45.2	45.2	45.2
Female	387	54.8	54.8	100.0
Total	706	100.0	100.0	

	N	Minimum	Maximum	Mean	Std. Deviation
Followers	706	433	2146849	92914.61	186406.308
Followings	706	1	7499	876.17	1141.704
Posts	706	14	10927	704.89	867.539
Likes	706	101	362297	11080.65	25491.960
Comments	706	2	21911	179.02	997.674
Valid N (listwise)	706				

我们将 706 位艺术家的所有帖子分别按照点赞和评论的数量进行排序，对点赞和评论前 10 的帖子进行定性分析，以查看最受欢迎的艺术作品的特征，及为什么这些作品更受欢迎。

结果

为了分析最受欢迎的作品的特点，我们进一步缩小范围，分别收集了点赞最多和评论最多的前十名帖子的作品。前十名的帖子包括教程、插图、分享艺术家生活或有趣的漫画（见图 1）。评论中最常见的一些词是：“哇！这是什么？”；“爱”；“好兴奋”；等。发表评论最常见的原因是好奇、提问和赞同 (见图 2)。

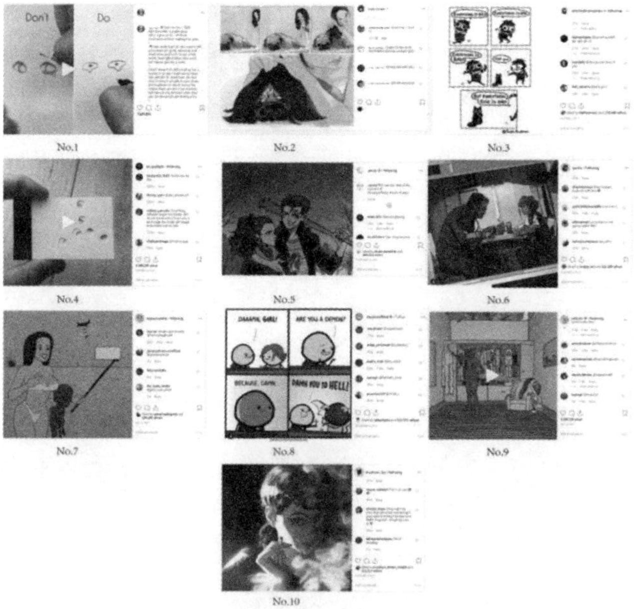

图 1　点赞前十的艺术作品屏幕截图

(@qinniart, @littlethunder, @sarahandersencomics, @art_spotlight,@_picolo, @cyarine, @sirjoancornella, @explosmofficial, @pollynor, and @kuvshinov_ilya on Instagram)

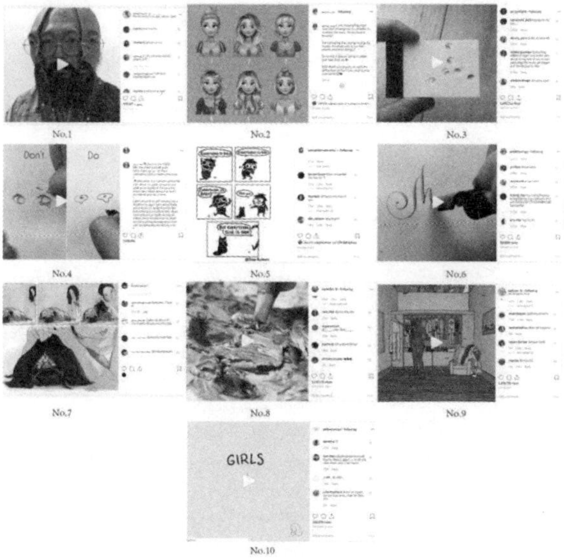

图 2　评论前十的艺术作品屏幕截图

(@takashipom, @pastel.ette, @art_spotlight, @qinniart, @sarahandersencomics, @artofdrawing, @littlethunder, @ivanalifan, @pollynor, @petitesluxures.

我们对点赞最多和评论最多的帖子发布的图片或视频、帖子的标题及评论内容等进行了质化分析。图 3 为 706 位艺术家的粉丝和点赞数量的相关性。圆圈越大表示点赞越多，颜色越深表示粉丝越多。显然，存在两个极值 :No.555 和 No.36。

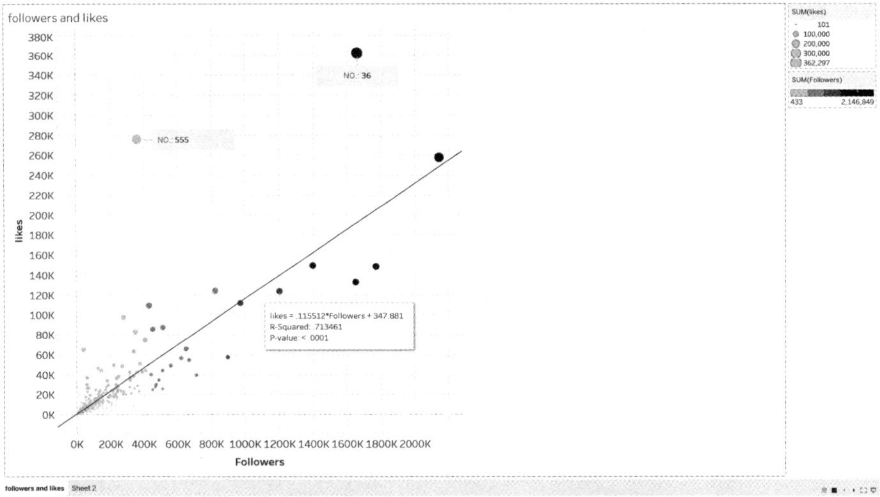

图 3　Followers 与 Likes 的相关性

图 4 为评论和点赞的发展趋势，菱形越大表示点赞越多，颜色越深表示评论越多。图中存在两个极值：NO.558 和 NO.310。

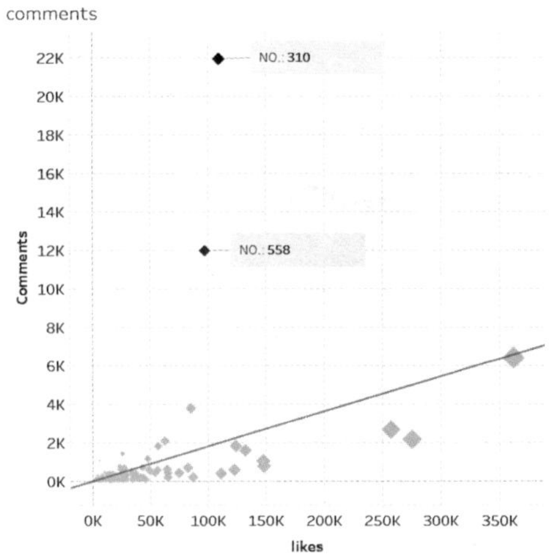

图 4　Comments 与 Likes 的相关性

（一）点赞最多的艺术作品特征分析

艺术家 NO.36 点赞最多的帖子获得了 377707 个赞和 6591 条评论。标题为："Don't vs Do"。这是一个关于绘画的视频教程，艺术家和粉丝一起讨论绘画的经验。艺术家 NO.555 点赞最多的帖子获得了 273754 个赞和 2135 条评论，帖子是一个幽默的插画。从评论中可以看出，点赞和评论的原因是有趣和好奇 (见图 5)。

(a) No. 36　　(b) No. 555

图 5. 两个异常值 NO.36 和 NO.555 的帖子截图 (@qinniart , @ littlethunder)

艺术家 NO.36 点赞最多的十个帖子，这位艺术家分享了自己的病情，并画出了自己的故事，引起了很多共鸣。艺术家 NO.555 点赞前十的帖子作品中有四个视频展示了艺术家的绘画过程，其他的作品图片是非常有趣的漫画。个人生活就像实时广告牌，天然吸引着热切、警惕的眼球。

（二）评论最多的艺术作品特征分析

艺术家 NO.558 评论最多的帖子获得了 100160 个赞和 12211 条评论，帖子的标题是艺术家询问粉丝自己的作品哪个更好，并鼓励他们发表评论选出自己最喜爱的作品。艺术家 NO.310 评论最多的帖子获得了 108587 个赞和 21708 条评论，评论的内容多是好奇、怀疑和奇怪 (见图 6)。

(a) No. 558　　　　(b) No. 310

图 6　两个异常值 NO.558 和 NO.310 截图 (@ pastel.ette，@takashipom)

我们同样收集了这两个账号评论前十的帖子。艺术家 NO.558 评论前 10 的帖子收到更多评论的原因是问问题 :“你怎么看？ (What do you think?) ”。NO.310 是一位著名的当代艺术家，他持续在社交媒体分享自己的新作品和参与的艺术活动。和其他社交网络一样，名人是粉丝最多的用户，他们中的大多数人都不会关注自己的粉丝。

五、讨论

我们量化分析了 Instagram 上一些热门帖子的点赞和评论的增长状况并对帖子的内容和文本进行了质化分析，发现这些点赞和评论最多的帖子内容的共同特征，我们将其归类为以下类别 :

- 实用信息分享 (分享教程或绘画过程) ;
- 问问题 :“你觉得怎么样 ?” ;
- 引发好奇 :“这是什么 ?” ;
- 有趣或幽默的插图 ;
- 同理心。

通过提问或展示艺术家的个人生活及创作过程与关注者进行深度的交流和互动，让观众感觉自己是艺术家的朋友，参与了艺术家的生活和创作。正如詹金斯所说，参与社交媒体是一种文化，在这种文化中，成员们相信自己的贡献是重要的，并通过与艺术家的交流来表达自己的价值，与艺术家一起成长。传统的艺术体验是由专家或组织来诠释的，是被动的、说教的。社交媒体塑造了新的线上艺术体验，艺术家与观众之间的实时交流，让各种艺术作品在高度互动的过程中随时得到调整。观众通过点赞和评论，在不知不觉中参与了艺术作品的选择。

人类是直觉型的思考者，上述帖子的共同特征反映了亚伯拉罕 · 马斯洛的观点，即人的个性的驱动力是自我实现的，他将人类动机分为五个层次：生理的需求、安全的需求、爱与归属的需求、尊重的需求和自我实现的需求 [42]。用户通过参与社交媒体互动来实现亚伯拉罕 · 马斯洛 (Abraham Maslow) 所说的自我实现。诺贝尔奖得主丹尼尔 · 卡内曼写道，“直觉不过是一种认知”，是一种无须长时间逻辑论证或证据就能自动生成解决方案的能力。直觉是获得知识的能力，并不依赖于有意识的推理 [43]。内省会降低偏好和决策的质量。研究表明，分析原因会降低人们对其选择的满意度 [44]。

实用的信息分享可以让受众学习和增长知识，如果一篇帖子可以满足用户的个人需求，获得用户的喜爱，他们就会愿意分享这种新鲜快乐的体验，甚至感到荣幸。艺术家 NO.558 在三年内只发了 132 条帖子，但很快就通过提问的方式获得了快速增长的点赞和评论。参与回答问题的动机是自我表达的机会，目的是为了获得积极的反馈从而满足他人的期望 [45]。好奇心与人类发展的各个方面密切相关，它源于学习的过程以及获取知识和技能的欲望 [46]。好奇心被认为是几千年来人类发展科学、语言和工业的驱动力 [47]。最佳唤起理论试图解释好奇心的这一方面，它认为一个人可以通过这些探索性的行为来保持愉悦的唤起感 [48]，研究表明“适度的唤起”可以带来最大的动机和最终的成功。趣味性和愉悦的吸引力与好奇心的吸引力类似 [49]。情感很可能会影响对艺术品的审美情趣和趣味性的第一印象 [49]。Wilson 和 Schooler 的研究发现，相对于艺术海报，学生们更喜欢有趣的海报，这取决于学生们的语言表达能力，当他们不需要解释原因时，这种偏好就会逆转 [44]，在没有任何心理压力的情况下，学生们更喜欢简单轻松有趣的海报。情感与艺术是密切相关的 [50]。心理学家 Martin Hoffman 认为，每个人生来就具有同理心 [51]。社交媒体上艺术家通过分享自己的艺术和个人经历与生活与粉丝建立关系，观众对艺术家生活的洞察和参与会让他们有一种与艺术家建立联系的感觉。

六、结论

通过这两项研究的定量和定性分析，结果表明，最受喜爱的艺术作品互动性更高。“观众看门人”过滤的最受欢迎和评论最多的作品似乎是基于人类的直觉，自我实现是社交媒体互动的最大驱动力。这些发现揭示了社交媒体上艺术爱好者“点赞”行为参与互动的本质，指出了什么样的艺术作品正变得越来越受欢迎。

社交媒体改变了艺术欣赏的体验，各种社交媒体平台提供了许多滤镜和设计工具，以让你的图片看起来越来越美，各种艺术作品也以“设计＋摄影”的方式快速呈现，互动变得非常重要。社交媒体上公民策展的行为产生了“Instagramism”[52]及快照美学等这样的流行文化。社交媒体不仅为研究当代艺术，也为研究艺术的演变和发展动态提供了一个很好的平台。

通过上文的分析，我们对“公民策展人”在社交媒体上的互动行为进行了彻底的审查，对这个术语有了更细致的理解。社交媒体让公民策展人的行为更容易被人看到、接触到，甚至成为主流。对公民策展人的认可在很大程度上是对在线协作本体论的挑战，特别是在文化主流机构，进一步消除了博物馆和画廊与其观众之间的线性说教关系。这种新的格局给传统文化机构带来了挑战，但也带来了机遇。虽然博物馆或画廊可能需要在网上展示或重申他们的专业知识，但一旦公众被允许在数字空间分享、操作或摆弄知识和艺术作品，就能带来令人兴奋的合作。随着文化机构对这种合作的进一步开放，策展的本质也随之发生了变化。

我们的工作为理解艺术品的社会层面开辟了一条新的道路，拓展了艺术世界中移动社交媒体互动的研究，这对于研究艺术品在社交媒体和数字营销传播中的互动心理具有重要意义。从学术的角度来看，这些发现可以支持未来对艺术心理、公民策展人、社交媒体营销传播研究领域的研究，也可以提高我们对博物馆如何与公众沟通的理解。

参考文献

[1]FEI J. Art in the Age of Instagram [M]. 2014.

[2]HISCOX. Hiscox Online Art Trade Report 2017 [M]. 2017.
[3]FLEMING D. Managing change in museums ; proceedings of the museum and change international conference, November, F, 2005 [C].
[4]CAPRIOTTI P. Museums' communication in small-and medium-sized cities [J]. Corporate communications: An international journal, 2010, 15(3): 281-98.
[5]CRENN G, VIDAL G. Les Musées Français et leurs publics a l'âge du Web 2.0 [J]. Nouveaux usages du multimédia et transformations des rapports entre institutions et usagers, 2007, 24-6.
[6]GAËLLE C. Les musées français et leurs publics à l'âge du web 2.0. Nouveaux usages du multimédia et transformations des rapports entre institutions et usagers? ; proceedings of the International Cultural Heritage Informatics Meetings, F, 2007 [C].
[7]SIGALA M. A learning assessment of online interpretation practices: from Museum supply chains to experience ecologies [J]. Information and Communication Technologies in Tourism 2005, 2005, 67-78.
[8]KENT M L. Critical analysis of blogging in public relations [J]. Public Relations Review, 2008, 34(1): 32-40.
[9]PROCTOR N. Digital: Museum as platform, curator as champion, in the age of social media [J]. Curator: The Museum Journal, 2010, 53(1): 35-43.
[10] KRISTIN T, KRISTEN P, LEE R. Arts Organizations and Digital Technologies [M]. 2013.
[11] LEWIN K. Forces behind food habits and methods of change [J]. Bulletin of the national Research Council, 1943, 108(1043): 35-65.
[12] SHOEMAKER P J, VOS T. Gatekeeping theory [M]. Routledge, 2009.
[13] WALMSLEY B. From arts marketing to audience enrichment: How digital engagement can deepen and democratize artistic exchange with audiences [J]. Poetics, 2016, 58(66-78.
[14] HAMARI J, SJöKLINT M, UKKONEN A. The sharing economy: Why people participate in collaborative consumption [J]. Journal of the association for information science and technology, 2016, 67(9): 2047-59.
[15] GRAHAM B, COOK S. Rethinking Curating: Art after New Media-Leonardo Books [M]. The MIT Press, 2010.
[16] KRAUSS R E. Thinking about exhibitions ; London ; New York ; Routledge Postmodernism's museum without walls [J]. 1996,
[17] ANDERSON C. The long tail: The new economics of culture and commerce [J]. London,

Randon House Business books, 2006,

[18] LIU S B. Socially diStributed curation oF tHe bHoPal diSaSter [J]. Heritage and social media: Understanding heritage in a participatory culture, 2012, 30.

[19] BROUWER J, MULDER A, CHARLTON S. Information is alive [M]. V2_ publishing, 2003.

[20] GARDE-HANSEN J, HOSKINS A, READING A. Save as... digital memories [M]. Springer, 2009.

[21] HAKANEN E A. Branding the teleself: Media effects discourse and the changing self [M]. Lexington Books, 2007.

[22] JENKINS H, ITO M. Participatory culture in a networked era: A conversation on youth, learning, commerce, and politics [M]. John Wiley & Sons, 2015.

[23] MCLUHAN M. Understanding Media: The Extensions of Man ; Marshall McLuhan [M]. TPB, 2004.

[24] VALCANIS T. An iPhone in every hand: media ecology, communication structures, and the global village [J]. Etc A Review of General Semantics, 2011, 68(:1): 33-45.

[25] JENKINS H. Confronting the challenges of participatory culture: Media education for the 21st century [M]. Mit Press, 2009.

[26] CHISHOLM H, ED. Curator [M]. Encyclopædia Britannica. Cambridge University Press. 1911.

[27] CLOUGH G W. Best of Both Worlds: Museums, Libraries, and Archives in the Digital Age [M]. Smithsonian Institution, 2013.

[28] MEYERS E A. ‘Blogs give regular people the chance to talk back’: Rethinking ‘professional’media hierarchies in new media [J]. New Media & Society, 2012, 14(6): 1022-38.

[29] HARTLEY J. Silly citizenship [M]. Self-Mediation. Routledge. 2013: 17-32.

[30] GEHL R W. The archive and the processor: The internal logic of Web 2.0 [J]. New media & society, 2011, 13(8): 1228-44.

[31] GARRETT M. DIWO (Do-It-With-Others): Origin, Art & Social Context [M]. 2012.

[32] BALZER D. Curationism: How curating took over the art world and everything else [M]. Coach House Books, 2014.

[33] O’NEILL P. The Culture of Curating and the Curating of Culture (s) [M]. Mit Press Cambridge, MA, 2012.

[34] ROSENBAUM S. Curate this: The Hands-on, How-to Guide to Content Curation [M]. Magnify Media, 2014.

[35] ROSENBAUM S. Curation nation: How to win in a world where consumers are creators

[M]. McGraw Hill Professional, 2011.
[36] MEIKLE G, YOUNG S. Media convergence: Networked digital media in everyday life [M]. Macmillan International Higher Education, 2011.
[37] SOKOLOWSKY J. Art in the Instagram age: How social media is shaping art and how you experience it [M]. 2017.
[38] HART H. Walker visitors vote for half the works to view in new show [M]. 2010.
[39] SZYLAK A. Curating Context [J]. The Curatorial A Philosophy of Curating, ed by Jean-Paul Martinon, London: Bloomsbury, 2013, 215-23.
[40] RITTER D. The intersection of art and interactivity [J]. Ars Electronica Festival, 1996, 96(274-85.
[41] BENTLEY C, HAMMAN B, LITTAU J, et al. Citizen journalism: A case study [J]. Blogging, citizenship and the future of media, 2007, 239-59.
[42] MASLOW A H. Motivation and personality [M]. Harper & Row, 1975.
[43] MERRIAM WEBSTER. intuition [M].
[44] WILSON T D, SCHOOLER J W. Thinking too much: introspection can reduce the quality of preferences and decisions [J]. Journal of personality and social psychology, 1991, 60(2): 181.
[45] GOFFMAN E. The presentation of self in everyday life [M]. Harmondsworth London, 1978.
[46] ZUSS M. The practice of theoretical curiosity [M]. Springer Science & Business Media, 2011.
[47] KELLER H, SCHNEIDER K, HENDERSON B. Curiosity and exploration [M]. Springer Science & Business Media, 2012.
[48] RUSSELL J A, MEHRABIAN A. Distinguishing anger and anxiety in terms of emotional response factors [J]. Journal of consulting and clinical psychology, 1974, 42(1): 79.
[49] CUPCHIK G C, GEBOTYS R J. Interest and pleasure as dimensions of aesthetic response [J]. Empirical Studies of the Arts, 1990, 8(1): 1-14.
[50] TAN E S. Emotion, art, and the humanities [J]. Handbook of emotions, 2000, 3(116-34.
[51] ROTH-HANANIA R, DAVIDOV M, ZAHN-WAXLER C. Empathy development from 8 to 16 months: Early signs of concern for others [J]. Infant Behavior and Development, 2011, 34(3): 447-58.
[52] MANOVICH L. Notes on Instagrammism and mechanisms of contemporary cultural identity (and also photography, design, Kinfolk, k-pop, hashtags, mise-en-scène, and состояние) [J]. Sl: Disponible en: http://manovich net/index php/projects/instagram-and-contemporary-image, 2016,

文化抽象与数字编码：非物质文化遗产资源创新性转化

秦枫[1] 安徽师范大学新闻与传播学院副教授

摘 要：非物质文化遗产的数字化，在本质上是一种信息形式。文化抽象，是对非遗的复杂信息的概括、分类、简化，但要确保文化抽象的主体性，谁是抽象的主体，哪些内容可以进行数字化编码与抽象。既要做到文化抽象，又要保证文化的多样性，而非同一性；对于具体某项非遗来说，要保留核心文化元素和细节，而且不能打破非遗原有的叙事情节，要按照叙事逻辑对具体非遗事项进行编码。信息的编码和解码是一个社会过程，由一种有意图、公式化的编码程序产生，并达到传受双方的相互理解。非遗数字编码涉及传播的三个层级问题——技术、语义、效果。任何信息产品、价值及其意义均可从三个维度来解释，即基于信息空间理论的编码、抽象与扩散。

关键词：非物质文化遗产　文化抽象　数字编码

---

[1] 项目基金：国家社科青年基金（14CGL056）；高校优秀青年人才支持计划项目（gxyqZD2018009）

[1] 秦枫，中科大博士，安徽师范大学副教授，研究方向：文化产业与文化资源，数字文化传播

一、引言

作为文化身份和文化主权基本依据的非物质文化遗产正在以惊人速度不断消失，甚至濒临消亡。非遗面临着生存（传承）性危机——（主体性危机、生态性危机等），其发展（传播）前景令人堪忧。数字技术已让不少濒临消亡的事物重获新生，原本看上去毫无关联的传统文化与产业，可以借助数字技术形成新的联结与跨界，拓展出许多新兴业态，而这种跨界与融合，恰恰让传统文化、文化遗产等一些中华历史文化瑰宝，找到了新的传承发展思路。文化遗产数字化，尤其非物质文化遗产数字化是当下学术界、业界关注的热点话题。从业界来看，电影、游戏、信息等产业对非遗数字化都有所涉及，且取得了不俗的成果；从学界来看，科研机构、高校院所从理论和实践两个层面进行了广泛的探讨。从研究文献来看，研究成果主要集中在以下几个主题：1. 非遗数字化记录、建档与保存研究，无论是国际上《非物质文化遗产保护公约》还是国内的《中华人民共和国非物质文化遗产法》都鲜明地提出“要运用文字、录音、录像、数字化多媒体等各种方式，对非物质文化遗产进行真实、系统和全面的记录，建立档案和数据库”。这其中就包括非遗数字化采集、数字化记录、数字化建档、数字化信息平台、数据库等问题的研究。2. 非遗数字化开发研究，非遗的数字化不仅是数字化的保存与保护，还要注重非遗数字化的展示利用，包括宣传教育、产业融合等方面，如非遗数字博物馆、体验馆、新媒体平台等方面的研究。3. 非遗数字化传播研究。非遗作为传统文化的精华，它的传播有利于传统文化的复兴，充实当下数字空间的内容等，将非遗的信息内容融合在现代传媒产业之中，传承与发扬传统文化。4. 非遗数字化的技术本体及内涵研究。主要是探讨非遗数字化的技术语言、数字化流程、数字化路径、方法等问题。当然不仅限于以上主题，还有不少非遗个案或地方非遗的数字案例探讨等。纵观当下非遗数字化研究，研究类别多样、研究主题多元，对于非遗数字化的文化抽象和编码层面内容较少，也有学者从信息空间理论对非遗数字化进行分析，但不够深入。本文主要是从非遗数字化的文化层面的抽象、主体等方面展开，将信息传播与信息空间理论结合讨论非遗的数字编码问题。对于非物质文化遗产，不仅要档案式保存，更要代际传承，还要通过新的方式与方法对其重新解读与阐释，赋予它们新的文化意涵，使之与现代生活相关联。即利用数字信息技术对非物质文化遗产进行重新编码、重构和阐释，在数字技术的文化层面上让公众接受。

二、三种理论：非物质文化遗产数字化的理论基础

本文主要采借三种理论进行分析非遗数字化问题。一是霍尔的编码/解码理论，将之应用到非物质文化遗产数字化之中，以期用它指导非物质文化遗产的数字化转换——从民间话语到制度话语、市场话语的转化，从现实社会文化向数字媒介或虚拟世界的转化，从生活语言、行为等向数字语言的转化。二是香农与韦弗所提出了信息传播理论。非物质文化遗产的数字化，在本质上是一种信息形式。信息的编码和解码是一个社会过程，涉及传——受主体的主观意义——信息，由一种有意图、公式化的编码程序产生，并达到相互理解。（图1）。

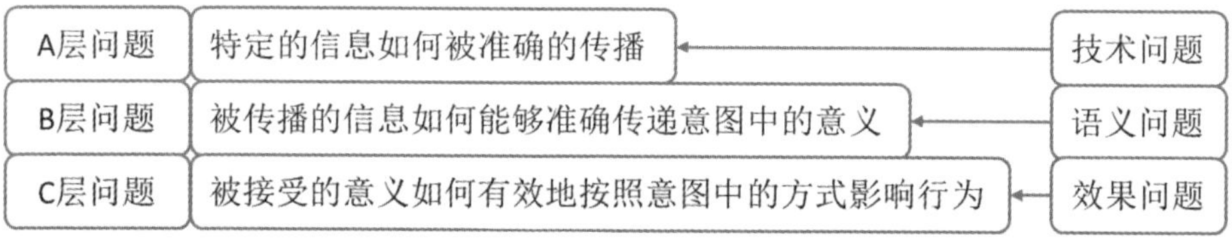

图1　信息传播的三个层级

非物质文化遗产数字化及传播的三个层级问题需要基于信息理论做深入研究，文化学者与数字信息专家需要通力合作。但目前非物质文化遗产数字化方面的主要问题是两个领域全面、深入且有效的合力协作，为保证合作的有效性，三是借用英国学者马克斯·H·布瓦索（Max·H·Boisot）的信息空间理论[1]，该理论为文化学者、非遗传承人、数字信息专家之间的合作提供了理论基础。该理论认为，任何信息产品、价值及其意义均可从三个维度来解

[1]　[英]马克斯·H.布瓦索著，王寅通译，信息空间：认识组织、制度和文化的一种框架[M]上海：上海译文出版社，2000.07:45.

释，即编码、抽象与扩散，其中编码是指将感觉数据进行分类的难易度；抽象是指通过识别数据与数据之间内在逻辑联系而产生概念的难易度；而扩散则是指编码信息向相关利益受众（如企业主、竞争者、消费者、一般公众或者合作伙伴）传播的难易度。编码反映了数据信息在多大程度上能被赋予相应的形式，抽象则是化繁为简的一种形式——用少量信息表示杂多的事物，即“少就是多”。编码赋予信息以形式，抽象赋予信息以结构，两者共同发挥作用，使信息的扩散性与传播性不断增强，进而达到相应的目的。编码、抽象与扩散共同构成一个三维信息空间，如图 2 所示：

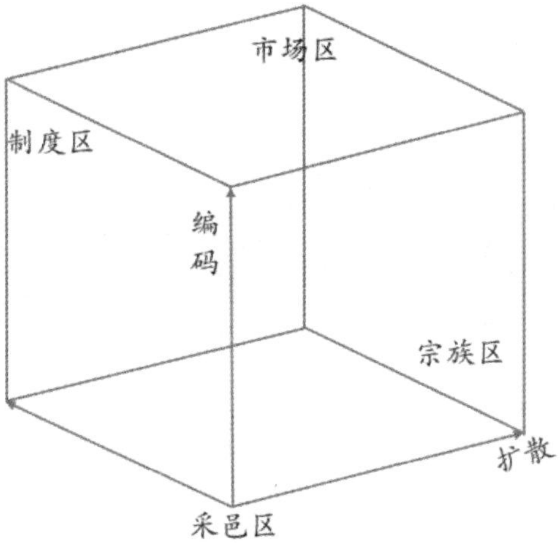

图 2 “信息空间”框架模型

三、文化抽象：非物质文化遗产数字化的关键环节

文化抽象，是对非遗的复杂信息的概括、分类、简化，但要确保文化抽象的主体性，谁是抽象的主体，哪些内容可以进行数字化编码与抽象，谁说了算，这是必须考虑的；对于非遗来说，是一个巨大的文化丛，种类繁多、类别多样，既要做到文化抽象，又要保证文化的多样性，而非同一性；对于具体某项非遗来说，要保留核心文化元素和细节，用数字语言简明表达非遗项目，同时又不会产生误解，而且不能打破非遗原有的叙事情节，要按照叙事逻辑对具体非遗事项进行编码。

1. 多样化："各美其美"

现实世界由许多不同的特色文化构成，每种文化占有明确的地理环境的位置，属于某个可以被识别的人群，多样化的文化形态之间"各美其美，美美与共"。遗产通常被看作与现在有着特殊的纽带，所有的遗产都是"某个人、族群"的遗产。非物质文化遗产有它的主体归属——地方、族群等，若放大来看，属于某个国家和民族，必然受到主流文化价值观的影响。数字化涉及编码，如何去描述和定义某项非物质文化遗产，是用主流话语去阐释，还是用地方性、多样性的语言去表达，它涉及文化的个性与身份。一般来说非物质文化遗产是区域性和族群性的知识，按照非遗的发生环境，结合I-space信息理论，应属于采邑区和宗族区。但随着工业化和福特制的推进，标准、统一成为现代化社会的价值评判体系。据《世界文化多样性宣言》[1]所述："文化是在不同的时代和不同的地方具有各种不同的表现形式。"所以文化并非同一性、统一性，而是多样性、地方性。在现实社会中呼吁要保护文化的多样性，同样在数字化过程中要建构一整套与非物质文化遗产原生环境相同的数字环境，亦要与现实非物质文化遗产对应，构建具有多样性、地方性的数字化非物质文化遗产，若在数字化过程中按照具有统一性的主流话语逻辑去编码，则会抹去不同非物质文化遗产的文化个性。即使再邻近的非物质文化遗产之间亦有相互区别的特征，数字化过程要强化不同种属科目的非物质文化遗产的识别特征，要规避用统一的主流话语逻辑去编码。即使现实社会中某种非物质文化遗产消亡了，只要保存了多样化的数字文化形态，也能够强化不同文化的价值和各文化群体的价值，以表达各个族群文化的合法性。

2. 简明化："少即是多"

非物质文化遗产门类多样，即使具体到某一种非物质文化遗产事项，其本身所包含的信息也丰富繁杂。而非遗的数字化是运用"0、1"两个简单的符号进行编码和表达，故而必须对非物质文化遗产信息进行简约化处理。所谓简约化，即"少就是多"，用最简单、明了的0、1数字语言来呈现多元的文化信息，用简单替代复杂。从物理空间上看，非物质文化遗产资源分散存在，首先要在系统思想指导下，按照遗产门类、级别、地域等分类原则，对

[1] 二〇〇一年十一月二日联合国教育、科学及文化组织大会第三十一届会议通过。

其进行耙梳、归纳与整理。其次根据非遗的现实情况，对非遗的原始素材进行选择、提炼、加工、集中、概括等处理，提取每一种非物质文化遗产项目的有效的典型性信息，把非物质文化遗产项目的共同本质特点抽象出来，从感性认识上升到理性认识。第三是遵循数字化编程规律，通过个性化和简约化对非物质文化遗产项目信息进行数字化编码，按照文化脉络，将零散的文化知识信息集于文化信息资源数据库中，以保障文化信息资源完整性、生态性。非物质文化遗产资源所表达和传递的意义深刻、文化信息复杂，对待资源数字化要慎之又慎，防止为了数字化而简约掉非物质文化遗产的核心信息，进而扭曲非遗自身的文化价值或者失去其本身的文化意涵，达不到保护的目的。从信息论的角度来看，简约化并非简单化，也并非单纯的数据化，而是在遵循两种规律（文化事项自身发展规律和数字化编程规律）的前提下，提炼非遗的核心信息进行编码，确保所编码的意义能够有效解码"返译"。

3. 故事化："故事就是力量"

运用数字叙事方式去记录非遗产生的地理环境、社会背景、文化的生成与演变等，记录下相对原生态的非遗事项。所谓数字化叙事（Digital Storytelling），是指借助于文字、图片、动画、音频、视频等多媒体技术，用说故事的方法来表达、阐释与传播某种遗产事项的文化意义，它是一种新型叙事方式[1]。非遗文化抽象其中一个特征就是故事性。在抽象编码过程中用故事的核心要素去表达非遗，没有故事，非遗就失去了依托。如果在数字编码中仅仅记录非遗的各类数据，则会导致非遗的支离破碎，而无法有效系统地传达某项非遗的文化意涵和历史记忆。这里提出用故事来进行数字化抽象编码，主要基于四个方面的考量，一是非物质文化遗产是历史的产物，是社会活动的产物，都有其发生的根源和发展的过程，在形成过程中，无论是非物质文化遗产事项本身，还是相关的主体，都有说不完的故事，而且有些非遗本身就是民间故事、神话传说等。故事与非物质文化遗产有天然的契合性。二是故事性抽象编码使非遗在数字化环境中进行简单明示的表达与传播，故事化编码有利于受众对非遗的认知、理解与接受。因为故事是一种自主学习、

[1] ［澳］哈特利著，李士林、黄晓波译，数字时代的文化 [M]，杭州：浙江大学出版社，2014.05:122.

主动说服的过程，受众在阅读故事的同时也参与创造，自主地决定将故事走完，而非被动地接受故事。故事是一种心理印记的形式，故事能塑造观念并触及潜意识，一旦与潜意识相连，产生的影响程度可以长达一生。三是从故事的本质来看，故事是有效的沟通形式，是影响他人的最好工具，因为故事可以用精简的篇幅呈现复杂的意义。我们不管年龄有多大，还是像小孩子一样喜欢听故事，而且仔细观察可以发现小孩子学习世界的方式是从故事开始。故事之所以重要，而在于故事结构会形成认识世界的框架，那是人们开始理解自身与世界关系的源头。四是用故事进行数字化编码可以将非遗更好地保存与记忆。故事是人类对自己的一种记忆方式，它记载、传承和传播着社会的文化传统、价值理念与心智模式，引导着社会性格的塑造与形成。故事就是文化的力量。一个国家作为一个精神主体的存在，是一连串辩证的过程。发展民族性格，都仰赖着故事的传递来形塑。各类非物质文化遗产项目都是由故事所组成，没有故事作为内涵支撑，非遗将不再有活力与意义，故事赋予事物价值。随着不同时代、不同文化脉络而改变。但有些东西确实能横跨东西、贯穿古今，虽然有五花八门的形式、各式各样的诠释，但是最根本的精神始终存在，那些流传千年的神话故事、民间传说仍旧发挥着力量。除了以上四个方面，以故事逻辑对非遗进行数字化编码有利于传统文化知识的学习与传承，也有利于商业化改编和产业化运营等。

4. 主体化："我"与"他"

关于主体化，需要阐明两点，第一点，谁是某项非遗的文化专属主体，即非遗属于谁，第二点，谁是非遗抽象编码的主体。两个主体之间有交叠重合，但更多的是要区分二者的主体地位。任何非遗事项都是以地方性的人为存在载体，指涉两个要素，一是地域空间——非遗生存的地理环境；二是"人"这一主体，这里的两个要素均体现了专属性，非遗被归属在某一地方的某个人或某个群体——他们才是非遗的真正文化专属主体，即文化遗产具有归属性——文化遗产的主体性问题，他们对非遗具有基本的话语权，包括表达权和阐释权，确认这种文化是"我的"而且专属于"我"。"我"以外的"他者"均无法替代，体现了文化的专属性、唯一性和不可替代性。在这里强调非遗的专属主体性，是为了应对当下"我"被"他"代言的现象。现代制度安排和过渡行政管理，导致对遗产出现"他者化"趋势，制度权力具备各种各样的表现方式和表达能力，形成了“遗产语境”（Heritage Context）中特殊的话语体系，[1] 具有现代性的意识形态、行政管理、法律法规、大众传媒等制度性权力，使得传统意义上的文化遗产已然从形式到内容发生流变，其原生性意义逐渐处在“失语”状态，也就是文化遗产的创造者、传承者、继承人在强大的公权力面前经常对自己的财产丧失发言权和处决权。遗产的主体性都发生了变化，取而代之的是另一种表达体。一方面，遗产属于集体和国家的；另一方面，遗产又是个人性的和族群的。当遗产缀入了强烈政治话语的时候。“代言者”言之凿凿的理由和正当性恰恰民族——国家的权力和集体主义。[2]

虽然在文化专属主体性阐述中对“他者”进行了批判，但对于非物质文化遗产的数字化，必须让“他者”加入抽象编码过程中来。不论是非物质文化遗产的现实性保护，还是通过数字化方式，其参与主体都离不开具有主观能动性的各类人群。数字化首先是技术人员的参与，唯有技术才能将实物语言转换为数字语言，是数字化过程的核心环节；其次，文化遗产生存和发展都根植于一定的文化背景、社会环境、自然生态，该区域的社会民众均是遗产数字化的参与主体，这一群体最为了解和熟悉文化遗产的历史渊源和文化信息，他们的参与将有效地进行遗产的文化信息阐释，但遗产地大多数民众包括遗产传承人或拥有者对于信息网络、数字化技术知之甚少，数字化技术成为民众参与的最大障碍，必须依赖技术人员的参与。再次，文化学者亦是数字化抽象编码的重要主体。他们参与数字化抽象编码工作主要是对文化遗产信息进行梳理，形成系统化，并将民间语言转化学理化语言，将非物质文化遗产中的默会知识转化为明示知识，进行文化抽象和故事性编码，有利于数字技术人员的计算机编码与转换，同时对文化遗产数字化信息进行审核把关。最后，是与文化遗产相关的政府部门，文中考察的徽州地区，是一个跨省市的区域，政府参与有利于区际间文化遗产政策协调、资金保障、信息共享，包括技术合作及非物质文化遗产知识产权界定等。可以说非物质文化遗产数字化抽象编码是由不同作用的主体“众包”完成的任务（图 3）。

[1]　彭兆荣著，遗产反思与阐释 [M], 昆明：云南教育出版社 ,2008.12 ：26.

[2]　彭兆荣著，遗产反思与阐释 [M], 昆明：云南教育出版社 ,2008.12 ：49-50.

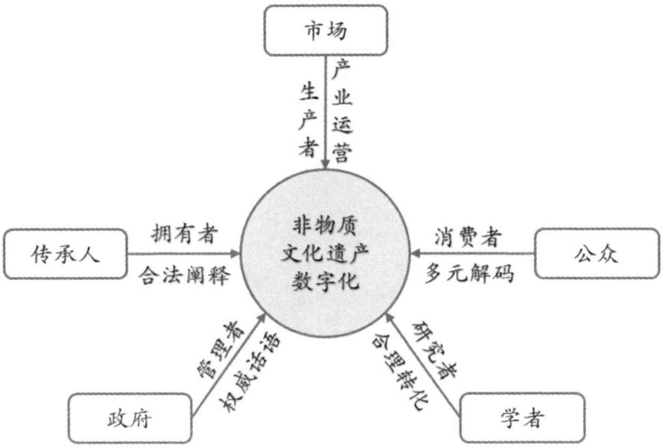

图3 文化抽象主体相关关系

文化遗产数字化应当重视当地人的权益、尊重当地人的诉求，培养当地人的信息素养和行动力，并且肯定他们的智慧和知识体系。数字化过程需要依靠当地人的自觉投入和认同，学者、官员、技术人员所扮演角色是推动者和协助者，唯有当地人才是真正的主体和行动者，这也是文化遗产保护的内在要求，特别是非物质文化遗产，必须依靠其赖以生存的传承人；同时文化遗产资源的产业应用，遵循社会效益的原则，应以反哺当地文化和社会发展为重要前提。

四、数字编码：非物质文化遗产创新性化的技术核心

1. 编码技术：如何被传递？

在第二部分中已经介绍了信息论的三个层级问题，A层问题主要解决数字编码技术问题，在数据层面对非物质文化遗产进行技术性处理，即在特定的数字技术平台上进行文化信息传播就必须保证传者与受者遵循共同的编码协议。首先是对非遗形式和内容进行转化，如何用最优化的技术语言来呈现非物质文化遗产的信息，正如上文所述要“简约化”，以在时间维度和空间维度最优化——即在数字信息存储问题和传输问题，不能因过于追求优化与简化，而牺牲非物质文化遗产信息的完整性，并且要保持非物质文化遗产的现实生态特征与数字媒介环境的融合与协调。其次数字技术对任何遗产信息的储存与传输均是加工处理的过程，即数据优化的过程，此过程可能会导致

数据损失、信息失真。例如用微信发送一张关于非遗的图片，在传输过程中默认是图片压缩处理然后进行传输，对方所接收的图片数据是压缩处理后的，一般图片画面像素会失真。为了保留非物质文化遗产信息的完整性，需要在技术上既要做到高保真又要做到高效传播。

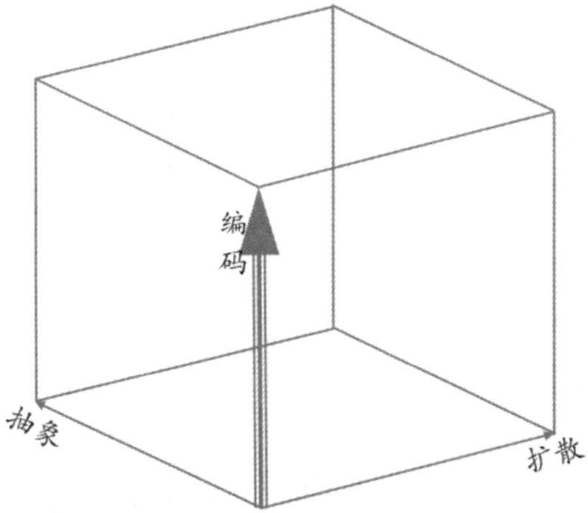

图 4　编码技术（A 层问题）在 I-space 空间解决路径

从 I-space 信息空间图（图 4）可以看出，数字编码的强度决定了文化信息传播与扩散的广度与深度。不同强度的编码所对应的 I-space 信息空间中数字化技术的自由度与能力均是不同的。位于 I-space 信息空间上部的信息都具有良好编码形式，即可以用统一的格式对之进行清晰地描述，这也是数字技术处理编码问题的基本要求，故而 I-space 信息空间上部是数字化编码的优势领域。该优势领域正逐渐向下部延展，表现为数字化编码的智能化正在逐步代替由人工进行处理的传统工作。一般来说对于非物质文化遗产事项信息的技术编码，该遗产事项中的显性知识属于强编码部分，而位于 I-space 信息空间下部的信息形式复杂多样，表达模糊，属于弱编码部分，其编码形式更接近于人类思维的自然模式，这个部分是人类处理问题的优势领域。[1]

2. 编码语义：如何被理解？

非物质文化遗产数字化的 B 层问题——语义问题。所谓语义，可以看作

[1]　彭冬梅著，非物质文化遗产数字化保护与传播研究——以剪纸艺术为例 [M]. 济南：山东人民出版社 ,2014.01:95-103

是数据所对应的现实社会中的事物所代表的含义，以及这些含义之间的关系，是数据在某个领域上的解释和逻辑表示，非遗数字化中的语义问题就是如何用数字语言来识别和表达其文化意义。语义具有领域性，同一事物在不同领域中语义理解是不同的，即语义异构——指对同一事物在解释上所存在差异，本文所说的语义主要是在数字技术领域。语义一般是指用户对于那些用来描述现实社会的计算机语言符号的解释，也就是用户用来联系计算机语言和现实社会的途径，即“被传播的信息如何能够准确传递意图中的意义”。其中“信息”就是经过数字化编码后的非遗数字内容，“意义”即是编码所表示的非遗语义内容。对于非物质文化遗产数字化来说，B层问题属于编码形式和质量选择问题，信息表达形式是多元的，如图文音像等形式，且不同形式的编码质量也不同，有高保真的，有低像素的等等，如何选择最合适的非物质文化遗产信息编码形式是语义问题的核心，需要针对具体的非物质文化遗产进行选择，以达到可理解可接受的意图。从图5可以看出，正方点是属于理想的状态，编码语义问题涉及编码和抽象两个方向的问题，既要能够符合数字编码的逻辑，又要能够进行较高的文化抽象，要兼顾二者的协同。根据学者彭冬梅的观点，要想达到正方点的状态，可以有多重路线——编码与抽象的顺序优先级问题，先编码后抽象，或者先抽象后编码，或者二者同时进行或交叉进行。此处图中的路径是一种理想模型，笔者认为在解决语义问题之前，应综合考虑被数字化的非遗事项的特征，然后进行编码和抽象。

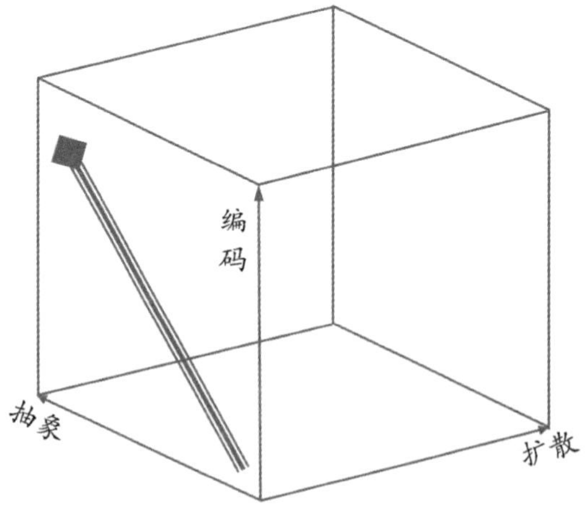

图5　编码语义（B层问题）在I-space空间解决路径

笔者在调研访谈中，访谈对象所提及频率最高的数字化多是指简单初级的数字编码如电子记录、数码拍照、录音录像等，这些是最常见的数字化，但并非数字编码的高级形态——对非物质文化遗产信息进行合理数字转化并使之适应数字信息环境。初级的数字编码形态，由于形式化编码工作做得不彻底，使得后续非遗信息的使用和研究带来很大的困难，经过简单初级编码的遗产信息对现代数字技术来说，利用率十分低效，如高质量的录音录像文档存占空间较大（反之，存占空间小则质量较低），不利于数字化传播，换言之即时间资源和空间资源的耗费都较大，也就说其编码方式的质量不高。更重要的是，这些初级编码会导致非遗内容的失真，损失很多语义信息，例如一张图片仅是在某个时间点上对非物质文化遗产的静态的采样，其记录的信息，在后续的匹配组合会出现诸多问题，若截取一个片段作为非物质文化遗产的代表来研究并传承传播，可能会对非物质文化遗产的整体意义理解存在误差，甚至更糟。

3. 编码效度：多少被接受？

非物质文化遗产编码的C层问题——效度问题（有效性）。所谓效度，是指所测量事物结果与事物本身之间的吻合程度。具体对非物质文化遗产而言，效度是指非遗数字化编码内容“返译”程度——“解码”程度。效度问题是建立在A层问题和B层问题基础上，只有完成了强编码和真语义的情况下，才能更好地解码和返译——“被接受的意义如何有效地按照意图中的方式影响行为”。这里包含两层意思，一是在多大程度上按照编码的意图理解所接受的信息意义；二是被接受的意义在多大程度上影响了受众的行为。

首先来看第一层面，单从数字技术层面分析，数字编码是结构性的语言，按照线性模式进行传递，从一般意义上来说，解码可把之前的编码数据还原至原始数据状态。但解码的过程并非编码过程的完全逆转。因为经过抽象与编码之后，原始信息会或多或少地被过滤掉一部分内容，被过滤的部分信息在解码中需要重新建构与组合，但却不可能呈现出与真实状态一样的效果。若按照霍尔的编码/解码理论的观点，编码所设定的意义与另一端的解码意义存在“不一致”的情况，解码过程存在“相对自主性”（Relative Autonomy），因为“传播者与接受者之间有结构性的差异”，进而会选择性误读或超读（Read Past）编码的意图。[1] 正如霍尔在“编码/解码”所述，编码者通过传

[1] 武桂杰著，霍尔与文化研究[M]，北京：中央编译出版社，2009

播机制将代码构建出来的具有意义的话语传递给解码者，只有解码者接受并认同编码者的意义，才能达到应有传播效果。作为信息另一端的解码主体，对意义的解码会受到其自身的社会地位、文化结构、价值观念等因素的影响。

其次“接受的意义多大程度上影响了行为”，这里的影响行为，在笔者看来就是非物质文化遗产的数字信息如何被理解、再现与创新创作——信息“外推型”映射。解码者和解码过程并非像编码者期待的一样，当同样的信息穿越文化的屏障时，“他者”——即外来者的解读过程会与本土人的解读，与原来的编码者的意图表达大相径庭，语言文字在修辞句法上的意义可以被接受和理解，但文化层面所折射的意义可能会被遗失，当我们阐释意义时要格外谨慎，要从历史的角度做出自己的判断。正如霍尔的编码解码理论强调：公众可以用不同方式来阅读与阐释所接收的信息，也可以重新赋予信息不同的文化意义。解码就是一个意义接受和再生产的过程。解码者可能是完全接受编码过程的意义，或者是部分地理解或接受；或者接收者也可以根据所接受的意义进行再生产再加工，进行新的解读与诠释，形成新的意义模式。这个解码过程在 I-space 空间中体现为非物质文化遗产的信息从市场区向下移动洄游至采邑区，即产生新的遗产价值。因此，解决 C 层问题包括三个环节：编码轴向下的解码，再现与创作，扩散轴反向移动，抽象轴向前具象化创造，使之具有个性化特征。抽象轴的高端是解决 C 层问题的起点，在编码轴的高端，表示它是具有可行性与可操作性；而非物质文化遗产能否从市场区顺利的洄游至采邑区，完成非遗保护的循环与自我激励，且在维护原生特色的前提下得以升华，则与工具化技术质量密切相关。对工具化技术的质量要求有三个：一是高效性，以确保非物质文化遗产信息的顺利“返程”。二是工具化技术最小“失真度”，以保持非物质文化遗产在创新创作的文化内涵，而不是曲解原意。三是工具化技术的创新性，以保持非物质文化遗产持续的生命力。图 6 所示的编码效度包括由 X 点到 X’点以及由 X’点回到 X 点，X—X’是编码、抽象及扩散程度，以及被社会理解、接受、学习的程度；X’—X 是检验编码、抽象的效度，即数字语言是否能够按照非遗事项的文化逻辑正确、有效返程。X—X’也是一种理想状态，在实际操作过程中，也有不同的扩散和返程路径。

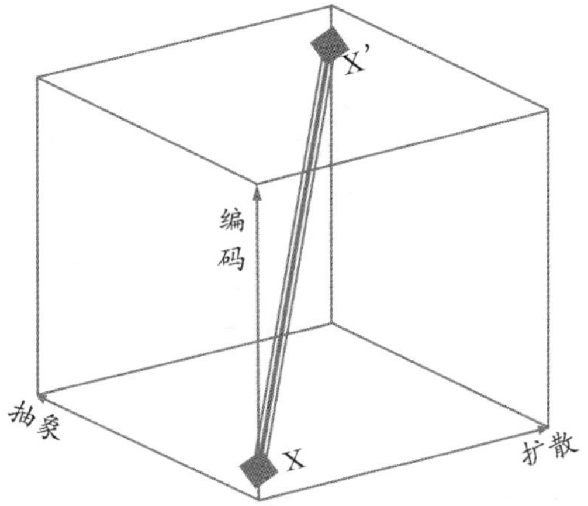

图 6　编码效度（C 层问题）在 I-space 空间解决路径

4. 协同编码：怎样去把关？

关于数字编码，要由多主体协同进行（图 7），把不同的非物质文化遗产事项的核心要素和关键环节进行提炼。在编码的技术、语义和效度方面做到构建真实非物质文化遗产信息环境，降低信息解码障碍。

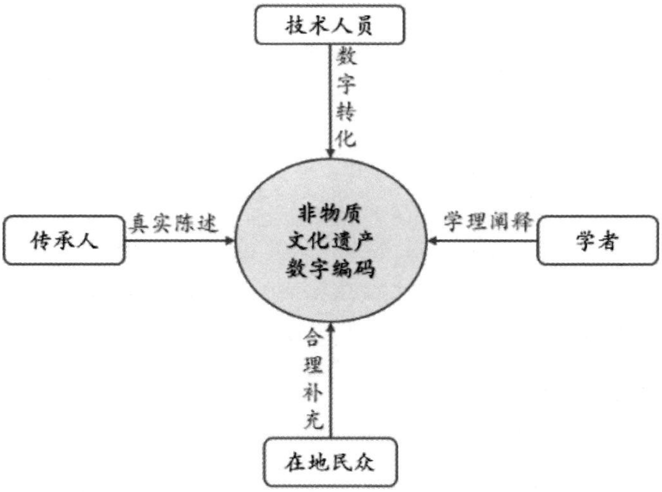

图 7　非遗数字编码协同关系

作为非物质文化遗产传承人，能够真实阐释文化遗产信息，最有权利去传播，但从另外一个层面看，他们对文化遗产的解释权和传播权常常被权力机构或学术机构所代言——对文化遗产的阐释言语经过政治过滤、选择或理论术语包装，往往失去文化遗产信息的原真性和完整性。在数字媒介环境中，文化遗产拥有者（传承人）可以借助数字手段记录、传递和传播相对真实的遗产信息，至少会将自己对文化遗产的理解传承下去。

文化研究学者是文化遗产的“他者”，但文化学者的议题具有一定的“靶向”性质，对文化遗产的传播起到提供学术话语资源设置将议题扩散到意识形态和文化认同的领域，推动传播议题的转化作用。学者对文化遗产的阐释，是基于史料的考证，站在“他者”的位置去审视和研究文化遗产，具有学术的权威性和专业性，但相对来说，忽视了文化遗产的地方性知识。

数字技术人员，作为数字编码关键主体，负责将遗产数据转换为遗产信息（知识），主要从技术层面对遗产进行抽象与编码，但对遗产自身的文化意义把握的不一定准确，需要在文化学者和传承人的共同阐释与文化抽象前提下进行数字转化。

无论是物质或非物质抑或线性遗产都是一种集体记忆。集体记忆是一个长期的、多向面的、持续不断的建构过程，既有从当下到过去的诠释，也有过去对当下的启示，它是由文化遗产所在地的民众共同构建的。当地民众通过横向人际传播和纵向家族内部传递，将遗产知识和信息保存和传承。虽然在地民众的遗产记忆在表达上具有个人化、碎片化的局限，但这些嵌入日常生活的个体记忆却具有建立个人与地方场所之间关系的关键作用。虽然这些表述和记忆不具有专业性和权威性，但是作为民众对遗产的认同和理解具有正当性和合理性。当地民众根据自己对文化遗产知识理解和实践经验，利用自己的闲暇和知识盈余，运用民间叙事的视角，在一定程度上弥补了学者的阐释之不足。

五、结语

数字化作为一种文化的技术逻辑与力量，无情的塑造着大众的文化习性。事实上，当今的数字技术对文化而言是一把双刃剑，它的复杂功能对社会文化有着深远的影响。新的数字技术生产了新的文化景观，它不仅为文化的呈现、表达与传播提供了新的载体，而且为文化的接受与消费提供了新的观念与方式。在此背景下，文化越来越媒介化，社会公众对文化的消费，越来越依赖于数字技术。面对这种文化也就是面对数字技术，身处文化之中就是身处数字技术之中，数字化意味着更广的传播范围、更快传播速度，更硬的文化内容，更同质化的文化表现，更直观性的呈现方式。数字技术不仅革新了人们生存、生产、生活习惯，更是改变了人们的思维方式、心智模式与认知体系。但对于所有人来说，数字技术的影响并非是统一的，在不同群体之间存在着"数字鸿沟"，非物质文化遗产所在地民众包括非物质文化遗产传承人对于信息网络、数字化技术知之甚少，数字化技术成为在地民众参与的最大障碍。

数字化并不是非遗未来生存与发展的灵丹妙药，非遗数字内容资源源于非遗实体资源。没有非遗实体资源作为基础，数字资源将沦为无源之水、无本之木。当下的当务之急仍然是非遗在现实生活中的生存、发展与利用。非遗数字资源无法代替非遗资源。非遗数字内容资源并非等同于非遗实体资源所蕴含的文化信息，尤其是无法将非遗实体资源中许多无形的特征与属性完全抽象与有效编码。数字信息技术促进了不同文化形态之间对话、交流与合作，但也在某种程度上导致了文化生态的失衡和文化多样性的萎缩。非遗在数字化过程中，要防止形成新的文化殖民或文化霸权，防止在技术传播层面抹平不同文化形态、文化事项之间的差异性，或者导致文化内涵的变异。

新文创背景下网络文学IP的跨文化传播策略研究

高飞[1] 北京师范大学艺术与传媒学院博士研究生

摘　要：网络文学是数字创意产业的组成部分，也是我国网络文艺的重要类型。在文化全球化浪潮中，网络文学娱乐性、易读性、便捷性等特征，经互联网传播到世界各国，成为国外受众喜爱的艺术形式，形成中国网络文学的海外阅读热潮。网络文学 IP 作为文化产业链源头，在跨文化传播与开发中影响着整个产业链的生态。当前，在网络文学 IP 的跨文化开发中存在着如文化折扣、IP 版权纠纷、翻译差异等方面的创作模式、创作机制等基础问题。结合国内外网络文学开发现状及理论研究，探索网络文学跨文化开发的 IP 版权共营合伙人制、翻译机制、跨文化评论机制和 IP 产业链开发等基础机制，以促进网络文学 IP 在跨文化开发过程中，融合传统与创意、民族性与世界性，避开文化霸权及文化贸易壁垒，提升我国网络文学 IP 的内涵价值、产业生态和市场基础。

关键词：网络文学 IP 跨文化 传播

中国网络文学从 1991 年起步发展至今已走过二十多年，网络文学经历了多个阶段的转变。在网络文学界，对网络文学发展阶段的划分尽管不同，但

[1] 高飞，男，博士研究生，北京师范大学艺术与传媒学院，主要研究文化产业 文化传播

都体现了网络文学在发展中的变迁。中国网络文学的相关研究者对网络文学发展史进行了断代分析。比如庄庸将中国网络文学（1998 年—2018 年）进行了五大“断代史”划分（见表 1）：

表 1　中国网络文学“断代史”划分

时间段	网络文学发展情况
1997-2003	中国网络文学自由发轫时代
2003-2008	中国网络文学类型商业化时代
2008-2012	中国网络文学移动无线运营时代
2012-2017	中国网络文学 IP1.0 时代
2018 至今	中国网络文学“新文创时代”

结合前辈学者的研究，根据网络文学的发展历程，梳理出网络文学经历萌芽阶段、成长阶段、探索阶段、成熟阶段、创新阶段、泛娱乐化阶段及新现实主义文创阶段的七大阶段的划分（见表 2），以细化对中国网络文学市场发展的研究。中国网络文学在进入新时代后体现出“主流化”的发展趋势与民族文化责任担当。中国网络文学也经历了草根文化、文化自觉、文化崛起、主流文化、文化自信的思想变迁，其市场化、商业化和资本化的发展也不断推动网络文学生产关系和网络文学市场的成熟。随着全球互联网技术的发展，中国网络文学拓展全球市场在技术和平台双轮驱动下，将继续拓展其市场。

表 2　中国网络文学发展历程

发展阶段	网络文学标志性事件	意义
萌芽阶段（1991-1998）：小众文学	1991 年，留美生王笑飞于美国创办中文诗歌网	第一个中文网络文学平台
	1991 年，留美作家少君发表《奋斗与平等》	已知最早的中文网络小说
	1994 年，方舟子等于美国创办《新语丝》	第一份网络中文诗刊
	1995 年，王笑飞、鲁鸣于美国创办《橄榄树》	第一份中文网络文学刊物
	1996 年，“网络文学”成为文学范畴定义	社会开始关注“网络文学”
成长阶段（1998-2001）：精英文学	1997 年，美籍华人朱威廉创办“榕树下”社区	国内成立最早的文学类网站
	1998 年，蔡智恒发表《第一次亲密接触》	标志着网络文学开始大众化
	1999 年至 2001 年，“榕树下”邀请余华、余秋雨、王安忆等知名作家担任评委，举办 3 次网络文学比赛	引发“榕树下”文化现象讨论，“网络文学”成为流行词汇

发展阶段	网络文学标志性事件	意义
探索阶段（2001-2004）：商业文学时代	2001 年互联网危机，“榕树下”网文大赛停办	网络文学开始寻找盈利模式
	2002 年，起点中文网成立，书库模式出现	建立网络文学网站标准形态
	2002 年，“读写网”尝试收费阅读运营模式	网络文学开始商业化转变
	2003 年，起点中文网实行 VIP 制度	奠定网络文学基本商业模式
成熟阶段（2004-2010）：资本文学时代	2004 年，盛大收购起点中文网	引发网络文学作家集聚效应
	2005 年，起点推出月度评选和作家福利制度	网络作者创作评价体系形成
	2006 年，起点推出作家品牌化的“白金作家”制度，唐家三少等明星作家出现	白金作家成为网络文学顶级作家标志
	2006 年，起点中文网确立网络文学分类模式	网络文学内容进入成长期
	2007 年，起点中文网推出“千万亿计划”	职业化、专业化进程加快
	2007 年，《鬼吹灯》出版并登陆畅销书排行榜	网络文学线下市场效益凸显
	2008 年，盛大文学成立，先后收购红袖添香、潇湘书院等网站	网络文学平台朝商业化、资本化方向发展
	2009 年，起点中文网实行粉丝制度	网络文学开启粉丝经济时代
	2009 年，起点中文网成立中国移动手机阅读基地	移动阅读逐步开始崛起
	2010 年，由网络文学作品改编的多款游戏上线	网络文学开启 IP 运作尝试
	2010 年，唐家三少、月关等人加入中国作家协会	标志着网络文学作家成为主流文学界成员
创新阶段（2011-2012）：移动文学时代	2011 年，起点读书等客户端上线同年	全面开启移动互联网时代
	2011 年，《步步惊心》《裸婚时代》等网络文学作品改编为影视作品	网络文学改编市场不断成熟
	2012 年，QQ 阅读等客户端陆续上线	网络文学移动互联网端阅读份额不断超过 PC 端
泛娱乐化阶段（2013-2017）：IP 文学时代	2013 年，腾讯文学成立	网络文学一元化格局被打破
	2013 年，上海视觉艺术学院成立网络文学专业	开启网络文学教育新时代
	2014 年，腾讯文学提出“全阅读 + 泛娱乐”、明星 IP、“星计划”等战略	网络文学泛娱乐发展模式全面展开
	2014 年，《择天记》发布会及动漫制作同期启动，游戏、影视、动漫、出版运作成功	网络文学明星 IP 和泛娱乐化运作的典范
	2015 年，中文在线在深交所挂牌上市	开启网络文学产业链新时期
	2015 年，腾讯文学与盛大文学合并为阅文集团，发布“全民阅读”、网络文学全产业生态战略	网络文学进入全业态、全渠道、全受众发展阶段
	2016 年，阅文集团首创“中国原创文学风云榜”	网文 IP 价值体系开始规范
	2016 年，网络文学行业成立“正版联盟”	反盗版攻坚战取得突破
	2016 年，阅文集团实行“IP 共营合伙人”制度	网络文学 IP 开发战略升级
	2017 年，掌阅科技及阅文集团上市	网络文学产业链规模升级

发展阶段	网络文学标志性事件	意义
新文创阶段（2018至今）：审美文学时代	2018年1月10日，召开网络文学新时代巅峰论坛	网络文学助力全国文化中心建设
	2018年1月23日，国家新闻出版广电总局和中国作家协会联合发布2017年优秀网络文学原创作品推介名单	形成引导网络文学创作的带头示范作用
	2018年5月3日，“记录新时代”创作规划座谈会	网络文学与其他产业融合发展
	2018年5月，开展2018年网络文学专项整治行动	促进网络文学健康发展

在90后、00后、10后逐渐成为文化消费主体的新时期，网络文学依托“主流新受众”“新人类世”成为泛娱乐全产业链话题源头。中国新青年创作群体、消费群体引发的新文艺潮流、新文化符号、新文化运动，促进着中国网络文学转场升维、重塑文化生态。在全球视野下，中国网络文学的知识谱系需要新的全球化的“发展新范式”，这对以往的中国网络文学乃至整个文化创意产业的创作实践、生产机制、评价机制提供了全球化语境。随着中国网络文学的翻译平台、受众的不断增加，网络文学自身作为大众文化的内容生产，本身具有易改编、易衍生的特点，市场机制和内生机制都在促进着网络文学企业进一步拓展海外市场。

一、中国网络文学的文化转向

（一）中国网络文学相关政策生成

网络文学作为社会主义文艺的重要部分，受到党和国家的持续关注和引导。2014年习近平总书记在北京文艺座谈会上的重要讲话和2015年《中共中央关于繁荣发展社会主义文艺的意见》，对网络文艺（含网络文学）、网络作家、新文艺群体的发展，提出了新的发展理念和新的要求。2017年10月18日，党的十九大报告明确指出中国特色社会主义进入新时代。并对互联网内容建设和现实题材创作提出了新的要求，对推出讴歌党、讴歌祖国、讴歌人民、讴歌英雄的精品力作提出了殷切期待。同时，党和国家首次将“现实主义题材”作为互联网内容建设、内容创作与生产和文化产业的顶层设计，这也意味着中国网络文学正在进入“现实题材”创作的新时代，中国网络文学热点作品、类型题材在政策的引导下逐渐增长，“现实向”趋势构成了中国网络文学新的内生动力，正值中国网络文学在出海发展的起步阶段，中国网络文学的“现实题材”创作，也有利于世界从新文学的角度了解真实的中国。中国网络文学在系列政策的引导下结合“一带一路”倡议等，不断向着主流化、IP 化、走出去的方向发展，政策的引导从多个方面对网络文艺工作发展提出严格要求，对繁荣发展社会主义文艺包括网络文艺指明了方向。中国网络文学也正在从泛娱乐全产业链的模式向新时代大文创全价值链转化，中国网络文学发展的内容、题材、形态、业态和生态系统处于创新发展的状态。近年来的多项政策提出要推动优秀网络文艺作品“走出去”，鼓励我国网络文学作品提升“文化自信”，通过开拓国际市场，提高国家文化软实力，这些持续不断的利好政策也对网络文学的跨文化开发提供了政策指引和提升方向（见表 3）。

表 3 网络文学相关政策及会议主要内容

相关政策及会议	主要内容
2014 年 10 月，习近平总书记在文艺工作座谈会上的讲话	1. 新技术催生新文艺类型，提升网络文艺创作水平，进行引导正面引导； 2. 针对大量涌现的网络文艺社群等组织，网络作家等新文艺群体，要以全新的眼光、全新的政策，引导成为社会主义文艺有生力量。
2014 年 12 月，国家新闻出版广电总局：《关于推动网络文学健康发展的指导意见》	1. 鼓励网络文学作品进入国际市场； 2. 讲好中国故事、传播好中国声音、阐发好中国精神、展示好中国风貌； 3. 支持网络文学企业通过海外并购、设立分公司及合资等方式开拓国际市场，扶持优秀网络文学作品版权输出、对外贸易、改编开发，拓展传播路径； 4. 鼓励网络文学以技术创新、品牌联动、产权转化等方式参与国际竞争。
2015 年 10 月，中共中央：《关于繁荣发展社会主义文艺的意见》	1. 重视并发展网络文艺，推动优秀文艺作品走出去。实施精品创作传播计划，借助文艺树立中国形象、提升国家文化软实力； 2. 通过国际项目合作，制定文化合作专项计划； 3. 实施当代作品翻译工程，进行多语种翻译、出版等； 4. 把网络文艺走出去纳入国际人文交流机制。
2015 年 12 月，中国作家协会网络文学委员会成立	标志着网络文学作家、批评家、学者拥有了官方组织，成为主流文学的组成部分。
2016 年 11 月，国家版权局：《关于加强网络文学作品版权管理的通知》	1. 细化网络文学版权管理的责任和义务等相关内容； 2. 细化网络文学著作权、版权等方面的相关规定，打击侵权盗版行为。

2017年2月，国家版权局：《版权工作“十三五”规划》	履行网络版权监管，净化网络版权环境，开展打击网络侵权盗版行动。
2017年4月，中国作协网络文学研究院成立	由中国作家协会、浙江省作协和杭州文联合作建立，国内首个网络文学研究基地。
2017年4月，文化部：《文化部关于推动数字文化产业创新发展的指导意见》	1. 促进文学、游戏、影视、音乐、动漫等交叉融合发展； 2. 实施网络内容建设工程，推动网络传播； 3. 促进网络文化产业链融合； 5. 建立合理网络文化产业分成模式； 4. 支持数字创意产业领域众创、众筹； 5. 培育国际视野作品，提供中国模式； 6. 建立文化知识产权保护体系。
2017年5月，文化部：《文化部一带一路文化发展 行动计划（2016—2020年）》	1. 建立文化产业国际合作机制，推进“丝绸之路文化产业带”建设； 2. 支持“一带一路”沿线地区发展文化产业项目，加强文化资源数字化保护与开发中的合作； 3. 建立促进文化消费的长效机制； 4. 推进“互联网＋中华文明”，提高“一带一路”文化遗产与旅游、影视、出版、动漫、游戏、设计等产业结合； 5. 促进“一带一路”文化贸易，围绕网络文学、影视、广电、动漫、游戏及授权等领域，开拓国际合作渠道。
2017年5月，中共中央办公厅：《中国作协深化改革方案》	1. 搭建中国文学走出去平台； 2. 加强文学精品对外译介和出版，扩大中国文学世界影响力； 3. 加强与各国作家经常性交流与对话； 4. 增进与海外华文作家交流。
2017年6月，国家新闻出版广电总局：《网络文学出版服务单位社会效益评估试行办法》	从出版质量、传播能力、内容创新、制度建设、社会和文化影响五个方面，对网络文学阅读平台、网络文学出版服务单位等进行社会效益评估考核。
2017年12月，中国作家协会网络文学中心于北京成立	负责网络文学作家、网络文学平台联络和管理引导。
2017年10月，党的十九大报告	1. 加强互联网内容体系建设； 2. 提升国际传播能力，提升国家文化软实力。

（二）中国网络文学的跨文化市场

中国网络文学作为中国文化海外输出的重要类型，因其娱乐性、易读性、便捷性经互联网由粉丝渠道形成新的形式在网络亚文化空间不断拓展并传播到世界各国，形成新的文化市场和阅读热潮（表4）。中国的网络文学在互联网和泛娱乐的大潮中，成为具有影响力的流行文化，中国网络文学与美国电影、日本动漫、韩国电视剧被形象地誉为“世界四大文化奇观”，中国网络文学作品在不同国家以不同方式成为当地具有影响力的外来流行文化。在欧美地区，以中国网络文学翻译网站、网络文学社区为主要开发和传播途径，如 2015 年后兴起的中国网络文学翻译网站 Rulate（俄语翻译网站），Wuxia World、Gravity Tales（英文翻译网站）等。在日本、越南、泰国、新加坡等东南亚国家和地区，通过从中国网络文学平台引进或自发翻译，以出版图书、引进电子版权等方式形成了广阔的中国网络文学产业链。2009 年至 2013 年，越南翻译出版中国图书 841 种，其中中国网络文学作品占比 73%。2011 年南派三叔的作品《盗墓笔记》英文版《Cavern of the Blood Zombies》多个版本上架亚马逊网站及国外数字阅读平台。2017 年 6 月阅文集团首届生态大会上，网络文学作家风凌天下的《我是至尊》通过起点国际网络平台实现全球同步首发。当前网络文学作品通过提供英语等多语种阅读服务，借助海外网络文学翻译站、国内外文数字阅读平台如亚马逊 Kindle 书店和实体图书出版这“三驾马车”提供跨平台、跨地区、跨语言数字阅读服务，使网络文学作品以多种传播渠道延伸至海外。

表 4 网络文学跨文化市场拓展历程

发展阶段	重点内容
萌芽期（2007 年前）：海外探索，网络文学呢 IP 国际市场呈点状突破	2004 年，起点中文网向国外出售网络文学作品版权
	2005 年以来，中国网络文学作品输出泰国，形成人气
	2006 年，《鬼吹灯》在多个国家和地区发售，萧鼎的《诛仙》在越南形成阅读热潮
积累期（2008 年至 2014 年）：多渠道探索，网络文学翻译网站兴起	2011 年《盗墓笔记》英文版多个版本上架亚马逊
	2013-2014 年，中国网络文学作品在越南形成阅读热潮
	2014 年，北美中国网络文学翻译网站 Wuxia Word 及 Gravity Tales 建站
发展期（2015 年至今）：探索跨文化开发，中外战略合作	2015 年后，Rulate、Wuxia World 及 Gravity tales 等中国网络文学翻译网站形成发展热潮
	2016 年，Wuxia World 获得起点中文网多部小说授权，晋江文学与越南、泰国、日本展开合作
	2017 年，起点国际正式上线并与 Gravity Tales 达成战略合作

二、网络文学IP跨文化开发面临的问题

网络文学作为一种文艺和文化载体，经过文学翻译通过网络平台承担起了文化传播、文化交流的使命。目前中国网络文学的跨文化开发尚处于起步阶段，尚未形成良好的创作机制、创作模式，存在着开发机制的缺席，在版权维护、翻译模式、“文化折扣”、文本形式、产业链衍生等基础环节存在着许多问题，这也导致我国网络文学IP的跨文化开发、传播及影响力受到很大程度的发展局限性。在网络文学“媒介化”的过程中，网络文学IP的议题设置、创作机制、创作模式存在的诸多问题，对于如何讲述好中国故事以及形成有效的跨文化开发方案形成发展阻力。

（一）版权维护问题突出

不同国家在文学作品分级、数据保护、知识产权保护等方面的规定与中国区别很大。一方面，中国网络文学作品IP在跨文化的开发中，许多翻译网站对网络文学作品的翻译是自发行为，有的并未得到授权，而是出于兴趣爱好，这导致国外网络文学盗版侵权情况严重，跨国维权难，即使介入维权，阻止这种非商业性质的翻译传播也不利于我国网络文学的国际化发展。另一方面，中国网络文学作品的跨文化开发也存在借鉴、引用其他国家作品和设计的因子。国外的版权保护较为完善严格，如何确保网络文学在遵守当地法律法规的基础上进行开发成为重要议题。由于网络文学盗版网站低成本、低风险、传播快、隐蔽性大的特点，使网络盗版比纸质盗版更廉价、更快捷以及更难以维权。国内网络文学版权的现状同样成为羁绊网络文学跨文化开发的顽疾。

（二）翻译模式有待深化

达姆罗什提出“椭圆形折射”（Elliptical Refraction）模型，以此形象地阐释世界文学场域，并指出文学作品在翻译上存在的现象。他以译入语文化与译出语文化作为两个焦点，建构封闭型的椭圆，将此形象地比喻为世界文学。世界文学在传译的过程中使得译入语文化和译出语文化彼此相连，但双方以不同的文化场域形成两种文化磁力，使各自受到影响。网络文学场也是一种

现代文化磁力场，其因审美的陌生感以产业为基础在世界文化的场域中形成文化市场。网络文学作品翻译的过程中产生编码符号的转变，这种转变带有译入语民族文化、价值观念、语言差异的文化特征。就此意义上，所有的网络文学作品经过翻译，就不仅仅是其原初文化的产物。网络文学因其语言、题材的特殊性，应当在介入世界网络文学的过程中，形成自身独特的语言风格和审美内涵，其在译文及新的文化语境中被重构的现象应当被重视。2018年年初，金庸先生的《射雕英雄传》英文版第一卷在英国出版发行，尽管当前欧美已经有9个国家买下《射雕英雄传》的出版权。但《射雕英雄传》从1957年发表，经历了近六十年的历程才走入西方的文化市场。在翻译方面存在的问题均成为网络文学IP跨文化开发的阻碍因素，影响网络文学作品在不同国家文化间的开发和传播。

（三）“文化折扣”现象明显

自我文化意识模型（Cultural Self-Awareness Model）理论及自我参照标准（Self-Reference Criterion）理论指出，由于主体人对于自己所在地域文化较为熟悉，所以会倾向于把自己文化的价值观及行为模式认为是基本的常识。然而在跨文化领域，却存在着陌生化的基本状况。即使在翻译方面存在的障碍解决之后，网络文学作品还存在着类似以自我参照标准、自我文化意识模型理论的“文化折扣”现象。“文化折扣”是指不同国家、不同民族、不同地区间因文化背景差异的原因，在国际市场中传播的文化产品不被其他国家、民族、地区的受众所认同或理解而导致其文化、艺术、内涵价值的减低，从而形成“文化折扣”。[1] 霍斯金斯（Colin Hoskins）在实践中总结，于《美国主导电视节目国际市场的原因》一文中提出“文化折扣”概念。他指出，扎根形成于某种文化的特定的电视节目、游戏、动漫、电影或录像等文化作品，由于本国市场的受众与文化作品的产生具有相同的文化常识、价值观、文化符号等，在本国可能形成相当吸引力的文化市场；但在其他民族、国家或者地区其吸引力就会大幅度降低，跨文化传播学、跨文化心理学都从文学风格、性别意识、价值观、世界观、历史文化、神话故事、社会制度、自然环境、

[1] Colin Hoskins.Reasons for the U.S. Dominance of the International Trade in Television Programmes,1988.

行为模式等方面有得出类似的结论，即跨文化之间因种种原因形成的文化结构差异是导致“文化折扣”现象的主要原因。

（四）IP价值传播意识淡薄

跨文化交流理论认为，在跨文化的交流中存在着许多文化、心理障碍，如因语言差异而形成的语言和非语言误解。在我国传统文学的跨文化传播中，就存在着由于文化差异、语言差异而形成的交流障碍。进行跨文化开发和传播既要对外国文化进行全面研究，更要了解自身文化。文化群体的价值观体系是行为和心理的动态产物，不同文化群体的价值观体系应在开发和传播中进行相应的量表研究，以更好地、有针对性地寻找文化差异和文化共性。如著名的 Schwartz Value Survey，经过大量田野调查、社会统计，提出跨文化语境下量化测量不同民族、不同文化的价值观体系。Schwartz 总结出 56 项世界通用的价值观条目，在量化的基础上进行质化研究将其归为十类动力领域（表 5），开发和传播的基础是对文化的理解，这种方式不仅是增强跨文化意识使网络文学 IP 在跨文化开发中提升粉丝黏度的有效方式，更是改变我国网络文学 IP 在跨文化开发中内容文本问题的着力点。如《鬼吹灯》《盗墓笔记》《全职高手》《锦衣夜行》《将夜》等武侠仙侠、魔幻科幻、玄幻奇幻等作品应在跨文化开发中植入更多具有普世性的价值观和模式。网络文学及网络文学 IP 在跨文化开发及传播方面的评论目前基本处于空白状态，通过网络文学翻译网站论坛、留言方式呈现的碎片化评论，缺少学术化的网络文学引导，因此在网络文学 IP 的跨文化传播方面存在较多的问题。

表 5　世界通用的价值观十类动力领域

序号	价值观动力	内容定义
1	权力（POW）	借助社会地位与权威，对他人挤资源进行分配与控制
2	成就（ACH）	在社会标准下，通过超越他人而达到的个人幸福感
3	享乐（HED）	身心感官的愉悦
4	刺激（STI）	因生活中新奇感引发的挑战从而带来兴奋
5	自我导向（SDI）	思想和行动独立中进行的自我探索和自我创造
6	普世（UNI）	理解、欣赏、宽容并保护他人及自然的福祉
7	仁爱（BEN）	保护并为他人的幸福创造所能

序号	价值观动力	内容定义
8	传统（TRA）	尊重、遵守并接纳社会施加的习俗、宗教及传统文化理念
9	一致（CON）	在行为、倾向等方面遵循与社会期望最大的公约数
10	安全（SEC）	自我认知及人际关系的稳定，社会的安全和谐

三、网络文学 IP 的跨文化传播策略

网络文学以数字化、娱乐化的文学变体在传统文学的跨文化传播中进行着语言和思维的重构。在传统的“文学失语”和“文学褪色”现象中，以网络文学 IP 的跨文化开发重塑中国文学的世界价值，扭转“文学逆差”具有重要意义。人文社科领域以及传统文学在跨文化传播中的“文化转向”所蕴含的思想、文化等方面的研究价值，对网络文学的跨文化开发形成积极影响。网络文学在发展的历程中经历了“文化焦虑”、“文化批判”和“文化审视”的阶段，在新时代“文化自信”的引领下，进入了依托新技术、新模式的文化共享、文化共建以及“文化他构”的新时期。碎片化的网络文学小品无法有效解决文化焦虑，亦不能达到更大范围的文化批判与文化审视，但整合碎片化的评论信息、生活素材等可以提升网络文学作品的生动性与互动性。

（一）网络文学 IP 版权共享

新文创以网络文学 IP 版权为基础，从版权衍生出发，拓展文学、影视、游戏、动漫、音乐等范围的共生，构建以 IP 为核心的产品生态圈，实现不同产业形态下的市场价值。网络文学作品要依循泛娱乐产业的生产方式进行系统化、全方位地融合，在坚持文化本性的前提下才有可能找到合理的市场阈值、艺术价值。在网络文学的国外市场，数字阅读依然为基础的方式，PC 端、移动端、APP 及数字图书馆销售等跨平台渠道是其营销收入的基本来源。版权销售要基于网络文学作品的用户数量、文本价值，网络文学网站或作者将网络文学作品版权卖给影视、动漫、游戏或出版社等企业是比较被广泛采用的版权开发形式。探索将以网络文学版权入股形式转移到 IP 开发项目中，进行版权分成或分红也逐渐成为共享经济时代实现市场价值的方式之一。在 PGC（Professional Generated Content）成为趋势的今天，网络文学影视改编版权运营一般通过版权授予、合作开发、独立制作 3 种模式进行开发，如《择

天记》在影视改编过程中，通过“版权共营合伙人机制”，其中阅文集团以投资方、制作方、运营方等角色与合作方及网络文学作者投入到IP制作、IP生产和IP运营授权中，这种版权合作模式，使网络文学平台适度参与整个版权的运营过程，对IP开发与创新起到重要的作用。“版权共营合伙人制”以网络文学IP为核点，由作者通过网站注册发布作品，经编辑审核后推送给粉丝，经过粉丝阅读点击，付费打赏等制度筛选网络文学IP，网络文学IP由阅文集团专业制作和营销团队接手，按类型分别推送给网络文学IP提供商，将网络文学作家、受众、网络文学IP开发商及投资商等上下游商家集聚起来，以授权、合作等模式共同开发、运作网络文学作品。[1] 形成IP版权共营模式，实现版权运营、版权共享和产业生态的多方“共营”和“共赢”。

“网络文学IP共营合伙人机制”可以依据创作字数、点击率、评论及工作委员会等民主议题设置给予版权分成，通过探索公司股份制与众筹的模式，从一定程度上解决网络文学作品在跨文化开发中的素材、议题、情节设置、分成等问题，为网络文学的跨文化开发提供制度性的可能。随着《花千骨》《盗墓笔记》《步步惊心》《琅琊榜》《甄嬛传》等网络文学作品被改编为电影、电视、手游、动漫等衍生产品并输出到国外，中国网络文学IP获得国外受众的认可度越来越高。在网络文学的国际开发中，形成新的版权共营运营模式，以版权共营模式依托共同团队利用平台优势进行跨文化开发，围绕核心内容拓展网络文学衍生产品开发，促进网络文学在跨文化开发中多种价值的实现。

从国际市场角度来看，要借鉴并与国外的文化娱乐公司进行版权运营联合开发，充分运用欧美电子书从付费下载到付费订阅的转变方式，建立起新的分销和衍生渠道（图1）。Netflix制作的《纸牌屋》的IP开发模式开创了电视剧从制作、发行、播放方式的新模式，依托类似Netflix等国际公司，通过出售优质网络文学IP版权，对其进行其他形式的衍生品开发，通过“文化他构”式的原创，采用国际渠道的“独播”模式，促进我国网络文学IP的价值转让和再开发。迪士尼公司通过产业化运营已经建立了成熟的以IP为核心的版权运营体系，涉及游戏、电影、主题乐园、文创产品、舞台剧等，通过将优质网络文学IP与其合作，借助其渠道在不同领域以多种形式进行衍生，创

[1] 刘锦宏，赵雨婷．泛娱乐生态中网络文学全产业链生产和运营模式解析——以阅文集团旗下猫腻作品《择天记》为例[J]．出版科学，2017(1).

建网络文学 IP 可流转、可增值的市场空间。同时，我国网络文学 IP 可以通过反向定制的方式与迪士尼等公司进行版权运营合作，依托其自有渠道以版权转让、版权共营、版权分发等方式拓展在电视、动漫、电影、游戏等衍生产品的延伸，形成放射状的大文创价值链，在不影响用户体验的前提下，延伸整个网络文学 IP 的产业链长度，增加应用场景，提升消费频次，扩大用户规模。

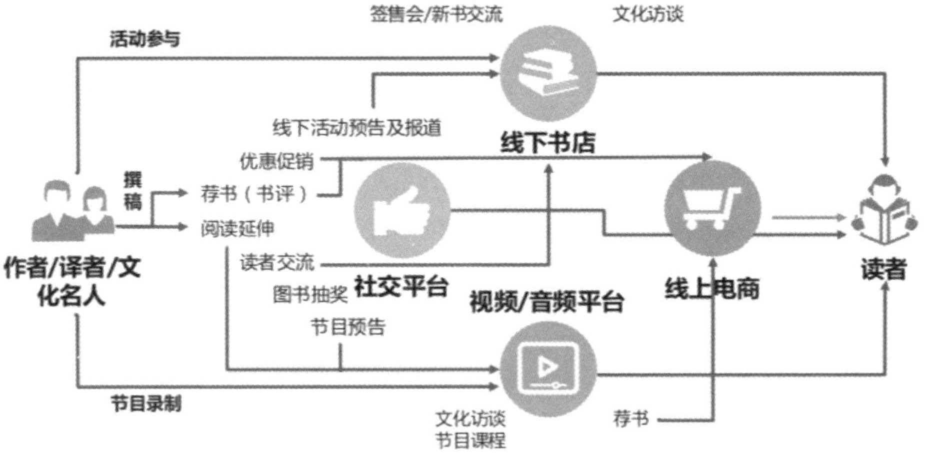

图 1 传统出版文化服务新布

（二）构建网络文学 IP 翻译机制

2007 年美国翻译家 Eric Abrahamsen 创建致力于翻译并传播中国当代文学作品的博客网站 Paper Republic，Paper Republic 创建初期作为中国当代文学翻译的兴趣论坛，吸引了一批以英语为母语并深谙中国语言文化的中国当代文学译者，他们通过选择中国文学作品，整理中国当代文学作者信息，讨论翻译出版作品等，形成翻译文化圈。并逐步发展成权威的、具有学术影响力的，推动中国文学作品跨文化传播的民间网络翻译组织。Paper Republic 虽然是自发性、民间性、松散的翻译组织，其译员散居世界各地，但通过网站平台形成兴趣共同体。[1]《人民文学》期刊通过与 Paper Republic 合作，共同建设 Pathlight 杂志，该杂志译者团队全部由 Paper Republic 成员组成，通过高水

[1] 王祥兵 . 海外民间翻译力量与中国当代文学的国际传播——以民间网络翻译组织 Paper Republic 为例 [J]. 中国翻译 .2015(5).

平的翻译，把体现中国当代精神，能与外国作家和读者产生良好互动的中国作家及作品翻译给国外读者，成为向英语世界翻译、传播中国当代文学作品的重要力量。Paper Republic 对中国网络文学 IP 的翻译和传播提供了借鉴模式。一方面，在英语国家文化环境中生活的懂中文的英语母语者，在“译什么网络文学作品”“为什么样的读者翻译”“以什么语言转化方式翻译”方面，能更准确捕捉目的语国家的文化动态，也能够协调文化市场中的多种关系。另一方面，翻译者以所在国家文化和价值观、读者立场、审美需求及心理定势等为出发点选择翻译方法和翻译语境，拉近了与国外受众读者、合作机构、文化市场之间的心理距离。同时，网络文学 IP 通过海外粉丝译者的本土化翻译，使得 IP 拥有了更为丰富的跨文化内涵。[1] 互联网具有的空间偏向，让中国网络文学 IP 跨越国家地区的界限，在粉丝的推动下形成自发跨语言传播，成为传播中国文化的有效载体。通过借鉴中国传统文学的翻译模式，挖掘网络文学翻译的民间力量，借助互联网平台的优势，建立多种合作模式的海外译者团队，解决翻译中的文化差异、文化折扣问题，促进文化交流，提升我国网络文学 IP 的再开发及传播影响力。网络文学翻译不仅生产了新文本，也在跨文化空间中对文本内容进行情节、结构、内容本身进行再生产，不仅使网络文学译本得到跨文化传播、跨语言“阐释”，而且其二次创作具备了“文化他构”“文化他觉”的新视野。

在跨文化研究领域，耶鲁大学的默多克教授通过《文化素材主题分类目录》，建立了跨文化研究主题分类系统。数据库通过层级分类，如设置 Basic Information、Language and Communication、Education and Knowledge、Arts、Recreation、Information Sources and Research 等大类。在每个大类下设置系列基本主题词，在基本主题词之下设止相关次主题。通过借鉴跨文化研究文化素材主题分类方式，建设完善相应的网络文学基础语言翻译资料库，在形成比较统一的具有共识性的文化共识上，形成对特定学科、文化核心、民族文化、特定名词层面的比较看法，建立对网络文学翻译的符号共性，提升国外读者对我国传统文化、武侠文化、民俗习惯的了解。当然，在整理网络文学素材库的过程中，也是对中国优秀传统文化的大数据的提取过程，我国的文

[1] 王祥兵．海外民间翻译力量与中国当代文学的国际传播——以民间网络翻译组织 Paper Republic 为例 [J]. 中国翻译 .2015(5).

学翻译作品数量巨大，但应该选取经典翻译。

（三）构建网络文学 IP 的品牌传播

文化精神上的民族性，是网络文学的自身文化立场和文化基因。在网络文学的跨文化开发中，通过建立跨文化适应模型，形成对网络文学的跨文化开发参照。价值传达至少要从五个方面去考虑。第一，文化相近性（Proximity），亦被称为为“文化距离”（Culture distance）。即两个主体国家或者民族文化在历史、价值观体系方面的相近程度，这也是文化地理学所研究的内容。这些价值观或者文化尽管不能量化，但可以依靠社会学等理论研究把文化场域按照“地域文明”归类。从较大范围看，如欧洲文化（东欧、西欧、南欧、北欧）、东方文化（东亚、中亚、南亚文化）、美洲文化（北美、拉美）等，文化距离因地理等历史原因形成文明体系。依托网络文学，对地域文明之间的文化等进行对比、探讨，学习不同文明中的价值观念，为网络文学的跨文化开发提供理论源泉。第二，语言水平（Language mastery），即通过建立有效的翻译机制、翻译模式等解决语言、语义等问题。第三，文化熟识度（Acquaintance）。文化熟识度是指国外受众对中国文化符号的认知水平。网络文学的跨文化开发受到读者对我国文化符号的了解程度的影响，文化熟识度影响跨文化适应水平。第四，包容度（Tolerance of discrepancy）。网络文学作品本身需要包容他国的文化，作品要在跨文化开发中接纳新的文化进行改编或者翻译。第五，开放性（Openness）。即网络文学要保持世界文学的超越本族中心主义（Ethnocentrism）的开放性进行价值传达。作为大众文化的代表，网络文学产业和网络文学作品想要走向世界文化市场成为世界文学，就需要在创作过程中以艺术价值传达引发大众的共鸣。网络文学 IP 在跨文化开发中依赖于其文本形态，依据情节和架构传递的人生观、价值观和世界观是让国外受众产生情感共鸣和文化认同的基础。网络文学在跨文化发展中要坚持内容为王，通过共同文化价值的内容呈现。

在跨文化中，由于参与开发及传播双方的符号系统存在差异，开发及传播因之而成为一种符号的交换过程。网络文学是一种可以转换形式与内容衍生的文化传播媒介，要形成网络文学 IP 的媒介化引导。可以在网络文学 IP 形成粉丝基础上，经过艺术授权，由国外制作团队开发动漫产品，正如美国开发的功夫熊猫、花木兰等中国文化形象一样。这种“文化他构”和“文化他觉”，将中国故事、中国形象以国际融合的方式，形成新的媒介文化。中国网络文学 IP 在跨文化开发中的品牌联动，应该具备头部 IP、垂直精品、极致题材。网络文学 IP 的品牌联动需要重直、细分、精控，形成稳定且可持续的内容创生和类型潮流。通过网络文学 IP 联动形塑特定作品类型、世代、价值观、地域等具有不同自我意识、族群认同和价值取向的形象 IP，制定 IP 形象文化生活新准则，探索和实践更加品牌化的网络文学 IP 内生动力。如女频文在“人设 + 职业 + 情感”重组上形成新的网络文学类型化和人设开发重点，以“技术流”形成类型文热点。从热点话题、社会现实，再到时代感，网络文学 IP 的品牌要与传统严肃现实主义嫁接，形成葆有网络文学基因的“融合”现实题材作品。

（四）优化网络文学 IP 跨文化批评共同体

经典文学承载着主流意识形态是精英文化的标志，构建着文学的审美范式。网络文学的大众化以及批评的网络化使得文学批评有了新的转向。“媒介形态的变化改变了人类感知模式，重组了人际关系，推翻了既成的政治秩序和美学秩序”。[1] 网络文学批评不同于传统文学批评，首先网络文学 IP 本身就是由网络作家创作经过网络文学平台编辑审核，再由受众进行阅读反馈的文学作品，由于 IP 的人性和舆论热潮，网络文学意见领袖的批评成为文化市场及组织监管的重要话语，这种“文学共同体”构成了网络语境中的文学社会学和艺术生产美学。在跨文化开发中，构成了跨文化传播和再开发的引导力量。当前国内的网络文学批评处于初期阶段，网络文学的跨文化批评更具有其特殊性。如批评主体的身份更为多元，除了基于国内“传媒批评”“传统文学批评”之外，还有受众的“在线打分批评”受众对网络文学作品的评价，形成对网络文学创作的干预。网络文学批评的方式和效果影响着其产业链衍生的关联业态，打赏吐槽、自媒体批评、传媒批评、网络文学研讨会、参与奖项等批评形式都影响着作品的点击率、舆论场，间接影响着网络文学平台以及由此 IP 衍生的泛娱乐产业链的经营收益。因此，网络文学的跨文化批评应从网络文学生产、编辑、审核、阅读反馈各方面提前进行，从创作、管理、

[1] 马歇尔 · 麦克卢汉 . 理解媒介——论人的延伸 [M]. 何道宽译 . 北京 ：商务印书馆，2000.

经营、阅读、评论的渠道构建网络文学作者、运营方式、网络文学平台、粉丝受众、网络文艺理论等五位一体的“批评共同体”，形成以理论评论学理逻辑为中心，创建批评的多维互动方式，助推网络文学成为一种文学现象甚至是网络时代的社会文化现象。

随着网络文学在国外阅读渠道的电纸化，海外翻译网站、App、论坛、亚马逊 Kindle 等大数据为网络文学的评论提供了多元化渠道。Wuxia World 和起点国际通过 Popular Tags 建立标签、评分、点赞、数据等评论机制，分析各国外受众的阅读习惯、风格偏好等，以找到读者阅读痛点改进网络文学创作，网络文学 IP 在跨文化开发中根据运营数据反馈，改进日更情节、场景等内容，借助平台提供的个性化数据分析剧情走向、受众期待、市场需求，通过对网络文学 IP 的场景安排、人物设定、故事陈述、语言表达、动作协调等方面讨论、评论，提升互动性和娱乐性。“网生评论”是市场反馈的审美习惯，应通过大数据对关键词的抓取，形成网络文学 IP 的重要评价数据。当前我国网络文学在国外的开发商业模式主要以广告、打赏与众筹为主。Wuxia World 等网文翻译网站通过免费提供翻译好的网络文学作品，打赏译者、众筹捐款来进行翻译章节更新。Patreon 网站以众筹平台的方式让译者通过众筹章节获得盈利。在“共享”“众筹”的中国互联网精神中，任何开放式的评论都可以通过“标签”“评分”“点赞”“留言”等互动方式，应建立与翻译网站的版权合作，设置多元激励机制，提升网络文学 IP 的互动性，给予网络文学作品以反馈意见。充分运用网络文学在跨文化开发中作为“话题文本”具有媒介化的特征，通过大数据建立的话题、议程设置在社交网站、终端上形成粉丝群体和交流圈，形成符合时代价值观并贴合国际文化热点的话题，形成受众互动和文化认同。

参考文献

[1] 张攀 . 泛娱乐下出版业玩转影视、游戏业 [N]. 中国出版传媒商报 ,2014-05-13(6).

[2] 谢玮 . 泛娱乐产业链下 IP 衍生产品设计开发刍议 [J]. 传媒广角 ,2016(1):82-85.

[3] Claudio Guillen.The Challenge of Comparative Literature[M].Cambridge:Harvard University Press,1993.

[4] W.Barry,edal,eds. Handbook of Cross Cultural Psychology [C].Boston：Allyn & Bacon,1997.
[5] David Damrosch.What Is World Literature?，Princeton:Princeton University Pres,2003.
[6] 汪祥斌 . 作为泛娱乐 IP 的核心来源 , 网络文学发展如何 [EB/OL].http://www.huxiu.com/article/133234/1.html，2015-12-04/2018-02-05.
[7] 尹鸿，王旭东，陈洪伟，冯斯亮 .IP 转换兴起的原因、现状及未来发展趋势 [J]. 当代电影，2015(09):22-29.
[8] 迈克尔 · 波特 . 国家竞争优势 [M]. 李明轩 , 邱如美 , 译 . 北京 : 华夏出版社 ,2002.
[9] MichaelJ.Wolf.The Entertainment Economy:How Mega media Force are Transforming Our Lives[M].London:Penguin,1999.
[10] Maskus,KeithE.Intellectual property in a globalizing world:issues for economic research[J]. Asia-Pacific Journal of Accounting and Economics,2015,22(03):231-250.
[11] McCalmanP.International diffusion and intellectual property rights:An empirical analysis[J]. Journal of International Economics,2005,87(02):353-372.
[12] [法] 布尔迪厄，[美] 华康德 :《实践与反思 ：反思社会学理论》[M]. 中央编译出版，1998.
[13] 欧阳友权 .《网络文学论纲》[M]. 人民文学出版社 ,2003.
[14] 欧阳友权 .《网络文学概论》[M]. 北京大学出版社 ,2008.
[15] 欧阳友权 .《网络文学本体论》[M]. 中国文联出版社 ,2004.
[16] [德]. 霍克海默 , 阿多诺 .《启蒙辩证法》[M]. 重庆出版社 ,1990.
[17] 孙春英 . 跨文化传播导论 [M]. 北京 : 北京大学出版社 ,2008:03.
[18] 向勇 , 白晓晴 . 场域共振 ：网络文学 IP 价值的跨界开发策略 [J]. 现代传播 ,2016(8):110-114.
[19] 施雨 . 北美华文网络文学中双重经验的跨文化书写 [J]. 华文文学 ,2014.(11) ：120-128.
[20] 李丹凤 . 浅析泛娱乐背景下网络文学的 IP 价值 [J]. 新闻传播 ,2015(24):7-9.
[21] Carol R. Ember and Melvin Ember. Cross-cultural Research Methods [M].Lanham：Alta Mira,2009.
[22] Kenneth Keith. Cross Cultural Psychology：Contemporary Themes and Perspectives[M]. Oxford：Blackwell,2010.
[23] 刘锦宏 , 赵雨婷 . 泛娱乐生态中网络文学全产业链生产和运营模式解析——以阅文集团旗下猫腻作品《择天记》为例［J］. 出版科学 ,2017（25）:28-33.
[24] 周宪 . 跨文化研究 : 方法论与观念［J］. 学术研究 ,2011（10）:127-133.
[25] 陈邦武 , 杨建仁 . 网络出版版权难题探析 [J]. 编辑之友 ,2011(5):102-104.

[26] 黄先蓉，李晶晶．中外数字版权法律制度盘点 [J]. 科技与出版，2013(1)：14-16.

[27] 赵凯，王祥颖．盛大文学的全版权传播战略 [J]. 新闻传播，2010(5):76.

[28] 刘攀．网络文学产业化发展模式研究：以盛大公司为例 [D]. 桂林：广西师范大学，2010(4).

[29] 张琴．“IP 热”创造网络文学全产业链模式的探索 [J]. 新闻研究导刊，2016(7):1-3.

[30] 王祥兵．海外民间翻译力量与中国当代文学的国际传播——以民间网络翻译组织 Paper Republic 为例 [J]. 中国翻译，2015(36):46-52.

从“图兰朵”到“长征”
——新时代背景下我国歌剧音乐传播策略初探

李婧迪[1] 英国皇家音乐学院市场部专员

提　要：七百年前，沿着丝绸之路，中国大清朝廷第一次领略到由意大利传教士马可波罗带来的西方古典音乐。今天，伴随着中国国际地位日益凸显，我国政府提出了“一带一路”发展战略和建设“文化小康”的伟大构想。作为我国文化产业重要组成部分，原创歌剧是否能够成为代表本国文化的一张名片和世界了解中国的一扇窗口呢？

本文选取具有中国文化元素的意大利经典歌剧《图兰朵》和大型史诗原创歌剧《长征》为文本材料，通过对比借鉴“柳儿”和“平伢子”咏叹调选段，采用音乐学、大众传播学、符号学、文化研究等视角，结合“红色”歌剧的音乐创作和表演特点，解读其与传播主流政治意识形态的关联，提出在不同文化传播背景下，借用歌剧艺术形式和本土化的音乐语言进行“编码”以获得理想“解码”效果；并由此提出对中国歌剧艺术民族化和国际化传播

[1]　李婧迪，女，英国皇家音乐学院市场部专员，负责英皇对中国市场的传播策略制定和实施，英国约克大学（The University of York）音乐学院博士。主要研究兴趣为历史背景下的音乐材料与文化内涵，跨文化大众传播形象构建，以及中英音乐文化产业发展战略等。

的战略思考。

关键字：中国原创歌剧 音乐符号 国际文化传播

第一部分 研究背景

歌剧（opera），起源于十六世纪文艺复兴时期的意大利佛罗伦萨，以其复杂而庞大的艺术形态，短时间内迅速征服了欧洲，成为西方古典音乐史重要的组成，被誉为欧洲艺术皇冠上的明珠。莫扎特、普契尼、瓦格纳等作曲大师与他们的经典歌剧作品跨越文化和时间的范畴，时至今日，在世界各大顶级剧院的舞台上，众多优秀的复拍经典歌剧作品仍在全世界流行。2017年夏季，由英国皇家歌剧院（ROH）复拍的普契尼经典歌剧佳作——《图兰朵》在英国公演期间引起轰动。这个建立在古中国的虚构故事虽没有中国演员出演，但歌剧中大量包含中国文化元素的音乐、华服和布景仍吸引着欧洲观众竞相观赏。

随着中国经济高速发展和国际地位不断增强，外国观众也越来越渴望通过多维度、多层次的文化交流进一步了解中国，熟悉中国的历史和文化。伴随着我党"一带一路"和全面构建"小康"社会等战略思想的提出和发展，以文化交流促进中国与他国之间的双边、多边合作；讲述中国故事、传达中国主张成为必然趋势。与此同时，在国民物质生活提高的同时，人民的精神文化需要也随之增加，因此"文化小康"必将是新时代的重要奋斗目标和标志，是小康社会的"精神基石"。[1]

党的十八大以来，以习近平同志为核心的党中央高度重视党对我国文艺工作的领导作用，提出了一系列思想战略：从《国家"十三五"时期文化发展改革纲要》到《关于深化群众性精神文明创建活动的指导意见》。习总书记在"文艺座谈会上"为新时代文艺工作发展指明方向："文化是民族生存和发展的重要力量"的重要论述，号召广大艺术家群体要创作"无愧于民族"的优秀作品，指出作品要"以人民为中心的创作导向"，着重体现以"中国精

[1] 光明日报，"文化是小康社会的精神基石"。

神”。在研究近代社会经济文化发展时，Theodor W. Adorno 将歌剧与社会阶层发展相结合。[1] 爱尔兰音乐学家 Aine Shel 在研究歌剧发展与德国历史时发现，歌剧以其独特的艺术魅力，使其与中产阶级有天然的联系，歌剧作品有的也曾被用于具有稳定社会的工具。[2] 在这种时代背景要求下，如何使用国际社会熟悉的音乐工具——歌剧艺术传播中国文化，向国内外展示鲜明、积极的中国国家形象和民族精神气质中的闪光点呢?

第二部分“平伢子”VS“ 柳儿”

中国国家大剧院院长陈平，在谈到国家大剧院的十年历程时，充分表达了对推动和发展中国原创歌剧发展的决心，把以国家大剧院在世界歌剧领域占有一席之地看作一种“文化担当”。西方的歌剧艺术虽然不是中国传统艺术的一部分，但她在中国也有庞大的受众群体和适宜的文化土壤。在研究如何借鉴西方歌剧形式和呈现手段而发展我国原创歌剧作品时，中央音乐学院宗晓军在研究我国原创歌剧发展状况时指出，“受益于国家艺术基金的成立和资金支持，全国的歌剧创意和制作日渐兴旺”，但是在市场上欠缺“后期的社会传播以及市场经营”，而根本上的问题是“创意制作概念模糊”，缺少“对经典歌剧或原创剧目策划创作的全面分析与思考”。[3] 从题材角度来看，中国艺术研究院陈乾认为中国原创歌剧的发展要以民族歌剧与现代观众勾连的手法，“首先应当以革命历史题材为入口，根据当代观众的审美需要，以小见大，通过创作鲜活接地气的人物，彰显英雄主义的主题和现实意义。[4]

2017 年，为纪念中国工农红军长征胜利 80 周年，国家大剧院特别推出民族经典作品——大型史诗歌剧《长征》。作品通过美轮美奂的布景、庞大的演员结构、复杂的音乐层次和荡气回肠的剧情，以歌剧形式再现红军队伍在长征途中爬雪山、过草地等重要元素和长征途中的历史节点，歌颂了中国工农红军为信仰而奋斗不畏牺牲的崇高理想信念，创造了这一人类历史上这一

[1] ［德国］阿多诺，《关于音乐的社会》，1982，8-13.

[2] ［爱尔兰］Aine sheil ‘Displacement, repetition, repression: Die Meistersinger von Nurnberg on stage in the Weimar Republic’, Cambridge University Press, 2018.

[3] 宗晓军，’浅析中国原创歌剧的创与意’.

[4] 陈乾，‘中国原创歌剧的当代性和民族性’.

伟大奇迹。[1] 作品由邹静之担任编剧，田沁鑫、杨笑阳执导。邹静之根据史实，着力塑造了中央红军曾团长、彭政委，红军新兵战士平伢子等不畏艰险、不怕牺牲的鲜活、崇高的人物形象。

作为这部歌剧的音乐主创核心——国家一级作曲家印青，他的诸多主旋律作品例如修建青藏铁路时的《天路》、西部开发时《西部放歌》《走进新时代》等极具军旅风、时代性，“都是在改革开放过程中的关键节点创作，很多歌曲都成为时代的符号”，早已被全国人民所熟知。在谈到《长征》的音乐创作思路时，作曲家介绍说：

“在这部歌剧的写作过程中，我也同当代作曲家一样，探索着如何将歌剧音乐强烈的戏剧张力与人们所熟悉并喜爱的歌谣体的抒情方式相结合，准确又自然地表现中国人的情绪、情感和情趣，使中国歌剧的音乐在追求国际化、现代化的同时，又能被普通大众接受和喜爱，并由此感受到歌剧艺术魅力和精神力量。”

——印青谈《长征》[2]

可见，作曲家突出了“音乐”本身在歌剧中的作用，并且以从观众受众效果的角度作为创作的动机。即从传播学的视角，把作品看作是“文本”（text），把音乐表演（musical performance）看作与观众交流的根本渠道，舞台上的演员则负责将作品的信息通过表演主动传送。使观众在观赏演出的同时，感知到剧情的走向、与人物发生情感的互动，从而接收到作品包含的既定信息。那么，歌剧中的“文本”具体是指什么，它又是如何通过音乐表演和观众的沟通呢?

意大利歌剧中的咏叹调（Aria），原意为“空气”，原指任何抒情性的音乐旋律，多为缓慢而端庄的独唱曲，以连奏（legato）形式演唱，通常用来展示歌唱家的卓越技巧。[3] 除了音乐上的魅力以外，咏叹调在帮助塑造戏剧角色有重要的功用，有的咏叹调选段和对应的角色甚至超过了歌剧本身的魅力，

[1] 更多信息请参考文末“参考资料”列表。

[2] Ibid.

[3] The Oxford Dictionary of Music，‘Oxford Music Online’(牛津音乐词典)，[2019-12-01].

很多经典的歌剧咏叹调经常被用来在音乐会中独立展示，人们通过咏叹调来记住角色，并进一步喜爱该作品。例如已故歌唱家帕瓦罗蒂在《图兰朵》中扮演的鞑靼王子“卡拉夫”，但是更多人记住的是“今夜无人入睡”（Nessun dorma）这一咏叹调和帕瓦罗蒂直抵内心的歌声；而最近一版的《图兰朵》中最为成功的角色莫过于悲剧人物“柳儿”。“柳儿”是剧中流亡鞑靼国王的侍女，出于对鞑靼国王王子卡拉夫的爱情和忠诚，冒着生命危险陪伴老国王流浪至中国，与王子喜悦相逢。但得知卡拉夫为了得到图兰朵公主不惜用生命去挑战公主的三道谜题，劝说王子，演唱了催人泪下的咏叹调《主人，请听我说》（Signore，ascolta!）曲调辗转悠长，淋漓尽致地展现表现了柳儿柔弱深情的内心世界和忠诚勇敢的形象。

图 1　由波兰籍女高音 Aleksandra Kurzak 所扮演的 2017 英皇版《图兰朵》歌剧女二号“柳儿”剧照[1]

[1]　The Royal Opera House，‘Aleksandra Kurzak’，[2019-12-01].

上图 1 为英皇版“柳儿”演唱咏叹调《主人，请听我说》的剧照。对于没有在现场直接观摩的中国观众而言，对于图片中展示的“柳儿”发型，服饰或许有些困惑，甚至是很难看出这是一个女性的角色。演员是来自东欧的青年歌唱家，身材壮硕，似乎不符合剧中“流亡中”“柔弱的”侍女审美角色设定，更像是 90 年代港台武打剧中的武生角色。但当她唱起：

‘Signore ascolta!
Ah signore ascolta!
Liù non regge più
Si,spezza il cuor!
Ahimè ahimè quanto cammino col tuo nome nell’anima,
col nome tuo sulle labbra!
Ma se il tuo destino doman sarà deciso,
noi morrem sulla strada dell’esilio!
Ei perderà suo figlio,
io l’ombra d’un sorriso!
Liù non regge più
Ah pietà！[1]

（英文释义如下）
My lord，listen，ah! listen!
Liù can bear it no more!
My heart is breaking!
Alas，how long have I travelled
with your name in my soul,
your name on my lips!
But if your fate
is decided tomorrow
we’ll die on the road to exile!

[1] ［意大利］普契尼，《主人，请听我说》(Signore，ascolta，“Turandot”)

He will lose his son...

And I，the shadow of a smile!

Liù can bear it no more!

Ah，have pity! [1]

….

"柳儿"跪在地上，在歌声中没有直接表达对王子的爱慕，只是在苦苦恳求王子放弃危险的念头，不要冒失去生命的危险，歌声中充满担忧。提醒王子不要让老父亲伤心，更像是王子的家人。虽然地位低贱没有权势，但是却在高贵而凶残的图兰朵公主下令全城无眠、搜查王子姓名时，为保护王子毅然牺牲了自己的生命。她的柔弱是源自她对王子真诚的爱，她的坚强不屈也是如此。"柳儿"这个角色用优美的歌声唱出了她高尚的灵魂，和作为一个"人"的感情。她的歌声打动了王子，虽然王子没有改变想法，但是正是"柳儿"对于爱的理解和成全，代表了《图兰朵》这部歌剧的情感核心，观众在看到王子和公主最终幸福大团圆结局时，想到的是"柳儿"这个悲剧性的角色。

在音乐上，为了达到这一效果，作曲家在《主人》咏叹调上，大胆运用了降 G 大调、舒缓的 4/4 拍，以及降 B 角调式，旋律流畅，极具东方韵味。选取中国五声调式这样的写作手法，不仅是为了呼应故事在"古中国"的设定，使作品听上去更符合观众对于"中国"的审美想象，也使剧中的角色衔接逼真自然，情感更加贴切。在声乐演唱中，对于歌手的技术也提出很高的要求，例如开篇的弱起小节的处理，显得"柳儿"心事重重，不知道如何开口；大量使用切分节奏和"前 8 后 16"音符，每两个半小节配合一句话的歌词，使音乐的叙述非常口语化；大量的"渐强"转"渐弱"处理使演唱如同呼吸一般真切自然，而在展现情感的跳跃的高潮时，音乐上出现了两个八度的大跨越，但是音量上却标明"pp"（极弱），几乎是柳儿唱给自己的声音，声音表现极富戏剧张力。当她演唱完毕的时候，剧中的人物和台下的观众似乎还沉浸在"柳儿"用声音和表情营造出来的情境之中。

这样的音乐设计和表演，虽然作曲家在故事情境、音乐选择、服装舞美表现的都是与现实有一定距离的内容，但是却收到了很好的传播效果。英主流艺

[1] Aria database，http://www.aria-database.com/search.php?individualAria=314

评《独立报》刊出“伦敦皇家歌剧院 :《图兰朵》: 希拉 · 格兹玛作为女奴出演‘柳儿’抢走了整场演出”，作为对于这一版《图》演出评论的标题。[1] 社交媒体上有观众留言“柳儿永远是观众的最爱”，“我为柳儿的牺牲流下眼泪。”[2]

原创歌剧《长征》中咏叹调的部分也倾注了作曲家大量的情感。在艺术上的不同之处在于，作曲家选定了以（中国）观众欣赏和熟悉的审美习惯而作为音乐创作的基础。通过精彩的、高难度的唱段，刻画人物的内心和性格特点；在旋律上受到西藏弦子、贵州民歌等音乐元素启发，真实地“重现”红军在长征途中所见所闻；同时用超过百人的庞大合唱队表现该剧的“史诗性”。作曲家印青在接受电视采访时谈到平伢子的咏叹调《我舍不得离开你们》时说，我最后都趴在钢琴上哭了半天”。[3]“平伢子”是《长征》中的一个普通红军小战士形象。那么为什么一个小战士的经历让值得作曲家为其写了十多分钟长的咏叹调并且投入如此丰厚的感情呢？试问这段音乐在整个歌剧中又起到了什么样的作用？

图 2　民族组演员：著名歌唱家王宏伟扮演的“平伢子”剧照[4]

[1]　Michael Church.’Turandot,Royal Opera House，London，*reviews,Independent.*

[2]　Chris，Shipman. The Royal Opera House，‘Your reaction：What did you think of Puccini’s Turandot on BP Big Screens？’

[3]　北京卫视栏目［光荣绽放］，‘多位著名歌唱家齐聚国家大剧院，歌剧《长征》再现当年辉煌’，主持人，田歌。播放日期 2016 年 6 月 17 日，8 分零 4 秒 .

[4]　同注释 7.

在剧中“平伢子”一共有三次出场伴随着三个唱段。第一次《我们来自不同的地方》展现了一个十六岁斗志昂扬的小战士初到革命队伍的憧憬；第二次《梦中杀敌》，最后一次是在牺牲前在草地上演唱长达十多分钟的咏叹调《我舍不得离开你们》这段回顾了“平伢子”这个小战士的成长过程，在临终前向新中国致敬的感人情景。他唱道：

“走不动了，
我的心在向前，
可脚已走不动了。
湿透的衣裳，
已不能被我冰冷的身体捂干。
政委，团长，
我掉队了。
你们艰难的前行，
你们坚韧的前进，
将会迎来，
胜利的那一天。
我们的队伍，
一直向前。

平伢子，平伢子，
生下来的孤儿就没有名字。
没有亲人，没有温暖，更没有尊严。
今天我要叫你一声，平伢子，你要答应。
没有红军，就没有亲情，
没有红军，就没有觉醒。

什么是友爱，
人生理想啊，
你看到黑暗中的，

光明。
平伢子，平伢子，
当了红军才知道，
天地有多宽。

平伢子，平伢子，
当了红军才知道，
英勇杀敌，
是为了百姓。

平伢子，平伢子，
当了红军，才有了快乐。
从此我的心啊，
像小鸟一样，
自由飞翔。

「穿插山歌部分」哎呀，打只山歌过山崖，山歌打过红花开，跳过几多石子路，一轮红日，升起来哎。

红军啊，
是你给了我生命，
红军啊，
让我成为了勇敢的士兵。

红军啊，战友们，
我不怕死。
我是舍不得离开你们，
我是舍不得离开红军。

啊，我掉进沼泽地了，

啊！
平伢子，平伢子，
平伢子舍不得离开你们，
平伢子，就是死也要革命。

战友们，
等胜利的那一天，
代我向新中国欢呼吧，
请代一名红军战士
向新中国致敬！

这一唱段的歌词情真意切，催人泪下，没有华丽的词藻，完全是从“平伢子”这个十六岁的小战士的角度讲述，把一个平凡却坚毅的革命小战士的形象刻画的十分丰满和真实。他也许不具备像彭政委、曾团长那样的光环，出身寒微，但是他对于革命拥有最朴实真挚的情感，这种忠诚甚至超过了对个人生命的眷恋。作者旨在通过作品缅怀在艰苦而漫长的中国革命历史途中，以“平伢子”这个虚拟的人物所代表的，无数个革命先烈，为新中国建设抛头颅、洒热血的缩影。他们即使是在生命即将消亡的最后一刻，也没有忘记一个战士对于革命的忠诚，和对新中国的美好寄愿。并且通过音乐和戏剧表演的形式将他们的精神完整地传达给观众。陈平说，“国家大剧院推出原创歌剧《长征》的意义，在全面建成小康社会，实现伟大中国梦的新征程上，依然需要我们继承和发扬伟大的长征精神。目的就是要润物无声的将前辈的精神财富，将社会主义核心价值观，传递给青年一代。”对于不熟悉中国红军革命历史、不了解长征历史的年轻观众群体甚至是针对外国观众，这样冗长的唱段如何能够达到“扣人心弦”的效果，唤起观众的情感共鸣，从而传达作品所要表达的精神层面的内涵呢？

根据 Hoggart 和 Hall 的文化理论（cultural studies）以及观众理论（reception theory），虽然舞台上的原始文本材料对每个观众都是一致的，但是观众个体所获得的信息和体验会因为各自的文化背景（context）、价值观（value）意识形态（ideology），阶层（class）等因素而进行不同的解读

（interpretation）。芬兰音乐符号学（musical semiotics）学家佩基拉（Erkki Pekkilä）认为“对接收者来说，要‘理解’音乐信息或者欣赏音乐，他必须熟悉他所受的那种音乐风格。”因此，除了传播理论模式，正如瑞士音乐学家本特森（Bengtson）进一步解读：接收者要理解音乐并欣赏音乐，仅仅传播是不够的，“还需要“‘编码’这样的术语，一整套发送者和接受者分享的规则。”[1] 因此，如果一个作曲家创作一部成功的作品，里面必须有作曲家和表演者都熟悉的音乐符号语言，为了获得期待的传播效果，通过作品唤起观众的情感共鸣，那么观众也应当熟悉和了解这套符号的内涵。因此，信息是一个“编码”。接受着必须了解特定的原则才能对信息“解码”。[2]

从音乐原材料选取，即构思“编码”的过程中，作曲家借鉴了《长征组歌》、《红军不怕远征难》《十送红军》《中国工农红军歌曲选四部》等经典的红色音乐素材。[3] 以上作品都是基于“长征”为主题，或者是和中国革命历史息息相关的、经过时间沉淀而流传的革命歌曲精品。例如，大型声乐套曲《长征组歌》创作于长征胜利 30 周年，作者肖华等根据自己在长征中的真实经历，浓缩十个战斗生活的场面作为符号，颂扬了中国革命传奇的历史，传达了中国革命的先进性这一浓郁的民族风格的内涵，被大众认可并熟知。而这些作品所包含的歌词、民歌曲调、服饰、程式化的演员肢体语言、表演方式和作品传达的精神内涵都已成为与“长征”“中国革命”等红色主题息息相关的固定符号，群众在解读作品的过程中，已经形成了广泛、统一的认知。在歌剧《长征》继承和发展这些符号，并且让当代观众按照作者期待的符号内涵进行解读，作曲家也做出了大胆的尝试。

强调原汁原味的“民族性”，是作曲家解决这一问题的又一手段。咏叹调《我舍不得离开你们》使用了叙事性的两段体，大胆采用了与《图兰朵》使用中国民歌“茉莉花”旋律为西方观众勾画“古中国”风情的图画剧情手段，贵州山歌旋律被使用在咏叹调《我舍不得离开你们》中作为剧情的转折和情感的升华。“平伢子”在牺牲前的表演是整个唱段的高潮部分，在他回顾自己

[1] 周庆山，传播学概论 . 北京 ：北京大学出版社，2004，13-21 页 .

[2] ［芬兰］佩基拉，音乐符号学简明导论，翻译 ：陆正兰 . 四川大学符号学论坛 .

[3] 北京卫视栏目［光荣绽放］，‘多位著名歌唱家齐聚国家大剧院，歌剧《长征》再现当年辉煌’，主持人，田歌。播放日期 2016 年 6 月 17 日，7 分 30 秒 -38 秒 .

苦难的人生过程中，山歌响起，“一轮红日升起来”这个符号代表的是“平伢子”对于革命必胜的信念和决心，这种永恒的希望和在剧中“平伢子”与他即将牺牲的悲情形成了鲜明的对比，突出了“难舍难分”的情感，让观众更加为之动容。“平伢子”“舍不得”的不是他的生命，而是不能完成长征的遗憾，不能和战友们在一起并肩杀敌，不能目睹新中国诞生的“遗憾”。在轻柔而悠远的女声合唱和舞台上渐渐升起的红日映衬下，勇敢坚毅的革命战士“平伢子”不幸陷入“沼泽”，在这种最无助的情况下，他行军礼，端起手中的钢枪，最后向看不见的战友队伍挥舞着他的军帽，以一个战士的姿态，做最后的坚毅的告别，此时此刻，“平伢子”已经不再是一个普通的战士，一个普通的“人”，他没有丝毫的恐惧，有的只是无尽的遗憾和不舍，他的灵魂与革命精神同在。这种“民族性”的渲染，是以音乐、表演与戏剧结合的方式和升华的情感来支撑的，不仅仅代表的是某一个单独的民族的特征或者文化，它的内涵已经被扩展到对于中华民族不屈不挠的信念的赞美，是存在于每个中国人骨子里流淌的血液中。正好契合习近平总书记“人民的艺术要代表人民”的初衷。

除此以外，在音乐表演上《长征》使用了民族唱法和美声唱法两组歌唱家的演绎，为观众的审美需要提供了不同的选择。中国军旅歌唱家王宏伟扮演的“平伢子”版本，使用民族唱法的方式，通过高亢、嘹亮的音色，宽广的音域来直抒胸臆，以“土”的民族唱法和口语化的歌词来表现一个出身贫苦的普通的红军小战士，似乎更符合观众对于“平伢子”的想象。王宏伟来自新疆博尔塔拉蒙古自治州，虽然是一名汉族歌唱家，但是从小在草原上接触了大量的民族音乐作品，特别是蒙古族长调高亢、悠远的唱腔对王宏伟的歌唱艺术形成了很深的影响。有着“西部歌王”之誉的王宏伟所扮演的“平伢子”情感真挚，在最后“过草地”时这一幕用饱含悠远而深情的歌喉和身体语言为在观众脑海里构建了一个坚毅果敢、可敬可爱、感人至深的小红军战士形象。将民族唱法的发声习惯、美学特征、观众欣赏习惯与西方歌剧的咏叹调进行结合，而这种对于“民族性”内涵的定义，不仅仅限于对中国民族音乐和本土艺术家的囊括，更是实现了对于中华民族博大精深文化和浓郁的艺术表现力和生命力的由衷礼赞。

第三部分 关于中国原创歌剧几点思考

如何把可感受到的，固定的情感符号加工成原创歌剧产品增加受众，产生更强的传播效力和经济价值呢？英国音乐学家库克认为，观众并不需要专业的背景，但观众的参与程度（degrees of involvement）以及观众有能力做出合宜并且意义的反馈是衡量作品得失的关键。[1] 从市场化的角度，向勇教授强调，“以情动人”的情感体验是传播的关键，调动情感，使观众“投入”到作品中，获得期待的传播效果。[2]

由于市场体制的不同，以英国皇家歌剧院为代表欧洲顶级剧院受政府逐年削减的经费影响，剧目也是基本停留在对经典作品的复拍和重演，收入几乎全部依赖于票房收入，而中国的歌剧发展事业目前虽然还是初始阶段，然而却包括国家艺术基金在内的多项政府专款、计划扶持，市场蓬勃发展，观众充满热情。在这种情况下，相对更容易出现像《长征》这样的精品原创歌剧作品。周庆山教授所提出“共识性价值”的概念，就是指要从受众对象本身的价值追求、情怀推倒和引领，构建故事，塑造符合观众或者消费对象喜爱的作品，精准营销、传播和分发内容。事实证明无论是西洋唱法还是民族唱法的音乐表现手法，无论是《图兰朵》中忠贞不渝的侍女“柳儿”还是《长征》里千千万万个像“平伢子”这样为革命事业牺牲的普通人，他们在剧中有着作为“普通人”的情感和追求，虽然没有主角光环，但他们的“牺牲”却打动了观众，成了在舞台上观众最关注的角色，他们作为一个普通“人”，所代表的品质和传递的精神肩负了深化作品主题的作用，是整个作品的灵魂所在。

因此，从中国原创歌剧的长远发展来看：音乐创作者要善于从群众受众角度提炼和捕捉有广泛群众基础的、普遍而不普通的文化现象历史事件，坚持以人民为中心的创作导向，表现人民的伟大实践；再次，通过观众喜闻乐见的音乐语言加工并经过舞台呈现出富有感染力的、有内涵、思想精深的文化符号。这就要求艺术创作者要根植中华民族传统文化，创新性深度发掘并

[1] Nicholas, Cook. Music, Imagination, and Culture. Oxford : Oxford University Press, 1992.p2.

[2] 向勇：文化创意产业要重视与当地文化的结合 . [N]（2019-12-01）[2019-12-04].

保持国际化的眼界，兼顾中国原创歌剧的民族性和国际性的双重任务，传承和弘扬中华民族优秀传统文化，坚定文化自信，以深湛的艺术表现和制作通向市场文化产业的最后一公里，实现中华民族的伟大复兴。

参考文献

[2] 光明日报．文化是小康社会的精神基石．[N]（2017-09-21）[2019-12-01]，http://www.wenming.cn/ll_pd/whjs/201709/t20170921_4431216.shtml.

[3] 阿多诺．《关于音乐的社会研究》[A]（On the Social Situation of Music），University of California 1982,p.8-p13.

[4]Shiel,Aine. Displacement，Repetition and Repression：Die Meistersinger von Nurnberg on Stage in the Weimar Republic. [J] Cambridge University Press，2018-02-08. DOI：https://www.cambridge.org/core/journals/cambridge-opera-journal/article/displacement-repetition-and-repression-die-meistersinger-von-nurnberg-on-stage-in-the-weimar-republic/2180044741070E1269D6E7B56BC09C82

[5] 宗晓军：浅析中国原创歌剧的创与意．[Z]2018-01-18 [2019-12-01]，http://www.sohu.com/a/217555348_488939

[6] 陈乾，‘中国原创歌剧的当代性和民族性’，光明日报．[N]（2017-09-21）[2019-12-01] http://www.cssn.cn/ddzg/ddzg_ldjs/ddzg_wh/201611/t20161107_3267150.shtml

[7] [8] 国家大剧院原创中国史诗歌剧专题 [N] [2019-12-01] http://m.chncpa.org/product-1069422.html

[9] 咏叹调 The Oxford Dictionary of Music，‘Oxford Music Online’（牛津音乐词典），[DB/OL] [2019-12-01]，https://www.oxfordmusiconline.com/search?crossSearch=true&q=aria&sort=relevance

[10] The Royal Opera House，‘Aleksandra Kurzak’，[DB] [2019-12-01]. http://www.roh.org.uk/people/aleksandra-kurzak

[11] ‘主人，请听我说’（Signore，ascolta）[DB]．[2019-12-01].http://www.qupu123.com/waiguo/wuzi/p259902.html

[12]Giacomo，Puccini. Signore,ascolta!，‘Turandot’,Aria Database. [DB] [2019-12-03]. http://www.aria-database.com/search.php?individualAria=314

[13] Michael Church.’ Turandot,Royal Opera House，London，*review,Independent.* [N]（2017-

07-06）[2019-12-03] *https*://www.independent.co.uk/arts-entertainment/classical/reviews/turandot-royal-opera-house-review-puccini-andrei-serban-a7827231.html

[14]Chris，Shipman. The Royal Opera House，‘Your reaction：What did you think of Puccini’s Turandot on BP Big Screens？’[DB]（2017-07-14）[2019-12-04] https://www.roh.org.uk/news/your-reaction-what-did-you-think-of-puccinis-turandot-on-bp-big-screens

[15] 北京卫视栏目 [光荣绽放]，‘多位著名歌唱家齐聚国家大剧院，歌剧《长征》再现当年辉煌’，主持人，田歌。播放日期 2016 年 6 月 17 日，8 分零 4 秒。[Z] https://www.youtube.com/watch?v=XWFHJCRFzBk&t=484s

[16] 同注释 [7]

[17] 周庆山，传播学概论。北京：北京大学出版社，[M] 2004，13-21.

[18][芬兰] 佩基拉，音乐符号学简明导论，翻译：陆正兰 . 四川大学符号学论坛，[OB](2009-08-26)[2019-12-04] http://www.semiotics.net.cn/index.php/view/index/theory/3893

[19] 北京卫视栏目 [光荣绽放]，‘多位著名歌唱家齐聚国家大剧院，歌剧《长征》再现当年辉煌’，主持人，田歌。播放日期 2016 年 6 月 17 日，7 分 30 秒 -38 秒 .

[20] Nicholas，Cook. Music，Imagination，and Culture. Oxford：Oxford University Press，1992. [M]，p2.

[21] 向勇：文化创意产业要重视与当地文化的结合 [N]（2019-12-01）[2019-12-04] http://xiaoee.com.cn/nvxing/2019/12/01/1002630.html.

艺术走向市场——20世纪90年代初“艺术操作”实践及中国现代艺术市场体制萌芽

张慧 [1]　清华大学美术学院博士研究生

提　要：20 世纪 90 年代初，中国的经济制度发生急剧变革。在以市场经济为基础的社会环境下，艺术的发展面临着新的语境。20 世纪 80 年代的理想主义思潮逐渐瓦解，艺术家开始思考艺术与商业的关系，并探索新的艺术形式。以“广州双年展”为代表的“艺术操作”实践标志着中国当代艺术开始走向市场，中国的现代艺术市场体制开始萌芽。本文将运用艺术社会学研究方法，基于对 20 世纪 90 年代初出版的《艺术 · 市场》丛书及“广州双年展”的分析，讨论中国现代艺术市场体制萌芽阶段呈现的特点和问题，以期勾勒 20 世纪 90 年代初的艺术生态样貌。

关键词：90 年代初中国当代艺术市场　现代艺术市场体制　《艺术 · 市场》“广州双年展”　艺术操作

[1] 张慧，女，清华大学美术学院史论系在读博士生，主要研究领域：艺术管理，艺术市场，设计产业。

一、前言：从 80 年代理想主义到 90 年代市场经济

20 世纪 80 年代，在改革开放政策的推动下，中国文化艺术界迎来了新的时代。美术学院、美术家协会、博物馆及美术馆、文化艺术类出版物等文化艺术机构得以重生。随着国门的打开和思想的解放，中国艺术家开始接触越来越丰富的西方哲学思想和文化艺术理念，并开始探索中国现代艺术的道路。彼时，虽然出现了少量经营艺术品的商业机构，但是艺术家依然主张坚持艺术的纯粹性，认为艺术是思想与感情的外化，艺术与商业存在明显的边界，关于中国艺术的出路和艺术的本质的讨论充满理想主义色彩。[1]

1992 年，邓小平南行讲话开启了中国改革开放的崭新篇章，提出“市场经济不等于资本主义，社会主义也有市场”，“发展才是硬道理”。从此，中国开始大力发展市场经济，加速进入商品社会。在这样的社会背景下，艺术界对待商业的态度逐渐趋于开放，80 年代的艺术本体论开始让位于关于艺术走向市场的讨论。90 年代初开始，一部分艺术家开始脱离官方美术机构，转而在体制外进行前卫艺术的创作，但是无法从官方机构获得足够的展示机会。国内艺术市场则刚刚萌芽，尚未形成完整的市场体系，且商业画廊主要经营的是以迎合国外游客趣味的中国风情画为代表的行画，对追求实验性、探索性的前卫艺术家没有形成有效地支持。彼时，国外藏家开始关注中国艺术，一些艺术家出走国外，在西方艺术市场获得了较大的商业成功。大部分国内和旅居海外的艺术家过着贫穷的生活，为自己的艺术理想苦苦寻求发展的道路。

二、《艺术 · 市场》：探讨中国现代艺术市场体系的“话语场”

20 世纪 90 年代初，关于艺术与金钱、市场、商业的讨论愈加激烈，亟须专业媒体提供关于艺术市场的行业信息和相关评论，《艺术 · 市场》就是在这样的背景下应运而生的一个具有启蒙性和指导性的刊物。《艺术 · 市场》创刊于 1991 年春天，由孙平任主编，吕澎任特约执行编辑，郑胜天任特约编

[1] 关于 80 年代的艺术市场发展情况可参考 Jane Debevoise. Between State and Market：Chinese Contemporary Art in the Post-Mao Era[M]. Leiden：Koninklijke Brill NV.

辑，共出版九期，每一期 20 页（包括封面与封底）。

（一）《艺术·市场》创刊缘起

《艺术·市场》的终极目的其实并非“市场”，它并不是单纯地服务于艺术品买卖。彼时，“艺术市场”还未成为一个独立的概念，因此丛书的名字在艺术与市场中间用一个点隔开。在《艺术·市场》第一期前言中写道：“《艺术·市场》的一个任务就在于：为世界各国画商、收藏家、艺术经纪人、画廊乃至出版商提供一份有关中国艺术和艺术家的具有学术权威性的背景材料和信息，以便提请他们注意在世界艺术市场领域里的一个既有发展潜力的收藏方向和寻找准确的投资对象。”[1] 在吕澎看来，市场只是一种手段而非目的，市场的目的是为了给中国当代艺术寻找发展的机会与出路。据吕澎所言，“需要特别说明的是，创办《艺术·市场》的初衷只是一种理想主义的策略意识。由于我们赞同的艺术语言在当时缺乏有力的权力体系的支持，因而从‘市场’的角度来寻求现代艺术生态的培植是有必要的。”[2]

（二）《艺术·市场》的内容

《艺术·市场》期望“站在一个宏观而富于战略性的角度对中国艺术市场的建立这个课题展开研究”[3]。其中收录的文章主要可分为国内和国外两大类：国内文章包括中国当代艺术家对艺术与金钱的看法，国内当代艺术画廊、展览的信息，以及中国艺术与市场的现状分析和相关问题探讨。[4] 国外文章则是有关世界艺术市场方面的信息，包括国外研究者撰写的或者国外期刊中刊登

---

[1] 吕澎主编．“广州双年展”中国广州·首届 90 年代艺术双年展（油画部分）20 周年文献集 [M]. 成都：四川美术出版社，2013:92. 原载于《艺术市场》1991 年第 1 期。

[2] 吕澎．中国当代艺术的历史进程与市场化趋势 [M]. 北京：北京大学出版社，2010:311.

[3] 同上

[4] 例如，“艺术与金钱”艺术家系列访谈，访谈对象包括王广义、何多苓、张培力等。高名潞的《中国当代艺术概况》介绍了改革开放之后到 80 年代末的中国当代艺术。迟潜的《收藏、投资中国当代艺术的一份指南》对吕澎和易丹撰写的《中国现代艺术史：1979—1989》进行了推介和评价，孔长安的《绘画艺术市场问题漫谈》《艺术品在商品社会中的地位》《艺术家与社会》，彭德的《中国美术市场巡礼》对中国艺术品市场的发展现状和存在问题进行了讨论。

的关于艺术与商业的文章，还有国外博物馆、美术馆、画廊、拍卖行、艺博会、艺术媒体、出版机构的相关信息、发展现状和市场运作经验，此外还有中国艺术家的海外展览信息。[1]

（三）从《艺术·市场》一窥90年代初期中国艺术生态

《艺术·市场》中关于艺术与金钱、市场、商业的文章，形成了90年代初期探讨中国艺术市场体系的“话语场”。从《艺术·市场》的话语场中，可以一窥90年代初期中国艺术生态的面貌。

1. 关于建立现代艺术市场体制的讨论逐渐升温

90年代初期，随着市场经济的提出和改革开放的进一步深入，聚焦于艺术独立价值的“艺术本体论”逐渐让位于关于“艺术走向市场”的讨论。在全新的社会语境下，书写艺术史的方式面临改变，关于构建现代艺术市场体制的探讨开始进入“话语场”。艺术不再是孤芳自赏的精神创造，而是“生效”于整个艺术生态系统的“艺术操作”。吕澎在《走向市场——关于中国九十年代艺术发展的一点看法》一文中提出：“仅限于形而上学地关注艺术发展的历史很快就要彻底结束了。这就是说，90年代的中国艺术正在全面走向市场”[2]。黄专在《谁来赞助历史》一文中提出“很长时间以来，我们的艺术史编造了不少有关艺术家如何由于他们天生孤傲的性格癖好而显得伟大的神话，但却很少告诉我们每个艺术家的成名都有着极其复杂的现实方式，他们背后和周围的各种政治、宗教势力、各种趣味集团、艺术经纪人、画商、订货人、收藏者、批评家都对他们的作品的历史化进程产生着微妙而难以估量

---

[1] 例如，《艺术·市场》刊登的美国弥尔顿·K·贝莱撰写的《怎样卖掉您的艺术品·美术家和商业美术家指南大全》一书的节选章节——《关于美术品的出售》《艺术代理人与代理商》《关于美术品出售的法律问题》，J·鲍尔德萨利、卡丽·梅·威姆斯、威士福德等美国艺术家对于艺术与金钱的看法，《资本向艺术的逼近》（译自《美国艺术》1990年第7期），《苏·威廉斯画廊的经营策略》，《纽约艺坛的麦加圣地：五十七街》，《<鸢尾>内幕》，《迈阿密艺术展销会印象》，《新崛起的纽约一流画商——梅丽彭》，《苏荷：前卫艺术的根据地》，《李奥·卡斯特里——世界最成功的画商之一》，《巴黎画廊访问记》，《日本企业家森下安道谈三千亿元艺术投资计划》，《威尼斯双年展百年回顾》等。

[2] 吕澎主编．“广州双年展”中国广州·首届90年代艺术双年展（油画部分）20周年文献集[M]．成都：四川美术出版社，2013:159．原载于《艺术市场》第8期。

的作用。”[1]

一些批评家开始强调市场对于艺术的发展起到的积极作用。在市场经济背景下，艺术品已经不再是纯粹的精神产物，而是成了具有文化和商业双重属性的，可以被消费的商品和被投资的标的物。艺术界开始关注构成现代艺术市场体制的各个参与主体和保障因素，包括艺术家、艺术评论、艺术经营机构、博物馆 / 美术馆、收藏家、行业协会、媒体、艺术法律法规、艺术税收政策、艺术保险等。一些业界人士敏锐地意识到，现代艺术市场体制的建立将为中国当代艺术的未来提供一条合法与合理的道路。吕澎认为，“艺术走向市场也就是走向秩序”[2]。祝斌在《市场机制是艺术社会化的必经之路》中提出“艺术社会化需要健全一种新的机制——艺术市场——进行调节。这种机制是由艺术经纪人、赞助者、艺术家、批评家、收藏家以及公众消费在规范化中共同参与的运转机制，他们相互制约、相互协调，属于那种由各种趣味集团在法律准则下展开的各尽其能的平等竞争。”[3] 然而，90 年代的中国艺术市场刚刚萌芽，关于艺术市场体制的讨论尚处于一种借鉴西方经验的理论构想。中国艺术市场还处于初级发展水平，艺术市场体制的各个参与主体还非常不成熟，更难以形成有机协调的体系。

也有一些批评家提出了艺术走向市场后产生的副作用，例如会大量出现迎合市场的行画，艺术趋向于商品化、世俗化，阻碍严肃的、探索性的原创艺术的发展；中国艺术品被国外买家抬高价格，远远超出了目前中国人的收入水平；大量低劣的、迎合国外旅游团的中国风情题材美术作品充斥市场[4]。针对这样的质疑，一些批评家提出只有建立完善的艺术市场机制才能够真正促进艺术的健康发展。黄专认为“艺术市场也许更适合现当代文化的价值原

[1] 吕澎主编 .“广州双年展”中国广州 · 首届 90 年代艺术双年展（油画部分）20 周年文献集 [M]. 成都：四川美术出版社，2013:117. 原载于《艺术 · 市场》第 6 期。

[2] 吕澎主编 .“广州双年展”中国广州 · 首届 90 年代艺术双年展（油画部分）20 周年文献集 [M]. 成都：四川美术出版社，2013:159. 原载于《艺术市场》第 8 期。

[3] 吕澎主编 .“广州双年展”中国广州 · 首届 90 年代艺术双年展（油画部分）20 周年文献集 [M]. 成都：四川美术出版社，2013:165. 原载于《艺术市场》第 8 期。

[4] 关于市场给艺术带来的负面影响的讨论可见：孔长安《绘画艺术市场问题漫谈（一）》（《艺术 · 市场》第 1 期）、《是推进还是扼杀艺术——海峡两岸批评家、艺术家关于艺术市场的对话》（《艺术 · 市场》第 2 期）、殷双喜《油画创作与市场》（《艺术 · 市场》第 6 期）、鲁虹《迈向正常运作的第一步》（艺术 · 市场）第 8 期）等。

则。如果说，艺术家的成功无法离开各种偶然因素的制约，那么，我想一种有序状态下的偶然性会比一种无序状态下的偶然性更合理和更富理性色彩”[1]。周韶华认为，“真正上档次的艺术市场建立后，艺术家就必须拿出他们的经典之作、扛鼎之作、不朽之作去竞争，他们的作品就必须对自己、社会和历史负责”。[2]

2.一些艺术家对艺术与金钱的态度也逐渐开放，并开始意识到市场对于自身事业发展的重要作用。

《艺术·市场》的“艺术与金钱”系列访谈采访了王广义、何多苓、张培力、丁方、周春芽、尚扬、沈小彤、曾梵志几位当代艺术家对于艺术与市场的看法。从访谈可以看出，艺术家对于艺术商品化、艺术市场的态度是较为开放的。许多艺术家认为，艺术商品化是经济发展的必然结果，已经成为事实，也非常期待中国艺术市场建立规范。艺术家也需要金钱维持正常的生活，提高自己的工作条件，希望得到市场的认可。但是，艺术家同时希望自己的创作不为生活或者市场所左右，仍然保持创作的自由与空间，实现自我价值。一些艺术家也对市场抱有一种谨慎的态度。张培力认为“商品化的巨大诱惑使得现在很少有人去关心意义问题了，更多的人士无保留地接受被异化的现实，这种变化带来的结果是，当代艺术在它得以发展的同时业已失去了积极进取的精神和勃勃生机”[3]。

3.批评在市场中的作用逐渐被予以重视，然而批评家的整体水平亟待提高。

从《艺术·市场》中收录的关于批评与艺术市场的文章可以看出，许多批评家意识到，在商品社会中，艺术批评将发挥极为关键的作用，将决定整个艺术市场的品位高下和发展水平。市场经济时期的艺术不同于古典时期的艺术。古典时期的艺术服务于特权阶级，而市场经济时期的艺术服务于市场，批评家与画商是连接艺术家与收藏家的中间环节，这是新时代赋予艺术体制的新逻辑。批评家在市场中首先扮演着市场鉴定和传播推广的作用，是保证

[1] 吕澎主编 .“广州双年展”中国广州·首届 90 年代艺术双年展（油画部分）20 周年文献集 [M]. 成都：四川美术出版社，2013:121. 原载于《艺术市场》第 6 期。

[2] 吕澎主编 .“广州双年展”中国广州·首届 90 年代艺术双年展（油画部分）20 周年文献集 [M]. 成都：四川美术出版社，2013:76. 原载于《艺术市场》第 7 期。

[3] 吕澎主编 .“广州双年展”中国广州·首届 90 年代艺术双年展（油画部分）20 周年文献集 [M]. 成都：四川美术出版社，2013:56. 原载于《艺术市场》第 3 期。

进入市场的艺术品的品位与质量的把关人。随着艺术市场的逐步扩张，对于权威艺术批评家的需求也愈加强烈。[1]

然而当时的中国批评家整体水平不尽人意。90年代初期，中国尚未形成职业化的艺术批评家，批评家水平良莠不齐，容易被商业利益和私人友情左右。而且当时批评文章的稿费过低，导致评论文章冗长空洞，混稿费现象严重。批评在中国尚未树立权威，导致艺术家盲目迎合其他文化环境的标准，来指导自己的创作。此外，批评与市场脱节，无法指导艺术收藏。[2] 因此，一些具有责任感的批评家开始呼吁独立、客观且富有文化使命感的艺术批评。殷双喜在《批评与市场》一文中指出“艺术批评在完成其市场鉴定、传播功能的同时，负有某种文化教育的历史责任，批评家以自己的评论参与时代文化思潮的变化，对促进民族文化的发展，国民现代文明心态的形成自有其历史作用”[3]。鲁虹在《也谈批评与市场》一文中认为，“处于对本学科及艺术市场负责的原则，艺术批评应该一改以往的种种做法，转而采用客观的方式对作品进行富有学科感的质量论证与价值分析”[4]。

4.企业家开始尝试艺术收藏，收藏家也被认为是书写艺术史的重要力量。

随着第一批企业家具备了足够的财富积累，开始将目光投向艺术投资。《艺术·市场》开始针对性地刊登一些关于企业艺术投资的咨询性文章，用以引导企业家的艺术收藏与投资行为。企业投资艺术被认为可以树立企业的良好形象，可以为企业带来不输于股票的收益率，而且能够将消耗型广告费转化为盈利型广告费。企业投资艺术需要有艺术顾问的专业指导，选择有历史

[1] 关于批评的讨论，可参见殷双喜《批评与市场》（《艺术·市场》第4期）殷双喜《批评家与市场》（《艺术·市场》第5期），《周韶华谈艺术市场与艺术批评》（《艺术·市场》第7期），杨小彦《走向市场的艺术批评》（《艺术·市场》第7期），祝斌《与黄专谈市场情境中的艺术批评》（《艺术·市场》第7期）等。

[2] 关于批评的乱象，可参见：孔长安《艺术家与社会——中国绘画市场问题漫谈（三）》（《艺术·市场》第3期），彭德《批评与润笔》（《艺术·市场》第5期），《谁来赞助历史——批评家黄专艺术市场答问录》（《艺术·市场》第6期），鲁虹《也谈批评与市场》（《艺术·市场》第7期），祝斌《与黄专谈市场情境中的艺术批评》（《艺术·市场》第7期），等。

[3] 吕澎主编．“广州双年展”中国广州·首届90年代艺术双年展（油画部分）20周年文献集[M].成都：四川美术出版社，2013:106.原载于《艺术市场》第4期。

[4] 吕澎主编．“广州双年展”中国广州·首届90年代艺术双年展（油画部分）20周年文献集[M].成都：四川美术出版社，2013:155.原载于《艺术市场》第7期。

意义的作品和杰出精湛的艺术才能获得较高的回报。购买艺术品之后要积极通过举办展览、召开学术研讨会、通过新闻媒体进行传播、邀请专家撰文发表于专业刊物以及出版学术性画册等方式对艺术品进行充分宣传，才能有效增加艺术品的价值。当宣传工作有一定成效后，可通过展销、联展、国际展览、画廊代理、拍卖等方式投放市场，获得收益。[1] 一些企业家甚至拥有了创造历史的自觉。例如收藏王广义作品的企业家孙玉泾认为"只有艺术家、批评家、企业家三位一体的高层次联手协作，才是中国当代艺术获得成功的必由之路"[2]。此外，艺术投资还被认为是实现人类生态平衡的一种战略型产业。彭德在《企业与艺术结盟的人类学意义》中指出人类社会的资源不是取之不尽的，未来社会不应再倡导扩大再生产和高消费，下一个世纪"必须在一个循环的生态系统中寻找立锥之地"，"艺术品使人们的财富占有欲转化为审美欲望，将对跨世纪人类社会的生态平衡有着举足轻重的作用"。[3]

三、"广州双年展"：一场"艺术操作"的实验

《艺术·市场》关于艺术与市场、商业、金钱的相关讨论，为"艺术走向市场"做了舆论准备。而 1992 年 10 月 23-31 日在广州中央酒店国际会议厅举行的"广州·首届九十年代艺术双年展（油画部分）"（后习惯称"广州双年展"）则是对"艺术操作"的一次开创性实践。

（一）"广州双年展"的投资模式

在 90 年代初期，中国当代艺术面临着严峻的现实局面。官方文化艺术机构无法为当代艺术提供足够展示机会和经费支持。只有利用市场才能为当代艺术找寻新的出路，以市场经济的运作方式赋予当代艺术合法性。"广州双年展"不同于以往官方主办的艺术展览，并非政府出资，而是由一家经营汽

[1] 吕澎主编．"广州双年展"中国广州·首届 90 年代艺术双年展（油画部分）20 周年文献集 [M]. 成都：四川美术出版社，2013:122-124. 原载于《艺术市场》第 6 期。

[2] 吕澎主编．"广州双年展"中国广州·首届 90 年代艺术双年展（油画部分）20 周年文献集 [M]. 成都：四川美术出版社，2013:69.

[3] 吕澎主编．"广州双年展"中国广州·首届 90 年代艺术双年展（油画部分）20 周年文献集 [M]. 成都：四川美术出版社，2013:161-162. 原载于《艺术市场》第 8 期。

车配件的企业——成都西蜀公司投资的商业性艺术展览。成都西蜀公司对于“广州双年展”的投资，一方面是出于参考活跃的中国香港、中国台湾地区和欧美艺术市场其艺术投资可能带来的高收益，另一方面也是出于企业文化建设和树立企业形象的目的。

可以说，“广州双年展”的投资行为代表了市场经济时代艺术市场的显著特征。市场经济下的投资行为与古典时期的赞助行为的不同在于，投资是在市场机制下以金钱的投入表达投资人对于艺术创造和艺术价值的肯定，并通过体系化的艺术操作实现艺术价值的提升和经济上的回报。吕澎认为，“艺术走向市场的基本要求是使投资而不是赞助成为事实”，“在当代社会，寻求赞助是一种古典主义的遗风……当代文化的生产，则是以市场交换为前提。‘投资’是一种最符合当代社会道德标准的行为”。[1]

虽然“广州双年展”得到了市场的投资，然而依旧面临着严峻的资金问题。整个展览的预算超过 150 万元人民币，包括展览组织工作花费、广告宣传和画册以及获奖作品的奖金。成都西蜀公司作为展览唯一的投资方，只投入了不到 50 万人民币，显然无法支持整个展览的运行。最后，由深圳东辉实业股份有限公司出资 100 万元人民币购买广州双年展的 27 件获奖作品，才得以使“广州双年展”按计划举行。

（二）“广州双年展”的评审模式

“广州双年展”虽然是商业性质的艺术展览，但是建立了相对非常严格的学术评审制度，期望以学术价值引导商业价值。

“广州双年展”建立了“规则在前，评审在后”的评审机制，规定了评审机制的认定、评审原则、标准和程序，以及评审机构的工作职责和具体要求。“广州双年展”的评审机制是以艺术主持为中心、艺术评审委员会和资格鉴定委员会共同参与的评审制[2]。艺术主持人负责“主持整个评审工作，拥有获奖提名的最后仲裁权，他是协调评委与鉴委关系的中心枢纽”[3]。艺术主持人的

[1]　吕澎．中国当代艺术的历史进程与市场化趋势 [M]. 北京：北京大学出版社，2010:334-335.

[2]　吕澎任学术主持，易丹、严善錞、邵宏、杨小彦、黄专、祝斌任艺术评审委员，皮道坚、彭德、殷双喜、易英、陈孝信、杨荔、顾丞峰任资格鉴定委员。

[3]　吕澎．美术的故事：从晚清到今天 [M]. 广西师范大学出版社，2015：460.

角色非常接近于国际展览中的策展人。评审委员会和资格鉴定委员会“通过推荐获奖名单和参与投票以及撰写书面评审意见书，为艺术主持人的最后仲裁和提出学术结论提供了一个相对可靠的学术基础，并在相当的程度上制约了艺术主持人的权力”[1]。评审原则为“依法原则、学术原则、平等原则、责任原则、保密原则”。评价标准为“以学术标准为主，以商业标准为辅”。

值得注意的是，“广州双年展”的评委由艺术批评家担任，这与以往由艺术家担任评委非常不同，是非常有进步性的尝试。由批评家担任评委具有明显的优势——评论家具有相对深厚的艺术理论积累、敏锐的美学判断力及对当代艺术发展的洞察力，较少像艺术家那样局限于个人的审美趣味，对艺术作品可以给出相对更加客观、公正、科学的评价。

担任“广州双年展”的批评家，主要是眼光敏锐、理念超前的中青年批评家，所以对实验性的作品有更加深刻的理解。“广州双年展”的评委本着严肃、认真、负责的态度投入了评审工作。在评审过程中，根据实际情况对评审程序进行优化，使评审结果更加客观公正。有意见分歧时及时讨论，形成共识。这些批评家还对参评作品给出了书面的评价，这些评价连同“广州双年展”的各种工作文献之后都被收录于《理想与操作》一书中，留待经受社会的考验，同时起到学术引导的作用。[2] 此外，为了给评委提供充足的学术背景支持，在评审工作之前，组委会特聘请资格鉴定委员会主任彭德撰写了《中国油画的历史与现状》，在评审开始时供评委们学习参考。评审工作的认真严谨可见一斑。

经过艺术主持、艺术评审委员会、资格鉴定委员会的层层选拔，“广州双年展”从收到的600余件作品中评选出文献奖（2名），学术奖（5名）、优秀奖（20名），即27件正式获奖作品。[3]

---

[1] 吕澎．美术的故事：从晚清到今天[M]．广西师范大学出版社，2015：460.

[2] 详见《“双年展”鉴定评审工作总结报告》（收录于吕澎主编．“广州双年展”中国广州·首届90年代艺术双年展（油画部分）20周年文献集[M]．成都：四川美术出版社，2013:240-256）。

[3] 根据《“双年展”鉴定评审工作总结报告》所记载，评审工作从1992年8月23日至31日举行。艺术主持、全体评审委员会成员、资格鉴定委员会成员从收到的600余件作品中筛选出约400件入选作品。之后从这400件入选作品中选出100件提名作品。然后由艺术主持、全体评审委员会成员、3名资格鉴定委员会成员投票表决，确定其中的54件最后提名作品，将其连同全部评审意见书一同递交艺术主持裁定，艺术主

（三）“广州双年展”的法律保障

艺术投资需在法律的保障下运行，因此“广州双年展”非常重视操作程序的法律化。展览在筹备一开始就聘请了法律顾问为展览的组织工作提供法律咨询，拟定、审查和修改展览的各项规章制度及经济合同，参与重大经济合同的谈判。主办方与艺术家签订“展览、销售合同”，依法对著作权与所有权、参展作品的销售办法、合同的履行、变更和解除、违约责任及争议的解决等方面做出了明确的约定，从而以法律文书取代了官办展览的具有行政命令式的通知文件。此外还引入公证机制，在展览签订重大经济合同和其他合作协议时，由国家公证机关进行审查和监督并出具公证文书。在评选作品时，也有公证机关对评委组成人员的资格、评选原则及评选规则进行真实性、合法性的审查，并出具公证文书。通过一系列的法律手段，保证“广州双年展”在合法的框架下进行，确保评选工作的公开、公平、公正。[1]

事实上，“广州双年展”严谨的法律保障工作为保护艺术家权益提供了保障。在“广州双年展”的筹办过程中，因投资方资金不足，不能按照合同约定履行退还艺术家作品的义务，于是导致了艺术家通过法律手段维权。若无事先签订法律合同，则艺术家的权益将无从保障。

（四）“广州双年展”的意义

1.“广州双年展”是一次构建中国现代艺术市场体系的尝试，极具开创性。

由于特殊的社会背景，90年代初期官方对于文化艺术事业的支持有限，尤其是对于新兴的当代艺术基本不予正面支持，因此，只能从市场寻找当代艺术发展的基础。“广州双年展”完全不同于以往官方主办的艺术展览，它是一个由艺术家、批评家、企业、律师、媒体等艺术生态的各方参与者（尽管这些参与者都不甚成熟）共同完成的“艺术操作”。“‘广州双年展’的顺利开展与结束，表明大陆现代艺术第一次因官方的认可、学术的评定、法律的保

持在54件最后提名作品中裁定出文献奖（2名），学术奖（5名）、优秀奖（20名），即27件正式获奖作品，作为仲裁结果予以公布。

[1] 关于广州双年展的法律保障可详见广州双年展法律顾问撰写的《“双年展”的司法实践及其所带来问题的法律思考》（收录于吕澎主编.“广州双年展”中国广州·首届90年代艺术双年展（油画部分）20周年文献集[M].成都：四川美术出版社，2013:454-457.）

护、经济的支持和新闻的宣传这一综合力量的产生而取得了合法化结果。”[1]

“广州双年展”是一次“艺术操作”的实验，是建立“艺术生效”的新权力体系的尝试。在市场经济下，艺术体制发生了重大变化，判断艺术生效的权力不再单方面地掌握于官方美术机构，而是掌握于构成艺术体制的各个参与因素的综合操作结果。“广州双年展”艺术主持吕澎认为，“涉及艺术生效的权力因素主要包括学术界的基本评估，决定学术界评估权力的政治界的基本评估，法律评估，新闻出版评估，经济评估。这些不同方面的评估决定着一位艺术家的作品是否生效。一件作品只有在相关的权力因素的支持下才可能对社会产生影响，当这种影响得到了社会的实证性认同之后，它便获得合法的地位。‘生效’就成为一种事实。”[2]

不过，“广州双年展”是一次基于薄弱的市场基础上的实验。事实上，90年代初期，中国艺术市场尚未成形，草创阶段的画廊仅停留于艺术品买卖的低级阶段；国内艺术品消费和投资并未形成风气，需求有限；艺术批评整体还处于低级水平，难以对艺术市场形成有效的价值引导和学术支撑；企业对艺术投资的认识不足，对艺术品经营的行情和投资艺术的操作方式不甚了解，对于艺术的投资很大程度上是基于由欧美、港台艺术市场神话带来的“想象”。

然而，在如此薄弱的市场基础上，“广州双年展”依然对艺术市场体制进行了相对较为完整的“艺术操作”实验，包括商业投资、学术评选、法律保障、艺术保险、新闻宣传等方面，实属难能可贵。正如“广州双年展”画册的“序言”所述：“在操作的经济背景方面，‘投资’代替了过去的‘赞助’；在操作的主体层面，公司企业代替了过去的文化机构；在操作的程序方面，具有法律效力的合同书代替了过去的行政‘通知书’；在操作的学术背景方面，由批评家组成的评审委员会代替了过去以艺术家为主组成的‘评选班子’；在操作的目的方面，经济、社会、学术领域的全面‘生效’代替了单一的、领域狭窄的并且总是争论不休的艺术‘成功’。”[3]

当然，在中国建立一个真正的艺术市场还需要多年的努力，涉及艺术家及

[1] 吕澎．中国当代艺术的历史进程与市场化趋势[M]. 北京：北京大学出版社，2010：361.

[2] 吕澎．中国当代艺术史：1990-1999[M]. 湖南美术出版社，2000:135.

[3] 吕澎．中国当代艺术的历史进程与市场化趋势[M]. 北京：北京大学出版社，2010:332.

批评家自身水平的提升，政治、经济、文化体制的全面改革，艺术法的建立和完善，画廊管理制度的建立，税收制度的改革，艺术保险制度的建立等等。

2."广州双年展"是中国人自主建立中国艺术市场的一次有益尝试，提出中国的艺术应该有中国自己的标准，中国艺术市场必须由中国人建立。

20世纪80年代至90年代初，中国当代艺术在国内无法得到充分的发展机会，导致一些艺术家出国寻求发展。一些幸运的艺术家得到了国外市场的眷顾，开始被国外藏家或者海外华人藏家收藏，获得了一定的市场认可。然而，中国本土对于当代艺术的认识欠缺，没有一个完整的机制支持本土当代艺术的发展。而"广州双年展"则是中国人自主通过市场手段支持本土艺术的一次历史性的尝试。吕澎认为"中国当代艺术的发展有其自己的特殊性，因此，中国的艺术应该有中国自己的评价标准。换句话说，标准必须由中国人自己来确定"[1]。尽管，在当时的社会环境下，中国本土的艺术市场还非常羸弱，难以与国际艺术市场抗衡，但是"广州双年展"无疑在中国艺术市场的自觉上迈出了非常具有历史意义的第一步。

2008年全球金融危机之前，中国当代艺术在国际市场创造财富神话，却在金融危机和国际藏家离场后陷入低谷。回顾中国当代艺术在新世纪经历的高潮与低谷，更能够理解"广州双年展"呼唤建立中国本土艺术市场、建立中国艺术标准的可贵。

3.广州双年展倡导学术价值与商业价值的统一。

虽然"广州双年展"是由企业投资的艺术展览活动，带有很强的商业属性，但事实上，在参展作品的评选过程中十分注重学术价值与商业价值的统一。"广州双年展"的举办并非出于以艺术谋取经济利益的驱动，而是期望建立一个合理合法的艺术操作规则，为中国当代艺术寻求出路，因此带有很强的理想色彩。在"广州双年展"的评选规则中，学术价值与商业价值的统一是非常重要的理念。

"广州双年展"树立了艺术批评家做主的评审规则，提升了评审工作的学术性和中立性，避免了艺术家做评委时带有的艺术趣味偏见。在评审过程中，也树立了"以学术标准为主，以商业标准为辅"的标准，对具有艺术探索价

[1] 吕澎主编．"广州双年展"中国广州·首届90年代艺术双年展（油画部分）20周年文献集[M].成都：四川美术出版社，2013:143 原载于《艺术市场》第7期。

值的作品予以理解和支持，而对单纯迎合市场需要的低水平行画予以了谨慎、严肃的态度，淘汰率较高，从而保证了获奖艺术作品的艺术价值。从评选结果来看，“广州双年展”的获奖作品代表了中国当代艺术的新面貌与新高度。

经艺术主持、评审委员会和鉴定委员会共同评选出来的27件获奖作品悉数由深圳市东辉实业股份有限公司以100万元人民币买下，代表着学术价值实现了对商业价值的引领。

虽然“广州双年展”的评审不是百分百的完善，但是对今后的艺术市场操作提供了极有价值的参考意义。

四、对当下艺术市场的启示：关于艺术、商业和国家权力的探讨

站在即将全面建成小康社会这个历史节点之上，立足于当下的中国艺术市场，回顾90年代初期关于中国艺术市场的话语场及实践具有特殊的意义。《艺术·市场》丛书及“广州双年”展留下的文献和经验，到今天看来依然具有宝贵的历史价值。其中涉及的艺术市场问题，如艺术投资、艺术批评、艺术法、艺术保险、媒体传播、艺术的公众教育等等，依旧是当下的艺术市场建设所要解决的关键性问题。可以说，《艺术·市场》丛书及“广州双年展”代表了中国艺术市场体制建设的“初心”。

在“广州双年展”过去的近三十年中，中国当代艺术市场经历了市场的高潮与低谷，目前沿着趋于理性的轨道前行。中国当代艺术所处的社会环境已经大大优化，国家、企业、公众对艺术的关注越来越高，一个日趋丰富和多样化的艺术生态正在形成，一个趋于规范和与国际接轨的现代艺术市场正在成长。

90年代初，限于经济发展和思想开放水平所限，国家对于文化艺术事业的支持力度有限，中国本土当代艺术只能转而从市场寻找发展出路。而我国经过四十余年的改革开放，在全面建成小康社会的新时代，文化昌盛已经成为中国特色社会主义五位一体总体布局的重要组成部分，国家对于文化艺术事业的大力支持也成为推动中国艺术市场发展的主要力量。仅凭国家或市场的力量都无法给予艺术充分的支持。只有在国家的无形之手与市场的有形之

手的共同努力下，我国的文化艺术事业才能行稳致远。在国家提供完善的政策支持和法律保障基础上，中国需要更多优秀的艺术家、批评家、策展人、博物馆、美术馆、收藏家、艺术品经销商、媒体、法律机构等艺术生态参与者的共同努力，发现中国当代艺术的价值，重振中国当代艺术市场，树立中华民族的文化自信。

信托在文化金融体系中的功能与定位探析

禄琼　中航工业集团中航信托股份有限公司研究员

摘　要：笔者在本文中以文化产业的产业逻辑为出发点，探讨了信托在文化金融体系中的功能和定位：首先从政策角度研究了近年来从国家到地方的政策如何促进文化资源与金融资本有效对接，在宏观政策背景下分析了文化金融的发展机遇；其次分析了文化产业的内在运行逻辑，探索了信托如何发挥制度优势，在不同的细分业态中实现文化产业的金融赋能；最后探讨了信托制度与文化产业的良性互动机制，从文化消费、价值平衡与价值传承几个维度分析了信托对文化产业的多层面促进作用以及信托本身的文化范式建构。

关键词：信托　文化产业　文化金融体系

"十三五"规划建议明确提出：2020 年文化产业要成为国民经济产业支柱。"构建现代金融体系的基本内涵，是构建一个能够为实体经济发展提供全方位、多层次、高效率的金融服务系统，这个系统在发挥金融基本功能的基础上，还能为一国的产业结构优化和经济系统优化提供服务。"[1]。目前，我国文化

[1]　金巍．服务文化生产是文化金融的"天职"[J]. 当代金融家，2019,6:8-87.

金融已基本形成包括银行信贷融资、债券融资、资本市场融资、社会融资等在内的多层次、多渠道、多元化的投融资体系，以缓解文化产业的融资难题，支持文化产业发展。信托作为现代金融体系的重要组成部分，在中央政策鼓励和市场需求的双重驱动下，持续回归本源，支持实体经济发展转型。

一、宏观政策利好，文化金融生态体系初步成型

（一）《文化产业促进法（征）》公布，促进文化产业与多层次资本对接

中国网财经6月28日讯，据文化和旅游部网站消息，文化和旅游部发布《文化产业促进法（草案征求意见稿）》公开征求意见。根据中央关于加快制定文化产业促进法的部署，文化和旅游部会同相关部门于2015年启动了文化产业促进法起草工作，组建了起草领导小组、工作小组和专家咨询组，经过多次集中起草、调研论证、征求意见和修改完善，形成了《文化产业促进法（草案征求意见稿）》（以下简称草案征求意见稿）。根据立法工作要求，现将草案征求意见稿全文公布，征求社会各界意见。《文化产业促进法（草案征求意见稿）》对文化产业的范畴做了厘清，文化产业的脉络得以梳理，其中对发展文化产业的金融支持做了重点指示，相关法律条文如下：[1]

第七章　金融财税扶持

第五十九条 [金融服务体系] 国家建立健全多层次、多元化、多渠道的文化产业金融服务体系，完善金融支持文化产业发展的相关机制，推动文化资源与金融资本有效对接。

第六十条 [间接融资] 国家鼓励金融机构为从事文化产业活动的公民、法人和非法人组织提供融资服务，依法开展与文化产业有关的知识产权质押融资业务，在依法合规、风险可控、商业可持续的前提下，加大对文化产业基础设施建设和改造的金融支持力度。

国家鼓励融资担保机构依法向从事文化产业活动的公民、法人和非法人

[1]　资料来源：关于对《文化产业促进法（草案征求意见稿）》公开征求意见的公告_部门政务_中国政府网 http://www.gov.cn/xinwen/2019-07/01/content_5404809.htm。访问时间：2019年7月10日。

组织提供融资担保，通过银担合作、再担保、保险等方式合理分散融资风险。

第六十一条 [直接融资] 国家鼓励符合条件的各类文化企业利用多层次资本市场直接融资。

第六十二条 [保险服务] 国家鼓励保险机构依法开发适应文化产业发展需要的保险产品。

第六十三条 [消费金融] 国家鼓励和支持金融机构开发新型文化消费金融服务模式。

第六十四条 [用汇保障] 国家依法保障公民、法人和非法人组织从事文化对外贸易、跨境融资和投资等合理用汇需求。

第六十五条 [财政扶持] 国家根据不同阶段和时期文化产业的发展情况，结合财力状况和经济社会发展需要，综合考虑、统筹安排财政资金对文化产业的支持，对财政资金全面实施预算绩效管理，并加强对使用情况的审计监督。

有条件的县级以上地方人民政府可以根据实际需要在本级政府预算中统筹安排财政资金支持文化产业发展。

第六十六条 [文化资本投资] 国务院和省级人民政府应当根据需要组建或改组国有文化资本投资运营公司，支持骨干文化企业并购重组，支持小微文化企业创新发展。

《文化产业促进法（草案征求意见稿）》的出台，意味着文化金融体系的基本成型。

（二）文化金融的发展机遇与内在逻辑

文化金融从提出伊始至今十几年，经历了从“支持”到“合作”的融合演进过程。2019 年 6 月 26 日，文化和旅游部部长雒树刚受国务院委托向全国人大常委会作《国务院关于文化产业发展工作情况的报告》，雒树刚指出，针对文化产业发展存在的高质量文化供给不足、产业发展不平衡、文化企业实力偏弱、创新驱动能力不足、国际市场竞争力不强等突出问题，相关部门将从九方面着力，推动文化产业实现高质量发展，促进文化资源与金融资本有效对接。加快推进符合文化产业发展需求和文化企业特点的金融产品与服务创新，积极探索文化资产管理、文化产业融资租赁、文化保险担保等金融业务创新，运用好产业投资基金、风险投资基金等金融工具，提升金融服务文化产业发展水平。[1]

[1] 资料来源：国务院关于文化产业发展工作情况的报告 - 新闻中心 - 民主与法制网

2019 年以来，各地方政府层面也在积极推动文化产业发展，文化金融扶持政策密集落地。例如 4 月份广州市出台了《广州市人民政府办公厅关于加快文化产业创新发展的实施意见》，意见指出要充分发挥文化金融服务中心、广州股权交易中心“文化创意企业板”等投融资平台的作用，撬动社会资本投资文化产业。鼓励金融机构设立文化特色分支机构，开发文化产业信贷产品，建立融资担保企业库，完善融资担保体系；[1]6 月，江西省人民政府办公厅印发《关于进一步支持文化产业发展的若干意见（试行）》，在优化产业机构、打造产业平台、激发市场活力、加大投入力度、拓宽融资渠道、落实相关政策、强化人才支撑、完善推进机制等八方面出台 33 条措施。“拓宽融资渠道”中主要希望搭建社会资本进入江西文化产业的平台，建立资本流入的通道，围绕组建文化产业投资公司和设立文化产业发展投资基金，创新金融服务方式，支持上市融资 / 开展新型保险业务等方面开展文化产业融资服务 [2];6 月底，浙江省政印发了《之江文化产业带建设规划》，规划提出，“之江文化产业带”将以钱塘江（杭州段）为依托，其中富阳区富阳大桥到杭州经济技术开发区的江段为核心轴线。按照“串珠式”布局模式，串联起区域内的产业基地、文化企业、文化金融机构等各类文化设施，打造集文化长廊、生态长廊、旅游长廊等为一体的“之江文化产业带”。[3]

随着地方文化产业政策的密集出台，金融工具创新也持续推进，文化金融对文化产业的核心价值定位、知识产权的市场化与产业化、风险控制等逐渐有了更清晰的认识。这是文化产业规范化发展的前提，也是文化与金融进一步融合的基础。从国家层面和地方出台的产业和金融政策来看，文化产业融资平台的打造、多层次金融资本的支持与文化投资担保体系的完善成为推进文化金融发展的几个重要着力点，主要原因是文化产业与其他类型企业在商业模式上存在非常大的差别：文化产业的核心价值在于著作权、商标权、

http://xj.mzyfz.com/detail.asp?cid=48&dfid=3&id=396629 访问时间：2019 年 7 月 10 日。

[1] 资料来源：重点项目上马激发广州城市新活力 _ 华南金融 _ 南方网 http://finance.southcn.com/f/2019-03/12/content_185856796.htm 访问时间：2019 年 7 月 10 日。

[2] 资料来源：2019 年赣深赣港第一场文化产业招商“盛宴”签约近 90 亿元 -- 江西频道 -- 人民网 http://jx.people.com.cn/n2/2019/0610/c190260-33025635.html 访问时间：2019 年 7 月 10 日。

[3] 资料来源：浙江：之江文化产业带建设规划发布 https://baijiahao.baidu.com/s?id=1604324537558041202 访问时间：2019 年 7 月 10 日。

专利权等无形资产，在价值评估、产业化能力评估等方面都具有不确定性，在文化产业产业化的不同阶段，其产业运行的内在逻辑又有所不同，这对金融机构的评估形成了一定的挑战。因此文化金融的未来发展是一个双向融合的过程，文化产业走向金融化必须在无形资产评估、企业征信、文化金融市场信息等方面取得进一步突破；而金融走向文化产业，则需要深耕产业业态、深入产业逻辑，培养文化与金融的复合型人才。

二、信托对文化产业的金融赋能机制分析

（一）金融视角下的文化产业运行逻辑

文化产业各业态之间的差异较大，从“最轻”的资产知识产权，到最重的资产“房地产开发”，都能以文化的概念将其统一起来协同发展，IP 既可以经过无形资产估值成为独立的金融资产，也可以为其他产业赋能形成资产溢价。在文化产业的现实形态中，一方面轻资产与重资产的逻辑“背道而驰”，另一方面轻资产与重资产的边界则越来越模糊，笔者从金融的视角，依据不同业态的资产形态、业态模式、产业特点、产业逻辑，将文化产业分为四大类：

	艺术品金融	文教产业	文创产业	文化+
业态模式	拍卖、保险、 信托、基金、 典当、质押、 家族财富管理	婴幼儿早教 学前教育 职业教育 特长培训 应试/留学教育	IP产业链 原创文学 网络视频 影视、游戏 等	文化+旅游 文化+科技 文化+房地产 文化+ ……
产业特点	高稀缺 高风险 特异性强	体系化的教育理念 阶段性的教育方法 规范性、可复制性	从0到1 以IP为价值内核 业态之间灵活转 化	消费升级 品牌溢价 跨界融合
产业逻辑	以艺术品核心 价值为依托展 开金融运作	针对不同群体 的体系化建构	以IP为主导深 耕文化产业链	为传统产业 提供文化赋 能升级

图 1　金融视角下的文化产业细分业态

依据业态的运行逻辑和内在规律，我们可以总结出这四个产业业态的一些特点：例如艺术品金融，是对于存量艺术品的金融化操作，艺术品首先具有得到认证的艺术价值，具有高稀缺、高风险和特异性强等特征。其产业逻辑是以艺术品高稀缺性的核心价值为依托展开金融运作，来实现艺术品保值和增值的目的；文教产业是指围绕体系化的教育理念，展开阶段性的可规范、可复制的教学工作，具有体系化、规范化和程式化的特点；文创产业更注重文化元素从 0 到 1 的创作，以及 IP 元素在不同业态间的灵活转化，IP 产业链越长，代表着 IP 的价值发挥越充分；“文化 +”融合业态指的是文化与不同产业之间的融合，例如文化与旅游、文化与科技、文化与房地产等，以文化赋能的方式，通过注入文化元素来实现传统产业升级。

通过对这四类产业业态的总结与分析，我们大致可以将文化产业运行的主要逻辑分为两个维度：业态开放融合程度与文化创新和产业化运营程度。我们以这两个维度为纵横坐标轴，将四个业态放入象限中可以对其产业逻辑做进一步的对比分析：

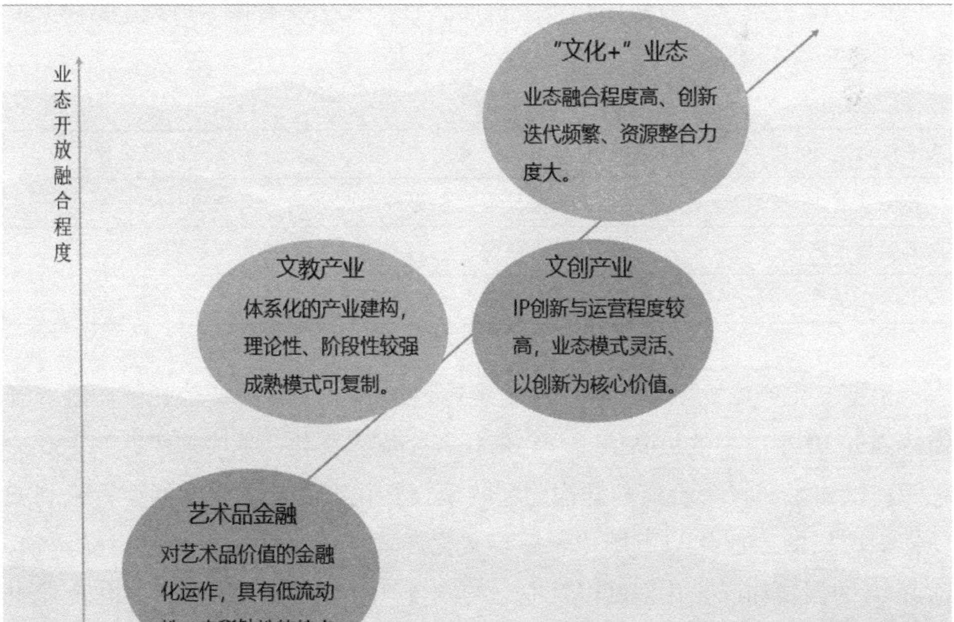

图 2. 文化产业体系的金融赋能双维度分析框架

纵轴——业态开发融合程度。表示的是文化与传统产业的融合程度，例如文化与旅游、餐饮业、房地产等传统产业融合产生新业态的可行性和实现程度。

横轴——文化创新流动程度。表示的是文化产业中文化元素可以创新和产业化的程度，例如文创产业中的 IP，可以通过创新和周边衍生来不断形成新的溢价。

从金融的角度来看，双维度分析模型也为投融资提供了资产评估的基本逻辑框架，为不同的金融工具的运用提供了参考。

（二）信托对文化产业的多维度资本支持机制

文化产业独特的产业结构决定了其业态的多样性，从源头的 IP 知识产权开发到中下游的项目运营、基础设施建设，每个环节的产业逻辑、资产形式以及风控措施都有各自的特点。信托对文化产业的探索从未停止过，目前为止，以文化类资产为底层资产的信托产品覆盖了包括文化 IP、艺术品、文化旅游项目、电影制作等方方面面，文化产业业态的多样性，决定了文化信托产品个性化的特征。

从 2017 年至今，目前信托资金投向文化产业主要有四个方向（据 WIND 系统不完全统计）：

基础设施类 49 期：	主题游乐园、文化旅游城、名胜景区项目的基础建设等。
项目运营类 18 期：	资金主要投向为电影院线收并购、文旅项目运营等。
内容创作生产类 7 期：	移动游戏研发、电影制作、文化创意产业等。
艺术品金融类 9 期	主要投向名家艺术作品等。

根据文化产业投融资大数据系统统计，2018 年文化产业信托整体融资规模达到近 10 年以来的最高值，全年信托资金流入文化产业的规模达到 160.63 亿元。以知识产权为价值基础构建起的现代文化产业，其内在的运行机制就是知识产权的产业化与市场化。沿着文化产业双维度分析框架的纵横两轴，随着 IP 的创新和产业化程度以及业态的融合开放程度越来越高，文化产业也呈现出越来越丰富的业态形式。文化产业独特的产业结构决定了其发展需要多层次的资本支持，例如在知识产权阶段，价值呈现的载体可能是电影版权 / 著作权或其他形式，需要知识版权质押融资、知识产权资产证券化、知识产

权保险等金融工具的运用来获得融资；在文化产业链的中下游运营环节，例如文化与旅游融合/与数字技术融合的产业化过程中，需要较大体量的资金支持相关基础设施的开发、建设和改造，以及后期的市场运营。信托凭借其独特的制度优势，既可以发放信托贷款，又可以进行股权投资，还可以提供夹层资金支持。但是因为文化产业轻资产的特点，以往的信托资金进入文化产业比较多的是基础设施建设/大制作电影等，但随着文化产业担保与风控体系的完善，信托将从文化产业全产业链的角度出发，采取结构化模式投资具有盈利能力和发展前景的细分市场。

IP是文旅产业的内核，围绕着IP打造的“IP+全产业链”金融模式能够使IP价值得到最大程度的发挥。IP的资本化与产业化需要引入金融产业思维，借助新的金融工具与金融手段。许多金融机构已经相继开始布局，例如北京银行、杭州银行、华夏银行等相继成立文创支行，打造了“文化IP通”“收费权质押+保证或担保”“版权质押+专业评估”等创新金融工具。2019年9月，国务院知识产权战略实施工作部际联席会议办公室发文称：鼓励信托公司综合运用股权、债权、投贷联动、产业基金、知识产权信托等方式开展知识产权投融资业务。[1]目前有一些有前瞻性的信托公司已经开始探索知识产权信托业务，促进版权的市场转化，从源头上为文化产业开展金融赋能，进一步释放IP的金融属性。

（三）信托如何为细分文产业态赋能——以文化旅游为例

金融赋能文旅项目有助于开发优质旅游资源，从深度挖掘IP、全景域建构，到打造产业链闭环，从产业的核心层构筑竞争壁垒。“文化+旅游”的概念从一开始诞生，从形式到内容都体现了有形价值与无形价值的跨界融合，可以说文旅融合是一场从模式到价值的解构重组，“有形资产”与“无形资产”的互相赋能在文旅融合中得到了充分的发挥。发展模式既有“从轻到重”：IP形成稳定的价值后，会到现实世界中寻找载体，完成一个从无形资产到有型重资产的跃迁，例如现实版童话世界——迪斯尼游乐园；也有“从重到轻”：房地产等重资产在经济转型中通过文化赋能重新定义，植入外来IP，

[1] 资料来源：国家知识产权战略推进计划出台 鼓励探索开展知识产权证券化_中国经济网——国家经济门户 http://www.ce.cn/culture/gd/201906/20/t20190620_32404977.shtml. 访问时间：2019年12月2日。

从文化的维度形成新溢价，例如购买阿狸 IP 的融创文旅城。

在轻重资产互相转化、互相赋能最为广泛的文旅领域，对相应的金融模式也提出了更高的要求。在同一个文旅项目中，基础资产不再是静态的、相互独立的，而是形成一种共存的、动态的有机体。这要求金融机构建立相应的多层次资产评估机制、风险控制机制和更加灵活多样的金融工具组合。文化旅游更多体现了一种包容性、多主体的形式，边界更加模糊化，而体验更加地场域化，“人 - 景 - 文”多要素综合组成了文旅的标的，需要金融机构练就从内而外的价值发掘力，以动态发展的眼光对项目进行评估。

案例：三湘印象的“印象之旅”

实景演出是中国文旅的一颗耀眼明珠，也是文化与旅游融合的典型代表。2006 年，大型山水实景演出《印象刘三姐》的横空出世，靓丽的营收数据，对周边旅游、餐饮和娱乐产业的链条效应，乃至对阳朔旅游的带动作用，勾起并对应了不少地方政府同样打造一个演艺项目之心，希望以此彰显地方文化特色，带动旅游乃至经济发展。2016 年 5 月，三湘印象完成对观印象艺术发展有限公司 100% 股权收购，公司以“加快发展文化产业，稳步发展房地产业，推动两大产业协同融合”为发展战略，打造“文化 + 地产”双主业经营模式。次年 6 月交易完成后，观印象成为三湘股份全资子公司。至此，在文化产业方面，三湘印象拥有“印象”、“又见”、“最忆”及“归来”等高端演艺品牌。[1]

观印象的盈利模式为“演出创作” + “知识产权许可” + “股东权益分红”模式，主要收入来源于演出艺术创作、内容维护、演出票务分成以及股东权益分红等。三湘印象 2017 年年报显示，三湘印象文化演艺毛利率 62.75%，而房地产销售毛利率 31.23%。但在 2018 年，这个数字陡转直下。三湘印象回复称，由于国家加强了地方政府性债务的相关管理政策 , 在 2018 年以后，政府投资意愿降低，由于观印象主营的文旅项目的投资主体大多为地方政府背景的投资平台，宏观环境变化对观印象业务发展的影响较大，导致观印象 2018 年签约数量和在洽项目数量下降等。

综上分析，市场需求、环境在变，地方政府也在变。仅仅依靠对单一要

[1]　曾建中 .19 亿豪赌未成，张艺谋离场，三湘印象演艺“豪门”梦碎？[J/OL]. 执惠文旅，2019-11-26.

素的把握来评估，对金融机构而言是风险极大的，三湘印象的相关负责人表示，三湘印象未来的转型，需要从单一IP授权模式向轻重结合的经营模式转型，走轻重并举之路，在原有的轻资产业务模式上，通过自建项目自主经营的模式，力争在短期内实现重资产项目的落地，为观印象在未来将门票收入成为主营收入之一奠定基础，强化持续经营能力。从金融的视角来看，在这段短短的描述中，就出现了知识产权IP/重资产基础设施/门票收益权等多种资产形式共存的资产组合形态。如果从信托的视角来看这个资产组合，针对“三湘印象”这样具有多样性的文旅资产标的，除了可以灵活运用传统的股权、债权方式在产业端布局，还能通过知识产权信托、景区门票收益权ABS等较为新型的信托金融工具，内外联动，结合银行、保险等金融工具，针对文化产业的不同业态探索对应的投资组合。同时我们可以发现，最初三湘的印象之旅，就是从高溢价收购观印象开始，其初衷大概率是看重了观印象的“IP”制造能力。这也反映了IP估值在文化产业投融资中占据了关键性的核心地位，随着以后知识产权信托业务逐渐登上舞台，对无形资产的估值能力也成为信托公司需要练就的内功。

三、信托制度与文化产业的多维度良性互动

（一）信托促进扩展文化消费、打造信托文化生态圈

信托除了在资产端以多样化的资产组合直接支持文化产业的新业态，还能以文化消费权益信托、消费金融等形式搭建文化消费的新场景，提升文化消费权益的同时链接资产端与资金端，搭建文化信托的生态圈。

首先我们从TO B和从TO C端来看信托促进文化消费的机制：

1. 首先是TO C端，信托的财富管理端能够通过提供文化消费权益，直接对接文化消费者。随着文化需求在民众的生活中正占据越来越重要的位置，高文化附加值的文化消费权益信托将越来越受到人们欢迎，而这些新兴业态很多同时也是投融资的风口，值得信托公司深耕。信托公司在财富管理业务中可以将文化消费权益纳入财富管理的框架，为客户提供文化消费权益信托产品（文化消费权益信托是指信托公司在财富管理中为财富客户提供理财收益与文化消费权益的信托产品）。例如“百瑞恒益323号教育消费信托”为客户

提供伊顿公学等暑期研修班的游学消费权益，打通了“理财”和“游学”的双通道，较好地满足了投资者对于信托产品的投资理财需求和文化消费需求。

2. 从 TO B 端来看，以文化旅游为例，在“互联网 +”的推动下，我国文化旅游在消费升级的推动下酝酿了许多新业态，线上带动线下，线下促进线上，主题化、定制化和体验化成为大众选择文化旅游的趋势，文化旅行的受众群体逐年扩大，对旅游金融服务的需求也越来越扩大。文化、旅游与金融三个业态在互相交融中产生了变革产业结构的新力量。国内以途牛、携程为代表的一批线上旅游平台，根据自身积累的平台大数据优势，纷纷推出针对不同消费者偏好的旅游金融产品，为旅游消费者多样化的消费行为提供金融支持，也为信托公司开展消费金融的普惠金融业务提供了选择。

在文化消费新场景中，文化商品的输出与消费形成闭环，信托公司通过深耕文化产业，“以文会友”，搭建集优质 IP、文化企业、文化受众于一体的文化产业生态圈，发挥优质文化项目的辐射效应与带动效应。可以说，文化消费权益信托的产品架构直接打通了产业端与消费者的体验通道，也为信托公司深耕文化产业、探索高市场价值的新兴业态提供了机遇。

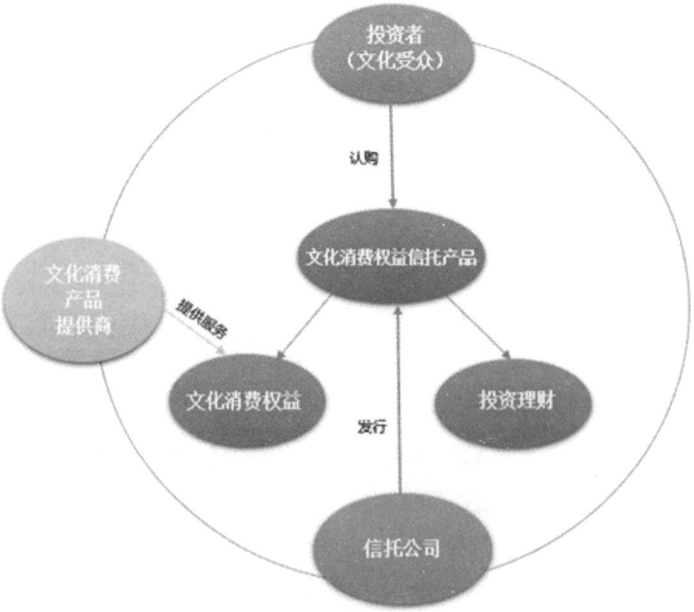

图 3　以文化消费信托为核心构建文化信托生态圈

（二）平衡工具理性与价值理性，以制度守护文化传承

艺术品金融是文化金融中比较特殊的一种。作为以资产形式存在的艺术，艺术品的艺术与金融双重属性决定了其不能完全背离艺术价值而去逐利，同时又要以资本市场为载体来实现其价值，二维价值的平衡成为艺术品金融良性发展的落脚点。而信托作为一种金融制度，可以通过发挥制度优势，实现艺术品艺术价值与金融价值的平衡。

我们回到信托的本源来看，信托制度为艺术品保驾护航的历史已经很久了。信托制度的诞生，曾经为艺术品的传承与保值做出了巨大贡献，达·芬奇、凡·高、莫奈等名家的画作，都曾出现在欧美家族信托的名录中。艺术品信托受托人将其艺术性与价值传承置于首位、妥善储存，甚至能经历战争而保全，保证了其艺术价值的世代绵延。在英国贵族阶层，艺术品是家族财产中很重要的一部分，常常与房产、地产等一起作为家族、教会以及学院的私有财产，信托对艺术品的传承、储存与收藏保值等一直起着重要作用。目前不少国内的家族信托办公室也在关注艺术品的信托传承路径。中国人民大学经济学院教授黄隽老师认为，在家族信托中配置艺术品在国外已经比较成熟，如洛克菲勒等家族信托中艺术品都占了较大比重，其中很多是作为收藏，作为家族文化、精神的传承模式，对家族的基业长青非常重要，如果仅是传承资金很难富过三代。[1]

因此我们可以发现，信托与艺术品的共生，前提是信托要维护艺术品的艺术价值，而不是一味地提升艺术品在金融市场上的商业价值。从工具性的层面来看，艺术品信托对于艺术品，既可以是商业价值的提升，也可以是艺术价值的提升，关键是运营者的目的导向和商业模式的设计。艺术品金融的发展，需要艺术从艺术价值和金融价值两个层面实现价值回归，更需要金融工具的创新探索，艺术品信托可以通过在慈善信托、家族信托中嵌入艺术品信托架构，实现艺术品艺术价值的传承和金融价值的增值。艺术品信托的未来发展，是艺术与金融的跨界，也是工具理性与价值理性的平衡，蕴含着无尽的想象空间。

[1] 张奇.艺术品信托陷落冰河时代，产品模式变道突围[N]. 21世纪经济报，2016-08-19(6).

（三）提升财富管理的文化维度，传承家族文化资本

目前对信托公司而言，在资产管理服务中，文化附加值的重要性不言而喻。随着信托业务越来越回归本源，客户在理财的需求上已经远远超出了对单纯收益的诉求，如何真正做到以客户为中心，将提供单一的理财服务上升为提供一种生活方式、一种价值理念，是信托公司理财端发展需要解决的课题。经过数年的发展，已经涌现出许多文化信托产品，高端游学、艺术沙龙、名画拍卖等，这对理财经理的业务能力和个人素养提出了更高层次的要求，也为信托财富管理的意义打开了更广阔的天地。

文化为信托赋能，不但体现在文化信托产品的品类上，更体现在信托的文化内涵上。例如在家族信托业务中，客户在寻求财富传承机制的时候，同时需要对家族文化、家族精神的传承。家族文化是家族财富中的核心，如何通过财富机制传承家庭精神、维护家族文化的长盛不衰，使一个家族的“文化资本”保值增值，是信托公司在设计家族信托产品时必然面对的命题。例如中航信托引入中国传统文化中的六合思想为财富管理业务框架，赋予财富管理以中式哲学人生观，六合包括“格物、正心、笃行、致知、中和、首善”，以中国传统价值理念为引领，附以信托财富管理的工具理性，为财富管理客户提供完备的文化增值服务体系。六合模型架构将财富管理从纯工具层面上升到价值层面，既是品牌文化的升级，也是一次传统文化的价值回归。以公益慈善为例：一个家族要想实现百年传承，需要传承下去的不仅是物质财富，还有精神财富。使一个家族紧密结合的核心不是金钱，而是家族的美德与精神。金钱会随时间流逝，而家族精神可以一代代传承下去，这才是家族持续兴旺的关键。而在家族信托的构架下嵌入慈善信托，可以很好地实现家族慈善和财富的传承，这也是未来家族信托的一个重要发展趋势。

将文化引入财富管理维度，不是简单的品牌打造与升级，而是从应用的层面，对传统文化的一次溯源与重新解读，验证了中国优秀传统文化与现代金融制度的在价值内核上的契合性。虽然信托制度缘起于西方，通过赋予其中式的文化内核和语境，可以为中国家庭在未来的财富传承与价值传承中建立起中式范式的“文化自信”。

参考文献

[1] 金巍 . 服务文化生产是文化金融的“天职”[J]. 当代金融家，2019-06-08 :（12-14）.

[2] 曾建中 .19 亿豪赌未成，张艺谋离场，三湘印象演艺“豪门”梦碎？ [J/OL]. 执惠文旅，2019-11-26.

[3] 张奇 . 艺术品信托陷落冰河时代 , 产品模式变道突围 [N]. 21 世纪经济报 2016-08-19(6).